il Giornale
BibliotecaStorica

il Giornale
BIBLIOTECA STORICA

29

© Andrew F. Rolle

GLI EMIGRATI VITTORIOSI
*Gli italiani che nell'Ottocento
fecero fortuna nel West americano*

Edizione Speciale per Il Giornale

© 2003 RCS Libri S.p.A., Rizzoli - Milano
Edizione speciale su licenza RCS Libri S.p.A. - Rizzoli

Stampa e legatura
Mondadori Printing S.p.A.
Stabilimento NSM – Cles (TN)

Supplemento al numero odierno de Il Giornale
Direttore Responsabile: Maurizio Belpietro
Società Europea di Edizioni S.p.A.
Reg. Trib. Milano n. 215 del 29/05/1982

ANDREW F. ROLLE

GLI EMIGRATI VITTORIOSI

Gli italiani che nell'Ottocento
fecero fortuna nel West americano

Traduzione di Quirino Maffi

il Giornale
BIBLIOTECASTORICA

PREFAZIONE ALL'EDIZIONE AMERICANA DEL 1999

Questo libro è stato scritto con venticinque anni di anticipo. Quando apparve per la prima volta, il termine «studi etnici» era stato inventato da poco. La maggior parte degli storici americani evitava addirittura quella che allora si chiamava «storia dell'immigrazione» preferendo trattare avvenimenti e personalità «anglo-americani». Frederick Jackson Turner, padre leggendario della storia del West americano, aveva in pratica ignorato i fatti quotidiani relativi agli immigrati. Benché fosse da tempo uscito di scena, nessun libro si era ancora occupato, in maniera esclusiva, di uno specifico gruppo euro-americano nei ventidue Stati a ovest del Mississippi.

In tempi più recenti, si è verificata una vera e propria esplosione d'interesse per le nostre radici di immigrati. Oggi, università e college offrono un migliaio di corsi riguardanti l'esperienza americana delle minoranze. Ciononostante, *Gli emigrati vittoriosi* resta ancora una descrizione unica nel suo genere di un gruppo euro-americano nell'Ovest degli Stati Uniti, pur rimanendo esclusi dalle finalità originali del libro neri, ispanici, asiatici e pellirosse.

In questo volume presentavo un punto di vista del tutto diverso da quello della maggior parte degli «storici dell'immigrazione». Il risultato vale ancora, e non solo per gli italiani, ma anche per molte altre nazionalità. Alcune mie conclusioni si riferiscono anche ad altri europei che lasciarono le città della costa orientale americana per cercare fortuna nel West. Si pensi all'enorme successo che ebbero i commercianti e allevatori tedeschi in Texas dove, solo nel periodo che va dal 1836 al 1845, ne arrivarono diecimila. Allo stesso modo si diressero nell'Ovest degli Stati Uniti gruppi di altre nazionalità.[1]

Ai primi europei che arrivarono, le praterie e le montagne del West americano sembrarono offrire alternative poco esaltanti a quello che si erano lasciati alle spalle. All'inizio, questi viaggiatori, così lontani dalle loro città natali, come Napoli o Pisa, si sentirono del tutto spaesati in deserti circondati da indiani ostili e mandrie di bisonti allo stato brado.

Nelle città e negli insediamenti del West i primi anni furono in effetti molto duri. Paghe basse e concorrenza tra i lavoratori a giornata (e anche tra nazionalità diverse) furono fenomeni frequenti.

C'erano però alcuni vantaggi. Laggiù, nel West, tendevano a farsi sentire di meno i privilegi basati sulla nascita. Sembrava inoltre più facile realizzare la pari opportunità e anche gli immigrati più ricchi finirono per lasciarsi alquanto modificare dal nuovo ambiente. In zone meno ingrate e dal clima più clemente come la California, furono in molti a scoprire una vita migliore di quella che avevano conosciuto prima. Questa gente non svolse affatto un ruolo passivo o subalterno nello sviluppo del West americano. Perlopiù questi immigrati trovarono le comunità del West molto più dinamiche e variegate di quelle incontrate nelle grandi città americane.

Lungo la costa orientale, alcuni immigrati finirono per detestare gli alloggi affollati che a stento potevano permettersi. Pigiate in abitazioni maleodoranti, intere famiglie – costrette a coabitare per far quadrare i conti – maturarono sentimenti di forte scontento. I più coraggiosi abbandonarono le brulicanti città della costa orientale, con le fabbriche, i macelli e le squallide vie, per seguire fiumi e strade ferrate alla volta dei ranch e delle fattorie del West.

Scrivendo *Gli emigrati vittoriosi*, rimasi colpito dalla capacità degli abitanti del West – di quelli nati là oppure all'estero – di sfruttare gli ambienti che si trovarono ad affrontare, senza avere, né allora né ora, alcuna intenzione d'imbarcarmi in un discorso di tipo etnocentrico – esaltando, cioè, solo le migliori caratteristiche di quegli italiani che si spostarono verso ovest. Alcuni benevoli scrittori della prima generazione sbarcata in America avevano infatti sostenuto deboli legami degli immigrati con progenitori della levatura di Dante o dei Medici.[2]

Invece di scrivere un'agiografia, cercai di controbilanciare i punti di forza e quelli di debolezza dell'esperienza migratoria. Non serviva negare le miserabili condizioni economiche e la discriminazione sofferte da alcuni. Qualcuno, di fatto, rimase così intimidito dalla cultura dominante da fare ritorno in Europa. Non c'era motivo di negare il proliferare della mafia e di una minoranza di immigrati divenuti criminali – a est come a ovest. Eppure, apparvero chiare le differenze tra l'esperienza di gran parte degli immigrati che si avventurarono nel West rispetto a quella di coloro che non compirono quel passo. In una lettera scritta il 4 luglio 1891 da un immigrato tedesco nel Minnesota a suo fratello che era rimasto in patria, si avverte la libertà e la mobilità del West: «Questa è una terra libera. Qui nessuno può dare ordini, tutti sono uguali. Nessuno deve togliersi il cappello come avviene in Germania».[3]

In gran parte del West, cambiare era una cosa normale. I nuovi venuti di rado rimanevano fermi, ma si adattavano alle nuove realtà, talvolta dure, per una questione di sopravvivenza.

Venticinque anni fa, gli storici professionisti avevano stentato a riconoscere la capacità di elevazione sociale degli immigrati. Alcuni sono ancora dello stesso parere. Il mio libro costituì la prima alternativa al volume radicale di Oscar Handlin, *The Uprooted* (1952; trad. it. *Gli sradicati*, 1958), con il quale aveva convinto un'intera generazione di studiosi che gli immigrati rimasero perlopiù contadini oppressi e sradicati, trascurando il fatto che non tutti quei lavoratori erano di origine contadina.[4] L'errata percezione dei loro successi in America da parte di Handlin derivava dal suo libro precedente, *Boston's Immigrants, 1790-1865* (1941), incentrato sul blocco all'emancipazione degli immigrati irlandesi e dell'Europa dell'Est nei centri urbani della costa orientale americana. Lì avevano incontrato tassi d'interesse elevati, pregiudizi anticattolici e scarse opportunità di lavoro. Difficoltà spesso più collegate alla lotta per accaparrarsi i lavori meno redditizi che non alle capacità degli immigrati. Non c'è da meravigliarsi che per chi di loro faceva il minatore, il muratore, il calzolaio o il fabbro ci fossero nuove opportunità nel West.

Un grande esodo dall'Italia si verificò non a caso dopo la prima guerra mondiale. La parte settentrionale del paese, soprattutto, si trovava allora in uno stato di caos. Le grandi città furono paralizzate da continui scioperi nelle industrie. A Milano e Torino, con la chiusura delle fabbriche, si verificarono scontri nelle strade. Operai disoccupati cominciarono a lanciare bombe contro le autorità. A ogni angolo di strada sembrò incombere l'anarchia. Anche il governo si era come inceppato: i fascisti di Benito Mussolini erano pronti a sostituire i politici che sembravano incapaci di governare. Benché il suo nuovo movimento popolare si offrisse di arginare la minacciosa ondata rossa del comunismo, i dubbiosi furono migliaia. Abbandonando le aree industriali e i paesini arroccati sulle montagne, fecero rotta per l'America.

Alcuni lavoratori a giornata subirono un grave sfruttamento da parte dei «padroni». Questi reclutatori li sfruttavano organizzandoli in squadre. Il sistema dei «padroni», per inciso, esisteva, oltre che tra gli italiani, anche tra i greci, i turchi e i polacchi.[5] Benché alcuni immigrati si sentissero traumatizzati e impauriti, restano inesatte le affermazioni di Handlin secondo cui interi gruppi nazionali furono sradicati. Continuare a sostenere che i nuovi arrivati con grandi aspettative non superarono le iniziali difficoltà significa imporre al passato una chiave di lettura moderna. Insistere ad affermare che tutti gli immigrati finirono in ghetti opprimenti è una riscrittura semplicistica della storia. Questa visione con gli occhi di oggi rende un cattivo servizio alla memoria dei molti immigrati che morirono fieri dei risultati raggiunti dopo anni di duro lavoro e sacrifici personali.

Anche se all'inizio gli immigrati guadagnavano meno dei lavoratori autoctoni, le loro paghe finivano per allinearsi con quelle degli altri, a volte in meno di dieci anni. Inoltre, i nuovi lavoratori nati all'estero erano spesso più motivati ad acquisire nuove competenze dei loro concorrenti. Dato che allora non esistevano programmi sociali dello Stato a favore dei disoccupati, in America i lavoratori dovevano farcela contando solo su se stessi. L'alternativa era fare ritorno nei paeselli d'origine senza un soldo e praticamente in rovina.

Generalizzando, gli scrittori di opere sull'immigrazione sottovalutano la capacità di quella gente – sia contadina sia urbana – di affrontare i nuovi ambienti. Con la tesi che, nel West, l'immigrato fu perlopiù un trapiantato e non uno sradicato, *Gli emigrati vittoriosi* vinse il Premio Commonwealth per la saggistica, e alcuni critici arrivarono a definirlo un classico. Nel 1972 uscì un'edizione italiana, con una prefazione di Luigi Barzini.

I discendenti di terza generazione degli immigrati sono giunti a credere che i loro avi, senza eccezioni, abbiano tutti subito discriminazioni insormontabili. Non ho mai negato che alcuni siano andati incontro ad avversità – come dopo la guerra civile nel Sunnyside, una piantagione dell'Arkansas al di fuori dell'area geografica trattata da questo libro. Laggiù furono in pochi i lavoratori che riuscirono ad affrancarsi dal debito e a diventare proprietari della terra. La loro esperienza, però, fu un'eccezione. In quello stesso Stato un'altra colonia agricola, Tontitown (dal nome dell'esploratore Enrico de Tonti), costituì un notevole successo.[6]

È ovvio che gli immigrati fatti arrivare come manodopera a basso costo si trovavano in competizione con i lavoratori di lingua inglese. Alcuni stranieri provenivano da una tradizione di radicalismo politico, altri si proclamavano anarchici. Nello Utah, minatori italiani furono coinvolti in una serie di accoltellamenti. Dall'orribile massacro nel bacino minerario di Ludlow nel Colorado, il 20 aprile 1914 (descritto a p. 166), viene fuori l'immagine di un lavoratore straniero senza alcun tipo di protezione. La milizia statale uccise cinque lavoratori e in un successivo incendio morirono altri appartenenti alla comunità.

Per allontanare uno stereotipo negativo, soprattutto durante la prima guerra mondiale, i minatori italiani fondarono circoli per favorire l'americanizzazione. Molto prima dell'era dell'assistenza sanitaria, dell'assicurazione contro gli infortuni e delle pensioni per i lavoratori, i minatori di carbone stranieri a Roslyn, Washington, si unirono in società di mutuo soccorso. Fra queste, la Società Silvio Pellico, lo United Order of Druids e I Cacciatori d'Africa. Queste organizzazioni fornivano un risarcimento alle vedove e ai figli dei minatori che avevano perso la vita nelle pericolose gallerie sotterranee. Si trattava di un'assistenza necessaria poiché i padroni delle miniere a volte accusavano gli stessi lavoratori degli incidenti mortali, rifiutando di pagare alle famiglie l'indennità di morte.

Queste confraternite come la Stella d'America e i Figli d'Italia contribuirono anche a mitigare la discriminazione verso i lavoratori immigrati. Tuttavia, i membri di queste organizzazioni litigavano tra loro troppo spesso. Tale litigiosità, che sembra essere quasi una peculiarità nazionale degli italiani, non fece certo bene alla loro causa in America.[7]

La xenofobia strisciante fu una realtà dura a morire. Nel Middle West l'American Protective League, un'organizzazione anticattolica degli anni Novanta del 1800, tentò di impedire la vendita di abitazioni agli europei del Sud. Alcuni Stati vararono anche leggi che limitavano l'insegnamento delle lingue straniere nelle scuole elementari. Nel 1900 si era ormai avviato un movimento anti-immigratorio, sostenuto da nativi sciovinisti. L'*Immigration Act* del 1924 del senatore Hiram Johnson stabiliva quote nazionali basate sulle percentuali dei nati all'estero già presenti negli Stati Uniti secondo i dati del censimento del 1890.

Col passare del tempo, tuttavia, la maggioranza degli immigrati nel West riuscì a superare le barriere legislative e sociali. Dobbiamo davvero riconsiderare l'odierna visione, superficiale e deprimente, di ciò che avvenne alla maggior parte degli immigrati: in maggioranza non furono vittime, soprattutto nel West.

Si pensi, per esempio, alla prospera comunità mercantile italiana di North Beach a San Francisco: solo da quella zona venne fuori una mezza dozzina di milionari nati in Italia. Nelle valli di Napa e Sonoma in California le famiglie Krug, Mondavi e Martini divennero ricchi produttori di vino. Oggi, i Gallo dominano l'industria del vino negli Stati Uniti. Monterey, un tempo villaggio di pescatori, ricordava a una donna la sua natia Sicilia. «Avrei potuto essere a Trapani» ricordava. «Tutti mi incoraggiavano e mi aiutavano. Eravamo molto, molto vicini. Eravamo una grande famiglia.»[8] Nel giro di pochi anni, i siciliani di Monterey non erano più insignificanti pescatori di sardine; erano diventati proprietari, appartenenti stabilmente alla classe media, e lo stesso fecero altri gruppi nazionali a Monterey e altrove.

Solvaang, nella California centrale, era in principio un centro caseario danese e in seguito una famosa località turistica. Ad Amsterdam, nel Montana, un'isola rurale di agricoltori olandesi stabilitisi lì un secolo fa, continuano ancora a coltivare la terra con successo. Analogamente, nello Iowa, un'autorità sostiene che «l'olandesità nella Sioux County è forte oggi quasi come quando i pionieri vi stabilirono una colonia etnica [...] 125 anni fa.»[9]

Da quando *Gli emigrati vittoriosi* fece la sua prima comparsa, diversi studiosi hanno effettuato studi che suffragano i miei primi risultati. Occorre esaminare, sia pur brevemente, alcune loro opere. Sam Bass Warner e Colin Burke hanno asserito che «gran parte degli immigrati stranieri in America non è mai vissuta nei ghetti [...]. Solo i neri del Nord si sono trovati in maggioranza confinati in quartieri segregati delle città». Anche il professor Howard Chudacoff respinge la tesi che gli immigrati fossero per sempre ammassati in luoghi segregati e omogenei. Questi quartieri congestionati dell'Est erano luoghi di sosta provvisoria per i nuovi arrivati che non volevano passare lì il resto della loro vita. Chudacoff, che ha studiato gli italiani di Omaha dal 1880 al 1920, ha scoperto che la maggior parte di loro non viveva «raggruppata assieme». Al contrario, si trovarono come vicini di casa persone di origini diverse. Questi immigrati erano, quindi, tutt'altro che intrappolati, godevano di mobilità abitativa ed erano sparpagliati in tutta la città come i loro vicini americani.[10]

Secondo John W. Briggs, in comunità come Kansas City, Missouri, e Utica e Rochester, New York, gli immigrati divennero artefici del proprio destino, non vittime della società dominante. Briggs e altri studiosi definiscono l'esperienza immigratoria non necessariamente tragica o traumatica, tale da strappare la gente dalle sue radici ancestrali, rendendola per sempre ferita e alienata. Molti immigrati, di fatto, divennero persone fiduciose in se stesse e determinate che si sarebbero saldamente stabilite sul suolo americano.[11]

Questi immigrati fecero fortuna non solo nel West, ma anche in altre parti d'America. Il professor Richard J. Hopkins, che ha effettuato misure statistiche della mobilità occupazionale e geografica ad Atlanta dal 1870 al 1896, ha scoperto che solo una ridotta percentuale di bianchi – immigrati o autoctoni – era incolta. Un buon numero non rimase a lungo nella classe operaia. Ha trovato anche «un numero sorprendentemente elevato di immigrati proprietari» che erano «commercianti di abiti e tessuti» oppure «ambulanti». Hopkins concluse che «il divario [economico] tra gruppi di bianchi autoctoni e stranieri appariva quasi trascurabile». Lo sorprese anche il passaggio dallo stato di lavoratore manuale a quello di lavoratore non manuale. Ad Atlanta, infatti, i neri del Sud privi di preparazione offrirono agli immigrati europei «una grande opportunità di raggiungere condizioni occupazionali più elevate». Infine, Hopkins scoprì che «in tutte le categorie occupazionali erano gli immigrati, non i bianchi autoctoni, il gruppo di popolazione geograficamente più mobile nella città».[12]

Allo stesso modo, il professor Timothy L. Smith ha osservato che, nel 1910, l'iscrizione a scuola e i tassi di istruzione tra i giovani immigrati erano ormai «uniformemente alti» anche lungo la costa orientale. I livelli di prestazione si avvicinavano a quelli della popolazione yankee, «anche nei popolosi Stati del Middle Atlantic e del Centro-nord» dove le tradizioni educative erano fortemente radicate. Più a ovest, in quel decennio, la frequenza scolastica nelle comunità del Minnesota arrivò al 97%. Smith afferma che «un esercito di occhiuti presidi non avrebbe potuto ottenere risultati migliori». Sorprende inoltre l'alto numero di figli di immigrati che divennero insegnanti. Naturalmente, non tutti diventarono d'un colpo istruiti senza conflitti in famiglia.[13]

Agli scritti di Briggs e Smith si ricollega *The Italians in Chicago, 1880-1930: A Study in Ethnic Mobility* (1970) del professor Humbert S. Nelli, che sottolinea come le colonie etniche urbane servirono da luoghi di preparazione dove la gente di origine contadina acquisiva nuovi stili di vita adatti ai vicini americani. La maggior parte riuscì a liberarsi del senso d'isolamento e gradualmente a superare le difficoltà di assimilazione, i soprusi nel lavoro e la povertà delle condizioni abitative.

Anche la professoressa Virginia Yans-McLaughlin ha messo in dubbio alcuni aspetti delle generalizzazioni datate di Oscar Handlin. Handlin aveva sostenuto che l'immigrazione da una società contadina a una di tipo industriale portava a gravi tensioni familiari. Yans-McLaughlin ha riesaminato il ruolo degli italiani a Buffalo, New York, scoprendo che le famiglie spesso si adattavano con modalità che comportavano minimi livelli di tensione. Utilizzando nel nuovo ambiente vecchie regole familiari, non divennero vittime di un'emergente società urbano-industriale. Insieme, grazie alla vicinanza etnica – tedeschi, svedesi, polacchi ed ebrei – riuscirono a conservare molto delle loro identità originali, anche se è naturale che una certa diluizione dei valori tradizionali fosse destinata ad accompagnarsi all'assimilazione.[14]

Nel West molti italiani non rimasero a lungo lavoratori itineranti o dipendenti delle fattorie. Si stabilirono in comunità rurali che offrirono loro occasioni impossibili per i lavoratori agricoli stagionali. I loro figli, però, cresciuti in ambienti più affollati, incontrarono pressioni da parte dei loro simili destinate a minacciare i valori familiari.

Due furono i fattori che impedirono una rapida acculturazione. Il primo fu l'abitudine, già menzionata, degli italiani di litigare fra loro, che a volte risentiva della vecchia ostilità tra settentrionali e meridionali. Secondo, i gruppi di immigrati costituirono troppi circoli, confraternite e associazioni in competizione fra loro. Un problema più grave che rallentò l'integrazione etnica fu la piaga della tubercolosi. Chiamata un tempo «la malattia dell'immigrato», questo morbo poté, tuttavia, essere superato da chi scelse dove andare nel West americano. Mia madre, gelata fin nelle ossa dai rigidi inverni di Providence, Rhode Island, si trasferì nel Sud della California in cerca di sole e salute.

Gli immigrati che si piegarono al vento furono meno soggetti allo sradicamento. Come le piante, alcuni continuarono a crescere diritti. Questo volume non ha mai sostenuto che i nuovi arrivati riuscirono a evitare gravi problemi emotivi. In un libro successivo ho preso in considerazione le tensioni psicologiche della storia immigratoria. A Est come a Ovest, i giovani portavano a casa da scuola nuove idee che minacciavano le basilari rigidità paterne e religiose. I figli degli immigrati si trovarono presi tra due culture: la famiglia offriva sostegno emotivo e sicurezza, ma al di là della famiglia e della Chiesa stava il fascino di una maggiore libertà personale. Questa liberazione, però, comportava la perdita potenziale del sostentamento e di rapporti etnici sicuri.

In aggiunta a queste contraddizioni c'era un fatalismo mediterraneo. Tra gli italiani del Sud sembravano quasi endemiche credenze superstiziose di tipo occultistico. Tra le leggende e i proverbi profondamente radicati dei tempi andati c'era l'idea che alcune persone possedessero un potere innato che poteva essere attivato mediante il «malocchio». Persino una loro occhiata accigliata poteva provocare seri traumi o malattie alle persone. Vecchie abitudini dure a morire.

Nel corso del loro processo di americanizzazione, i giovani che erano incapaci di esprimere la loro ribellione tennero repressi i loro veri sentimenti, con il risultato che tra loro e i genitori sorsero forti tensioni. Nell'ambito della famiglia immigrata, e anche nel mondo esterno, si era obbligati a mediare tra i valori americani e le antiche abitudini. *Unto the Sons* (1992; trad. it. *Ai figli dei figli*, 1992) di Gay Talese ci racconta le lotte interne della sua famiglia, mentre *Umbertina* (1979; trad. it. 2001) di Helen Barolini descrive le tensioni delle donne immigrate che tentavano di mediare tra costrizioni genitoriali e il mondo al di fuori della famiglia.

Cicatrici emotive, lascito del mondo europeo dei propri padri e madri, persistevano attraverso un processo che ho chiamato «radici disturbate». Paradossalmente, questi problemi psicologici a volte emergevano dopo che erano stati soddisfatti i bisogni primari della famiglia. Dopo che tetto, cibo e lavoro erano stati assicurati, potevano esplodere i disagi sociali, creando nuovi problemi a persone emotivamente fragili.[15]

Alcuni figli di immigrati pagarono a caro prezzo il loro «successo» esterno. Essi raggiunsero un benessere esteriore, ma non necessariamente un'armonia interna. Questo sottile fenomeno ci porta molto al di là della disputa tra Handlin e Rolle circa l'elevazione o lo sradicamento degli immigrati. Nonostante il loro successo materiale, la seconda generazione spesso ebbe problemi per adattarsi alle sfide di una cultura diversa. Nel mondo dello spettacolo, un Frank Sinatra, un Dean Martin o un Jimmy Durante sembrarono ottenere un enorme successo materiale. Assumendo, però, un'identità molto diversa da quella dei loro genitori, queste persone furono sottoposte a forti sollecitazioni personali. Un campione del baseball, Joe Di Maggio, cresciuto tra gli infaticabili pescatori siciliani sulla costa di San Francisco, era piuttosto impreparato alla valanga di pubblicità che gli piovve addosso e che, in seguito, detestò. Come i suoi genitori, era un uomo di grande garbo e umiltà. Schivo di natura, trovò difficile evitare lo shock culturale, soprattutto dopo aver sposato l'attrice cinematografica Marilyn Monroe.

A differenza di Di Maggio, figli famosi di immigrati cambiarono talvolta i loro cognomi, in parte su sollecitazione della società americana, ma non perché fossero sradicati. Bevilacqua divenne Drinkwater mentre Beltempo fu trasformato in Fairweather. Il senatore del Vermont Patrick Leahy è figlio di un'Alba Zambon. Fu adottato? La madre dell'ex congressista della Florida Dante Fascell era Maria Gullotti. L'autrice Francesca Vinciguerra cambiò il nome in Frances Winwar.

Hollywood diede un nome nuovo a quasi tutti quelli che erano coinvolti nell'industria dello spettacolo. L'attrice di cinema Anna Italiano divenne Anne Bancroft mentre il popolare cantante Dino Crocetti si fece chiamare Dean Martin. Il compositore di musiche per film Salvatore Guaragna, i cui genitori erano calabresi, divenne Harry Warren. Con quel nome, scrisse canzoni come *Chattanooga Choo Choo, Don't Give up the Ship* e *On the Atchison, Topeka, and the Santa Fe.* Avevano davvero bisogno, queste persone, di ripudiare le loro origini familiari per ottenere il successo?[16] Ne dubito.

Quando *Gli emigrati vittoriosi* comparve per la prima volta rappresentò, stranamente, una primitiva forma di *political correctness.* Sono tuttora convinto che tutti quei nuovi arrivati, comprese le personalità religiose, riuscirono a salire fin dove i loro talenti potevano portarli. Madre Frances Xavier Cabrini, canonizzata 29 anni dopo la morte nel 1946, divenne nota come «la santa degli immigrati.» Questa donna fragile e minuta, sempre di salute cagionevole, assistette i senzatetto, gli ammalati e gli emarginati nelle Montagne Rocciose e in tutte le lande del grande Far West. Precorritrice dell'odierna Madre Teresa, nella sua vita fondò oltre 60 tra orfanotrofi, scuole, conventi e ospedali.

L'immigrazione fu un processo selettivo che spesso favorì queste persone piene di risorse. Per esempio, Charlie Angelo Siringo, figlio di immigrati italiani, si trasformò da famosissimo cowboy in Texas in detective della Pinkerton.[17] In Arizona, nel 1913, Columbus Giragi e suo fratello Carmel rilevarono il «Tombstone Epitaph», un primo esempio di giornale anglo-americano. Erano figli di immigrati siciliani che, negli anni Ottanta del secolo precedente, avevano lavorato nelle miniere d'argento dell'Arizona. Benché la loro cultura italiana avesse privilegiato pane e lavoro anziché la scrittura, i Giragi finirono per diventare proprietari di una catena di giornali.[18]

Furono imprenditori che assimilarono i valori della società in cui erano entrati. Talvolta la proprietà di negozietti di frutta e verdura o di barbiere o di calzolaio rappresentava il primo passo per uscire dalla classe operaia. Philip F. Notarianni ci racconta che gli italiani dello Utah non furono solo dipendenti delle ferrovie Union Pacific and Denver & Río Grande Western, ma anche «possedevano saloon, drogherie e sartorie». A Salt Lake City, rileva, «gli italiani partecipavano a feste e cortei che promuovevano i buoni rapporti fra quella italiana e le altre comunità». Quindi «si staccarono dalle file dei dipendenti utilizzando il lavoro autonomo come strumento di mobilità sociale». Una guida del 1913 dello Utah riportava che gli agricoltori italiani facevano fortuna in quelle fertili vallate, coltivando ortaggi e frutta che poi vendevano a Salt Lake City.[19]

A.P. Giannini, fondatore di una banca internazionale come la Bank of America, cominciò la carriera come commerciante di frutta e verdura. Impegnato in questa attività nella regione della baia di San Francisco, agiva anche da banchiere per agricoltori e orticoltori che vendevano i propri prodotti. Alla fine la neonata Banca d'Italia di Giannini faceva arrivare le loro rimesse nel Paese natale. Chi ebbe un enorme successo fu Joseph Maggio che divenne famoso come il «re delle carote» nazionale, dominando la produzione di quella verdura poco italiana.

Anche tra i commercianti immigrati si diffusero parsimonia, accortezza e mobilità. Il professor John Briggs scoprì tra quegli imprenditori «sentimenti di speranza, fiducia e impegno», una conclusione che mi sento di condividere in pieno.[20] Si scorgono questi aspetti anche in altri campi. Tra gli artefici della cultura popolare ricordiamo Henry Mancini, compositore di musiche da film celebri come *Moon River* e

L'ultima volta che vidi Parigi. Il regista Frank Capra, figlio di siciliani, diresse parecchi film popolari, tra cui un successo come *Accadde una notte*. Nessuno dei due pensò di dover cambiare nome.

Non furono però solo queste celebrità ad affermarsi nel paese che avevano scelto. Vi furono tantissimi altri emigranti orgogliosi anche se meno famosi. Subito dopo la seconda guerra mondiale, ero un giovane viceconsole americano a Genova e mi occupavo dei visti di immigrati che vi avevano fatto ritorno una volta smesso di lavorare. Alcuni di loro erano stati purtroppo sorpresi all'estero allo scoppio della guerra ed erano stati obbligati dai fascisti ad arruolarsi. Maledissero il giorno in cui erano ritornati nei paesi natali, dove li chiamavano «Gli americani». Dopo la fine della guerra affollarono i consolati degli Stati Uniti per chiedere di nuovo il passaporto americano. Ne ricordo altri, che non erano riusciti a visitare l'Italia a causa della guerra, che sorridevano orgogliosi mostrando le luccicanti capsule d'oro, un segno evidente che in America ce l'avevano fatta. Il loro modo di vestire, di comportarsi e l'aspetto generale mostravano un profondo sentimento d'orgoglio.

Di ritorno negli Stati Uniti, il professor Alan Balboni, che intervistò oltre 150 di loro per il suo libro *Beyond the Mafia: Italian Americans and the Development of Las Vegas* (1996), studiò l'influenza degli italiani sulla capitale del gioco del Nord America. La prefazione del libro ci dice che:

Per migliaia di italo-americani, Las Vegas ha avverato in pieno il sogno americano. [...] permise [...] eccezionali opportunità di un rapido progresso economico e sociale. [...] Furono assimilati nella comunità con un ritmo molto più veloce che in qualunque altra località del paese.[21]

Abbattendo stereotipi duri a morire, Balboni trovò che c'erano molti artisti, musicisti, architetti, appaltatori e costruttori fra gli immigrati residenti nel Nevada. Pochi italiani a Las Vegas avevano collegamenti con la malavita, anche tra quelli coinvolti nell'industria del gioco d'azzardo.

Nel West americano fu l'immigrato onesto a imparare come sorpassare i suoi vicini americani. È difficile considerarli emarginati ai confini della società. Alcuni riuscirono a diventare più americani dei loro vicini nati in America. Infatti, il professor Richard Alba ha osservato l'affievolirsi dell'identità italo-americana.[22] Un lungo percorso culturale aveva portato gli immigrati ben al di là dei confini dei ghetti dove erano stati messi in origine.

La lotta per il successo in America fu così aspra che pochi immigrati erano interessati a raccontare la loro storia.[23] Ma affinché le esperienze degli immigrati nel West non vadano perdute per sempre, gli storici devono fare il punto su come questi particolari nuovi arrivati sfuggirono all'affollamento etnico, ai quartieri poveri e ai ghetti, evitando così molti conflitti culturali. Poiché le comunità nel West erano più piccole e meno concentrate, fu inferiore il numero di immigrati che dovette lottare per l'assimilazione. In quegli ambienti più generosi e favorevoli, la maggior parte fu destinata a prosperare. Contadini o commercianti che fossero, la frugalità rimase un segreto del loro successo.

Anche se all'inizio lo scontro fra due culture produsse innegabili tensioni, l'esperienza degli immigrati – nelle campagne o nelle città – non fu devastante. Alla fine, perdite personali e alienazione permanente non caratterizzarono ciò che avvenne a tutti gli immigrati. Chi andò nel West vide un'altra America, una terra colma come nessun'altra di speranza. Là, in maggioranza, conquistarono una vita più piena di quella che avrebbero conosciuto in quell'Europa i cui lidi si erano felicemente lasciati alle spalle.

Note

[1] Vedi opere come quelle di Kenneth Bjork, *West of the Great Divide: Norwegian Migration to the Pacific Coast, 1847-1893* (1958); N.P. Stilling e A.L. Olsen, *A New Life: Danish Emigration to North America* (1995); Stepanka Korytova-Magstadt, *To Reap a Bountiful Harvest: Czech Immigration Beyond the Mississippi, 1850-1900* (1993); Frederick C. Luebke, *Immigrants and Politics: The Germans of Nebraska, 1880-1900* (1969); Walter Struve, *Germans and Texans: Commerce, Migration and Culture in the Days of the Lone Star Republic* (1996); Jon Gjerde, *The Minds of the West: Ethnocultural Evolution in the Rural Middle West* (1997) si occupa del «Vecchio Nord-ovest», soprattutto delle problematiche religiose tra immigrati scandinavi. Vedi anche T. Lindsay Baker, *The First Polish Americans: Silesian Settlements in Texas* (1997) e Kevin Hannan, *Ethnic Identity Among the Czechs and Moravians of Texas*, «Journal of American Ethnic History», 15, estate 1996, pp. 3-31; Robert Taylor e Connie McBirney (a cura di), *Peopling Indiana: The Ethnic Experience* (1996); Sarah Deutsch, *No Separate Refuge: Culture, Class and Gender on an Anglo-Hispanic Frontier* (1987) è un esempio tipico della corposa letteratura emergente sul fenomeno chicano nel West americano.

[2] Per esempio, uno dei primi scrittori come Giovanni Schiavo, il cui *Four Centuries of Italian-American History* (1952) dipinse un quadro utile ma sentimentale dell'elevazione sociale degli immigrati.

[3] Lettera di Johann Schmitz del 4 luglio 1891, citata dai curatori Merle Curti e Kendall Birr, *The Immigrant and the American Image in Europe, 1860-1914*, «Mississippi Valley Historical Review», vol. 37, 1950, p. 21.

[4] Howard Lamar tipicamente sottolinea le condizioni opprimenti nel West in *From Bondage to Contract: Ethnic Labor in the American West*, in *The Countryside in the Age of Capitalist Transformation*, a cura di Steven Hahn e Jonathan Prude (1985), pp. 293-

324. Nello stesso volume, il saggio di Kathleen Neils Conzen, *Peasant Pioneers: Generational Succession Among German Farmers in Frontier Minnesota* (pp. 259-92), presenta una visione più equilibrata di quella di Lamar, ma non coglie l'enorme successo dei tedeschi in Texas e altrove nel West americano; vedi il meditato capitolo della Conzen *Historical Approaches to the Study of Rural Ethnic Communities*, in *Ethnicity on the Great Plains*, a cura di Frederick C. Luebke (1980). Esempi asiatici di sfortuna compaiono in Gunther Barth, *Bitter Strength: A History of the Chinese in the United States, 1850-1870* (1964). Sui baschi consultare William A. Douglass e Jon Bilbao, *Amerikanauk: Basques in the New World* (1975). Vedi anche Ray A. Billington, *Land of Savagery, Land of Promise: the European Image of the Frontier* (1981), che analizza l'impatto sugli europei dell'immagine del West americano.

[5] Vedi Luciano J. Iorizzo, *The Padrone and Immigrant Distribution*, in *The Italian Experience in the United States*, a cura di Silvano M. Tomasi e Madeline H. Engel (1970), pp. 43-75, e John Koren, *The Padrone System and Padrone Banks*, «Bulletin of the Department of Labor», n. 9, marzo 1897, pp. 114-17.

[6] Vedi George E. Pozzetta, *Italian Migration: From Sunnyside to the World*, in *Shadows Over Sunnyside*, a cura di Jeannie M. Whayne (1993), pp. 99-100.

[7] Philip F. Notarianni, *Italian Fraternal Organizations in Utah, 1897-1934*, «Utah Historical Quarterly», 43, primavera 1975, p. 180. Vedi anche Leslie Kilen ed Eileen Stone, *Missing Stories: An Oral History of Ethnic and Minority Groups in Utah*. Tra gli studi recenti sulla xenofobia, William G. Ross, *Forging New Freedoms: Nativism, Education, and the Constitution* (1994).

[8] Intervista con Vita Davi citata in Carol McKibben, *Festa Italia in Monterey*, «Noticias del Puerto de Monterey», ottobre 1998, p. 2. Gli italiani di Monterey formavano la maggiore comunità etnica; nel 1935, apparteneva loro il 90% dei 150 pescherecci in porto (cfr. McKibben, p. 9).

[9] Citato in Brian W. Beltman, *Ethnic Territoriality and the Persistence of Identity: Dutch Settlers in Northwest Iowa, 1869-80*, «The Annals of Iowa», 55, primavera 1996, p. 101. Vedi anche *Peter Cassel and Iowa's New Sweden* (1995), a cura di H. Arnold Barton; P.G. Hummasti, *Ethnicity and Radicalism: The Finns of Astoria and Toveri, 1890-1930*, «Oregon Historical Quarterly», 96, inverno 1995, pp. 362-93 e Rob Kroes, *The Persistence of Ethnicity: Dutch Calvinist Pioneers in Amsterdam, Montana* (1992).

[10] In nessun posto lo stereotipo negativo dell'esperienza immigratoria è più difficile da dimostrare che in California. Per un tentativo incredibilmente peggiorativo, vedi Joseph Giovinco, *Success in the Sun? California's Italians During the Progressive Era*, in *Struggle and Success: An Anthology of the Italian Immigrant Experience in California*, a cura di Paola Sensi-Isolani e Phylis Martinelli (1993), pp. 20-37. Saggi nello stesso libro inficiano le affermazioni di Giovinco ispirate a una visione attuale. Vedi anche Andrew Canepa, *Fonti Sull'Emigrazione in California*, testo presentato nel 1993 a Roma a una conferenza organizzata dal Ministero della Cultura italiano, e Sally Miller, *Changing Faces of the Central Valley: The Ethnic Presence*, «California History», 74, estate 1995, pp. 175-89. Di più ampio respiro sono le conclusioni di Warner e Burke, *Cultural Change and the Ghetto*, «Journal of Contemporary History», 4, ottobre 1969, pp. 173-75, e Chudacoff, *A New Look at Ethnic Neighborhoods*, «Journal of American History», 60, giugno 1973, pp. 76-93; ancora di Chudacoff, *Mobile Americans: Residential and Social Mobility in Omaha, 1800-1920* (1972).

[11] John W. Briggs, *An Italian Passage: Immigrants to Three American Cities, 1890-1930* (1978). Benché questo libro sia stato profondamente riveduto (da Rudolph Vecoli

e Francesco Cordasco), esso sostiene con coraggio che gli italiani del Sud giunsero in America con valori ed esperienza tali da poter approfittare delle opportunità che li avrebbero fatti emergere. Briggs (pp. 36, 118) vede in molti immigrati una mentalità borghese, anziché un modo di pensare contadino. La carica di energia di questi nuovi arrivati coincise talvolta con «i valori e le aspettative culturali prevalenti negli Stati Uniti».

[12] Richard J. Hopkins, *Occupational and Geographical Mobility in Atlanta: 1870-1896*, «Journal of Southern History», 34, maggio 1968, pp. 200-13, *passim*.

[13] Timothy L. Smith, *Immigrant Social Aspirations, and American Education, 1880-1930*, «American Quarterly», 21, autunno 1969, p. 524.

[14] Virginia Yans-McLaughlin, *A Flexible Tradition: South Italian Immigrants Confront a New Work Experience*, «Journal of Social History», 7, estate 1974, pp. 429-45.

[15] Andrew Rolle, *The Italian Americans: Troubled Roots* (1980, rist. 1984). Vedi anche R. Taft, *Migration: Problems of Adjustment and Assimilation in Immigrants*, in *Psychology and Race*, a cura di P. Watson (Londra, 1973), pp. 224-39. Inoltre, nel 1998, i risultati del gruppo di studio del professor William Vega furono pubblicati negli «Archives of American Psychiatry». Le conclusioni furono che, quando gli immigrati messicani si adattarono alla società americana, con la rottura dei legami familiari, si verificò un aumento dell'uso di droga, dell'obesità e della criminalità.

[16] David A. Fantle, *Harry Warren: He Made America Sing*, «Ambassador Magazine», estate 1995, pp. 19-21. Tra le altre sue canzoni, *Lullaby of Broadway, You'll Never Know, We're in the Money* e *That's Amore*.

[17] Vedi Siringo, *A Texas Cowboy, or Fifteen Years on the Hurricane Deck of a Spanish Pony* (1885). J. Frank Dobie definì Siringo «il primo autentico cowboy a pubblicare un'autobiografia».

[18] Don Dwiggins, *The Paper That Wouldn't Die*, «Westways», novembre 1975, pp. 18-21.

[19] Philip F. Notarianni, *Italianità in Utah*, in *The Peoples of Utah*, a cura di Helen Z. Papanikolas (1976), pp. 309, 313, 320.

[20] Briggs, *op. cit.*, p. 337.

[21] Balboni osserva inoltre che, dei maggiori artisti che calcarono le scene negli anni Cinquanta e Sessanta, un quarto erano uomini e donne di origine italiana. Vedi anche Gloria Lothrop, *The Untold Story: The Effect of the Second World War on California Italians*, «Journal of the West», 1996, pp. 7-14.

[22] Vedi il saggio di Alba a cura di Lydio Tomasi, Piero Gastaldo e Thomas Row, *The Columbus People* (1994).

[23] Un'eccezione è l'opera di Ronald Bianchi, *Tunes From a Tuscan Guitar: The Life and Times of an Italian Immigrant* (1994), un toccante ricordo del nonno, divenuto pescatore di granchi a San Francisco e inventore dilettante.

PREFAZIONE ALL'EDIZIONE ITALIANA

Quale sia stato esattamente il contributo alla vita americana d'oggi, nel bene e nel male, del fiume di italiani che sono sbarcati negli Stati Uniti – più numerosi certamente di qualsiasi invasione barbarica in Italia all'inizio del Medioevo –, è quasi impossibile da determinare.

Non c'è dubbio, anzitutto, che la vita americana sia profondamente cambiata in questi anni. Il paese agricolo-industriale, isolato dal resto del mondo, ancora prevalentemente rurale, nordico, in parte anche rozzo, rigorosamente guidato dalla tradizione puritana, democratico, amante della libertà, è diventato un impero industriale; le città e le regioni metropolitane hanno assorbito gran parte della popolazione fuggita dalle campagne; la vita vi si è fatta difficile, pericolosa, e irta di nuovi problemi.

L'antico rigore protestante si è attenuato, per cui molti piaceri e indulgenze che venivano proibiti o deplorati dai nonni sono poco per volta diventati comuni, talvolta necessari, per addolcire l'esistenza. Hanno fatto giganteschi passi avanti la diffusione della ricchezza, la cultura, le arti, tra cui la musica sinfonica, l'opera, il balletto, e le lettere, le scienze e l'assistenza sociale; si è invece indebolita la famiglia, nonché l'efficienza e la probità dell'amministrazione pubblica.

A questi mutamenti hanno contribuito senza dubbio le vicende storiche, le guerre combattute da milioni di americani in continenti lontani, i progressi tecnologici, le crescenti responsabilità internazionali e l'accorciarsi delle distanze e hanno messo l'America in contatto più stretto e intimo con popoli dalle abitudini e dalla cultura diverse.

Vi hanno contribuito, in modo crescente, anche le minoranze etniche che avevano conservato o adattato, nel nuovo mondo, vivendo appartate, una parte delle loro tradizioni. La grande crisi dell'eredità protestante e delle ideologie settecentesche ha obbligato molti a considerare non più con avversione o spregio gli «altri» americani, non nordici e non protestanti, ma a studiarli con attenzione e qualche volta con invidia, e ad utilizzarne alcune qualità e capacità tradizionali.

Tracce di questi contributi sono chiare e identificabili in ogni settore. Quale sia la parte degli italiani è quasi impossibile stabilire, tuttavia (al di fuori di alcuni fenomeni vistosi quali la Mafia, la diffusione fenomenale di alcuni piatti popolareschi come la pizza e gli spaghetti e di verdure ignote ai nordici), per svariate ragioni.

Gli emigrati dall'Italia erano, nella loro grande maggioranza, analfabeti o quasi analfabeti zappaterra o operai non qualificati, spinti dal bisogno, assoldati da mercanti di mano d'opera. Furono accompagnati in America da una élite esigua di depositari della cultura nazionale, maestri, studiosi, avvocati, giornalisti, preti, musicisti, eccetera, molto minore e meno preparata di quelle che accompagnarono, per esempio, gli irlandesi, i tedeschi, o gli ebrei.

I preti erano comunque pochi, sottoposti alla gerarchia cattolica irlandese, e non riuscirono a creare punti di raccolta per i connazionali, la cui religione era primitiva e prevalentemente dedicata ai santi protettori del villaggio d'origine, se non in un secondo tempo, solo quando gli emigranti cominciarono ad accorgersi che la loro parrocchia poteva essere un'utile difesa contro i gruppi etnici ostili, la sinagoga, il tempio evangelico, le parrocchie irlandesi o polacche, e l'opprimente società anglosassone.

Anche gli emigranti che sapevano leggere e scrivere non avevano generalmente l'abitudine (come del resto non l'hanno gli italiani d'Italia) di tenere diari, vergare lettere ai parenti ricche di notizie, né di conservare documenti, opuscoli, o giornali. Mio padre stesso, che fondò e diresse per una decina d'anni un giornale italiano a New York, si liberò del suo archivio. (Un professore italoamericano che era venuto a trovarmi pensando di trovare una miniera a casa mia restò deluso e addolorato.)

Erano, poi, questi emigrati, italiani? Erano senza dubbio nati nella penisola e nelle isole, erano di razza italiana, e parlavano una delle molte derivazioni linguistiche italiane. Avevano tutti il passaporto italiano. Ma molti provenivano da villaggi sperduti dove la cultura non era stata modificata per secoli dal contatto con altre regioni, e comunque non aveva ancora risentito gli effetti dell'unità.

Infine, i loro figli (come quelli di ogni altro emigrato) si vergognarono per molto tempo delle loro origini. Molti cambiarono il nome di famiglia, spesso impronunciabile, e spesso anche storpiato in modo inalterabile dai funzionari dell'immigrazione, all'arrivo dei vecchi, sui documenti.

Quasi nessuno conservava qualche nozione della lingua nazionale. La cosa sarebbe comunque stata difficile, quando si pensi che i genitori stessi non conoscevano la lingua letteraria ma solo la forma paesana di qualche dialetto regionale, incomprensibile a pochi chilometri di distanza. I figli si industriarono a infiltrarsi (contro sorde ostilità e pregiudizi) nella vita americana, abbandonando per strada tutto ciò che poteva impacciarli e impedir loro di scomparire nella folla dei concittadini.

Per tutte queste ragioni, il lungo e duro lavoro di ricerca di Andrew Rolle è degno di nota. Egli è andato ritrovando, con immensa industriosità, fatti, incidenti, avvenimenti, vite di personaggi avventurosi e dimenticati, da ogni possibile fonte, per scrivere il primo libro serio sul contributo degli italiani alla vita del West. Pochi che non abbiano tentato lavori simili si rendono conto della fatica e della pazienza necessarie.

Gli italiani devono, per questo, essergli grati. Ma più grati di loro devono essere gli americani, in questo momento tormentato della loro storia, che egli abbia individuato quell'apporto della nostra gente, quasi sempre umile e sconosciuto, ma anche talvolta illustre e decisivo, che ha contribuito a modificare e ad arricchire il loro modo di vivere e di concepire la vita.

Luigi Barzini

GLI EMIGRATI VITTORIOSI

Ad familiam meam

Nota dell'editore
Questo libro è stato pubblicato negli Stati Uniti nel 1968 e per la prima volta in Italia nel 1972; si è deciso di lasciare inalterato il testo e pertanto i riferimenti all'attualità (tanto nel testo quanto nella bibliografia) devono intendersi riferiti a quegli anni.

E varcarono le praterie come i loro padri
un tempo avevano varcato il mare,
e fecero del West la terra dell'uomo libero,
come i padri avevano fatto dell'Est.
Egisto Rossi, XVI

PREFAZIONE

Accade assai di rado che uno storico abbia la sensibilità, l'arte e la fortuna di dare alla luce un libro che modifichi sostanzialmente l'interpretazione di fatti del passato. È il caso di questo libro di Andrew F. Rolle. Esso costringe gli studiosi di storia dell'immigrazione a riesaminare a fondo la materia, ad abbandonare certi stereotipi che hanno deformato, agli occhi dei lettori, l'immagine dell'immigrante, e a modificare l'idea che di esso si era formata tutta una generazione. Il professor Rolle dimostra infatti che molti dei nuovi giunti nell'America del Nord – quelli che ebbero l'ambizione e i mezzi di spingersi al di là della costa atlantica – seppero contendere ai figli degli antichi colonizzatori le posizioni più alte della piramide economica e sociale. Ad essi, ci dice l'autore, spetta il nome di *upraised*, di «immigranti di successo».

È un'interpretazione, questa, che si distacca profondamente da quella consueta della storiografia americana. Gli storici e i sociologi che affrontarono per primi in modo serio lo studio dell'apporto dato dagli immigranti alla società nordamericana lo giudicarono negativo, tale cioè da abbassare il livello di vita, comprimere le retribuzioni, favorire il diffondersi delle malattie e della delinquenza. Nel suo libro *Immigration* (1906) Prescott F. Hall comprese fra gli «effetti dell'immigrazione» il supersfruttamento del lavoratore, il sistema del «padrone», la disoccupazione, l'analfabetismo, la delinquenza, le malattie mentali e le malattie in genere, il pauperismo, la piaga delle «persone a carico», la congestione delle città. Vent'anni dopo, nel suo libro *Immigration: A World Movement and its American Significance* (1926), Henry Pratt Fairchild attribuiva anche lui agli immigranti stranieri la responsabilità degli slum, del pauperismo, dell'abbassamento del livello di vita, senza far loro credito di un solo apporto positivo. Questi ed altri grossolani errori di interpretazione non soltanto offendevano la verità, ma accentuavano e inasprivano i pregiudizi che in tutto il corso del XIX secolo e nella prima parte del XX inquinarono il pensiero e il comportamento dell'americano nativo.

In seguito, per fortuna, una nuova generazione di studiosi si rese conto dell'errore in cui erano incorse quelle che l'avevano preceduta e si dedicò con impegno a correggerlo. Questi giovani studiosi dimostrarono che gli immigrati dall'Europa, dall'Asia e dall'Africa avevano recato un grande beneficio alla società nordamericana, di cui avevano diversificato e rafforzato la cultura e irrobustito l'economia, contribuendo a farne una potenza mondiale di prim'ordine. Questi giovani storici, però, giudicarono e affermarono che gli immigranti, nell'arricchire così la nazione, avevano impoverito e avvilito se stessi. Affermarono che la loro invasione aveva prodotto reazioni e risentimenti così forti da farli condannare alla miserabile vita dei ghetti urbani, dove erano caduti vittime dei latifondisti e degli uffici di collocamento, e da esporli alle ingiurie dei «nativi», prevenuti nei loro confronti, e allo sfruttamento da parte di datori di lavoro senza pietà. La nuova scuola storica li definì quindi *uprooted*, cioè strappati con le radici, anziché *upraised*, cioè felicemente sviluppati dalle radici, considerandoli come diseredati anziché come conquistatori, meritevoli di simpatia per le durezze sofferte nell'ardua e incerta ascesa della scala sociale o di compassione per non aver saputo tenere il passo con i «nativi» nella lotta per il miglioramento del loro stato individuale.

Anche questa immagine dell'immigrante, pur essendo un salutare correttivo delle deformazioni preconcette delle precedenti generazioni, falliva il segno, poiché l'attenzione dello storico era tutta concentrata su di una parte soltanto della popolazione immigrata. Gli immigrati stabilitisi a New York o a Boston o in altre città della costa orientale erano effettivamente pigiati negli slum, disprezzati dagli americani e sfruttati dai proprietari terrieri. Ma gli altri, il rimanente 15 o 20% della popolazione immigrata, che dalle città della fascia atlantica si erano buttati verso occidente, verso le «terre nuove» oltre il Mississippi, erano forse dei diseredati? O non trovarono, invece, ben più facili e larghe possibilità di sistemazione e di ambientamento?

Sono questi gli interrogativi che il professor Rolle si pone con profonda serietà e ai quali risponde, nel libro in esame, nel modo più completo e convincente. Le sue «scoperte», basate sull'accurato studio delle fonti sia italiane sia americane, appariranno sorprendenti a quanti hanno accettata per buona l'immagine tradizionale dell'immigrante nell'America del Nord. Egli dimostra infatti che gli immigranti italiani non incontrarono molta discriminazione, si ambientarono rapidamente e si misero in gara con gli americani «nativi» nella veloce corsa alla ricchezza e al potere. Furono quindi immigranti «di successo», conclude, anziché immigranti «falliti».

Ciò, del resto, è perfettamente naturale, perché il West, in America, ebbe appunto la funzione di elevare socialmente. Non solo all'epoca dei pionieri, ma anche dopo, per molti e molti anni, le possibilità che l'uomo aveva di migliorare il proprio stato furono assai maggiori nel West che nell'affollato Est. La bassa densità demografica del West permetteva anche a un «nullatenente» (in senso relativo, aborigeno o immigrato) di farsi «una posizione» nella società, qualunque fosse il suo mestiere: contadino, commerciante, artigiano, piccolo industriale, professionista. La struttura sociale, più fluida, non poneva tanti limiti a chi aspirava ad uno stato sociale più elevato. Nel West, il prestigio e la ricchezza della famiglia non rivestivano tanta importanza, come fattori di successo, quanta ne avevano nelle città tradizionaliste dell'Est. Chi si spingeva verso «la frontiera» occidentale poteva mettere a frutto le proprie capacità individuali molto più e molto meglio di chi rimaneva indietro. Poteva progredire e aver successo.

Nelle pagine del suo libro il professor Rolle disegna un vivido quadro dei felici frutti che questo ambiente favorevole portò a quegli italiani che osarono sottrarsi ai ghetti delle città della costa orientale. Su questo sfondo prendono rilievo molte nuovissime immagini di immigranti italiani, che hanno ben poco in comune con gli stereotipi di cui si sono nutrite tante generazioni di americani. Esploratori italiani in gambali di cuoio e mocassini; favolose ricchezze strappate al Mesabi Range da minatori italiani; contadini italiani che da un treno di immigranti fermo ad un serbatoio d'acqua nel cuore dei Great Plains scaricano montagne di sacchi di pane e di pasta; commercianti italiani riuniti a circolo nella sala Dal Cenisio all'Etna di Omaha; italiani re del bestiame, padroni di centomila acri di terra lungo il Rio Grande; raduni di nazionalisti italiani in cima al Comstock Lode, per celebrare l'unità d'Italia, oppure a San Francisco, per formare la Swiss-Italian Anti-Chinese Company of Dragoons; e italiani tipo Andrea Sbarboro e Amadeo Pietro Giannini, costruttori di enormi patrimoni con il commercio dei vini e l'attività bancaria: ecco gli affascinanti personaggi del dramma del professor Rolle. Gente di questo calibro, non miserabili baraccati, non gente spremuta da padroni esosi. Egli ci mostra per la prima volta come il West offrisse agli immigranti possibilità di elevazione sociale e di successo non inferiori a quelle che offriva ai nativi.

Queste sono scoperte importanti, che rendono importante un libro. Ora gli studiosi che ne prenderanno conoscenza dovranno dirigere le loro ricerche verso altri gruppi di immigranti, per accertare se anche agli irlandesi, ai tedeschi, agli svedesi, ai norvegesi che mossero verso il West il successo abbia arriso in eguale misura. Solo quando saranno state compiute queste ulteriori ricerche si potranno vedere nella loro giusta luce i rapporti tra gli immigrati e i nativi in America. Fin d'ora si può dire che il professor Rolle, ponendo il problema e fornendo la risposta per uno dei gruppi etnici interessati, ha aperto la strada ad un'interpretazione totalmente nuova della storia dell'immigrazione.

Ray Allen Billington

The Huntington Library
22 marzo 1968

INTRODUZIONE

«Chi aspira a farsi strada in un paese nuovo non dovrebbe essere intralciato da ricordi, nostalgie, rimpianti di ciò che lascia dietro di sé. Deve mettersi in cammino con la decisa volontà di essere colono fra coloni, pronto a comportarsi in America come si comportano gli americani.»[1]

Così scriveva Antonio Gallenga, immigrato italiano nel West, verso la fine del secolo scorso; e nelle sue parole risuonava il pensiero di migliaia di uomini trasferitisi come lui nel Nuovo Mondo in cerca di fortuna.

Sono ormai lontani quegli anni di avventurosa ricerca, quei tempi di travaglio cui l'uomo dà nome di storia. L'America ha quasi superato quel momento vitale della sua storia che fu l'immigrazione. Da tempo è chiusa la porta orientale – Ellis Island – attraverso la quale gli emigranti stranieri si precipitarono a milioni negli Stati Uniti; ormai è poco più di un ricordo la figura dell'immigrato che dall'Est procedeva verso l'Ovest, deciso a dedicare tutto il resto della sua vita alla propria elevazione sociale nella patria d'adozione. Ma in questa nuova età che è la nostra possiamo almeno riconsiderare l'impresa di quegli uomini con un distacco e una serenità che allora non erano possibili. Oggi che gli immigrati si sono in massima parte fusi nell'ambiente sociale americano, dove si trovano veramente a casa loro, possiamo soffermarci ad esaminare se e quali distorsioni abbia subito la loro storia trasmettendosi di bocca in bocca.

Il protagonista del mio libro è – fra tutti i viaggiatori, i cercatori di fortuna, gli immigranti stranieri nel West americano – uno straniero particolare, l'italiano. Uno straniero che ha lasciato le sue tracce in ventidue Stati ad occidente del fiume Mississippi. Il mio intento, però, non è di scrivere una nuova storia di questi immigrati in America, bensì di raccontare la loro particolare esperienza nel

L'italiano nell'immagine che se ne faceva un artista americano (1880). *(Dallo «Hutkhings Illustrated California Magazine», 1887.)*

West americano. Questo libro, quindi, abbraccia un campo vasto, che da un lato comprende i fattori regionali e nazionali esistenti assai prima dell'inizio della grande migrazione italiana negli Stati Uniti, e dall'altro considera anche certi aspetti attuali della vita di questi immigrati. Protagonista sarebbe potuta essere un'altra nazionalità, non importa quale: il tedesco, lo scozzese, il finlandese, il francese, poiché il tema illumina la specifica influenza esercitata dal West americano nella formazione dell'uomo e nella determinazione della sua vita.

Da quando, nel 1893, lo storico Frederick Jackson Turner mise per primo in evidenza l'importanza della «frontiera» nella storia di un popolo, molti scrittori hanno sentito il bisogno di riconsiderare il significato del West nell'esperienza americana. La concezione turneriana del West come «forma di società fluida» piuttosto che come entità ben definita e definibile implicava una certa ambiguità e indeterminatezza geografica. Gli storici hanno finito per vedere nell'individualismo uno dei caratteri distintivi del West. E oggi la gente del West è rappresentata, sia nella letteratura sia nel cinematografo, da un rustico prototipo anglo-americano, mentre è largamente provato che il West fu lungi dall'essere esclusivamente «anglo» di natura e «americano» d'origine. Un esame attento delle statistiche demografiche, delle relazioni di viaggio, degli atti di società e ditte, dei giornali, degli annuari, smentisce l'idea preconcetta della omogeneità razziale della popolazione del West. Ci fu, invece, un'importante componente cosmopolita, che improntò di sé la vita di molti ranch, di molte città minerarie e forestali, di molti accantonamenti ferroviari. Fattorie e città del West pullulavano un tempo di immigrati. Nel 1880, ad esempio, ben 104.244 dei 233.959 abitanti di San Francisco erano immigrati. E ancora nel 1900 San Francisco, con il suo 40% di immigrati, rimaneva con New York e Chicago uno dei grandi centri cosmopoliti degli Stati Uniti.[2]

L'immigrato nel West, e in particolare il cacciatore e il cowboy, poteva ben essere definito un nuovo tipo d'uomo. Spesso si distingueva dall'immigrato della costa orientale anche nel modo di vestire; ma non era, questo, il carattere che ne faceva qualcosa di diverso.

Il carattere differenziale risiedeva piuttosto nella diversa concezione che andava formandosi della propria funzione e delle proprie possibilità nell'America in divenire. Le sue ambizioni andavano ben oltre gli angusti e deprimenti confini delle case popolari dalle condutture d'acqua ghiacciate, provviste di uscite di sicurezza antincendio sotto forma di scalette di ferro esterne. Lo stereotipo del baffuto e capelluto suonatore d'organetto italiano, con anelli agli orecchi e scimmietta alla catena, non corrisponde in alcun modo al vero immigrante italiano nel West. Il West – quello delle montagne e quello dei deserti – era in genere libero da elementi tradizionali.

Esso offriva all'immigrante delle possibilità che gli opifici e le fabbriche delle città dell'Est non offrivano. Invece di mettersi a fare il lustrascarpe, il barbiere o il pescivendolo, l'italiano poteva staccarsi dalla sua prima base americana nella sovraffollata Mulberry Street di New York e spingersi ad occidente, verso traguardi più remunerativi; e così fece, piccola componente dell'orda cosmopolita che mosse verso il West. Non sempre, nel suo trapianto nel West, l'immigrante godette di assenza di pregiudizi nei suoi confronti; è stato osservato, tuttavia, che per la maggior parte degli americani questa migrazione interna fu «straordinariamente fortunata». Scrive Everett S. Lee, parlando del West: «Gli immigranti stranieri vi trovarono possibilità economiche superiori; e coloro che fuggivano l'oppressione vi trovarono la libertà».[3]

Diverso giudizio esprimono quegli storici che studiarono l'immigrato soltanto in ambiente urbano. Per Oscar Handlin, ad esempio, la storia dell'immigrato è soprattutto «una storia di alienazione e di conseguenze di un'alienazione». Ai suoi occhi, la massa degli immigrati americani era costituita da uomini di origine campagnola, avviliti, arretrati, incapaci di uscire dai loro ghetti e di modificarsi. Gente in apparenza completamente schiava di quel pessimismo totale che sembrava caratterizzare l'Est europeo. Questo modo negativo di vedere l'esperienza dell'immigrante contrasta apertamente con la concezione – oggi riconosciuta semplicistica – che Turner aveva dell'uomo di frontiera, fosse esso straniero o del posto. Non si può ignorare il fatto che probabilmente anche fra gli immigrati provenienti dai ghetti dell'Europa orientale, e insediatisi nelle città americane, una minoranza arrivava direttamente da un ambiente originario campagnolo. Molti immigrati nel West, pur essendosi insediati nelle città della costa orientale, non avevano mai messo piede in un'acciaieria o in una fabbrica veramente grande.[4]

Certo, le condizioni di vita dell'immigrato negli Stati della costa orientale erano ben diverse da quelle di cui poteva godere nei territori del West. Nathan Glazer e Daniel P. Moymhan, in *Beyond the*

Melting Pot (Cambridge 1963), mettono in evidenza il fatto che in New York i principali gruppi etnici mantenevano, di generazione in generazione, la loro specifica ancorché mutevole identità, distinguendosi gli uni dagli altri per valori religiosi e culturali. La crescita materiale e spirituale che ebbe luogo in America fece sì, ad ogni modo, che i nuovi venuti maturarono consapevolmente, per eredità e scelta, un'identità nuova, pur perpetuando determinati valori e concezioni tradizionali.[5]

L'esperienza degli immigrati in New York non fu quella degli immigrati che si spinsero nel West a colonizzare delle nuove terre – nuove a tutti, immigrati e americani. Non pochi di questi immigrati nel West si trovarono ad avere molte più cose in comune con i pionieri del West che non con l'ambiente di sudato lavoro e di slum industriali che s'erano lasciati alle spalle negli Stati della costa.

Le storie dell'immigrazione che offrono un quadro di acculturazione totale degli stranieri sono superate. È tempo di dedicare al fenomeno dell'immigrazione nel West un po' dell'attenzione che finora è stata rivolta ai cowboy, agli indiani, ai fuorilegge e ai *vigilantes*. È stato detto da uno storico che la storiografia dell'America dell'Ovest ha sviluppato la «disgraziata tendenza» a dare eccessivo rilievo «al sensazionale, al transitorio, al casuale e al patologico».[6] Davanti alla grande parata di *gun-slingers* e di *bartenders*, di sparatori dal grilletto facile e di tenutari senza scrupoli, di re del bestiame e di cattivi, di donnacce e di imbroglioni, di lord inglesi, di eroi dalla pelle bianca e di mascalzoni dalla pelle scura, che gli scrittori presentano sul palcoscenico della storia del West, finiamo per ricordarci ben di rado che c'erano anche gli immigrati.

La scarsità delle ricerche sull'influenza esercitata dagli stranieri nel West americano ha reso possibile quella deformazione dei fatti, per cui si è ritenuto che la composizione del West fosse essenzialmente anglo-americana. Irlandesi e inglesi, superfluo il dirlo, si sentivano «angli» per comune origine, e nonostante le antiche rivalità erano, nel modo di pensare, più vicini fra loro che non con i gruppi «latini». Gli irlandesi, pur essendo cattolici come gli italiani, ne differivano profondamente per aspetto, lingua, ambiente originario, tradizione, e spesso sostennero con essi dure battaglie di concorrenza, alleandosi invece con gli inglesi, i gallesi e gli scozzesi. Queste quattro nazionalità stabilirono poi legami di simpatia e di solidarietà con altri due gruppi nordici: gli scandinavi e i germanici. Gli italiani, al contrario, più vicini com'erano ai francesi, agli spagnoli e ai greci per affinità mediterranee, rimasero relativamente isolati nelle amicizie come negli odi, con il risultato che, per così dire, si videro costretti a fondersi nel nuovo ambiente.

Il termine «italiani» viene usato in questo libro per indicare le persone originarie dell'Italia peninsulare e insulare, dalla Sicilia al Piemonte, che si spinsero oltre il Mississippi. Una grossa aliquota di queste persone proveniva dall'Italia settentrionale. Questo fatto ebbe certi riflessi sulla loro acculturazione (le differenze tra italiani del Nord e del Sud sono esaminate nella Parte terza), ma non sarebbe pratico soffermarsi su di una sola frazione di un popolo che si considera appartenente ad un'unica nazionalità.

L'italiano che si spinse verso ovest diventò, una volta tanto nella sua storia nazionale, un invasore, anche se non costituì che una sezione minoritaria dell'ondata migratoria riversatasi nel West. Vi è una differenza sostanziale fra una minoranza che sta sulla difensiva e una minoranza che diventa aggressiva. Mentre gli *hispanos*, gli ultimi spagnoli del Sud-ovest, dovettero cedere le loro terre agli usurpatori angli, gli immigrati italiani non si trovarono né nella posizione degli indiani, condannati ad essere tolti di mezzo, né in quella dei *greasers* (termine spregiativo con cui venivano indicati genericamente i messicani), che si paravano sulla strada del *manifest destiny* o – come diremmo oggi – degli «immancabili destini» dell'America. E anche se capitava loro di sentirsi chiamare *wops* o *dagos*, non si lasciarono sfuggire l'occasione di allearsi con gli *anglos* nella conquista di terre che appartenevano agli indiani, come quando occuparono una riserva di indiani Paiute nel Nevada. E sebbene la distruzione delle basi economiche degli *hispanos* del Sud-ovest determinasse una corrente migratoria di lavoratori agricoli, solo occasionalmente gli italiani si indussero a fare questo genere di lavoro stagionale. Finirono, è vero, per costituire un «ponte culturale» tra l'ambiente ispanico e gli invasori anglo-americani, ma al pari di questi ultimi volevano la terra e se la procurarono non appena ne ebbero la possibilità.[7]

Come altre nazionalità immigrate nel West (eccezion fatta per la California e la Louisiana) gli italiani rappresentavano una percentuale relativamente modesta della popolazione complessiva. D'altra parte le statistiche non forniscono un'idea fedele della situazione, perché gli italiani, pur contribuendo al pari dei francesi, degli olandesi e dei tedeschi alla colonizzazione dell'America, non pervasero di sé la società e la politica americana e non formarono, nel West, delle sacche etniche durature. Oggi che le differenze etniche vanno cancellandosi, è possibile vedere in una più giusta prospettiva l'apporto di queste minoranze.[8] In uno studio sulla popolazione degli Stati Uniti si legge:

Un raffronto fra censimenti successivi della popolazione immigrata può darci soltanto una parte della storia degli immigrati stessi nella colonizzazione del paese. Esso non offre un'idea dell'apporto sostanziale che [quei] gruppi o individui diedero all'apertura e all'allargamento dell'area d'espansione degli Stati Uniti.[9]

Gli italiani trovarono nel West, ben più che nelle città dell'Est, la possibilità di condurre quella vita semplice, all'aperto, che era caratteristica della campagna italiana. Inoltre l'ambientamento fu per loro assai meno soggetto a frizioni di quanto non lo fosse per gli immigrati delle città della costa orientale e del Midwest, quali Chicago o Kansas City. Vignaioli e coltivatori di cotone, locandieri, minatori, gestori di ristoranti – per non citare che alcune delle occupazioni degli immigrati italiani –, essi furono prontamente accettati dalla società in cui erano venuti a vivere.

Eric Hoffer, che intorno agli immigrati scrisse pagine di tenero, idealistico ottimismo, non si stanca di ripetere che la loro stessa esperienza di vita li rendeva particolarmente adattabili all'ambiente. «Vennero» afferma «con l'ardente desiderio di mutare la vecchia identità europea e di rinascere a nuova vita; ed è naturale che fossero forniti di un'illimitata capacità di imitare e assimilare il nuovo.» Secondo Hoffer, «il fatto che il paese era nuovo ed estraneo li attraeva anziché respingerli. Essi desideravano ardentemente una nuova identità, una vita nuova, e quanto più il paese era nuovo ed estraneo tanto più tale desiderio trovava soddisfazione. Non è da escludersi che per i non anglofoni la diversità della lingua costituisse un'attrattiva in più: il dover imparare a parlare aumentava l'illusione di rinascere a nuova vita».[10]

Ma gli italiani, anche quando il nuovo li affascinava, erano spesso degli immigranti cauti e conservatori. A confronto dei pionieri locali, apparivano a volte mal preparati ad affrontare la vita della fattoria. Faticavano duramente per anni prima di riuscire a risparmiare il denaro occorrente per comperare del terreno migliorato o un negozio avviato. Giunti relativamente tardi sulla scena americana, si giovarono grandemente della loro capacità di «arrangiarsi». Costretti a fare quel che capitava, cercarono i posti e i mestieri più affini a quelli consueti; così, ad esempio, preferirono alle praterie asciutte e ventose le sponde umide e verdi dei fiumi, le vallate boscose, le colline da vite. Spesso si misero nella scia di americani del posto, dotati di particolari abilità e ben provvisti di denaro, che si spingevano a creare fattorie e villaggi nella terra di nessuno.

Ben più importanti della nazionalità furono, nel Far West, certi fattori concreti, come la capacità dell'uomo di integrarsi nella vita di frontiera, di costruirsi rapidamente una casa, di bonificare e dissodare il terreno. Erano qualità, queste, che spesso decidevano dell'accettazione del nuovo venuto da parte dell'ambiente. Sotto tale profilo, la frontiera non esercitava costrizioni, al contrario, emancipava l'uomo.

Non a caso il periodo più attivo dell'immigrazione in America coincise con l'esplosivo sviluppo urbano e agricolo del paese nel XIX secolo e all'inizio del XX. La tesi turneriana della frontiera, nella sua formulazione originaria, ancora non adulterata dalle successive sottigliezze e sofisticazioni, già posta in discussione dagli storici ma ancora capace di influenzarli, sopravvalutò l'espansione verso ovest come fattore dello sviluppo nazionale americano. Ma la concezione turneriana prende anche in considerazione le differenze regionali e settoriali; e l'immigrante concorse alla crescita dell'America agricola né più né meno che a quella dell'America industriale. O che si trasferissero nel West per spirito di rischio e d'avventura, o che vi fossero spinti da necessità migratoria o da fedeltà alla tradizione, molti di questi immigranti non si lasciarono imprigionare nello schema di acculturazione dei ghetti della costa orientale. Accertare la loro particolare funzione significa portare nuovi elementi chiarificatori alla storia del West americano. Gli europei mossero verso il West esattamente come gli americani.

Gli storici hanno generalmente concentrato la loro attenzione sul trasferimento oltremare dell'immigrante e sul suo insediamento lungo la costa orientale, anziché sul suo spostamento verso l'interno. Gli italiani non furono che uno dei vari gruppi stranieri immigrati, e la storia del loro insediamento nel West è uno dei capitoli più oscuri della storia d'America, sia che li si incontri nei soleggiati vigneti della California o che si vada a cercarli nei profondi pozzi delle miniere di rame dell'Arizona. Certo è che quanto più si avvicinavano alla costa occidentale, e in particolare alla California, tanto più ritrovavano nel paese la terra d'origine. È vero che la maggior parte degli immigrati italiani nel West non era fatta di pionieri e di tracciatori di piste, ma una piccola parte sì. Se si eccettuano gli avventurieri italiani che arrivarono nel Nuovo Mondo sul finire del XVIII secolo, il grosso degli italiani vi giunse soltanto dopo la fine della guerra civile.

Chi si propone di valutare l'apporto di una nazionalità alla cultura di un'altra deve evitare di dare al progresso una spiegazione razziale e guardarsi dal sopravvalutare l'influenza di una data nazionalità. Ma è facile compiere dei passi falsi. L'ammonimento rivolto agli storici da Lawrence A. Kimpton, quando era *Chancellor* dell'Università di Chicago, circa le distorsioni e deformazioni in cui si può incorrere conducendo una ricerca sull'immigrazione, rimane valido:

> Troppi affrontano la materia con conclusioni prefabbricate, attinte dalla tradizione familiare anziché dalle ricerche di laboratorio, e si limitano a raccogliere fatti e dati capaci di confortarle. [...] Ed ecco che spessissimo ci imbattiamo in sociologi, esperti di un determinato gruppo minoritario, che raccolgono dati sulle difficoltà di altri gruppi minoritari [...] in storici immigrati della seconda generazione che raccontano le dure vicende degli immigrati della prima generazione [...] con le discriminazioni [...] che ne conseguono. Essi non riescono a nascondere la traccia di una lacrima, e nel fondo rimane una vibrazione emotiva.[11]

Kimpton avrebbe potuto aggiungere che spesso la «storia dell'immigrazione», scritta dallo stesso immigrato, cerca anche di sostenere interpretazioni partigiane; che lo studioso, anche senza volerlo, è portato a presentare come più importante delle altre la nazionalità sulla quale ha compiuto la sua ricerca. Queste opere, in genere, sono appesantite da interminabili elenchi di immigrati, e rese sospette dall'esagerazione dell'importanza dell'apporto dato da questo o quel gruppo nazionale, sia esso greco o italiano o tedesco. È una fortuna se uno storico dell'immigrazione riesce a mantenersi immune da eccessi di zelo razziale.

Non si dovrebbe tardare ulteriormente a scrivere la storia dell'immigrazione nel West, perché ogni anno che passa le fonti di informazione si assottigliano e diventano meno limpide. La rapida assimilazione dell'immigrato nei territori ad ovest del fiume Mississippi ha fatto sì che la perdita dell'identità nazionale da parte dell'immigrante sia stata la regola, non l'eccezione. Non così nelle grandi città della costa orientale. Molti studi, infatti, hanno posto in rilievo la lentezza dell'acculturazione degli italiani a Boston, a

New York o a Philadelphia. In netto contrasto con l'opinione corrente che l'italiano fosse difficilmente assimilabile sta il fatto che, nel West, l'italiano praticamente scomparve come entità etnica. L'acculturazione fu talmente rapida che la ricostruzione della storia degli immigranti italiani nel West è impresa molto difficile. Le loro tracce sono nascoste, e a volte non più reperibili. Le lettere, i manoscritti, i diari, le memorie hanno subito i capricci della vita; sono andati distrutti negli immondezzai e nelle fiamme, perduti nei traslochi, sciupati dalle mani irriguardose di generazioni che non conoscevano né cercavano di conoscere i nonni e spesso ne gettavano nel caminetto i documenti ingialliti. In California, quasi nulla s'è salvato della stampa in lingua italiana, francese o tedesca. Intere raccolte di giornali servirono ad avvolgere verdura o frutta, nelle mani di gente che non sapeva farne miglior uso. Lo storico è quindi costretto a basare in parte la sua ricostruzione su labili fonti.[12]

Perché concentrare l'attenzione su di una sola nazionalità? E perché soltanto ad ovest del fiume Mississippi? Lo abbiamo già detto: sebbene non tutti gli immigranti si stabilissero nelle grandi città dell'Est, una stragrande maggioranza degli studi riguarda l'acculturazione nell'ambiente urbano, avvenuta in condizioni completamente diverse da quelle che caratterizzavano il West. Il divario fra la conoscenza che abbiamo dell'immigrante rurale e quella che abbiamo dell'immigrante urbano è dunque una buona giustificazione per questo nostro studio. D'altra parte sarebbe stato un assunto troppo ambizioso quello di racchiudere in un solo libro tutte le nazionalità che concorsero a dare vita e forma al West americano. L'impresa sarebbe stata eccessiva anche se avessimo voluto restringerla all'area mediterranea. Ecco perché abbiamo scelto gli italiani, gruppo negletto, le cui fonti di documentazione erano disponibili e di cui conosciamo la lingua. Questo non è uno studio eminentemente statistico. Esso si fonda solo in parte sulle statistiche. Lo si deve considerare, piuttosto, come un'interpretazione della parte avuta dagli immigrati italiani, quale risulta da tutto un complesso di fonti diverse. Quando occorre una visione più generale, esso si allarga al di là dei limiti geografici e temporali che ci si è imposti. Possiamo dire che questa storia risulta dalla fusione di innumerevoli frammenti di informazione disseminati negli Stati Uniti e in Italia.

Salvo, forse, un'unica eccezione, questo è il primo libro che tratti di una sola nazionalità di immigrati ad ovest del fiume Mississippi;

esso ha infatti un solo parallelo nel libro di Kenneth O. Bjork, *West of the Great Divide: Norwegian Migration to the Pacific Coast, 1847-1893*, che però è strutturato diversamente. La maggior parte delle storie dei singoli stati della federazione americana non dice quasi nulla della parte immigrata della popolazione, il che è una conferma indiretta dell'ampiezza del fenomeno di assimilazione.

Pochi sono oggi, in America, gli immigranti. Ed ora che è praticamente scomparso l'atteggiamento difensivo nei confronti dell'immigrante, gli studi sul fenomeno immigratorio appaiono ovviamente meno intrisi di emozione, orgoglio e pregiudizio di quelli del passato. Con il succedersi delle generazioni di storici, si succedono anche gli schemi interpretativi. La nuova storiografia dell'immigrazione non è più così ribboccante di spirito apologetico e di pietismo verso gli ascendenti o verso il paese d'origine. Pensiamo e speriamo che lo studio di una nazionalità, nella fattispecie l'italiana, permetta di far luce anche sull'intero movimento immigratorio. Abbiamo molto bisogno di storie non apologetiche delle minoranze nazionali, che non ricalchino i vecchi e superati cliché del *melting pot* razziale, del «crogiuolo» di razze, della delusione, della frustrazione, oppure dei contributi esoterici dell'immigrante alla vita americana. Richard C. Haskett ha scritto:

La questione più importante da un punto di vista interpretativo è forse il rapporto tra immigrazione ed espansione verso occidente, la tesi della «frontiera» sostenuta da Turner. [...] L'inevitabile che il fenomeno dell'immigrazione sia in qualche modo collocato in un rapporto comprensibile con il fenomeno «frontiera». Gli americani mossero verso occidente, e gli europei mossero come loro verso occidente. Tuttavia, pur riconoscendo che l'immigrazione europea fu organicamente collegata con la conquista americana del continente, gli storici non hanno fatto alcuno sforzo serio per chiarire i rapporti fra i due movimenti.[13]

Questo libro traccia la storia di una sola nazionalità di immigranti nel West. Ma nel far ciò abbiamo elaborato delle idee sull'immigrazione che, sebbene non dimostrabili in tutti i particolari, rappresentano una teoria della storia dell'immigrazione. Noi pensiamo e speriamo che il nostro punto di vista offra un'alternativa alle idee che ci eravamo fatte dell'immigrante. Le nostre ricerche, pur discostandosi nei risultati dalle precedenti teorie, hanno aperto certe prospettive che non annullano le ricerche fatte in passato. Sebbene questo libro si sviluppi in parte attorno ad una tesi, ho sentito viva in me la responsabilità di raccontare la vera storia degli italiani nel West americano. È difficile fare ad un tempo opera di interpretazione e opera di cronaca; ma esaminando Stato per Stato il comportamento e le realizzazioni dell'immigrante è possibile giungere a certe nuove generalizzazioni. Nei primi capitoli getteremo lo sguardo nelle vicende degli avventurieri, dei sacerdoti e dei viaggiatori del XVIII secolo, per poi passare ad esaminare la grande migrazione verso occidente.

Parte prima
VECCHIO E NUOVO MONDO

I
PERCHÉ EMIGRARONO: LE CONDIZIONI IN EUROPA

In *Grandezza e decadenza di Roma* Guglielmo Ferrero annota che Roma era già la prima potenza mediterranea un secolo prima di Cristo. La storia del popolo italiano affonda le radici nel ricco terreno di questo lungo passato. Dall'antichità classica fino al Rinascimento e oltre, la storia d'Italia è un prezioso e orgoglioso patrimonio di memorie, che mai si obliterarono completamente nella coscienza degli italiani, sebbene in questa, con l'avvicinarsi dei tempi moderni, andasse attenuandosi il senso della gloria. Arrivata fra le ultime delle nazioni europee al traguardo dell'indipendenza, l'Italia sentiva di non essere all'altezza del suo passato. Il luminoso mattino dell'impero romano e il fervido meriggio del Rinascimento oscuravano il crepuscolo del Risorgimento, della rinascita dell'Italia all'unità. L'Italia, prima di ricevere dal Risorgimento questo tardivo dono, era rimasta a lungo sotto il dominio straniero. Ancora nel XIX secolo essa era alla mercé dell'Austria e della Francia. Gli interventi stranieri e la repressione politica provocavano l'esodo di uomini di alto livello, non pochi dei quali – come Filippo Mazzei, o Lorenzo Da Ponte, il librettista di Mozart, o lo stesso Giuseppe Garibaldi – cercarono asilo negli Stati Uniti. Ma altre ragioni non politiche furono quelle che spinsero la maggior parte degli emigranti italiani verso il Nuovo Mondo. Tutto il flusso degli avvenimenti sembrava, in patria, avversarli. Il solco che si scavava fra speranze e realtà mortificava l'intraprendenza dei singoli.

Sono le condizioni sociali, politiche ed economiche quelle che, generalmente, forniscono la migliore spiegazione del fatto che degli uomini lascino la terra natia per andare a cercarsi una nuova patria. Fra il XVIII e il XX secolo le condizioni dell'Italia favorirono la partenza di centinaia di migliaia di persone verso i più lontani confini dell'emisfero occidentale. Una rapida scorsa al passato aiuta a comprendere non soltanto perché ci fu un'emigrazione, ma anche quale parte ebbero gli italiani nel Nuovo Mondo.

Le carestie periodiche erano un fatto quasi endemico, anche in quelle regioni che potevano chiamarsi i «granai d'Italia». Una pressione fiscale senza precedenti (la proprietà terriera arrivò ad essere colpita da ventidue tasse diverse contemporaneamente) e la diffusa disoccupazione erano fonte di perenne scontento. Il latifondismo imperava anche in province sovrappopolate; la terra era lavorata da affittuari o braccianti. Dagli affittuari i grandi proprietari esigevano alti canoni e grosse aliquote dei raccolti; poco restava al contadino per i mesi invernali. Nel detto «Chi ha prato ha tutto» si riassumeva la situazione di un paese in cui, in pieno XIX secolo, tutte le possibilità erano nelle mani di una ristretta dinastia terriera.

In contrasto con questa terra vietata e irraggiungibile si profilavano in lontananza le libere terre del West americano, appena sparsamente abitate. Dalle spiagge orientali, l'America si stendeva all'interno per tremila miglia, sconfinata visione di speranza. Mentre nel Vecchio Mondo la terra era poca e gli uomini molti, nel Nuovo Mondo la terra era molta e gli uomini pochi. A questo pensava padre De Smet, il famoso prete di frontiera, quando scriveva:

Andando a visitare le tribù indiane ho attraversato molte volte le immense pianure del West. [...] Ogni volta che percorrevo quelle pianure avevo l'impressione di trovarmi nel vuoto, ma in un vuoto nel quale mi sembrava di udire echeggiare le grida di dolore di migliaia e migliaia di europei senza pane, senza tetto, senza speranza. «Poveri infelici!» dicevo a me stesso. «Perché non siete qui? Con il vostro ingegno e il vostro lavoro mettereste fine a tante sofferenze! Qui potreste costruirvi una casa serena e raccogliere in abbondanza i frutti della vostra fatica.» Sì, questo vuoto esiste veramente, e quando dico che dovrebbe essere riempito da gente industriosa e perseverante le mie parole concordano con le osservazioni di tutti i viaggiatori.[1]

In gran parte della penisola italiana il contadino non aveva fatto altro, per secoli, che combattere con un terreno duro, avaro, spaccato e scarnificato dall'erosione. I villaggi si aggrappavano alla cima rocciosa delle alture. Le deboli precipitazioni atmosferiche, rese ancora più scarse dagli alti sbarramenti montani, contribuivano a ridurre ulteriormente le superfici arabili. In certe zone l'acqua mancava del tutto; in altre, a imprevedibili periodi di siccità succedevano piogge torrenziali e inondazioni altrettanto imprevedibili. Nelle regioni paludose imperversavano la malaria ed anche il colera.

Se si eccettua il Portogallo, l'Italia era il paese d'Europa co[l] più basso consumo di carne. In certe zone, soprattutto del Sud, la dieta del contadino consisteva di pane ed acqua e poco altro; di rado la pasta, ogni tanto la carne. Le statistiche mettono in luce drammatica i contrasti fra il livello di vita dell'Europa e quello dell'America. Nel 1880 l'italiano medio consumava 28 libbre di carne all'anno, quando l'americano medio batteva il record di 120 libbre; l'Italia aveva un disavanzo di 5 milioni di stai di grano all'anno, mentre gli Stati Uniti ne avevano un surplus di 150 milioni.[2] Amante della pasta in tutte le sue forme, l'italiano aveva mille buone ragioni per guardare con invidia agli Stati Uniti e in particolare a quelle vaste estensioni del West, che davano a profusione gli alimenti a lui più graditi: il grano e la carne.[3]

All'emigrazione non si contrapponeva altra alternativa se non quella di rimanere in un paese dove le condizioni di vita diventavano sempre più basse e dove l'apatia sembrava rendere immutabili le diseguaglianze sociali. Ma quali fossero i sentimenti dei settori più poveri del popolo italiano apparve chiaro dopo il 1870. Allora i governi dell'Italia unita ebbero il loro da fare per soffocare le rivolte dei contadini affamati. In tutto il decennio tra il 1880 e il 1890 fu un esplodere di sommosse tanto nelle città quanto nelle campagne della Lombardia, della Calabria, della Sicilia, sommosse che videro gli operai disoccupati delle città unirsi ai contadini ridotti a vivere a livello più basso della pura sussistenza. Ma allora tutte le sommosse si spensero nella mortificante repressione governativa, così come doveva accadere più tardi per le manifestazioni milanesi contro la tassa sulla macinatura e la penuria di grano.[4]

La disparità fra la relativa ricchezza dell'Italia settentrionale e l'abietta miseria del Sud rimaneva netta e indiscutibile; una miseria che persisteva immutata nella Lucania degli anni Trenta, descritta da Carlo Levi in *Cristo si è fermato ad Eboli*:

Le case dei contadini sono tutte uguali, fatte di una sola stanza che serve da cucina, da camera da letto e quasi sempre anche da stalla per le bestie piccole, quando non c'è per quest'uso, vicino alla casa, un casotto che si chiama in dialetto, con parola greca, il *catoico*. Da una parte c'è il camino, su cui si fa da mangiare con pochi stecchi portati ogni giorno dai campi: i muri e il soffitto sono scuri pel fumo. La luce viene dalla porta. La stanza è quasi interamente riempita dall'enorme letto, assai più grande di un comune letto matrimoniale: nel letto deve dormire tutta la famiglia, il padre, la madre, e tutti i figliuoli. I bimbi più piccini, finché prendono il latte, cioè fino ai tre o quattro anni, sono invece tenuti in piccole culle o cestelli di vimini, appesi al soffitto con delle corde, e penzolanti poco più in alto del letto. La madre per allattarli non deve scendere, ma sporge il braccio e se li porta al seno; poi li rimette nella culla, che con un solo colpo della mano fa dondolare a lungo come un pendolo, finché essi abbiano cessato di piangere. Sotto il letto stanno gli animali: lo spazio è così diviso in tre strati: per terra le bestie, sul letto gli uomini, e nell'aria i lattanti. Io mi curvavo sul letto, quando dovevo ascoltare un malato, o fare una iniezione a una donna che batteva i denti per la febbre e fumava per la malaria; col capo toccavo le culle appese, e tra le gambe mi passavano improvvisi i maiali o le galline spaventate.

E Levi ci dice quali fossero i sentimenti di questa gente verso l'America:

Il Regno [di Napoli] è finito: il regno di queste genti senza speranza non è di questa terra. L'altro mondo è l'America. Anche l'America ha, per i contadini, una doppia natura. È una terra dove si va a lavorare, dove si suda e si fatica, dove il poco denaro è risparmiato con mille stenti e privazioni, dove qualche volta si muore, e nessuno più ci ricorda; ma nello stesso tempo, e senza contraddizione, è il paradiso, la terra promessa del Regno.[5]

Un altro scrittore italiano, Danilo Dolci, ha descritto il disperato e disperante fatalismo del contadino siciliano. Se lo si osserva ancora oggi, è facile immaginare la sua istintiva diffidenza verso il «progresso» nell'Italia continentale. Nella società siciliana non ci si poteva fidare neppure del vicino. Il governo era, per sua natura, un nemico. Non si concepiva un'impresa cooperativistica, non si credeva nella possibilità di miglioramenti agrari, anzi non si credeva nella possibilità di miglioramenti *tout court*. Condizione indispensabile di ogni riforma sociale è la capacità di guardare avanti, di anticipare il futuro; e la mancanza di questa capacità era appunto il più grosso ostacolo al progresso della Sicilia, il cui dialetto è addirittura privo del tempo futuro.

Si aggiunga che ancora sul finire del XIX secolo la maggior parte degli italiani non aveva il sentimento di partecipare al processo di unificazione del paese. Anzi, nella provincia italiana le masse rurali, legate a fedeltà di parrocchia, erano spesso avverse all'unità nazionale.[6] Troppo spesso l'aristocrazia non comprendeva i contadini e i politici non comprendevano le masse urbane. Ben poco avevano fatto e facevano i «signori» per alleviare la miseria del popolo. Nel momento in cui ogni sforzo si sarebbe dovuto concentrare nei miglioramenti interni, una burocrazia inerte era invece mobilitata al servizio di aspirazioni coloniali, il cui obiettivo era al di là della portata del popolo italiano.

Questa «coscienza coloniale», provocata in parte dal congresso di Berlino del 1878, trascinò l'Italia, fra il 1887 e il 1912, in una serie di imprese militari africane che la ridussero alle soglie della bancarotta. Il conseguente aumento delle tasse colpì in misura relativamente più pesante gli strati poveri della popolazione, provocando l'esodo di altre decine e centinaia di migliaia di italiani.

Anche il conflitto Chiesa-Monarchia, che per decenni tenne in crisi i rapporti tra la Santa Sede e lo Stato, fu motivo di disagio all'interno del paese. Si andava diffondendo quel senso di insofferenza che trovava espressione nella frase «Siamo sotto le unghie dei preti».[7] Oppresso dalla Chiesa e dal gravame delle tasse per mantenere l'esercito e la marina, il povero cadeva tra le grinfie dell'usura, che arrivava a strappargli interessi del 50%.

L'incapacità dell'Italia di meccanizzarsi, di dare impulso al suo sviluppo economico e soprattutto industriale, e lo scarso slancio della sua classe dirigente facevano sì che i lavoratori fossero particolarmente sensibili ai richiami d'oltre frontiera. Nelle città sovrappopolate la norma era il ritardo dell'industrializzazione e lo squilibrio del progresso economico. Non vi è mai una sana crescita economica in tempi di disordine politico e di incertezza di programmi nazionali. Nell'aspro clima sociale italiano fiorivano poche possibilità d'impiego e di guadagno. All'apatia imperante, alle questioni costituzionali, alle crisi di governo, ai contrasti di classe si aggiungevano le catastrofi nazionali, come l'epidemia di colera del 1887, creando un diffuso senso di frustrazione.[8]

C'erano poi i mali congeniti ed incurabili della conformazione geofisica del paese: i terremoti, i contrapposti flagelli della siccità e delle alluvioni, la malaria, la povertà del suolo, la mancanza di risorse minerarie, in particolare di ferro e di carbone. E quando, al principio di questo secolo, la densità della popolazione italiana raggiunse la cifra di 113 unità per chilometro quadrato, c'erano ancora vastissime zone, situate talvolta in paludi pestilenziali o su impervie pendici dei monti, che non potevano essere né lavorate né abitate.[9]

Non può destare meraviglia che in un clima di depressione prodotto dalla psicologia della miseria si verificasse lo spopolamento di interi villaggi. Una stima del 1900 vuole che in quell'anno un milione di lavoratori andasse a lavorare anche per due mesi in altre province, lasciando moglie e figli al paese. Con l'andare del tempo accadde che la popolazione di talune città si dividesse letteralmente in due, metà in Italia e metà oltre oceano. Nel 1901 il sindaco di Moliterno, in Lucania, porgendo il saluto della città al capo del governo, venuto a visitarla, diceva: «La saluto in nome di ottomila concittadini, tremila dei quali risiedono in America, mentre gli altri cinquemila si preparano a seguirli».[10]

Alla potente attrattiva del Nuovo Mondo andò mescolandosi un sentimento romantico, spesso fondato su miti, perché mentre l'emigrante potenziale era pronto a gettarsi dietro le spalle tutto ciò che apparteneva alla tradizione e alla convenzione, l'americano colto era sedotto dall'antichità italiana e nel suo animo vibravano da sempre quei motivi simbolici e sentimentali che Van Wyck Brooks seppe cogliere e descrivere con tanta precisione. Pochi erano gli italiani giunti in America prima della metà del XIX secolo, eppure si sentiva chiaramente la *italianate influence*, l'influenza italianizzante, che poteva essere fatta risalire all'epoca in cui il gusto napoleonico per le espressioni architettoniche e decorative della Roma imperiale si era diffuso nella fascia orientale degli Stati Uniti, manifestandosi, ad esempio, nella jeffersoniana Villa Monticello.[11]

Tra i fattori che spinsero gli europei verso il Nuovo Mondo non va sottovalutato lo spirito d'avventura, che con la sua ricchezza di atteggiamenti e di impulsi romantici fece presa soprattutto sui giovani che si esaltarono per il West americano. Oltre a questo, però, agirono sui giovani anche altri fattori più concreti, come il desiderio di sottrarsi al servizio militare, alla potestà dei genitori, all'immobilismo della vita dei campi. Il West, così esente da tradizioni e convenzioni, appariva loro come l'ambiente più libero, più ricco di possibilità. Tutto ciò che di brillante e giovane ferveva in esso esercitava sui giovani un grande richiamo. Un grande richiamo esercitò quindi quella straordinaria impresa che andò sotto il nome di *westward movement*, il balzo verso ovest, quella «sfida lanciata dal noto all'ignoto» sulla soglia della frontiera. Lo scrittore jugoslavo Louis Adamic, nel raccontare quale attrazione magnetica avessero esercitata su di lui i libri di James Fenimore Cooper, con i loro indiani e cowboy leggendari, confessa che il movente principale che lo spinse ad emigrare «non fu la speranza di un miglioramento economico, ma un'ansia di avventura e di eccitamento».[12]

La ricerca della vita semplice, elementare, primitiva, tema ricorrente di tutte le letterature, fu ciò che mosse gli esploratori del Nuovo Mondo da Ponce de León in poi. Nei suoi ricordi, Constantine Panunzio ribadisce il concetto, già espresso da Adamic, della forza d'attrazione dell'avventura. La libertà del West e «il richiamo del mare erano nella mia anima», scrive Panunzio. «Sembrava che gli occhi dell'immaginazione sapessero vedere due cose sole: le vaste distese di terreno vergine e il vasto serpeggiare dei grandi fiumi. Avevo letto qualcosa degli indiani [...] m'ero fatta l'idea che l'America fosse [...] un grande paese, un paese immenso, di indefinita bellezza.» Il mito che faceva del West americano il «giardino del mondo» non tardò a presentarsi alla mente dell'emigrante e a spingerlo a partire. «Fra le centinaia di miti cari ai contadini», scrive Carlo Levi «ce n'è uno che si stacca da tutti gli altri, perché offre la via d'uscita ideale dalle durezze della realtà. [...] È l'immagine che essi si fanno, magica e reale ad un tempo, di un paradiso terrestre perduto e ritrovato: il mito dell'America.»

Al mito del primitivo si univa, nell'animo dell'emigrante potenziale, un'inquietudine crescente per ciò che accadeva in patria. Levi racconta che già nel 1853 i contadini di Vasto denunciavano il disboscamento delle loro terre e minacciavano di emigrare in California a causa del pericolo che incombeva sui loro pascoli.[13]

L'idea che gli italiani si facevano del *Golden West*, con i suoi cowboy, i suoi saloon, i suoi sceriffi, il whisky, gli indiani, si consolidò dopo il 1910, l'anno della *première* de *La fanciulla del West* di Giacomo Puccini il cui libretto era basato sul romanzo di David Belasco *The Girl of the Golden West*. Quest'opera, che fu rappresentata la prima volta appunto il 10 dicembre 1910 e che oggi appare tanto ingenua e convenzionale, non fu considerata allora una parodia del *Wild West*, come il *Golden West* fu chiamato nel linguaggio del film western. Al contrario! L'opera pucciniana faceva pensare a praterie sconfinate e ad aspre montagne, all'ombra delle quali – si perdoni il bisticcio – perfino una povera ragazza come Minnie poteva trovare un posto al sole. A chi non chiedeva che di poter credere, *La fanciulla del West* di Belasco-Puccini offrì un quadro altrettanto credibile del West americano e delle sue ragazze quanto lo era stato il quadro che del Giappone e delle sue Cio-Cio-San lo stesso Puccini aveva presentato pochi anni prima con la *Madame Butterfly*. Il nostalgico duetto del terzo atto della *Fanciulla del West* termina con il ritornello:

Addio, mia dolce terra;
Addio, mia California!
Bei monti della Sierra, o nevi, addio!

Un'inconscia speranza d'avventura rafforzava dunque nell'animo dell'emigrante potenziale la convinzione di dover partire perché la terra dei padri non prometteva alcun miglioramento economico o politico. E diventò cosa naturale il tendere lo sguardo verso i verdi pascoli d'oltre oceano, così come i disoccupati delle città del Sud Europa cercarono un futuro migliore nelle città straniere. Le paghe in Italia erano, a seconda della regione, da due a cinque volte inferiori a quelle che l'emigrante poteva percepire in America. Un raffronto fra le paghe dei lavoratori cinesi di San Francisco e quelle dei lavoratori italiani a Napoli nel 1880 illustra bene quella differenza di trattamento, che doveva diventare un così importante fattore dell'emigrazione italiana in America:

Mestiere	Paga giornaliera del	
	lavoratore cinese a San Francisco	lavoratore italiano a Napoli
Ciabattino	Lire 7,25	Lire 2,50
Sarto	" 7,75	" 2,80
Sigaraio	" 5,75	" 3,00
Cuoiaio	" 6,25	" 2,75
Ebanista	" 4,50	" 2,40

Nel 1903 i braccianti siciliani venivano pagati l'equivalente di un quarto di dollaro dell'epoca per dodici ore di lavoro.[14]

In contrasto con la disoccupazione italiana, il mercato americano aveva grande bisogno di lavoratori stranieri per alimentare il crescente sviluppo agricolo e industriale. Nell'ultima parte del XIX secolo i lavoratori italiani potevano contare sulla possibilità di guadagnare, negli Stati Uniti, un salario di circa un dollaro e mezzo al giorno. Essi erano destinati ad avere una parte vitale nella costruzione delle ferrovie, delle gallerie, dei ponti, delle opere idriche del Nuovo Mondo e nella creazione di tutto il sistema delle fattorie agricole. In quella terra generosa c'era molto da fare dappertutto. Con le manifatture di tabacco da far funzionare, le strade da stendere, le case da costruire, le foreste da disboscare, per l'emigrante non c'era che la difficoltà della scelta. Sembrava che non ci fosse da fare altro, in quella terra, che migliorarla in permanenza. Il suolo vergine si offriva per la prima volta all'aratro, e le foreste naturali fornivano in abbondanza il legname che avrebbe fatto sorgere la civiltà dal deserto.

Fu pura coincidenza (o non lo fu?) che Frederick Jackson Turner, padre della «teoria della frontiera», subisse fortemente l'influenza del grande economista italiano Achille Loria? Turner lesse subito, non appena pubblicato, quel formidabile vivaio di idee e di stimoli che fu l'*Analisi della proprietà capitalistica* (Torino 1889) e si impadronì del concetto che la terra «libera», non occupata, non lavorata, era «la chiave della crescita economica di una nazione» e che «con l'addensarsi della popolazione l'economia avrebbe inevitabilmente cercato forme più complesse». Loria, d'altra parte, in un appunto inviato a Turner da Padova nel 1894, gli diede atto che il suo «ammirevole studio sulla funzione della frontiera nella storia americana» gli aveva fornito «molti importanti elementi a sostegno delle mie [di Loria] tesi economiche».[15]

Non si sono avute idee chiare sul pensiero di Turner circa il rapporto immigrato-frontiera. Quali furono, veramente, i sentimenti di Turner nei riguardi della componente straniera della vita americana? Forse l'apporto degli immigrati, cioè la componente europea della vita americana, non fu posto in particolare evidenza da Turner; tuttavia esso è un elemento fondamentale della sua concezione. Da ragazzo, a Portage nel Wisconsin, dov'era nato nel 1861, Turner aveva avuto modo di «constatare la trasformazione degli immigrati tedeschi, scozzesi e gallesi a mano a mano che essi si affermavano e prosperavano sulle terre a buon mercato dell'America di frontiera». Quelle scene non si cancellarono mai dalla mente di Turner, e certamente contribuirono a convincerlo che «gli Stati Uniti erano qualcosa di diverso dall'Europa, e che a spiegare questa diversità concorreva il basso prezzo della terra».[16]

Non limitandosi a sottolineare l'importanza dell'ambiente nella storia del West, Turner affermava, in uno dei suoi primi saggi, che nel West persisteva l'eredità europea: «La nostra storia va intesa come uno sviluppo della storia d'Europa nelle condizioni nuove del Nuovo Mondo. Come potremmo capire la storia americana se non capissimo la storia europea?». Secondo Turner «il grande West, i cui confini andavano costantemente arretrando, è stato per gli Stati Uniti dell'Est in modo diretto, e per le nazioni d'Europa in modo più indiretto e lontano, ciò che il Mediterraneo fu per i greci: l'ambiente che infranse le catene della tradizione, che offrì esperienze

che impose istituzioni nuove e nuove attività».[17] Secondo
, la frontiera aveva prodotto un tipo di americano in cui «for-
rozzezza si combinavano con acume e intuitività» e in cui si ri-
conoscevano «quel modo pratico e ingegnoso di pensare, pronto a
trovare espedienti; quella capacità di dominare le cose materiali
ignorandone l'aspetto artistico ma raggiungendo di prepotenza
grandi obiettivi; quell'inesauribile energia nervosa; quel dominante individualismo nel bene e nel male; e infine quell'effervescenza
e quell'esuberanza che nascono dalla libertà».

Naturalmente questa «filosofia della frontiera» era fuori del
campo visivo dell'emigrante, che di Turner e di Loria non aveva mai
sentito parlare. La stessa idea di poter valorizzare una terra vergine
era velata da quella, ben più viva, della crescita civile di un paese
nuovo. Sigmund Freud, in *Il disagio della civiltà*, definisce questo vitale bisogno creativo dell'uomo in termini che suonano chiari ad
un orecchio italiano: «La bellezza non ha uno scopo ovvio; non ve
n'è neppure un'evidente necessità culturale; purtuttavia la civiltà
non può farne a meno». Ebbene, gli italiani portarono in una dura
ed aspra società industriale questo ingrediente umanizzante. Basta
guardare l'imponente lavoro di mosaico artistico di cui essi ornarono le *subways* di New York, o la statuaria e i mosaici palladiani da essi lasciati sul loro cammino, perché si riveli luminosamente questo
bisogno quasi lirico di arricchire l'America di bellezza.

Se fra il 1860 e il 1870 non più di 12 mila italiani emigrarono negli Stati Uniti, la crisi agricola italiana del 1887, acutizzando la disoccupazione e abbassando la domanda di manodopera contadina,
stimolò fortemente l'emigrazione. A quell'epoca le nascite, in
Italia, superavano di 350 mila unità all'anno i decessi. Nel 1906,
nonostante il forte flusso emigratorio, la popolazione italiana aumentava annualmente di undici unità ogni mille. L'imponenza del-
l'emigrazione italiana appare evidente quando si pensi che nei pochi anni del nostro secolo che precedettero la prima guerra mondiale ben 8 milioni e mezzo di italiani si trasferirono all'estero. Se è
vero che di questi ne rientrarono in seguito 2 milioni e 400 mila, furono pur sempre 6 milioni e 100 mila gli emigranti su una popolazione complessiva di 35 milioni. La massima parte degli emigranti
italiani negli Stati Uniti vi giunse fra il 1880 e il 1924 e fu una delle
più grandi ondate emigratorie di tutti i tempi. Una delle più grandi, e l'ultima. La ricerca di nuovi approdi in una Terra promessa ge-
nerò una vera e propria febbre emigratoria.[18]

La maggior parte degli italiani che si dirigevano in America veniva dalla campagna e non aveva mai visto una grossa città prima di arrivare al punto d'imbarco. Dal 1880 i porti di Genova, Napoli e Palermo diventarono grandi centri di espatrio. Per evitare l'affollamento dei porti, le società di navigazione avevano l'ordine di comunicare soltanto le date di partenza. Ci fu un giorno in cui ben 15 mila italiani sbarcarono a Ellis Island nelle ventiquattr'ore. Il viaggio in terza classe da Napoli a New York, che nel 1880 costava 15 dollari, era salito a 28 nel 1900.[19]

Secondo il censimento federale del 1900 negli ultimi ottant'anni erano entrati negli Stati Uniti circa 20 milioni di stranieri (prima del 1820 non si tenevano registrazioni degli immigrati), e un terzo della nazione era costituito da residenti di provenienza straniera o di figli di oriundi stranieri. L'ondata immigratoria negli Stati Uniti raggiunse il culmine nel 1907, quando nel corso dell'anno arrivarono ben 1.285.000 stranieri; ma per parecchi anni gli arrivi superarono il milione di unità. Tra il 1900 e il 1914 entrarono in America 13 milioni e mezzo di immigranti. Quanto all'Italia, nel 1901 se ne andò mezzo milione di persone su 32 milioni e mezzo; nel 1913 una persona su quaranta.

Doveva venire il giorno in cui gli oriundi italiani avrebbero costituito la seconda comunità straniera, in ordine di grandezza, degli Stati Uniti. Nel 1910 il censimento federale dava presenti 1.343.000 italiani, e la cifra saliva al disopra dei 2 milioni tenendo conto dei loro figli nati in America. Nel decennio che seguì giunsero altri 1.109.524 italiani, e questo flusso continuo creò qualcosa come un ponte vivente tra la madrepatria e l'America.

Relativamente pochi erano, fra questi immigrati, coloro che possedevano un'alta specializzazione o una buona cultura. In un certo senso, quanto più l'italiano era incolto, tanto più vedeva nell'America un Eden. Il Nuovo Mondo prometteva al lavoratore generico di trasformare in una ghirlanda di fiori la sua corona di spine. Di quando in quando ci pensava il Congresso a rallentare, con le sue leggi, il flusso immigratorio. Nel 1882 negò il permesso d'entrata ai poveri in senso assoluto, ai delinquenti e ad altre categorie di indesiderabili. Nel 1885 vietò il lavoro straniero a contratto; nel 1917 impose, per gli immigranti adulti, una prova di alfabetismo. Tutte queste restrizioni rappresentavano una reazione economica e sociale all'impressionante aumento dell'immigrazione dal 1880 in poi e allo spostamento della zona d'origine verso l'Europa centro-meridionale e orientale. Nel quinquennio 1911-1915, il 67,4% degli immigranti in America venne infatti da tali aree. Durante la prima guerra mondiale vi fu un naturale rallentamento dell'immigrazione, e nel 1921 il governo federale rafforzò drasticamente il rallentamento naturale stabilendo delle quote massime nazionali, finché nel 1924 la politica della *permanent quota*, caldeggiata dai sindacati operai americani, interruppe completamente il flusso della manodopera a buon mercato e non organizzata. Nonostante la riduzione dell'immigrazione, gli italiani immigrati negli Stati Uniti avevano raggiunto, nel 1950, la cifra di 4.776.884.

Dalla fine dello scorso secolo, insomma, si era instaurata negli Stati Uniti una «nuova corrente immigratoria», diversa dalla prima invasione nordica. Nel 1898, per la prima volta, vi furono più immigranti dall'Italia che da qualsiasi altro paese; in quell'anno gli immigranti italiani superarono del doppio quelli britannici. Prima che l'ondata italiana arrivasse alle sponde atlantiche degli Stati Uniti, nel West erano già penetrate migliaia di tedeschi, di scandinavi e di inglesi, e a forza di sudore irlandese le ferrovie si erano irradiate verso occidente. Ed ecco entrare in scena una nuova nazionalità, una massa di immigranti contadini, destinati a trasformarsi ben presto, che sembra caratterizzata da una formidabile liberazione d'energia.

Prima della guerra mondiale 1914-1918 la composizione dell'aliquota degli immigranti italiani era di 8 maschi contro 2 femmine. Questa netta preponderanza maschile era stata fino ad allora una norma costante dell'immigrazione italiana, da attribuirsi all'ignoranza delle condizioni ambientali americane e alla difficoltà dell'emigrante di procurarsi il denaro per pagare il viaggio anche alla famiglia. Ma dopo la guerra, a mano a mano che gli italiani si familiarizzavano con le condizioni di vita dell'America, non esclusi i rischi e i pericoli, e che diventavano più imperiose le necessità sentimentali e sessuali, l'immigrazione femminile andò aumentando, finché si ebbe una crescente immigrazione di intere famiglie.[20]

Anche eminenti personalità italiane emigrarono o pensarono di emigrare in America: abbiamo detto di Garibaldi, ma potremmo ricordare Mazzini, Foscolo, Rossetti, Da Ponte, Pareto padre: perfino Cavour aveva meditato di trasferirsi in America, e perfino Mussolini, quando nel 1909-1910 era senza lavoro.

Secondo D.H. Lawrence l'emigrazione era motivata non tanto dalla ricerca di libertà e possibilità economiche nuove, quanto dal desiderio di sottrarsi all'autoritarismo inerente alla struttura familiare europea. Con acuto intuito Lawrence ha detto che l'immigrante «si liberava dalla vecchia pelle» e «se ne faceva crescere una nuova».[21]

Molto più tardi di Lawrence, un sensibile scrittore italiano, Cesare Pavese, definiva gli americani dell'epoca pre-industriale come gente che aveva ristabilito il contatto con la terra. È naturale che un europeo della sua sensibilità, tormentato e soffocato dal numero degli uomini, capisse e ammirasse l'ansia e l'amore jeffersoniani per la terra, per la provincia, per il «paese», per il nido della famiglia. Era nelle città italiane, non già in America, che Cesare Pavese si sentiva alienato, senza radici. E negli scritti di William Faulkner, di Sherwood Anderson, di Louis Bromfield leggeva non già la rivolta all'origine e alla tradizione contadina, ma, al contrario, la fedeltà alla terra. Emigrando in America, Pavese si sarebbe liberato dalla tormentosa sensazione di non avere più radici nella cultura del suo paese. È chiaro che i suoi scritti sono pervasi – non domandiamoci logicamente o illogicamente – dal bisogno di ricominciare *ex novo* tra cose primordiali. E questo atteggiamento fa parte dell'esperienza dell'emigrante.

Gli immigranti, e perfino i semplici visitatori, provavano soprattutto nel West la sensazione di rinascere. Un immigrato italiano ha lasciato scritto che, venendo in America, egli era «rinato» e che sentiva di dover «assorbire il più possibile dei modi e della lingua, della mentalità e del temperamento di una razza forestiera...», perché questo era, appunto, «l'inizio di una nuova vita», ed era necessario «far crescere dentro di sé, volenti o nolenti, una nuova mente e un nuovo cuore».[22]

E se da un lato si faceva sentire fortemente sulla politica americana la pressione dei fautori di una rigorosa restrizione dell'immigrazione, dall'altra non mancavano gli americani che caldeggiavano l'immigrazione italiana e plaudivano ad essa. Un commentatore del principio del secolo scriveva: «È la povertà che strappa gli italiani dalle loro case. Altrimenti, chi vorrebbe lasciare la bella Italia?».[23] E un altro: «È l'intelligenza dei contadini, non una presunta stupidità, quella che li fa venire a noi».[24]

Il periodo che, dopo la guerra civile, segnò la grande espansione continentale degli Stati Uniti – periodo di formidabile vigore nazionale, che portò una potente ondata migratoria a scavalcare il continente e a precipitarsi incontro alle onde del Pacifico – coincise con quello della massima immigrazione, cioè con i quarant'anni compresi fra il 1870 e il 1910. In quei quattro decenni la frontiera agricola dell'America, come del resto la frontiera industriale – e qui alla parola «frontiera» si dà propriamente il senso di «schieramento di prima linea» –, richiamò i nuovi immigranti.

Al cuore di questo movimento di masse c'era, inconscia, la trascinante visione della Terra promessa, una terra che coincideva in gran parte con il West americano ed era entrata nell'anima di ciascuno attraverso la voce dei suoi cantori:

Al West, al West, alla terra dei liberi uomini,
dove il Missouri possente rotola verso il mare;
dove l'uomo può essere uomo purché accetti la fatica,
e non c'è umile cui sia negato di raccogliere i frutti della terra.
E i figli sono benedizioni, e chi più ne ha è benedetto
più aiuto trova per la sua fortuna e più ricco può dirsi.
E il giovane esulta, mentre sereno riposa l'anziano!
Laggiù! Laggiù, nella speranza del meglio,
nella speranza di farsi una casa nell'Ovest lontano.[25]

«Questo» diceva Andrew Carnegie a Samuel Gompers «è il poema da cui fu ispirato mio padre quando decise di lasciare la Scozia per l'America.»

Chi cerca di rendersi conto di tutti i motivi che spinsero l'emigrante verso il Nuovo Mondo non deve trascurare certe idealizzazioni della realtà. L'emigrante potenziale, italiano o di altra nazionalità, era incline a dar credito a certi miti, anche se ormai corrosi da troppi lavaggi sentimentali in acque letterarie. Uno di questi miti era che fosse possibile a qualunque americano, di qualunque estrazione sociale e religione, raggiungere il vertice della piramide. Altro confortante mito era che l'America fosse, con la sua atmosfera di eguaglianza, il tempio del derelitto e del maltrattato. Per logoro che fosse, quel mito del *fair play* americano e delle eguali possibilità per tutti era ancora capace di aprire il cuore dell'emigrante alla speranza.

Troviamo un esempio di questo modo di vedere le cose nell'epistolario del dottor Paolo De Vecchi, uno dei fondatori della Italian-Swiss Colony di California. «In questo paese» scriveva il De Vecchi ad un collega medico «l'aristocrazia della ricchezza non è un'aristocrazia, perché non gode di privilegi tradizionali.» De Vecchi sosteneva che per aver successo, in America, occorrevano l'ambizione e un *background* culturale adeguato al fine da raggiungere. Colpa della crassa ignoranza del contadino calabrese, quindi, se veniva impiegato allo stesso livello della manodopera negra negli Stati del Sud. Essendo venuto in America in uno stato di depressione intellettuale, finiva per arricchire gli altri anziché arricchire se stesso. Non si doveva attribuire né a decadenza razziale da un lato né a insensibilità americana dall'altro il fatto che il contadino calabrese fosse impiegato alla pari con l'indiano; era il non aver avuto in patria la possibilità di istruirsi che gli impediva ora di aspirare ad una sorte migliore. De Vecchi pensava tuttavia che, in America, ad una situazione simile si potesse porre rimedio. L'America era e rimaneva la terra di tutte le possibilità di successo. Tale il messaggio che egli inviava ai suoi compatrioti in Italia. E l'efficacia di un simile modo di ragionare non può essere sottovalutata.[26]

In un primo tempo quegli immigranti capaci, che De Vecchi avrebbe voluto lanciare nei vigneti della costa occidentale, preferirono starsene a casa loro. Prima che si sviluppasse, in tutta la sua imponenza, la «nuova corrente immigratoria» della fine del XIX secolo – la *new immigration*, come si usò chiamarla – gli Stati Uniti avevano attratto a sé soltanto qualche sacerdote, degli avventurieri, dei cercatori di fortuna, pochi intellettuali, pochi commercianti, qualche fallito. I professionisti, gli uomini di cultura, incontravano fra i molti ostacoli quello dell'ignoranza della lingua. E poi l'America aveva fama di essere un paese dove non era necessario possedere un mestiere o una professione, perché anche l'ignorante vi diventava ricco in pochi anni, cosicché essa non attraeva l'uomo istruito o il ricco, ma di preferenza l'ignorante e il povero.

Gente inetta e retriva, che non s'era allontanata mai di casa più di quanto occorra per perdere di vista il campanile del villaggio, cominciò a considerare con sempre minore apprensione e in sempre maggior numero la possibilità di emigrare. Ma alcuni non riuscirono mai a liberarsi completamente delle apprensioni, e non sapevano decidersi a partire, soprattutto quando la meta era «il lontano Ovest». E poi accadeva che, dopo aver venduto catapecchia e animali domestici, si trovassero a non avere abbastanza denaro per il viaggio, per basso che fosse il prezzo del biglietto di terza classe. Il solo raggiungere New York rappresentava un grosso sforzo finanziario.

Stando alle statistiche dell'Ufficio di immigrazione federale, nel 1892 gli immigranti italiani portarono negli Stati Uniti, in media, 11 dollari a testa. In quello stesso anno, e alla vigilia di un grande panico finanziario che colpì gli Stati Uniti, gli italiani che rientravano in patria portarono con sé, in media, 250 dollari a testa. Nel 1901 si stimò che gli italiani facessero annualmente delle rimesse in patria per circa trecento milioni di lire. In una città della Basilicata si ebbe, di fronte ad un forte e continuo declino della popolazione, un forte e continuo aumento dei risparmi postali, che da nove milioni di lire nel 1900-1901 salirono a quindici milioni di lire nel 1905-1906.[27]

Oltre alle rimesse di denaro, poi, gli italiani mandavano in patria un interminabile flusso di pacchi contenenti generi alimentari, attrezzi, oggetti vari, vestiario ed altri doni, a comprova della prosperità raggiunta nel Nuovo Mondo. E mentre in patria le donne vestivano di nero per ridurre le spese di bucato, in America adottavano colori vivaci, e volevano che «al paese» questi indumenti si conoscessero. Piedi che erano cresciuti nudi infilarono scarpe di vernice; nell'imminenza di ogni Natale le navi si riempivano di tonnellate e tonnellate di doni scelti, comperati dagli immigrati per i parenti in patria, spesso con denaro tenuto sotterrato in vasi di coccio nel cortile o nell'aia.

In patria, dunque, tornavano denaro e cose, non però gli emigrati, o perlomeno non quelli che aspiravano a maggiori fortune. Nascevano allora, dalla prospettiva di non rivedere mai più i volti amati, dei profondi conflitti di sentimenti. Quel Pasquale D'Angelo che meritò poi il nome di «poeta del piccone e della vanga» scrisse una commovente pagina sul suo commiato dalla madre in lacrime il giorno in cui partì per il Nuovo Mondo:

Mi gettò le braccia al collo singhiozzando e mi strinse a sé. Serrato nel buio di quell'abbraccio stretto chiusi gli occhi e piansi. Piangevamo entrambi, fermi sui gradini, ed ella mi baciava e ribaciava le labbra. Sentivo le sue lacrime calde irrigarmi il volto. «Tornerò presto,» le dicevo singhiozzando «tornerò presto.» Ma non fu così. I timori della mamma presagivano la verità. Non ritornai più. Mi strinse ancora fra le braccia, quasi volesse farmi addormentare sul suo petto. E tornò a baciarmi. Così rimanemmo a lungo, finché su noi discese una gran pace.[28]

Anche un uomo come D'Angelo, dunque, sentiva di dover partire. E quando, nel 1910, partì, gli parve di subire una costrizione:

La nostra gente non può fare a meno di partire. È questione di troppa libertà di vita e di troppa scarsezza di spazio. Laggiù [in Italia] ci sentiamo legati. Ogni briciola di terreno è proprietà dei pochi fortunati che ci signoreggiano. Quando viene la primavera, tutto il terreno disponibile della nostra vallata è dato in fitto ai contadini per la stagione, a condizioni di usura: tre quarti del raccolto, la metà, un quarto...

Ma ora, finalmente, c'era il modo di sottrarsi ai ricchi proprietari terrieri, al terrore della siccità, allo spettro della fame, andando nella sconfinata America, dalla quale la gente tornava con straordinari racconti e migliaia di lire, tante che i contadini non sapevano neppure immaginarle.[29]

La terra era ricca, ma per quanto ricca fosse non impediva che D'Angelo e infiniti altri come lui fossero presi per qualche tempo da un senso angoscioso di solitudine. Non deve stupire, quindi, che gran parte di coloro che riuscivano a raggiungere le sponde orientali degli Stati Uniti si accontentassero di riprodurre l'ambiente del villaggio natio nei grandi isolati urbani della loro *Little Italy*. Ecco l'interpretazione di D'Angelo: «Noi concittadini in un paese straniero ci attaccavamo disperatamente gli uni agli altri. Il vivere separati dai parenti e dagli amici e il lavorare da soli ci spaventavano tutti, giovani e vecchi. Perciò preferivamo sopportare un bel po' di sacrifici piuttosto che staccarci, o soltanto pensare di staccarci dai compaesani».[30] Oggi non è facile immaginare fino a qual punto gli immigrati dovessero sentirsi soli, e quanto poco e male fossero informati di ciò che potevano trovare all'interno. Disponevano di poche fonti d'informazione, libri compresi; e anche se c'era qualche buona guida – come ad esempio il *Travelers', Miners', and Emigrants' Guide and Handbook* di Edward H. Hall («Manuale-guida per viaggiatori, minatori ed emigranti»), pubblicato a Londra nel 1867, che forniva notizie e consigli a chi da New York City avesse voluto spingersi verso l'interno – è assai improbabile che capitasse a tiro, e più improbabile ancora che fosse letto, anche dai pochissimi che eventualmente conoscessero l'inglese. Gli immigrati sapevano di essere giunti in America, ecco tutto:

Trenta giorni di barca a vapore
nella Merica siamo rivati...

e non erano preparati a niente di ciò che poteva attenderli dopo la traversata e lo sbarco.

Per istinto, gli immigrati diffidavano delle cose inconsuete:

«Fidati» diceva il proverbio «era un buon uomo, ma Non Fidarti era meglio di lui». Eppure bisognava imparare a fidarsi. Un altro immigrato italiano, Enrico C. Sartorio, dirà: «Non appena [gli immigrati] mettono il piede fuori della colonia italiana, si sentono smarriti, perduti, quasi come dei bambini, perché non sanno niente della lingua, delle usanze, delle leggi di questo paese. [...] È una delle ragioni fondamentali che inducono questa gente, abituata in patria a lavorare nei campi, all'aria aperta, a vivere pigiata nel grigiore degli slum: qualunque cosa è preferibile all'essere separati dai parenti, dai compaesani. Non diverso è l'istinto che, quando minaccia tempesta, induce gli animali a raggrupparsi».[31]

Nelle grandi città c'erano troppi fattori che ritardavano l'acculturazione, primo fra tutti la comodità di potersi esprimere nella propria lingua. I negozi dove gli immigrati facevano la spesa giornaliera erano negozi italiani, serviti da italiani, con clientela italiana. Altrettanto poteva dirsi, naturalmente, dei polacchi, dei serbi, eccetera. La «mobilità verticale» era frenata dal fatto che l'immigrato ritrovava in America le cose, le persone, le istituzioni del paese d'origine: negozi, giornali, medici, chiese.

Parlando dei problemi dell'immigrato posto di fronte alla prospettiva di lasciare la grande città dell'Est per avventurarsi nell'Ovest, D'Angelo scriveva: «Il lavoratore, quando decide di trasferirsi da un luogo ad un altro, lo fa perché pensa di poter migliorare così la sua situazione, non perché voglia concedersi il piacere di un giro turistico del paese. [...] L'uomo ha cordialmente in odio di andare in cerca di lavoro, prevedendo di essere accolto con un sogghigno o un'alzata di spalle».[32] Ma poi, «a tenere i lavoratori legati a questa metropoli infernale concorre l'elevato prezzo dei biglietti ferroviari. La conclusione è che andare lontano in cerca di lavoro è come giocare d'azzardo».[33]

Tuttavia c'era, fra gli immigrati, chi non si adattava a vivere nel sovraffollato ambiente urbano e sceglieva di giocare d'azzardo. Superare lo squallore delle città dell'Est e andare verso l'immensità delle praterie e delle montagne del West significava separarsi, alla fine, dai ceppi del ricordo dell'Europa. Poteva essere, in un certo senso, una forma di evasione, e tale fu giudicata, nei paesi d'origine, dai critici dell'emigrazione. Sta di fatto che il richiamo delle terre vergini agiva con la forza di una calamita.

Non si dimentichi, poi, che molti immigranti venivano dalla campagna. Degli 880.908 italiani che emigrarono in America fra il

1891 e il 1910 più della metà (452.059) era di origine contadina.[34] Dei 36 milioni di immigrati da tutto il mondo, che fra il 1860 e il 1900 andarono ad aumentare la popolazione delle grandi città àmericane, ben 9 milioni erano contadini. La percentuale dei manovali e dei braccianti fu molto alta fra gli immigrati italiani, e in proposito val la pena di citare una curiosa osservazione fatta da K.H. Claghorn nel 1901:

I nostri immigranti sono, nel complesso, una popolazione rurale, con abitudini di vita assai semplici. [...] Si può dire che tutti gli immigrati dall'Austria-Ungheria [...] provengono dalla campagna, e altrettanto si può dire dell'immigrazione dall'Italia. Se qui da noi il «mendicante» italiano fa di rado la sua apparizione, è perché il mendicante italiano appartiene ad una categoria altamente specializzata.[35]

Ma, come si è detto, non era semplice scavalcare la barriera di cemento e d'acciaio rappresentata dalle grandi città dell'Est. Per raggiungere la campagna occorreva del denaro, che i nuovi immigrati italiani non avevano, e bisognava affrontare un lungo viaggio in un paese totalmente sconosciuto e insolito. Quando si decise a partire per il West, D'Angelo scrisse le seguenti note: «Avevamo un paio d'ore per prepararci. Andammo tutti a prendere i nostri fagotti e quell'unica valigia che conteneva le nostre proprietà comuni. Queste proprietà comuni consistevano in pentole, quattro vetusti piatti di stagno alquanto ingialliti, qualche cucchiaio, qualche forchetta per il caso che fossimo mai arrivati a farci la pasta asciutta. Anni dopo, avendo imparato qualche parola, battezzai quella valigia logora e ammaccata *our culinary panoply*, il nostro trofeo culinario».[36]

C'era anche, e molto reale, il pericolo di essere taglieggiati o imbrogliati. «Più di un immigrante che voleva andare a Independence, nella Louisiana, fu caricato su di un treno diretto a Independence, nel Missouri.»[37] Al gravoso costo del trasferimento dalle città dell'Est agli Stati del West si aggiungeva il prezzo della «bossatura», cioè del tributo da pagare al *boss*, al «padrone» procacciatore d'impiego. Nonostante tutto questo, nel primo decennio del nostro secolo quasi 500 mila immigrati italiani maschi riuscirono a diventare lavoratori agricoli.[38] «Essi dimostrarono, sui campi, quanto potessero il duro lavoro e la coltivazione intensiva per far rinascere e prosperare fattorie abbandonate. Dimostrarono come del terreno giudicato privo di valore, sabbioso, coperto di mughi, potesse essere reso fertile.»[39]

I primi immigrati che si spinsero verso l'interno non andarono oltre le 150 miglia da New York, ma sorprendenti sono i dati statistici relativi alle immigrazioni successive. Nel 1870 circa il 60% della popolazione dell'Arizona risultava formata da immigrati. In quello stesso anno, oltre la metà degli uomini dai ventun anni in su negli Stati di Utah, Nevada, Arizona, Idaho e California risultavano nati all'estero. St. Louis, Denver e Salt Lake City erano piene di immigrati. C'erano più immigrati italiani a San Francisco che immigrati di qualsiasi altra nazionalità. Verrebbe voglia di dire che non a caso la città era dedicata a san Francesco d'Assisi, patrono d'Italia.

Il movimento degli immigrati verso l'interno – che si trattasse di contadini, o di operai delle ferrovie, o di minatori, o di boscaioli – andò facendosi, col tempo, sempre più evidente. Da uno studio autorevole apprendiamo che «ogni Stato dell'Unione si arricchì di immigrati stranieri. In senso assoluto, fu la popolazione urbana e industriale del Nord-est e del Centro-nord che si arricchì maggiormente; ma in senso relativo l'aumento maggiore si verificò nel Nord e nel West e soprattutto nei due Dakota.»[40]

Sentiamo anche ciò che della migrazione straniera nel West dice uno storico del Middle West:

Gli Stati occidentali, se si tiene conto della loro popolazione complessiva, si dimostrarono straordinariamente attraenti per gli immigranti. Di questi, nel censimento del 1900 che considerava immigrati anche i cittadini con un solo genitore nato all'estero, 19.087.000 vivevano ad est del Mississippi; ma ben 7.112.000 erano già stanziati negli stati ad ovest di tale linea, Louisiana e Minnesota compresi. Negli undici stati del Pacifico e della Montagna gli immigrati rappresentavano il 47,6% della popolazione totale, in California il 54,9%, nel Montana il 57,3% e nell'Utah addirittura il 61,2%. Anche nel Nevada erano in maggioranza. Nel gruppo di stati del Nord-ovest e del Centro-nord solo nel Kansas e nel Missouri gli immigrati scendevano al disotto del 40%, mentre nel North Dakota raggiungevano il 77,5%, nel Minnesota il 74,9% e nel South Dakota il 61,1%. In cifre assolute, il Minnesota aveva 1.312.000 immigrati, lo Iowa 958.000, la California 815.000, il Missouri 741.000, il Nebraska 530.000, il Texas 472.000 e il Kansas 403.000. Se si eccettua il Texas, nel gruppo di stati del Centro Sud-ovest le percentuali erano basse.

Nel 1900 i ventidue Stati ad ovest del Mississippi contavano 6 milioni di immigrati, tutti giunti in America dal 1860 in poi.

Il flusso degli immigrati verso la costa e le città del West, in cerca di migliori possibilità di vita al di là delle montagne, fu dunque in stretta correlazione con quel più ampio movimento migratorio che da oltre oceano raggiunse le sponde orientali del continente nord-americano. Alcuni di questi immigrati manifestarono uno spirito di grande indipendenza, a volte di ribellione, decisi com'erano a trasformare l'impostazione tradizionale della loro vita. Chi osservi l'immigrato soltanto nell'ambiente degli Stati Uniti dell'Est non può vedere che una singola faccia del prisma dell'immigrazione, è per questo che nei capitoli seguenti esamineremo il fenomeno migratorio dalla costa dell'Atlantico a quella del Pacifico.

Parte seconda
LE AVANGUARDIE

II
DALL'ESPLORAZIONE ALLA MIGRAZIONE

Nel farsi lentamente strada su per l'alto Missouri, la spedizione di Lewis e Clark si imbatté in un bianco dall'aria straniera che, tendendo la mano ai nuovi giunti, disse loro in buon inglese, ma con netto accento francese: «Benvenuti, signori, nell'Upper Missouri». Ciò avveniva nel 1804, e l'ometto che li apostrofava in questo modo era un certo Antoine Tableau. Il fatto, tuttavia, non avrebbe dovuto stupire i due esploratori, perché fin dal 1541, cioè da quando Francisco Vásquez de Coronado aveva intrapreso quel suo fantastico viaggio alla ricerca del favoloso paese di Quivira, che doveva portarlo nel cuore dell'odierno Kansas centrale, non pochi francesi, spagnoli e italiani si erano già avvicendati nel Far West. Prima dell'arrivo in massa degli «americani», il misterioso West era stato allietato dalla presenza di cacciatori, esploratori, pionieri dai nomi di Vigo, Bossu, Bougainville, Miranda. Perciò si può dire senz'altro che l'immagine convenzionale dell'immigrato italiano, quale fu foggiata fin da principio, non rispose fedelmente alla realtà.

Colombo a parte, la storia degli italiani nell'America del Nord comincia con le gesta di quei sacerdoti, avventurieri e soldati che fin dal XVI secolo si lasciarono attirare dai territori spagnoli del Sud-ovest, e in testa ai quali marciò fra Marco da Nizza (1495-1558), pittoresco savoiardo che, messosi al servizio della Spagna, acquistò fama con il nome di Fray Marco da Niza. Le notizie interessanti ed eccitanti ma alquanto cervellotiche propalate da questo chierico sulla regione corrispondente suppergiù agli odierni Stati dell'Arizona e del New Mexico furono il movente della famosa spedizione di Coronado, che dal Messico si spinse verso nord, nel cuore del continente nordamericano. Più di un secolo dopo i vagabondaggi di fra Marco nel Sud-ovest, sulla frontiera dello Stato messicano di Sonora fece la sua apparizione il prete-esploratore-cartografo Eusebio Francesco Kino (o Chino o Chini). Tra il 1681 e il 1711 padre Eusebio Francesco compì un ampio lavoro cartografico e contribuì a dare al grande impero coloniale spagnolo la sua precisa delimitazione settentrionale, tra il fiume Colorado e il golfo del Messico. Nel 1965, nel Campidoglio degli Stati Uniti a Washington, è stata scoperta la statua di Kino, simbolo del contributo di conoscenza, e a volte di sangue, che i gesuiti diedero alla grandezza dell'impero spagnolo.[1]

Nell'intento di fissare l'importanza di questi italiani, Herbert Eugene Bolton, storico dei pionieri, intitolò «The Sons of Italy» un capitolo del suo *Rim of Christendom* («La frontiera della cristianità»). Vi leggiamo:

La storia delle «sottane nere» ha una qualità omerica. I missionari furono gli avventurieri del XVII e XVIII secolo, gli eredi dei *conquistadores* dei primi tempi. Percorrevano grandi distanze, trionfavano dell'aspra natura e dell'infido selvaggio, compivano imprese stupefacenti, non si lasciavano fermare né dalle montagne né dai fiumi né dalla fame, dal freddo, dalla sete.[2]

Lasciatasi alle spalle una patria che era fra le più belle d'Europa, questi uomini di Dio andavano indifesi fra i pagani. Per quanti torti e manchevolezze potessero avere, queste e quelli morirono con loro nel deserto che intendevano domare. Nel momento delle prove più dure sembravano non conoscere la paura. Senza il loro contributo di conoscenza delle strade d'accesso alla California e al Sudovest, sarebbero occorsi decenni e decenni di più per occupare quelle regioni.

Gli italiani presero parte anche all'esplorazione della costa del Pacifico, e non furono soltanto preti e missionari i protagonisti di molte straordinarie avventure. Il dottor Giovanni Francesco Gemelli Careri (1651-1718) compì il giro del mondo in cinque anni e cinque mesi; viaggiando in senso inverso a quello della rotazione terrestre, fece l'ultimo tratto attraverso il Pacifico a bordo del galeone spagnolo che serviva una volta l'anno la rotta di Manila. Insuperabile rimane la sua relazione di viaggio lungo la costa della California meridionale e del Messico. Il primo italiano che gettò l'ancora sulla costa californiana fu forse il capitano Alessandro Malaspina, durante il polemico viaggio intorno al mondo da lui fatto tra il 1786 e il 1788 al servizio della Spagna. Paolo Emilio Botta, figlio dello storico piemontese Carlo Botta, visitò la California nel 1827 a bordo della nave francese *Héros*. Ma la storia dei viaggi di questi primi italiani nel Sud-ovest non ha alcun rapporto con la grande migrazione transcontinentale che sarebbe avvenuta più tardi e che forma l'oggetto del presente libro.[3]

Vi sono altri italiani, fra i primi visitatori del Nuovo Mondo, che al pari di Paolo Emilio Botta erano al servizio della Francia. Uno di questi italiani fu un soldato di ventura di nome Henri de Tonty (già Enrico de Tonti). Poiché in un fatto d'arme in Sicilia una granata gli aveva asportato il braccio destro, lo chiamavano «l'uomo con la mano di ferro». S'era messo con La Salle a esplorare il bacino del fiume Mississippi e l'Illinois. A queste caratteristiche aggiungeva quella di essere un cacciatore di animali da pelliccia: all'epoca del governatore Frontenac, nell'ultimo decennio del XVII secolo, aveva organizzato un traffico su larga scala con gli indiani Iroquois. Conosceva l'arte di farsi amiche le tribù indiane ostili. Così, a Mobile Bay, condusse felici trattative di pace con gli indiani Chickasaw e Choctaw, di cui aveva saputo conquistarsi la fiducia a forza di onestà e di coraggio. Altra cosa che gli riuscì di fare fu di trascinare centinaia di francesi nel Middle West; Louise Phelps Kellog, storico del Middle West superiore, scrisse, parlando di lui, che «era rispettato ed amato da tutti, e fu il vero fondatore dell'Illinois».

Se a quell'epoca vi fosse stata un'Italia unita, forse la Francia non avrebbe potuto assicurarsi i servigi di un de Tonti. Invece poté farlo, ed ebbe in questo straniero un servitore leale, forte e vigoroso come pochi. La Salle non esitò a scrivere di lui che «la sua energia e la sua abilità non hanno l'eguale».[4]

È difficile stabilire quanti italiani servirono la Francia nel Nuovo Mondo prima che questa fosse costretta a cedere il suo impero nord-americano agli inglesi. È probabile che siano parecchie migliaia gli italiani che, in una veste o nell'altra, si trasferirono nel West al servizio e sotto gli auspici della Francia. Nei reggimenti canadesi Italia e Carignano (quest'ultimo formato dal principe di Carignano nel 1644) c'erano soldati ed esuli politici italiani. Alcuni piemontesi di questi reggimenti rimasero definitivamente in America, stabilendosi nell'odierna Louisiana. Il famoso finanziere scozzese John Law, coinvolto poi nel grosso scandalo coloniale francese rimasto famoso con il nome di *Mississippi Bubble*, tentò nel 1720 di reclutare degli italiani per la sua Compagnia del Mississippi; e in quell'anno 250 emigranti lasciarono Genova per raggiungere la Nuova Francia.[5] Alla fine del XVIII secolo erano parecchi gli italiani che avevano stabilito la loro residenza definitiva nella Louisiana sia spagnola che francese. Questi italiani – pescatori, contadini, soldati, uomini politici – non tardarono a integrarsi nella società coloniale di quelle regioni. Nel 1796 troviamo un François Marie Reggio legale del *cabildo* o consiglio comunale di New Orleans. Il veneziano Giovanni Gradenigo presiedeva il collegio sindacale della chiesa dell'Immacolata concezione di Opelousas, dove i suoi discendenti godono tuttora di una posizione di grande prestigio. Anche la famiglia Sarpy, di remota origine italiana (Sarpi), è in Louisiana dal XVIII secolo, e si sa che un Peter Sarpy comandò il primo battello a pale del fiume Missouri. Nel 1840 troviamo questo Peter Sarpy associato con il fratello John B. nella Missouri Fur Company e nell'American Fur Company, a St. Louis. I primi italiani della Louisiana, che allora era chiamata Old Southwest, Vecchio Sudovest, si integrarono così rapidamente nella società francese e spagnola da perdere la loro identità. Alcuni arrivarono al punto di mutar nome, cosicché è difficile, oggi, individuare con certezza tutti i cittadini della Louisiana i cui progenitori vennero dall'Italia.[6] Ad ogni modo il XVIII secolo vide formarsi nella vallata del Mississippi una comunità cosmopolita di frontiera notevolmente permeata di italiani.

Nel 1783, vent'anni dopo che la Francia aveva perduto il suo impero nel Nuovo Mondo, la regione del Mississippi cadde nelle mani dei giovani Stati Uniti d'America. La lotta che portò al riscatto del West americano dal dominio inglese fu combattuta anche da italiani immigrati o figli di immigrati, e finora a questi italiani si è prestato troppo poca attenzione. Sta di fatto che fra i patrioti che combatterono la guerra della Rivoluzione americana al di là del Mississippi ci furono degli italiani.

Francesco Vigo (o, per maggiore completezza, Giuseppe Maria Francesco Vigo) diventò aiutante di campo di George Rogers Clark, che comandava le truppe americane nel West durante la Rivoluzione. La storia di questo piemontese di Mondovì è quasi un romanzo. Nato nel 1747, scappò giovanissimo di casa per arruolarsi nell'esercito spagnolo. Dopo un periodo di servizio a Cuba, fu trasferito a New Orleans e successivamente (1772) a St. Louis, che allora era in mani spagnole. Durante la permanenza a St. Louis fece amicizia con il governatore spagnolo, don Fernando de Leyba. A costui non sarebbe dispiaciuto di far degli affari a St. Louis, ma la sua posizione ufficiale non glielo consentiva. Così Vigo uscì dall'esercito e nello stesso istante entrò nel commercio delle pellicce, non senza aver stretto un accordo segreto con il governatore, del quale diventò, in pratica, l'agente commerciale.[7]

Vigo sviluppò un fiorente commercio con gli indiani, barattando al tempo stesso merci con gli altri europei della vallata del Mississippi. Venne così in contatto con molti «coloniali» americani, fra cui anche George Rogers Clark, della vicina Virginia. Quando scoppiò la Rivoluzione americana, Clark, che aveva appena ventisei anni, diventò comandante di tutte le forze americane del West. Egli trovò nel governatore spagnolo di St. Louis un alleato e in Vigo un amico sempre più stretto.

Quando, verso la metà del 1778, le forze inglesi e americane vennero a contatto nell'Old Northwest, Vigo decise di affiancarsi a Clark e di muovere con lui contro gli inglesi. Riunita tra Fort Pitt e Wheelling una banda di 175 «duri» della frontiera, Clark raggiunse Fort Massac, attraversò l'Illinois e nel luglio di quello stesso anno investì e travolse Kaskaskia, Cahokia, Vincennes e altre piazzeforti inglesi. Vigo gli fu prezioso per il grande ascendente che esercitava sui volontari, ma soprattutto per la parte che ebbe nella vittoriosa operazione di Fort Vincennes. Vigo, infatti, si lasciò prendere prigioniero da un gruppo di indiani che parteggiavano per gli inglesi, i quali lo consegnarono al generale Henry Hamilton, comandante della guarnigione di Fort Vincennes. Sebbene ufficialmente prigioniero, Vigo ottenne di potersi muovere nel forte, e ciò gli permise di studiar bene le opere di difesa e, in pari tempo, di convincere gli abitanti che ben presto le forze americane avrebbero attaccato. Alla fine gli inglesi ebbero l'ingenuità di lasciar libero Vigo a condizione che si ritirasse a St. Louis; ma Vigo, una volta libero, si diresse verso nord, e raggiunse le forze americane nell'alta valle del Mississippi.

Arrivato il 2 febbraio 1779 a Kaskaskia, dove Clark era acquartierato, lo convinse ad attaccare subito Vincennes, dato che in quel momento il punto era difeso da poche forze. Vigo non si accontentò di dare a Clark queste informazioni preziose e questo consiglio, ma gli anticipò di tasca sua i fondi per compiere quella marcia a ritroso attraverso l'Illinois meridionale, di cui si conserva ancora il ricordo. Vigo riuscì anche a raccogliere denaro fra i commercianti locali (soprattutto francesi) schieratisi contro gli inglesi. Risulta che una volta cambiò lui a Clark un assegno di 8000 dollari che nessuno voleva cambiare, perché i commercianti del West non accettavano volentieri valuta della Virginia.[8]

Nella lunga marcia con Clark, sotto piogge torrenziali che spesso allagavano le vallate, Vigo non cessò mai di aver fede nel suo comandante. Non di rado dovettero, lui e i suoi uomini, marciare per ore con l'acqua fino al petto, tenendo alti i fucili e i corni della polvere. Così raggiunsero Vincennes, e il 23 febbraio 1779 sopraffecero le sbalordite truppe inglesi del generale Hamilton. Vigo rimase con Clark sino al termine vittorioso della Rivoluzione.

La massima parte degli scrittori non esita a riconoscere che Vigo divise con Clark il merito di quella memorabile campagna, con la quale ebbe fine l'influenza inglese nel Nord-ovest;[9] dopo quella vittoria, tuttavia, ambedue caddero nell'oblio. Clark non ebbe alcun riconoscimento; visse da uomo della frontiera, combattendo gli indiani, e una volta pensò addirittura di passare dalla parte degli spagnoli del basso Mississippi. Il suo amico italiano Vigo fu, sì, ricevuto dal presidente Washington nel 1789 e diventò, dopo non molto, negoziatore del governo federale con gli indiani; ma fin che visse non ottenne mai il rimborso dei fondi da lui anticipati a Clark per finanziare la spedizione contro Fort Vincennes. Quando morì, nel 1836, era così povero che l'impresa di pompe funebri non riuscì ad avere neanche i venti dollari occorrenti per la sua sepoltura. Solo quarant'anni dopo, nel 1876, il governo degli Stati Uniti si decise a versare ai suoi eredi qualcosa come 50 mila dollari per il contributo dato dal loro avo al successo della Rivoluzione americana nel West.[10] E doveva passare più di un secolo prima che il presidente Franklin Delano Roosevelt, quasi a fare pubblica ammenda del lungo oblio in cui erano state tenute la figura e le opere di Vigo, rilasciasse nel 1941 la seguente dichiarazione: «Il patriota di nascita italiana colonnello Francesco Vigo è secondo soltanto al generale Clark fra coloro ai quali gli Stati Uniti sono debitori della liberazione delle regioni del Nord-ovest».[11]

Molti furono, sulle orme di Vigo, gli europei che si avventurarono nel West. Esploratori, commercianti, sacerdoti, erano tutti – in un certo senso – funzionari di governo; a volte erano ufficialmente al servizio del governo francese, o di quello spagnolo, o – più tardi – di quello degli Stati Uniti; di solito, però, erano uomini indipendenti, che dovevano rispondere soltanto a se stessi, spiriti liberi, non di rado membri dell'aristocrazia europea, attratti dallo splendore o dall'interesse scientifico del West. Basterebbe citare i principi tedeschi Paolo di Wurttemberg, Carlo di Solm-Braunfels, Massimiliano di Wied.

Ma prima di questi nobili tedeschi erano arrivati fino al più lontano ovest della frontiera i conti milanesi Luigi Castiglioni[12] e Paolo Andreani, spinti ambedue da interessi prevalentemente scientifici. Andreani si era già fatto un nome nel 1783 per una delle prime ascensioni in pallone europee. Otto anni dopo quegli esperimenti aeronautici,[13] nel 1791, Andreani esplorò la regione del Lago Superiore, e proprio a Le Point fece degli esperimenti per stabilire se la terra fosse o non fosse perfettamente sferica, questione allora dibattutissima fra gli scienziati.

Su di una canoa di betulla Andreani raggiunse Grand Portage, ed ebbe fama di essere stato il primo europeo a circumnavigare il Lago Superiore. Pare che i suoi rilevamenti topografici e geodetici siano stati molto esatti e quindi anche molto utili agli esploratori e viaggiatori che vennero dopo di lui. Come già Castiglioni, fu ricevuto da George Washington e da Thomas Jefferson: al primo fece omaggio di una copia delle quattro odi dedicate da Vittorio Alfieri alla Rivoluzione americana (*L'America libera*). Affascinato dal West e dai suoi problemi, Andreani scrisse nel marzo 1808 una lettera a Jefferson, offrendosi di scrivere una descrizione delle sue esperienze in Louisiana prima degli anni di Lewis e Clark. Ma si lasciò andare a talune osservazioni non troppo riguardose verso gli americani, che fecero montare Washington su tutte le furie.

Il punto più importante a proposito di Andreani rimane tuttavia il fatto che egli era nel West già nel 1791. La sua figura corrisponde perfettamente al modello dell'osservatore straniero che si spinge fino ai più lontani avamposti della colonizzazione nord-americana e con i suoi scritti, con il racconto delle sue esperienze, attirerà altri immigranti e coloni. La relazione di Andreani sul commercio delle pellicce deve al duca de la Rochefoucauld, che la inserì nei suoi volumi di *Travels*, di essere giunta fino a noi, mentre sembra che purtroppo la maggior parte del suo diario sia andata perduta.[14]

Un altro personaggio eminente della comunità europea della Louisiana fu Orazio de Attelis, marchese di Santangelo, spirito inquieto di agitatore politico, che aveva avuto parte nelle ribellioni del granducato di Toscana, del regno di Napoli e dell'isola d'Elba. Giunto nel 1824 dalla Spagna in quello che era allora il West americano, dopo essere vissuto qualche tempo a New York dando lezioni di italiano, si recò poi nel Messico, dove fu coinvolto in conflitti politici.

Costretto ad andarsene nel 1830, si trasferì a New Orleans, dove aprì una scuola e diede vita ad un foglio settimanale, «El Correo Atlantico». Nella ventina d'anni che rimase in America si cacciò, come articolista, in una controversia dopo l'altra. Sostenne la causa della liberazione del Texas dal controllo del Messico spagnolo, si unì a Sam Houston nella lotta contro il Messico, si schierò con Henry Clay contro James K. Polk nelle elezioni presidenziali del 1844, e prendendo a morsi tanto i messicani quanto gli americani parlò del presidente Polk come di un «ambizioso e *mileficent* [*sic*] demagogo». Alla fine tornò in Italia per partecipare ai moti del 1848.[15]

Fra i nomi di italiani della Louisiana dei primi tempi si trovano le professioni e i mestieri più disparati: il dottor Francesco Antonmarchi, che fu anche medico personale di Napoleone a Sant'Elena; Pier Antonio Maspero e Pietro Bello, fabbricanti di barometri e termometri; il triestino Giovanni Questi, armatore di un ferry a Bayou Plaquemine dal 1819; Louis Reggio, pilota fluviale; J.H. Vigo, nipote di Francesco, proprietario di un saloon a New Orleans nel 1838. È materialmente impossibile fare tutti i nomi degli italiani che si stabilirono lungo il basso corso del Mississippi; basti dire che il loro numero aumentò rapidamente, soprattutto dopo i moti del 1848.[16]

Nel suo *A Journey in the Seabord Slave States*,[17] Frederick Law Olmsted descrisse una colonia di esuli italiani che, all'epoca in cui la Louisiana pullulava di romantici avventurieri d'ogni genere, si era insediata a Natchitoches. Nella zona dell'odierna contea di Claiborne, non lontano da quella che è oggi la città di Homer, un certo conte De Leone fondò nel 1833 una comunità religiosa che sopravvisse fino al 1870; né questa fu la sola organizzazione religiosa o patriottica creata da italiani, poiché potremmo citare I Moschettieri di Monte Vernon e un buon numero di Società di Mutua Beneficenza. A New Orleans e in altri grossi centri sorsero dei gruppi mazziniani.[18]

Un italiano della Louisiana, il capitano Salvatore Pizzati, mise assieme un'enorme fortuna. Nato in Sicilia nel 1833, giunse a New Orleans proprio alla vigilia della guerra civile e intraprese un'attività marittima che ebbe grande sviluppo. Era un finanziere e un imprenditore di capacità e intelligenza fuori del comune, e la più fortunata delle sue imprese fu il trasporto in grande stile di frutta dall'America Centrale negli Stati Uniti. Nel 1880 cedette, con notevole profitto, la sua «flotta» – ché tale poteva veramente chiamarsi – alla United Fruit Company, dopodiché si diede a gestire in proprio o controllare altre attività, come ad esempio la Columbian Brewery e la Southern Insurance Company. Possedeva e dirigeva anche una piantagione di agrumi di 14 mila acri e aveva molto denaro investito nelle banche e in altre imprese commerciali e industriali. Al principio del nostro secolo (e sul finire della sua vita) costruì e dotò di fondi un orfanotrofio a New York, per raccogliervi i bimbi italiani abbandonati. Fu di gran lunga uno dei più ricchi italiani degli Stati Uniti del suo tempo.[19]

Gli italiani del basso Mississippi fecero rapidi progressi sociali e non pochi di essi, durante la guerra civile, quasi a testimoniare la loro lealtà al Sud, combatterono nelle file dei confederati.[20] Quando poi, finita la guerra, si trattò di ricostruire il paese, gli italiani si assicurarono di fatto, in Louisiana, il monopolio del commercio della frutta, degli ortaggi, del pesce e delle ostriche. Della loro scalata sociale fa fede il libro di viaggi dello scrittore italiano Giulio Adamoli, in cui troviamo, fra l'altro, la descrizione della lussuosa residenza di un ricco italiano sul lago Ponchartrain, definita come luogo dove si potevano incontrare le personalità più illustri del Sud.[21]

New Orleans cominciò molto presto ad accogliere manifestazioni della cultura italiana. Dal 1820 in poi vi furono organizzati regolarmente spettacoli operistici e sinfonici italiani; quell'opera così raramente rappresentata che è *La vestale* di Gaspare Spontini (e che un tempo si pensava fosse stata rappresentata per la prima volta in America nel 1925 a New York City) ebbe la sua *première* americana a New Orleans nel 1828, poco meno di un secolo prima. Nel solo anno 1836, la *Norma* di Bellini venne rappresentata ben dieci volte. Fu a New Orleans, nel 1855, che la grande soprano italiana Adelina Patti, allora diciottenne, fece il suo debutto: la sua magica voce doveva poi riportarla molte e molte volte in quella città, interprete prediletta del teatro d'opera americano. La ritroviamo spesso nei programmi new-orleanesi, con la sorella Amelia, che era una bravissima contralto, soprattutto nel 1860 con la Compagnia d'opera italiana Ghioni & Susini, così come possiamo trovarla al Gran Teatro di Mexico con la Compagnia italiana.[22]

La fortuna arrise a quasi tutti gli italiani della Louisiana che s'erano messi a coltivare canna da zucchero o grano o fragole. Da principio, non essendo in condizione di spendere i quaranta dollari per acro che rappresentavano il prezzo del terreno paludoso o coperto di foresta, si misero a lavorare pochi acri a mezzadria, secondo il sistema allora diffuso in Italia e particolarmente in Toscana, dov'era più propriamente chiamato mezzeria. Il proprietario divideva il terreno in poderi che assegnava ad altrettante famiglie, fornendo attrezzi e semi. Il mezzadro era tenuto a coltivare un certo numero di acri a cipolle, carote, sedani, bietole e altre verdure. Alla fine della stagione una parte del raccolto andava al padrone e l'altra – dedotti il fitto ed eventuali anticipi – al mezzadro, fino a quando quest'ultimo non diventava, a sua volta, padrone.

Ecco quello che nel 1905 Eliot Lord, uno dei primi studiosi del lavoro italiano in America, scriveva degli orticoltori italiani di Independence, nella Louisiana:

Quindici anni fa non c'era una sola famiglia di italiani in questa località, sita a sessantadue miglia a nord di New Orleans, sul tronco principale della ferrovia dell'Illinois centrale. Oggi, nella città, sono pienamente attive perlomeno centosessanta famiglie italiane, il cui lavoro ha fatto di Independence il «nastro azzurro» dei produttori di fragole della Louisiana, se non di tutto il Nordamerica. Secondo i dati forniti dalle ferrovie e dalle banche, nella stagione 1904 i produttori e raccoglitori di fragole hanno spedito duecentosessantacinque vagoni di fragole di primissima qualità a St. Louis, Chicago, Cincinnati e mercati del Sud, con un profitto di 700 mila dollari.[23]

«Non esiste in questo Stato» affermava Lord «una sola città dove, essendo arrivati gli italiani, tutto il mercato all'intorno non sia stato invaso da ortaggi e frutta prodotti dal lavoro italiano.»[24]

Gli italiani della Louisiana comperarono il terreno abbandonato dagli americani e, scavando canali di drenaggio, trasformarono il tenace fango degli acquitrini in ottimo terreno da coltura. In pochissimi anni, uomini che erano stati semplici mezzadri diventarono ricchi proprietari. Alla produzione di ortaggi d'ogni genere essi unirono, tanto nella Louisiana quanto nell'Arkansas, la produzione di pesche e di mele, temprando la loro abilità nel duro clima di un ambiente naturale nuovo e di una concorrenza spietata. Bastava un piccolo successo per entusiasmarli. Era gente che lavorava sodo, fra la quale si trovavano ben pochi di quei «lazzaroni» litigiosi che le ferrovie impiegavano per i loro lavori. Il lavoro aveva un carattere talmente prioritario, che a Independence, fino al 1911 l'anno scolastico si chiuse regolarmente in marzo, per dare modo ai ragazzi di partecipare alla raccolta delle fragole.[25]

Fra gli Stati a occidente del Mississippi la Louisiana fu, dopo la California, quello che attirò il maggior numero di italiani. Nel 1900 il numero degli immigrati italiani che avevano raggiunto la Louisiana viaggiando sulle navi che facevano servizio diretto fra i porti del Mediterraneo e quelli del golfo del Messico era salito a 17.500 unità. Era gente che proveniva in prevalenza dalla Calabria e dalla Sicilia. La lingua che elaborarono per intendersi fra loro – un misto di dialetti regionali e di inglese – è ugualmente incomprensibile agli italiani e agli americani. Questi ortofrutticoltori dell'Italia meridionale si sparsero in tutta la Louisiana del Sud, ma il loro centro fu New Orleans; e al principio del nostro secolo il famoso mercato francese di New Orleans era molto più siciliano che francese. La Louisiana arrivò ad avere ben cinque giornali italiani, di cui uno esce tuttora.[26]

Dieci anni dopo, nel 1910, gli italiani residenti in Louisiana superavano i ventimila, di cui circa la metà impegnati nelle piantagioni di canna da zucchero e di cotone. Quando si rendevano conto che era possibile sviluppare una data attività, chiamavano a collaborare parenti e amici, magari facendoli venire addirittura dall'Italia. Questo, naturalmente, finché non intervennero le restrizioni all'immigrazione. Per anni, ad ogni «zuccarata», come si chiamava il taglio della canna da zucchero, giunsero annualmente dall'Italia negli stati del Sud migliaia di italiani. A volte venivano perfino i manovali delle opere ferroviarie ed edili del Nord a dare una mano al raccolto.[27]

I risultati migliori si ebbero quando gli immigrati più abili e intraprendenti entrarono in possesso del terreno che coltivavano. Se qualche italiano si lasciava sfruttare come bracciante, non pochi avevano fatto tanta esperienza di mezzadria da desiderare di mettersi a lavorare in proprio. In verità questi italiani si servivano del sistema del *boss* o padrone solo in quanto e fino a quando avessero bisogno di un intermediario per aprirsi la strada. Quelli più attivi e capaci si sforzavano di raggiungere l'indipendenza e il benessere nel più breve tempo possibile.

La storia degli italiani che si stabilirono nella vallata del Mississippi smentisce il preconcetto che gli immigrati costituissero un gruppo statico, privo di mobilità, introverso, incline a coagularsi nei grandi centri urbani. Il successo che gli immigrati italiani riscossero in campo agricolo dimostra chiaramente che ci si è polarizzati troppo sull'idea dell'italiano lavoratore di città. Non v'è dubbio che la maggioranza degli immigrati italiani rimase nelle grandi città dell'Est, ma non è meno vero che un numero non trascurabile di essi si allontanò da questo stereotipo spingendosi verso il West. E più lontano si spingevano in quella direzione, più la loro vicenda diventava, oseremmo dire, pittoresca e ricca di apporti personali.

III
VERSO IL WEST: AVVENTURIERI
E PRIMI STABILIMENTI NELL'ALTA E BASSA
VALLATA DEL MISSISSIPPI

Fra i primi stranieri che fecero la loro apparizione nella vallata del Mississippi ci fu un italiano di mezza età, fiero e sprezzante, che vestiva alla maniera dei *frontiersmen* dei *Leatherstocking Tates* di James Fenimore Cooper. Si racconta che questo straniero solitario, sempre avvolto nei suoi pensieri, abbia ispirato Cooper quando questi creò il nobile personaggio dell'uomo di frontiera. Il suo nome era Giacomo Costantino Beltrami, e i suoi viaggi contribuirono a modificare ulteriormente la figura convenzionale dell'italiano d'America. Un agente indiano dal nome italiano, il maggiore Lawrence Taliaferro, gli fece un buon *battage* descrivendolo come un bell'uomo di oltre un metro e ottanta d'altezza, dall'aspetto imperioso e dagli atteggiamenti fieri, prontissimo alla collera.[1]

Vestito di pelle di daino e mocassini, cappello floscio di feltro, Beltrami fu il primo italiano di rango che si avventurò nel Nord-ovest fino al Dakota e al Minnesota. Viaggiando, cercava le sorgenti del Mississippi. Beltrami sapeva benissimo quanto fosse difficile stabilire sulla carta, specie per chi entri per la prima volta in una regione vergine, l'origine di un fiume; ma gli uomini come lui subivano una specie di attrazione magnetica, che li spingeva a tracciare sulla carta il corso dei fiumi e a segnare sulla scorza degli alberi le piste attraverso la foresta. Fu soprattutto dopo il *Louisiana Purchase*, l'acquisto fatto dall'Unione nordamericana della Louisiana francese (1803), che questi esploratori-avventurieri cercarono di legare il loro nome a nuove scoperte nel West. Da lontane regioni emersero i *pathfinders*, i pionieri, che come Beltrami si tuffavano nella foresta vergine in cerca del primitivo, anzi del primordiale.

Nativo di Bergamo, il Beltrami era stato giudice nella repubblica italiana. Arrivò in America nel 1823, esule politico insofferente della Restaurazione: era l'epoca in cui un crescente numero di persone si avventurava al di là dei monti Appalachiani, per andare a stabilirsi nella vallata del Mississippi, e anche Beltrami si decise a rifarsi una nuova vita in quella regione. Il suo interesse principale era la ricerca geografica, e ciò proprio quando tante strade del West erano ancora da esplorare. Ma la cosa che veramente lo affascinava era la scoperta delle sorgenti del Mississippi.

Come altri viaggiatori, Beltrami pensò bene di affiancarsi a spedizioni ufficiali, o di unirsi a gruppi di cacciatori di pellicce, per mettere al sicuro la propria pelle. Infatti, spintosi da solo fin oltre Pittsburgh, seguì la United States topographical expedition del maggiore Stephen H. Long fino a Pembina, nell'odierno North Dakota. Era, questa, la più importante spedizione governativa che fino ad allora avesse visitato la regione ad occidente del Lago Superiore.

Beltrami si era reso ben conto della convenienza di stare unito a questa spedizione; ciò, tuttavia, non gli impedì di avere un diverbio molto grave con il maggiore Long a Pembina. Ad ogni modo Long, che non nutriva molta stima del Beltrami – tant'è vero che più tardi arrivò a scrivere: «[Beltrami] ha pubblicato recentemente un libro dal titolo *La Découverte des Sources du Mississippi*, del quale facciamo cenno soltanto per rilevare le invenzioni e le distorsioni che contiene» –, gli vendette un cavallo, sul quale il collerico italiano se ne andò per i fatti propri e, aiutato dagli indiani Chippewa e Ojibway, suoi amici, si spinse verso le estreme sorgenti settentrionali del Mississippi, non senza aver prima scoperto vari remoti fiumi e laghi dell'odierno Minnesota. In barba alle critiche di Long, Beltrami fu un linguista e un giurista di vaglia, la cui reputazione come geografo ed esploratore era, all'estero, ottima. A lui si devono le prime descrizioni geografiche dei laghi Red e Turtle, nel Minnesota. Beltrami aveva avuto la fortuna di essere ben catechizzato sulla natura di queste regioni primitive ad opera di un uomo che le conosceva bene e aveva una lunga esperienza del Wild, il già ricordato maggiore Taliaferro, agente indiano a Fort St. Anthony. Prima di unirsi alla spedizione Long, Beltrami aveva disceso con Taliaferro il fiume Ohio e risalito con lui il fiume Mississippi fino a Fort Snelling.

Lasciata la spedizione Long, Beltrami seguì le piste indiane in compagnia di due indiani Ojibway e di un interprete mezzosangue, raggiunse la confluenza dei fiumi Thief e Red Lake; poi, nell'accingersi a percorrere in canoa tutto il Thief River fino alla foce, ebbe la cattiva idea di privarsi dell'interprete; ed ecco che poco dopo lui e i due indiani Ojibway furono attaccati da un gruppo di Sioux. Uno dei due indiani fu ferito ad un braccio da un colpo di fucile, l'altro prese la fuga, e il povero Beltrami dovette vedersela da solo con il Thief River. Purtroppo non era esperto di canoa, non resistette a lungo, un temporale lo mise in difficoltà, riempiendogli d'acqua l'imbarcazione e inzuppandogli le provviste, e con esse la sciabola e la pistola. Costretto a procedere camminando nel fiume, con l'acqua gelida che gli arrivava fino al petto e trascinandosi dietro la canoa, Beltrami intrattenne – per tenersi su di morale – «un'immaginaria conversazione con i pesci del fiume». Ma lasciamo raccontare a lui la sua disavventura:

Un temporale, cominciato prima di mezzodì, infuriò per tutta la notte. Ciò nonostante, non smisi di remare se non per prendere un po' di cibo. Fu, penso, la mano della provvidenza a darmi la forza fisica e morale che mi sorresse nella spaventosa prova. A sera... la mia pelle d'orso e la coperta – le due cose che formavano tutto il mio giaciglio – erano completamente inzuppate e, quel che è peggio: le mie provviste cominciavano a fare la muffa.[2]

Fattosi il fiume più stretto e profondo, Beltrami dovette, non potendo più procedere a guado, arrangiarsi a pilotare la canoa standoci sopra. Tuttavia, ogniqualvolta lo ritenne possibile, tornò a trainarla con l'aiuto di una corda, non avendo né la capacità né la forza di guidare per ore e ore la piccola imbarcazione fra gli scogli traditori delle rapide. Ci si può facilmente immaginare la gioia di Beltrami quando, dopo giorni e giorni di quel tormento, si imbatté in un gruppo di canoe di indiani Ojibway, uno dei quali accettò di riportarlo fino al Red Lake. A Little Rock (o Gravel River) prese al suo servizio un altro interprete mezzosangue, con il quale compì, dal Red Lake, tutta una serie di passaggi, in direzione sud, da un lago all'altro, da un fiume all'altro, arrivando financo al Mud Lake. Si imbatté anche in un lago che sembrava non avere emissario e che, con una certa considerazione di quella che avrebbe potuto essere un giorno la sua fama, battezzò Julia, in onore della contessa Giulia Medici Spada.[3] In questa zona ha inizio l'odierno Turtle River, che scorre in direzione sud-est, e Beltrami ritenne che si trattasse del Mississippi e che, in qualche modo, esso uscisse dal Lake Julia, al quale sarebbe quindi toccato l'onore di essere il genitore del «Padre delle Acque».

Da un punto nei pressi del Cass Lake, Beltrami discese il fiume fino al Leech Lake. Qui il temperamento collerico di Beltrami esplose un'altra volta. Aveva assunto un capo subalterno degli Ojibway, Cielo Annuvolato, perché lo guidasse fuori di quella regione, ma non aveva ottenuto altro che di logorarsi i nervi a contatto con l'impassibilità e la granitica lentezza di quell'indiano. Ecco come Taliaferro ci racconta l'episodio:

Il capo prese il nostro amico italiano a bordo della sua canoa e si affidò alla corrente. Gli indiani sono proverbialmente lenti: strada facendo cacciano e pescano. Ora, Beltrami perdette la pazienza e cominciò ad ingiuriare l'indiano, a minacciarlo e via dicendo. Cielo Annuvolato gli diede un colpetto con la pipa sul cappello, come per dirgli: «Se stai zitto e buono, ti porto sano e salvo da mio padre».[4]

Una volta tanto Beltrami capì l'antifona e quando finalmente raggiunse Fort St. Anthony, dove l'avevano dato per morto, fu accolto con gioia da tutti, e in particolare da Taliaferro e da Joseph Snelling, figlio del fondatore di Fort Snelling. Beltrami si presentò vestito alla *wilderness*, alla primitiva, poiché il suo vecchio guardaroba era andato a pezzi. In testa, secondo la sua stessa descrizione, portava «una corteccia d'albero modellata a forma di cappello e cucita con fibre di corteccia». Il vestito era fatto interamente di «pelli cucite assieme con tendini di animali, e con esso il grottesco aspetto della mia persona poteva dirsi completo».[5] Riposatosi parecchi giorni, Beltrami si imbarcò su una chiatta che discendeva il Mississippi fino a St. Louis. Era il 3 ottobre 1823. Raggiunse New Orleans in dicembre, convinto di aver scoperto le sorgenti del massimo fiume del Nordamerica.[6]

A questo punto Beltrami fu coinvolto in una grossa controversia accademica, di fronte alla quale la sua attività di esploratore finì quasi per diventare una piccola cosa. Si può dire che la sua vita si condensò in questa controversia. Per tutto l'inverno 1823-1824 Beltrami rimase a New Orleans, dove pubblicò in francese il già citato libro *La Découverte des Sources du Mississippi et de la Rivière Sanglante*. Poi fece un lungo viaggio nel Messico, e nel 1828 pubblicò a Londra un altro libro, questa volta in inglese: *A Pilgrimage in Europe and America Leading to the discovery of the Sources of the Mississippi and Bloody River; with a Description of the Whole Course of the Former and of the Ohio*.[7] Due anni più tardi pubblicava a Parigi diversi volumi sul Messico.

I libri di Beltrami sui suoi viaggi nel Nordamerica non trovarono buona accoglienza presso i critici americani. Dei suoi rapporti con il maggiore Long e con altri eminenti esploratori aveva parlato in termini troppo aspri. Long, nella sua *Narrative* gli rese pan per focaccia, definendo le osservazioni di Beltrami inesatte e tali da indurre in errore, e facendolo apparire come un personaggio strambo ed eccentrico.[8] Beltrami tornò alla carica parafrasando Lafayette, il quale – affermava – gli aveva detto: «Gli americani non mi perdoneranno mai di essere riuscito a fare, da solo, ciò che essi avevano tentato invano con le loro numerose e poderose spedizioni».[9]

Beltrami si accanì per anni contro quegli esploratori e geografi americani che mettevano in dubbio le sue teorie. Nel 1825 pubblicò un opuscoletto intitolato *To the Public of New York and of the United States*, il cui sottotitolo suonava così: «Leggetemi tutto, e senza preconcetti, se no è meglio che non mi leggiate».[10] In questo opuscoletto, ingenuo tentativo di imporre all'opinione pubblica americana la «sua» scoperta delle sorgenti del Mississippi, accusava il direttore della «National Gazette» di Philadelphia di essere, oltreché prevenuto in favore del maggiore Long, «malevolo e ineducato». Di qui una nuova serie di dispute. Ma Beltrami, oltre ad essere irascibile, era anche in posizione di inferiorità rispetto ai suoi avversari, perché la regione da lui esplorata era stata ormai rilevata e illustrata cartograficamente dalle spedizioni geo-cartografiche ufficiali. I mezzi di cui aveva potuto disporre non reggevano il paragone con quelli dei tecnici statunitensi che avevano lavorato sotto la guida del maggiore Long. Rispetto al complesso di osservazioni precise, ponderate, anche se meno spettacolari, fatte dal gruppo Long, quella di Beltrami era stata un'occhiata a volo d'uccello. Ciò non toglie che il suo libro suscitasse tanto e così vasto interesse popolare, da lasciare una traccia in due illustri scrittori: Hector Chateaubriand e (come già notato) James Fenimore Cooper, i quali basarono sul racconto di Beltrami alcune loro descrizioni di indiani e di uomini di frontiera.

Contrasti insanabili suscitò negli ambienti geografici il fatto che la relazione di Beltrami sulla scoperta delle sorgenti del Mississippi apparve prima di quella di Long. Nel 1832, poi, doveva esplodere un'altra controversia, quando Henry Rowe Schoolcraft, naturalista ed esimio esperto di affari indiani, annunciò di aver scoperto lui le sorgenti del Mississippi in un lago cui aveva dato il nome di Itasca. Anche per Schoolcraft, come già per Long, Beltrami non era che un dilettante; tuttavia la disputa su chi scoprì per primo le sorgenti del Mississippi non è ancora chiusa oggi, ed anzi le ragioni del Beltrami hanno trovato, in epoca a noi più vicina, inattese conferme.[11] Dopo la sua morte, avvenuta nel 1855, la città di Bergamo lo onorò come grande esploratore e gli conferì il titolo di «vero scopritore delle sorgenti del Mississippi». Anche in una relazione di un istituto di geologia statunitense troviamo un riconoscimento analogo a favore del Beltrami. Un vasto distretto del Minnesota settentrionale, comprendente il Red Lake e il Turtle Lake, porta il suo nome dal 1866. C'è poi il Lake Beltrami, e c'è anche un'isola del Lake Agassiz intitolata a lui.[12]

A prescindere dal temperamento collerico di Beltrami e dalle dispute che si accesero intorno a lui, è evidente che non si può mettere in dubbio l'importanza della sua esplorazione del West all'inizio del XIX secolo. Beltrami fu assai più che un ricalcatore di orme altrui. Come altri controversi viaggiatori stranieri – fra cui gli stessi conti Castiglione, Andreani e Arese (di cui dobbiamo ancora parlare) – egli concorse ad illustrare graficamente agli europei il *New West* da lui visitato.[13]

Minnesota

Trascorsero parecchi decenni dal viaggio d'esplorazione di Giacomo Costantino Beltrami prima che altri italiani arrivassero fin nel Minnesota a coltivarne la terra, a scavarne le ricche viscere, a evangelizzarne gli abitanti. Come altrove, del resto, i primi a giungere a questa «frontiera» furono i missionari gesuiti, che vi impiantarono scuole e chiese. Fra essi ricordiamo padre Francesco de Vivaldi, che nel 1851 accompagnò a St. Paul – dove sorse la prima diocesi cattolica del Minnesota – il vescovo Joseph Cretin. Un altro gesuita italiano, padre Demetrio de Marogna, fondò nel 1857 un college a St. Cloud e un altro nel 1866 a St. John's Lake.[14]

Più avanti nel corso del XIX secolo, essendo il Minnesota diventato un'importante regione mineraria, i compatrioti di Beltrami vi arrivarono in buon numero, anche per merito dell'azione di reclutamento svolta all'estero da agenzie di immigrazione di quello Stato. Furono gli stessi immigrati del West che fondarono queste agenzie di immigrazione: la Minnesota Emigration Society, lo Iowa Board of Immigration, il Nebraska Board of Immigration, la California Immigrant Union, l'Oregon State Board of Immigration. Queste agenzie semi-ufficiali andavano a caccia di immigranti potenziali mediante campagne a base di comunicati e di opuscoli.

Nell'ultimo quarto di secolo si aprirono allo sfruttamento i due rilievi minerari del Mesabi e del Vermilion, nel Minnesota, e in questo Stato affluirono uomini, merci e mezzi. I nuovi investimenti di capitali nell'attività mineraria offrirono nuove e vaste possibilità d'impiego a tutte le categorie di immigranti. Tutto il Mesabi Range echeggiava dei colpi di piccone vibrati da mani straniere, sotto i quali le ricche rocce americane si sgretolavano e si aprivano. Qui, come nelle miniere del Kansas, gli italiani estraevano le ricchezze minerarie del sottosuolo con scavi a cielo aperto, da essi preferiti agli scavi in galleria del Vermilion Range. Tra il 1875 e il 1881 – sei anni durante i quali il numero dei minatori italiani si quadruplicò – il Minnesota divenne una vera e propria calamita per questi minatori, delle cui abitazioni improvvisate andò rapidamente popolandosi il tormentato paesaggio.[15]

Tra il 1880 e il 1890 la popolazione di Minneapolis saltò da 46.887 unità a 164.738 unità, mentre St. Paul passava da 41.473 a 133.146. Già nel 1882 c'era una piccola colonia di minatori italiani in quel minuscolo campo chiamato Tower, che fu uno dei primi campi minerari del Minnesota. Vivendo nei vari campi minerari del Minnesota, i minatori italiani contribuirono a far salire il ricavo di minerale di ferro dello Stato dalla quota zero del 1880 ai quindici milioni di tonnellate del 1902. Nel 1910 c'erano nel Minnesota 10 mila italiani nati sul posto. In tale anno, gli italiani residenti nelle quindici maggiori città del Minnesota formavano, da soli, più dell'8% della popolazione dell'intero Stato.

Non è facile trovare, oggi, scritti di immigrati sulle condizioni di vita nelle città minerarie del Middle West. Antonia Pola, nel suo romanzo *Who Can Buy the Stars?*, fa fare alla protagonista un confronto tra le condizioni di vita nell'Italia settentrionale e quelle della comunità mineraria di Union City, nell'Indiana:

Lo squallore del campo minerario la fissava, aggrediva i suoi sensi mentre ella procedeva lungo il traballante marciapiede di legno. Le miserabili casette avevano le stesse caratteristiche delle cose «fatte con le proprie mani» che l'avevano colpita a Cartonville e in altri campi minerari da lei visti nei dieci anni di permanenza in America. Si può dire che non ci fosse casa che non avesse sul retro il suo fazzoletto di terra coltivato ad orto, con qualche pianta di geranio ogni tanto o magari un cespuglietto anemico di rose. Ma tutti gli appezzamenti non occupati e la campagna all'intorno erano incolti e invasi da erbacce di un verde senza gioia. Era maggio, il momento in cui la natura dispiega tutto lo splendore del suo verde e dei suoi fiori. In quel paese del carbone tutto era invece senza colore e coperto di polvere.

Corse col pensiero all'Italia in fiore da febbraio a novembre. Vide le colline del Piemonte, che a quell'epoca erano così intensamente vive di verde brillante, vide i prati molli di rugiada, le onde color smeraldo del primo grano sfiorato dalla carezza amica del vento, e i fiori selvatici occhieggianti lungo le strade di campagna, e le si strinse il cuore.[16]

La maggior parte degli italiani del Minnesota era impegnata nell'attività mineraria, ma alcuni preferirono i lavori ferroviari, per i quali v'erano uffici di reclutamento a Minneapolis, St. Paul e Duluth. Altri ancora diventarono orticoltori nei sobborghi di queste città.

Nel 1906 troviamo delle parrocchie cattoliche italiane a Hibbing e a Eveleth. Nelle cittadine del Vermilion Range, invece, da Ely a Calumet, vi era in ciascuna un'unica parrocchia cattolica per irlandesi, tedeschi, slavi e italiani. Queste congregazioni inter-razziali assolvevano ad una funzione di integrazione; funzione che, del resto, svolgevano anche le organizzazioni commerciali o d'affari fra immigrati di razza diversa, in particolare fra italiani e slavi. Un'inchiesta statistica condotta sulla carriera di cinquanta fra i più eminenti uomini d'affari venuti nel Minnesota prima del 1901 ha rivelato che il 58% di essi erano di provenienza straniera.[17]

Dall'altra parte del Mississippi, nel confinante Wisconsin, e più precisamente nella contea di Vernon, fioriva la comunità di Genoa fondata nel 1863 da immigrati piemontesi, che prima si erano stabiliti a Galena, nell'Illinois. Era terreno fittamente coperto di bosco, quindi considerato inadatto ad essere coltivato, e questa gente lo acquistò per pochi soldi e, disboscatolo, lo seminò ad orzo, segale, granturco, grano, luppolo. Si azzardarono anche a coltivarlo a tabacco. Erano inoltre espertissimi nell'allevamento del bestiame e nella lavorazione del latte; e che sapessero, per giunta, usare scalpello e cazzuola lo prova il fatto che si costruirono da sé, in pietra, la chiesa dove andavano a render grazie al Signore. La loro «americanizzazione», come del resto quella degli italiani della vicina Cumberland, sempre nel Wisconsin, fu così rapida, che ben di rado si parlò di loro come di gente venuta da fuori. Bastò che incominciassero a servirsi delle macchine per diventar padroni di alcune delle più grosse fattorie del Middle West.[18]

La vita degli indiani d'America vista da un artista italiano (1880). *(Riprodotto da Egisto Rossi, Gli Stati Uniti e la concorrenza Americana, con il permesso della Huntington Library, San Marino, California.)*

Iowa

L'antesignano delle molte migliaia di italiani che si stabilirono via via nello Iowa fu un personaggio che non corrispondeva neppure lui al modello convenzionale dell'italiano d'America: Samuele Mazzuchelli. Figlio di un ricco banchiere romano, Samuele rinunciò a ventiquattr'anni agli agi e al patrimonio familiari per recarsi nel Nuovo Mondo sotto la tonaca del frate domenicano. E così diventò, tra il 1830 e il 1840, l'apostolo dei bianchi e degli indiani dello Iowa, nonché dell'Illinois e del Wisconsin. Equipaggiato nel modo più elementare, esponendosi a pericoli e privazioni d'ogni genere, fame compresa, girò praterie e foreste senza mai sostare. Giunse, una volta, a sfamarsi con un ratto di prateria «che aveva un odore molto cattivo».[19] In tutta la «frontiera» era conosciuto come «Father Kelly», il nome datogli dai suoi parrocchiani irlandesi. Oltre a essere un missionario era un filologo, e si deve a lui un dizionario della lingua Chippewa che, apparso nel 1833, fu probabilmente il primo libro stampato nel Wisconsin. Pubblicò anche il primo libro che si conosca in lingua Sioux. Servo di Dio e uomo di scienza al tempo stesso, dunque, come altri di questi pastori di anime di cacciatori di mercanti e di indiani del West. Per anni non ci fu altro sacerdote che lui per quanto sono lunghe e larghe le praterie e le foreste del Wisconsin e dello Iowa, dalle sponde dei laghi Huron e Michigan a quelle del fiume Mississippi. A lui si attribuisce l'abbozzo del vecchio campidoglio di Iowa City. All'ultimo, Mazzuchelli si decise a fissare i suoi ricordi e la sua interpretazione del West in un libro che fu pubblicato in Svizzera.[20]

Se furono principalmente i missionari che stimolarono l'interesse degli europei per il West, non furono soltanto essi a farsi ammaliare dalla «frontiera». Era un laico, e non un chierico, quel conte Francesco Arese di Milano che negli anni 1837-38 compì un rapido ma importante viaggio nello Iowa, da lui stesso descritto poi in *A Trip to the Prairies and in the Interior of North America.*[21] Francesco Arese, che era stato lungamente in contatto, in Italia e in Francia, con i seguaci di Napoleone, e aveva poi servito in Algeria nella Legione straniera, giunse negli Stati Uniti in veste di esiliato politico nel bel mezzo del grande panico finanziario che sconvolse la nazione verso la metà del 1837. Frequentava il principe Luigi Napoleone, Henry Clay, la nobile famiglia dei Chouteau, una delle più eminenti di St. Louis. Aveva trentadue anni quando intraprese un viaggio che, risalendo il Missouri, lo portò nei pressi di Council Bluffs, in quella regione che oggi è la parte più occidentale dello Stato dello Iowa. Del suo primo incontro con gli indiani, nello Iowa centrale, Arese scrisse:

Pensai che era di gran lunga preferibile vederli nelle litografie. La prima volta che li vidi in carne e ossa e fui veramente, per così dire, in contatto con loro, ne provai un tale disagio (in italiano avrei detto ribrezzo) che mi parve di non poterlo superare. Non avrei mai immaginato che tre mesi dopo avrei ringraziato il cielo di aver potuto dormire fra due indiani (maschi, beninteso) per vincere il freddo di una notte di tramontana.[22]

Seguendo le orme di Beltrami, Arese si sforzò di adattarsi all'ambiente del West. Un po' a cavallo e un po' in canoa, passò dallo Iowa nella regione del fiume Vermilion, che corrisponde all'odierno South Dakota. Si avventurò nelle terre dei Sioux e si spinse nel Minnesota sud-occidentale risalendo il St. Peter's River fino a Fort Snelling, dove prima di lui era giunto Beltrami. Di qui riprese la via dell'Est, raggiungendo Montreal e Quebec via Wisconsin e Michigan.[23] In tempi in cui era ancora estremamente faticoso, e a volte pericoloso, spingersi ad occidente di St. Louis, Arese compì un viaggio di 6000 miglia che resta unico nella storia della regione.

Come era accaduto e sarebbe accaduto ancora ad altri aristocratici viaggiatori del West, la «frontiera» lo esaltava:

È facile, quando si parla d'America, trovare ragioni per parlarne male; facilissimo, poi, dar prova di acume scoprendovi degli aspetti ridicoli: niente di più comodo, qui. Ma chi abbia un minimo di onestà, i suoi preconcetti deve rimetterseli in tasca e, per quanto europeo sia e si senta, deve riconoscere che questo è un paese stupendo, magico, miracoloso, e che le cose sono tali, qui, che per crederle bisogna vederle.[24]

Le impressioni che gli Arese, i Beltrami, i Mazzuchelli riportarono in Italia contribuirono a determinare l'atteggiamento degli italiani nei confronti del Nordamerica.

Parecchio tempo dopo il viaggio compiuto da Arese nell'estate del 1837 agli estremi limiti della frontiera, altri italiani si spinsero attraverso le pianure dello Iowa per partecipare alla colonizzazione della zona. Erano in massima parte piccoli agricoltori; e siccome, nel 1860, il prezzo della terra aveva ormai raggiunto, in media, i 16,32 dollari ad acro, vale a dire 40,80 dollari ad ettaro, essi si misero a lavorare nelle primitive città che andavano sorgendo nelle grandi distese prive d'alberi dello Iowa: Des Moines, Council Bluffs, Sioux City, Davenport. A mano a mano che formavano un po' di capitale, compravano della terra entro i confini o fuori dei confini di questi comuni. Più tardi acquistarono anche il costoso macchinario che avrebbe consentito loro di diventare dei solidi e ricchi agricoltori. Nel 1910 gli italiani dello Iowa avevano raggiunto le sei migliaia circa. A più di altrettanti ammontavano i loro figli nati in America. E tutti assieme formavano una comunità ben decisa a sistemarsi sul posto per sempre, e non una comitiva di turisti (o di spiriti sensibili come Arese) attirati temporaneamente dalla magia del West.

Gli italiani dello Iowa fondarono un loro giornale, la «Tribuna Italiana» di Des Moines, e diedero nomi italiani a qualche città e distretto dello Iowa, come Aetna, Mount Aetna, Corno, Florence, Garibaldi, Genoa, Genoa Bluff, Milan, Palermo, Paoli, Parma, Turin, Verona, Marengo e Verdi.[25] A mano a mano che questi centri sorgevano e si sviluppavano, attiravano manodopera specializzata e servivano il paese all'intorno, procurando benessere ai cittadini e richiamando nuovi immigranti. Queste città furono non soltanto centri di potenza economica, ma anche strumenti di trasformazione dell'America rurale della frontiera nell'America progredita delle città.

Gli immigrati si stabilirono in prevalenza nella parte settentrionale dello Iowa. Nel 1880, ad esempio, un terzo della popolazione della contea di Hamilton era formato da immigrati, mentre rispetto alla popolazione rurale gli immigrati rappresentavano, secondo il censimento federale di quell'anno, quasi il 50%.[26]

Missouri

Il Missouri attirò più italiani che non il Minnesota o lo Iowa. Era relativamente facile arrivare a St. Louis, uno dei principali accessi al West, e ciò spiega perché gli immigrati di tutte le nazionalità puntassero di preferenza in quella direzione. È naturale anche che, in un ambiente cosmopolita come quello che vi si era creato, gli italiani si sentissero più a loro agio che nelle città di origine *yankee* dello Iowa. Nel Missouri, pur non parlandosi l'italiano, si parlava il francese e la tradizione europea era evidente dappertutto.

A St. Louis lasciarono il segno non soltanto i numerosi commercianti e speculatori italiani venuti nella scia di Vigo e del suo socio Emilien Yosti, ma anche molti sacerdoti, tutti di quella stessa scuola di sacrificio e di dedizione da cui erano usciti padre Kino, nel Sud-ovest spagnolo, o padre Mazzuchelli nell'Old Northwest. In testa a questi sacerdoti cattolici di St. Louis c'era padre Felix de Andreis, piemontese, che era sbarcato con il suo gruppo di lazzaristi a Baltimore nel 1816 e di lì si era spinto, a piedi, fino a Pittsburgh. Da Pittsburgh erano scesi in chiatta nel Kentucky, raggiungendo nel 1817 Perryville, 80 miglia a sud di St. Louis, dove avevano fondato il seminario di St. Mary, prima istituzione cattolica del genere ad ovest del Mississippi. Era un vero e proprio avamposto, un edificio di tronchi rozzamente tagliati, dove si faceva un sol fascio dei corsi di teologia, del taglio degli alberi e dei lavori agricoli per il sostentamento dei seminaristi.[27]

Quando, nel 1820, de Andreis venne a morte, gli successe come superiore dei lazzaristi americani Giuseppe Rosati, un altro sacerdote italiano d'eccezione, che aveva attraversato l'Atlantico con il suo predecessore. Prima di arrivare a quel vertice, Rosati aveva collaborato alla fondazione del St. Mary's College e aveva insegnato logica e teologia.[28] Diventato vescovo coadiutore della Louisiana nel 1824, assurse poi alla dignità di vescovo di St. Louis e, come tale, ebbe la supervisione di tutte le attività religiose dall'Arkansas-Missouri fino alle Montagne Rocciose. Auspice Rosati, i gesuiti fondarono nel 1829 la St. Louis University; lui stesso creò, nel 1839, la prima scuola per sordomuti a ovest del Mississippi e concorse alla fondazione dell'ospedale di St. Louis. E non solo curò l'erezione della cattedrale di St. Louis, ma fondò trentaquattro chiese nel Missouri e andò avanti a creare conventi, scuole, orfanotrofi per tutta la vallata del Mississippi.[29]

Egli rappresentava, per così dire, l'epicentro della crescente attività missionaria cattolica nel Far West; fu lui che autorizzò il gesuita belga padre Pierre Jean De Smet, la cui fama superò poi la sua, a spingersi nelle aree indiane del Nord-ovest; e fu nella scia di questa decisione che nelle Montagne Rocciose e nel territorio dell'Oregon sorsero nuove missioni, nuove scuole e nuove parrocchie.[30]

Al seguito dei sacerdoti italiani entrarono nel Missouri del XIX secolo molti agricoltori italiani provenienti da Sunnyside, nell'Arkansas, i quali, nel 1890, si stabilirono sulle terre di Montebello e di Verdella, come essi stessi italianamente le chiamarono. La povertà del suolo e la mancanza di aiuti fecero sì, tuttavia, che vi fosse una certa dispersione e che alcuni andassero a cercar lavoro nelle miniere locali e nelle ferrovie. Ma altri diventarono produttori di vino, di frutta, di ortaggi, di *small grain* e cotone sulle terre di ambedue i comuni.[31]

Nel 1898 altri italiani che avevano lavorato nelle piantagioni di cotone dell'Arkansas si stabilirono a Knobview, nel Missouri, un centinaio di miglia a sud di St. Louis. La St. Louis & San Francisco Railroad offriva terreni a condizioni molto allettanti. Bastava pagare subito un anticipo di quindici dollari per quaranta acri, con saldo entro cinque anni. Agli italiani si offrivano anche delle terre demaniali, ma a condizioni meno favorevoli: tre dollari all'acro, con pagamento in otto anni all'interesse del 7%.[32] Una cinquantina di famiglie italiane, unendo le proprie forze, riuscirono a mettere assieme un migliaio di dollari in contanti, con i quali acquistarono del terreno scadente, abbandonato, che tuttavia misero a coltura e popolarono di casette di legno. In quei primi, duri anni, gli immigrati si accontentavano spesso di vivere in capanni e stalle abbandonati, nutrendosi principalmente di patate, cibo più gradito ai nordici che agli italiani. Come si è visto per le comunità di Montebello e di Verdella, qualcuno si vedeva costretto a cercare lavoro nelle miniere di carbone dell'Illinois o nelle ferrovie; costoro non rientravano a Knobview se non quando erano in grado di pagare il terreno e di acquistare gli attrezzi occorrenti, i cavalli e il bestiame.

Nonostante le difficoltà, nel giro di dieci anni la massima parte di questi agricoltori italiani raggiunse il benessere. Con la produzione e la vendita di pomodori, mele, uva e latticini ingrandirono le loro piccole proprietà, tanto che nel 1922 possedevano in media trenta acri ciascuno, dai quali traevano – sempre in media – un profitto di 8500 dollari all'anno. Sei anni dopo erano in grado di spedire, sotto l'etichetta della Knobview Grape Grower's Association, oltre cento vagoni d'uva. Gli italiani di Knobview si consorziarono nella Ozark Grape Corporation, presieduta da David Gentilini, e sviluppando intelligenti tecniche di coltura aumentarono costantemente la produzione dell'uva, badando ad arare profondamente il terreno perché le radici delle viti trovassero ampio spazio per affondarvisi.

In fondo ad ogni buca mettevano convenienti quantità dei concimi di cui potevano disporre: letame, foglie di quercia, fertilizzanti d'ogni genere, il tutto mescolato a terra buona. La pianta di vite collocata in un simile letto trovava nel terreno l'alimento, l'umidità, l'aerazione, la linfa vitale di cui aveva bisogno. Questi italiani badavano molto anche alla potatura e alla disinfestazione, ricorrendo al consiglio tecnico della Missouri Fruit Experiment Station di Mountain Grove.[33]

Un'altra impresa agricola italiana nel Missouri concorre a smentire la favola che gli italiani, arrivando in America, voltassero di proposito le spalle all'agricoltura. È il centro agricolo di Marshfield, a venticinque miglia circa da Springfield, creato da contadini-minatori italiani che, lavorando nelle miniere, avevano messo da parte il sudato denaro per acquistare un po' di terra su cui far crescere grano, granturco e prato da fieno. Stando ad una relazione ufficiale del 1910 questa comunità aveva ottenuto maggiori successi di una vicina comunità di agricoltori tedeschi.[34]

Nell'ultimo quarto del secolo scorso troviamo ancora un'altra colonia agricola italiana nel Missouri sud-occidentale, la comunità valdese di Monett. Si trattava di valdesi che, lasciate le loro aspre valli in Piemonte, si erano trasferiti nell'Uruguay, da dove alcuni, ripreso il cammino, si portarono addirittura fino a Monett. Qui, affiliatisi alla Chiesa presbiteriana, formarono una colonia di un centinaio di membri. Al pari di un'altra più grande colonia valdese, sorta più tardi, a Valdese, nel North Carolina, era gente venuta a cercare in un paese nuovo la libertà religiosa di cui si sentiva privata in patria.[35]

Un'altra «sacca» italiana si formò a Pilot, nel Missouri, dove dopo il 1880 la Big Muddy Coal and Iron Company assunse come minatori parecchi italiani. Un gruppo di questi minatori italiani fu mandato nel 1892, dalla stessa compagnia, a lavorare nelle miniere di Fredonia, oggi Cambria, nell'Illinois.[36] Nel 1920 gli italiani nati in Italia e residenti nel Missouri erano poco meno di 15 mila, di cui i tre quinti domiciliati a St. Louis. A voler conteggiare anche la seconda generazione, quella nata in America, si sarebbe dovuto raddoppiare, più o meno, la cifra. Alcuni facevano del commercio all'ingrosso e al minuto o gestivano piccole aziende; altri vendevano frutta all'ingrosso o gestivano ristoranti (fra cui notissimo il grande ristorante italiano Garavelli's a St. Louis). Tuttavia la maggior parte degli immigrati nel Missouri era formata da lavoratori non specializzati, assorbiti dall'attività edilizia e dalle industrie locali. Una certa aliquota andava a lavorare nelle fabbriche di Kansas City. Gli italiani fecero uscire parecchi giornali a St. Louis. Nei momenti di massima tiratura, «La Lega Italiana» distribuiva 16.500 copie. Nel 1931 il foglio repubblicano «Stampa Italiana» aveva 8100 lettori. Il centro italiano, in St. Louis City, era il quartiere di Fairmount Heights. Tanto nell'Est quanto nel West, gli italiani residenti nelle città non rinunciavano a coltivare i loro orticelli, nei quali spesso facevano crescere, anche in vasi e scatole di pomodoro vuote, fiori e odori, e in particolare basilico. E nei solchi piantavano lattuga, fagioli, e gli immancabili pomodori.

Ma nel Missouri, come in tutto il Middle West, il numero degli italiani che si dedicavano all'agricoltura era in continuo aumento. Vivendo, di solito, ai margini della zona urbana, respiravano l'aria fresca e pura della campagna e godevano un po' di quella libertà che, per essi, era il pregio maggiore dell'ambiente americano.[37]

Guai e successi nel Sud-ovest

Dopo la guerra civile il Sud-ovest, terra di cotone, canna da zucchero e agricoltura di sussistenza, sembrava il paese più estraneo di tutti all'immigrante e al suo passato. Se l'immigrato era un commerciante o un artigiano, il Sud-ovest offriva alle sue capacità molto meno di quanto offrisse qualsiasi altra regione. I lavoratori del Sud-ovest erano coinvolti nel conflitto di passioni che contrapponeva i bianchi ai negri. L'immigrato si trovava anche a dover combattere contro una concorrenza che umiliava e deprimeva il lavoro e contro un clima umido troppo diverso da quello europeo. L'immigrante che arrivava nel Nord si sentiva sconsigliare dallo scendere al Sud, e ciò contribuì certamente a ridurre il numero degli immigranti che si trasferirono negli Stati del Sud al di là del Mississippi.

Ciò non toglie che dal 1890 in poi gli uffici immigrazione degli stati del Sud-ovest furono attivi, anche perché il Sud continuava ad essere, dai tempi di La Salle e di Tonty, molto cosmopolita. Perciò, nonostante i fattori che sembravano renderlo poco adatto agli emigranti, esso ne attirò un certo numero, che si adeguò alle tradizioni spagnole e francesi delle precedenti generazioni. Nel 1880 gli italiani erano numericamente superiori, nella Louisiana e nell'Arkansas, a qualsiasi altro gruppo nazionale, perché i loro «padroni» ne reclutavano contingenti sempre più forti per i lavori di arginatura delle acque del Mississippi. Nel 1885 troviamo a Friar's Point, nella contea di Coahoma nel Mississippi, la prima colonia agricola italiana del delta di Yazoo. Altri gruppi di immigranti si spinsero verso ovest e oltre il Mississippi, attraverso le contee di Washington e Bolivar.[38]

Alfred Stone, che non era soltanto uno scrittore, ma anche e soprattutto uno dei capi più influenti dei piantatori del delta, incontrò il consenso di tutti gli altri piantatori lanciando l'idea che una forte immigrazione italiana avrebbe avuto l'effetto di scacciare i negri dalla regione. Stone era un razzista, e a sostegno dei suoi preconcetti di superiorità di razza usava portare l'esempio dell'abilità di cui gli italiani avevano dato prova nel coltivare, raccogliere e sgranare il cotone, specie nell'Arkansas.[39] Il più grosso centro di coltivatori italiani nell'Arkansas era Sunnyside, nella contea di Chicot, cioè nella parte sud-orientale dello Stato, lungo il Mississippi. Dopo il 1895, cinquecento famiglie di immigranti si erano stabilite in un'isola di fronte a Greenville, verso la riva occidentale del fiume, nello Stato del Mississippi, grazie all'aiuto finanziario di Austin Corbin, un «filantropo» del Nord, proprietario della Long Island Railway.

Invece di formare questa colonia con immigrati italiani reclutati nelle grandi città americane, Corbin si accordò con l'allora sindaco di Roma, il principe Emanuele Ruspoli, per far arrivare i nuovi coloni direttamente dall'Italia via New Orleans. Questi coloni, dunque, trasportati su per il fiume Mississippi con i battelli della Anchor Line di Corbin, furono sbarcati a Sunnyside. In massima parte non conoscevano una sola parola d'inglese, e molti non erano mai stati in un'azienda agricola. Confusi e disorientati, non c'era altro sistema per farli lavorare che quello del «padrone», il sistema del *boss*, di cui parleremo più avanti. Artigiani, barbieri, sarti, calzolai ecc., arrivati freschi freschi dall'Italia, rimasero di stucco quando Corbin li fornì di «attrezzi agricoli, cavalli da tiro, semi, case coloniche, magazzini, granai, sgranatrici, torchi, carretti, una ferrovia, un battello, macchine per imballare il cotone». Questo «benefattore» diede agli italiani financo una scuola, una chiesa e un ufficio telegrafico.[40]

L'impresa di Corbin era un misto di umanitarismo e di sfacciato affarismo *yankee*. Gli italiani, sebbene trattati dai sovrintendenti americani con quella durezza tirannica alla quale questi erano avvezzi con i negri, affrontarono bravamente la fatica e il caldo, e l'azzardata impresa si affermò. Il loro record di produzione fu sorprendente a paragone di quello dei negri, là dove facevano lo stesso lavoro. Un italiano produceva in media, annualmente, 2584 libbre di cotone grezzo, mentre un negro ne produceva in media 1174. «Facevano crescere il cotone perfino sulle sponde dei fiumi che non avevano mai conosciuto l'aratro» e non lasciavano incolto neanche un palmo di terreno per cui pagassero un fitto.[41]

Una scrittrice dell'epoca, forse per spiegare come mai gli italiani producessero il doppio dei negri, osservava che mentre i negri sono a volte indolenti, sregolati e dissipatori, gli italiani erano invece «lavoratori tenaci, e pazienti, pronti a fare qualsiasi mestiere e a farlo bene»; e soggiungeva che, sebbene consumassero «notevoli quantità di quel loro vino aspro, non superavano la misura».[42] Messi in gara con i negri, gli italiani si buttavano nel lavoro senza concedersi tregua, per puro spirito agonistico, e in certe zone riuscivano a produrre una volta e mezzo il già elevato quantitativo medio. «Fo' Gawd in Heaven», si racconta dicesse un negro nel suo inglese bastardo «dat Dago en his wife en fo' chillun wuz pickin' cotton by de moonlight. I do' 'no' how it looks to you, but I calls dat er under-handed trick myse'f» («Per il Dio del Cielo, quell'italiano e sua moglie e i suoi quattro figli raccolgono il cotone anche a lume di luna. Non so come la pensi tu, ma io questo lo chiamo un tiro mancino»).[43]

La vita familiare degli italiani di Sunnyside può essere presa ad esempio della vita familiare degli italiani in genere. La colorita descrizione che ne fa uno scrittore dell'epoca ci mostra le loro case «letteralmente tappezzate di fagioli appesi a seccare, peperoncini e malva», nonché di «pannocchie di granturco». Per risparmiare, gli italiani classificavano la carne fra gli alimenti di lusso e mangiavano al suo posto la «verdura» – cicoria, scarola, radicchio ecc. – sotto forma sia di insalata sia di minestra. «Per fare bella figura» vestivano con proprietà i loro bambini e tenevano pulita e in ordine la casa. Nella legnaia c'era sempre «una scorta di legna, segata e pronta all'uso, sufficiente per il fabbisogno familiare di tutto l'inverno.[44]

Tuttavia non riuscirono mai a bonificare completamente Sunnyside, che continuò ad essere un pericoloso focolaio di malaria. Corbin stava giust'appunto provvedendo al rifornimento di acqua buona e al miglioramento delle condizioni sanitarie della colonia quando, nel 1897, venne a morte. Scomparso lui, l'esecuzione dei suoi piani fu indebitamente ritardata. Intanto era sopravvenuto il ribasso dei prezzi del cotone del 1895, e parallelamente si era verificato un preoccupante aumento della mortalità, specie fra le donne e i bambini, con una punta di 130 decessi nel corso di due mesi del 1896. Allora subentrò il panico, e fra il 1897 e il 1898 la maggioranza degli italiani lasciò Sunnyside. Dei rimasti, molti morirono (80 in un solo mese del 1899), altri rimpatriarono, alcuni si trasferirono nel Sudamerica, nell'Alabama e ancora più ad ovest. Solo quaranta famiglie resistettero sul posto, e di esse poche prosperarono.

Secondo statistiche fino ad oggi non smentite, gli interessi sui prestiti, che i coloni dovevano pagare, si aggiravano intorno al 10%; per giunta i coloni erano taglieggiati dai «padroni» e perfino dai medici cui era affidata la loro assistenza. Sta di fatto che, dopo la morte di Corbin, Sunnyside diventò una fonte di guadagno per i profittatori. Se non fosse scomparso così presto, Corbin sarebbe forse riuscito a realizzare uno dei più interessanti e positivi esperimenti della storia dell'agricoltura americana. La sua morte segnò il tramonto della colonia, o perlomeno di quella colonia che egli aveva sognata. Alla fine gli italiani di Sunnyside si ridussero ad essere della povera gente tartassata, che doveva perfino pagare 75 centesimi di dollaro a testa perché il prete venisse a dire messa la domenica.[45]

Ma c'è anche un'altra versione, assai diversa e tutt'altro che negativa, della storia della colonia italiana di Sunnyside. Secondo quest'altra versione, gli esecutori testamentari di Corbin diedero in affitto le terre di sua proprietà alla O.B. Crittenden & Company di Greenville, cittadina del Mississippi sull'altra sponda del fiume. Tanto Crittenden quanto il suo socio Leroy Percy avevano una buona esperienza di quell'operazione complessa e difficile che è la coltura del cotone, e una fonte autorevole dice che la loro abilità nell'organizzare e condurre una piantagione di cotone permise a Sunnyside di affermarsi al punto che, all'ultimo, i suoi stessi proprietari chiamavano questa azienda italiana una colonia agricola modello. Fu adottato un sistema di affitto in base al quale ogni affittuario pagava annualmente, per acro, sette dollari, che gli davano diritto a fruire dell'assistenza medica e a rifornirsi presso il magazzino della piantagione. Tutto il raccolto annuale di Sunnyside veniva acquistato da Crittenden e Percy; nel 1903 vivevano e lavoravano ancora sul posto cinquantadue famiglie italiane. Secondo i conti di Crittenden e Percy, questi avevano pagato ai coltivatori italiani, in quello stesso anno 1903, la somma di 32 mila dollari, al netto del fitto e di varie altre spese.[46]

Indipendentemente dal fatto che Sunnyside si fosse risolto in un successo o, come sembra più probabile, in un insuccesso, all'inizio del secolo fu data grande pubblicità, sul piano nazionale, al primato del lavoro italiano nei confronti di quello negro. Stone non fu il solo ad esaltare la superiorità dell'immigrato bianco, perché parecchi altri scrittori ripresero questo tema:

Se la colonia stabilita a Sunnyside fu inizialmente un insuccesso, ciò non significa che gli italiani non sappiano affermarsi in campo agricolo. Questi immigrati provenivano in gran parte da altri lavori e furono posti in concorrenza con i negri in un settore di produzione di cui non sapevano assolutamente nulla, sotto il controllo di sovrintendenti abituati a trattare degli schiavi. Si trovarono a dover lavorare in mezzo alle paludi, in un clima caldo e snervante al quale non erano avvezzi. Non vi è dunque da stupirsi che si dovesse temere un insuccesso. E invece anche in questo caso, con la prospettiva del fallimento davanti agli occhi di tutti, il successo venne.[47]

In un altro articolo si legge: «Il bianco, nella persona dell'immigrante italiano, ha dato prova della sua abilità sfidando e superando il negro sul suo terreno preferito». E l'articolista prosegue: «Sotto qualunque angolo lo si guardi o con qualunque metro lo si misuri, l'italiano ha dimostrato la sua superiorità nei confronti del negro come agricoltore. [...] Dall'orticello che il negro abbandona alle erbacce l'italiano trae quanto basta per rifornire la propria famiglia, dall'inizio della primavera alla fine dell'autunno, e in più vende al mercato quanto basta per arrivare dalla fine dell'autunno all'inizio della primavera. Ho visto il soffitto delle case degli italiani ornato di festoni di fagioli messi a seccare, peperoncini, malva e altri ortaggi, e pannocchie di granturco appese lungo le pareti. Sul retro della ben tenuta casa non manca mai la legnaia, con una scorta di legna, segata e pronta all'uso, sufficiente per il fabbisogno familiare di tutto l'anno. Non è gente, questa, che aspetti di sentirsi congelare i piedi per cominciare a pensare al combustibile, e allora affrettarsi a buttar giù la staccionata per provvedersi della legna occorrente».

Il che, naturalmente, era una critica indiretta al modo di vivere e di lavorare del negro.[48]

Ora, non si può negare che, a volte, i negri prestavano il fianco a farsi giudicare inefficienti e spreconi, ponendo di riflesso in risalto le qualità degli italiani, «così gelosi di ogni boccone di terra per cui paghino affitto, da lavorarlo con la zappa se troppo piccolo per essere lavorato con l'aratro, e da tirar profitto anche da terreni ai quali il negro non dedicherebbe neppure un pensiero. [...] Li ho visti [questi italiani] andare tra i solchi dei loro campi, scrutando i punti dove la semina era stata rada, e in quei punti mettere un seme, o più semi, in modo da rendere tutto perfettamente regolare. Li ho visti produrre più cotone nel loro campo di quanto non ne producesse il negro nel campo vicino, e raccogliere il fiocco due o anche quattro settimane prima, e poi mettere a frutto quelle due o quattro settimane guadagnate raccogliendo il fiocco nel campo del negro. [...] La frugalità e la tenacia dei primi risaltano per contrasto con le maniere sciupone e svagate del secondo».[49]

Ecco cosa diceva nel 1904 un altro scrittore a proposito della laboriosità degli italiani: «Tutta la sua [del contadino italiano] famiglia lavora spesso da mattina a sera e per parecchie ore della notte. Sa vivere di tanto poco che chiunque, salvo forse il cinese, morirebbe di fame. Il successo è così normale, fra gli italiani, che pochi sono quelli che non hanno un conto in banca e non mandano regolarmente del denaro in Italia».[50]

Dopo quella di Sunnyside, altre colonie italiane sorsero nell'Arkansas e nel Missouri. E, cosa molto importante, ebbero una guida e un capo nel nuovo parroco, padre Pietro Bandini, un giovane prete inviato in America per le pressioni del vescovo dell'Arkansas.

Padre Bandini prese energicamente a cuore lo stato dei suoi derelitti compatrioti di Sunnyside. Riunitili, disse loro ciò che era deciso a fare:

Ho promesso a Dio che vi avrei salvati, e vi salverò. Se c'è un codardo che teme di affrontare le difficoltà, si faccia avanti. Se c'è uno, fra voi, così attaccato alle cose materiali da lagnarsi e piagnucolare se ogni tanto non può saziare la fame, e da non saper dormire allo scoperto, sotto le stelle, come facevano i nostri padri, quell'uno si faccia avanti! Voi siete il mio gregge, ed io, che sono il pastore inviatovi dalla volontà di Dio, vi guiderò all'ovile. Seguitemi senza indugio.[51]

Padre Bandini li condusse via da Sunnyside e riuscì ad acquistare a Knobview (Montebello, o forse Montevallo?), nel Missouri, della terra per i superstiti di quella colonia.

Però padre Bandini voleva che qualche colono rimanesse anche nell'Arkansas, e mediante abili trattative con la St. Louis & San Francisco Railroad ottenne un'opzione su novecento acri di terra nella contea di Ozark all'estremità nord-occidentale dell'Arkansas, dove tale Stato viene a contatto con l'Oklahoma e il Kansas. Questo terreno era situato a circa cinquecento metri di altitudine, sei miglia ad ovest di Springdale, dove finiva la ferrovia, e la ferrovia lo vendette agli immigrati italiani per un solo dollaro ad acro. Pensando che la sua ubicazione sulla direttrice della ferrovia ne avrebbe, con il tempo, accresciuto il valore, gli italiani vi si stabilirono, sebbene il terreno fosse pietroso e coperto di cespugli. Con i tronchi abbattuti nelle vicine foreste si costruirono le case, e con la pietra e l'aiuto di padre Bandini si costruirono la chiesetta, per la quale lo stesso padre Bandini ottenne gli arredi dalla regina Margherita di Savoia. A queste e ad altre mille cose badava l'uomo che adesso tutto il gregge chiamava semplicemente padre Pietro. Dall'Italia fece venire semi, piante, fiori, attrezzi, perfino larve di certi insetti per combattere i parassiti locali.

Il terreno sembrava, a tutta prima, arido e improduttivo, ma qualche immigrato credette riconoscere in quella terra grigiastra un certo tipo di terra caratteristico del paese natio. E dopo qualche anno di dura lotta, gli italiani di padre Pietro riuscirono ad allevarvi del bestiame da latte, a piantarvi la vite, a far crescere i frutteti. Guidate e amministrate dal loro capo spirituale, cinquanta famiglie crearono una comunità alla quale diedero il nome di Tontitown, in onore di Enrico Tonti (Henry Tonty), chiamato «il padre dell'Arkansas».

Grande fu l'impressione che parecchi anni dopo Tontitown doveva fare al giornalista italiano Bruno Roselli:

Attorno a me, a destra e a sinistra, era Italia. Le case sorgevano l'una stretta all'altra, in blocchi compatti, con le loro persiane verdi e i loro tetti rossi. La strada serpeggiante, una pergola civettuola, una fila di vecchi recipienti da cucina trasformati in vasi da fiori, proclamavano l'*italianità* di un luogo dove non si credeva che sporcizia e squallore fossero ingredienti inevitabili della vita di campagna. Gli allegri festoni delle viti, che si stendevano da albero ad albero per quanto era lunga la fattoria, mi ricordavano i felici tempi della mia familiarità «a piedi scalzi» con i ragazzi dei «contadini», con i quali andavo a caccia di farfalle e di sogni.[52]

Per finanziare l'acquisto di nuova terra – il cui prezzo, ora, era salito a quindici dollari ad acro – gli uomini andavano a lavorare nelle miniere di zinco locali o in quelle di carbone del vicino Oklahoma, mentre le donne curavano la casa. Come in certe vere e proprie galere delle grandi città del Nord, in queste miniere i salari erano di un misero dollaro per dodici ore di lavoro al giorno. Né questa magra paga e il freddo delle baracche furono le sole difficoltà che i coloni italiani dovettero affrontare nell'inverno del 1899, perché in quell'inverno un ciclone distrusse il loro primo raccolto di fragole e di ortaggi, e li costrinse a nutrirsi, per mesi e mesi, di sola polenta, a risentire drammaticamente il gusto del familiare cibo della madrepatria.

Le difficoltà di Tontitown non finirono qui. Gente della regione, ostile ai nuovi venuti, diede fuoco ad una scuola che gli italiani avevano costruita per i loro bambini. Padre Pietro, che prima di essere sacerdote era stato un ufficiale dell'esercito italiano, montò su tutte le furie e, imbracciato il fucile, andò nelle terre di costoro a lanciare un avviso in cui li informava, fra l'altro, che attorno alla colonia avrebbe messo dei posti di guardia. Queste misure difensive fecero una forte impressione e furono il presupposto delle buone relazioni che si stabilirono poi.[53]

Sotto la guida di un così ispirato condottiero, gli italiani di Tontitown dimostrarono chiaramente di voler migliorare il loro stato e, datisi a studiare i rapporti del Dipartimento federale dell'agricoltura, impararono i più moderni sistemi di rotazione delle colture e i procedimenti scientifici per migliorare il rendimento della vite, degli alberi da frutta e dei cereali. In tutto il territorio degli Ozark le loro cipolle, i loro fagioli, i loro piselli, le loro mele diventarono famosi. Tontitown si affermò come una comunità agricola modello, o poco meno. Nel 1912 il mercato locale era «diversificato» dalla presenza di due caseifici, una fabbrica di scope, una fabbrica di laterizi, un laboratorio di fabbro e uno di calzolaio. Prima che la morte lo portasse via (nel 1917), padre Bandini riuscì ancora, tornando in Italia, ad attirare su Tontitown l'attenzione del papa, del capo del governo e della regina madre, ottenendone la promessa che avrebbero contribuito a indirizzare la futura emigrazione verso gli Stati Uniti del West, distogliendola dai vecchi canali delle città dell'Est.[54]

Nell'Arkansas merita di essere citata, oltre al piccolo centro isolato di Conway County, un'altra colonia italiana, e precisamente quella di St. Joseph, ad una settantina di miglia da Little Rock, nei pressi di Center Ridge, formata da circa 150 immigrati di Campobasso. Ogni famiglia coltivava dai 40 ai 160 acri di terra. Curiosa è la ragione per la quale questa comunità salì, ad un certo punto, al vertice della fama. Ciò avvenne quando, nel 1912, durante un viaggio di ispezione alle comunità italiane, l'ambasciatore d'Italia negli Stati Uniti scoprì che a St. Joseph c'erano dei mariti di diciassette anni con mogli di tredici, e che una moglie di diciassette anni era mamma di tre bambini.[55] Essendo i matrimoni giovanili una consuetudine degli Stati del Sud, l'ambasciatore italiano avrebbe potuto non dare troppo peso alla cosa, mentre gli sarebbe stato difficile non dar peso alla grandine di lagnanze che, in tutto il Sud, i coloni italiani gli rovesciarono addosso. A Marathon, nel Mississippi, egli dovette fronteggiare una folla irata che si doleva aspramente degli alti prezzi ai quali i magazzini della compagnia vendevano i generi alimentari e le merci in genere. Gli dissero anche che non era facile trovare lavoro, e che il caldo, i malanni e l'acqua cattiva erano diventati intollerabili. Il consiglio che egli diede loro fu di andare a cercar lavoro altrove.

Nell'Arkansas gli italiani, pur essendosi fatti conoscere, non arrivavano, nel 1910, alle due migliaia. In senso relativo, tuttavia, cioè a paragone delle altre nazionalità, non erano una minoranza trascurabile. Soprattutto gli italiani di Tontitown ebbero un grande merito: di dare un certo sapore, un certo interesse, alla vita di uno degli stati americani più chiuso, introverso, non cosmopolita.

Il governo italiano si sforzò di scoraggiare l'emigrazione nel profondo Sud. I salari più elevati offerti dal Nord, il desiderio di molti italiani di tornare in Italia, il fatto che l'instaurarsi delle grandi piantagioni di tipo industriale (come quelle di Crittenden e Percy) rendevano difficile il diventare piccoli proprietari di terra, segnarono la fine della spinta colonizzatrice nel *Black Belt*, la cintura o fascia negra.

Dal 1906 in poi si ha notizia di pochi tentativi di attirare negli Stati del Sud coloni italiani, sebbene proprio in quell'anno certi finanzieri scozzesi della Deltic Investment Company assegnassero quattordici appezzamenti da 200 acri ciascuno agli immigranti italiani. Voleva essere un esperimento agricolo. La Deltic Investment Company inviò in Italia, l'anno successivo, il direttore del giornale italiano di Memphis, «Il Corriere Italiano», per una campagna di reclutamento. La società si proponeva di attirare in America cinquanta famiglie di coloni italiani, offrendo loro 150 dollari per il viaggio fino a New Orleans e la casa sul terreno assegnato. Ma l'esperimento fallì dopo essere costato circa 15 mila dollari, il che rappresenta un'ulteriore riprova dello scarso interesse che il Sud esercitava sugli immigranti potenziali. Gli scozzesi della società, con tutta la loro intraprendenza e la loro tenacia, faticarono parecchio a salvare gli investimenti fatti nella piantagione.[56]

Le nuove restrizioni introdotte con le *anticontract labor laws*, le leggi contro il lavoro a cottimo, e in particolare con il *Foran Anti-Contract Labor Act* del 1885, contribuirono anch'esse a ridurre l'immigrazione nel Sud. Dopo i danni causati nel 1907 da una tremenda malattia epidemica del cotone, molti immigrati, ridotti alla disperazione, abbandonarono le loro piantagioni nelle mani dei negri.

L'inaugurazione di una linea marittima diretta Napoli-New Orleans aveva dato grande risalto al collegamento transcontinentale con la California, realizzato dalla Southern Pacific Railroad. Dai primi anni del secolo e per tutto il periodo dell'*Immigration Act* del 1924 gli italiani del Sud furono dirottati altrove, non senza dover superare difficoltà e disagi ben più gravi di quelli di cui si erano lagnati con l'ambasciatore. Non era lontano il tempo in cui anche su di essi, come in altre parti degli Stati Uniti, sarebbe discesa l'ombra della discriminazione.

Parte terza
PROBLEMI DI ACCULTURAZIONE

IV
SOTTO ACCUSA: DISCRIMINAZIONE E CRIMINALITÀ

Tanto nell'Est quanto nel West gli italiani dovettero subire la discriminazione dei *natives*, degli indigeni, intendendosi per indigeni tanto gli aborigeni quanto i discendenti dei primi coloni. Un vecchio slogan degli emigranti diceva: «L'America ti chiama, gli americani ti respingono». Nel West, forse, l'intolleranza si avvertiva meno; ma nel Sud (anche a ovest del Mississippi) essa non era meno forte che nel Nord. Gli immigrati si sentivano esposti non tanto all'insolenza degli indigeni quanto a forze ostili sulle quali non avevano alcun potere. In Stati come l'Arkansas e la Louisiana il lavoratore straniero era oggetto di sfruttamento. Negli anni 1890 gli opifici per la lavorazione del cotone pagavano ai sensali premi di cinquanta dollari «per ogni famiglia procurata allo stabilimento». Le donne e i ragazzi percepivano 50 centesimi di dollaro per un'intera giornata lavorativa, ma poteva anche accadere che la paga non superasse i 15 centesimi di dollaro per tredici ore di massacrante lavoro, svolto in condizioni assolutamente anti-igieniche. Vigeva dunque un'atmosfera di avvilimento del lavoro, di vero e proprio *peonage*, che incoraggiava tutti i cotonieri, dai grandi ai piccoli, a sfruttare i lavoratori. Uno dei più grandi piantatori di cotone del Sud, proprio quel Q.B. Crittenden che aveva rilevato Sunnyside dopo la morte di Corbin, fu arrestato per maltrattamenti e *peonage* a danno dei raccoglitori italiani di cotone.[1]

Anche gli strati più bassi, bianchi e negri, della società americana, con i quali gli italiani vennero a trovarsi in concorrenza, non mostrarono maggior tolleranza nei riguardi dei nuovi venuti di quanta ne mostrassero i datori di lavoro del Sud. I lavoratori agricoli del Sud vedevano come il fumo negli occhi le famiglie italiane che lavoravano dall'alba al tramonto e magari anche la notte, quando la luna illuminava lo scenario dell'Arkansas o della Louisiana. Né si può dire che la discriminazione fosse tutta e soltanto un fatto americano. Quel sistema discriminatorio di controllo del lavoro, che in America aveva preso il nome italiano di sistema del padrone, era di origine mediterranea; era, come ha osservato Carl Wittke, una specie di servitù della gleba con una particolare connotazione americana, che la rendeva rispettabile appunto perché americanizzata.

Il sistema del padrone, pur essendo meno popolare negli Stati ad ovest del Mississippi che non negli Stati orientali, veniva usato non di rado a Omaha, Kansas City, St. Louis, Denver, soprattutto per reclutare manodopera agricola, mineraria e ferroviaria. In genere il padrone stipulava un contratto unico per tutti gli uomini che lavoravano alle sue dipendenze. Nel 1864, un po' per l'effettiva mancanza di minatori prodottasi durante la guerra civile, un po' per il persistere di una forte domanda di lavoro a buon mercato, il Congresso approvò una legge che incoraggiava l'immigrazione di lavoratori. La legge fu ritirata quattro anni dopo; tuttavia nulla vietava di cercare della manodopera all'estero; e per decenni, infatti, le agenzie di reclutamento fecero regolarmente affluire negli Stati Uniti, con debito contratto, la manodopera richiesta dal mercato. Fino al 1885, cioè fino a quando non si pose fine per legge all'importazione di manodopera servile, il reclutamento di *captive workers* in Europa continuò attivamente. Pare, secondo Charlotte Erickson, che molti emigranti non rispondessero all'appello; sta di fatto, però, che si compì ogni sforzo per indurli ad andare in America sotto vincolo di contratto.

Approfittando dell'ignoranza di molti di questi lavoratori italiani, e in particolare di quelli dell'Italia meridionale, i *contractors*, cioè le agenzie di reclutamento, li mandavano in America a condizioni di vero e proprio sfruttamento. Né i diretti interessati se ne rendevano chiaramente conto, essendo spesso dei braccianti, abituati a lavorare molto e a guadagnare poco. La percentuale degli analfabeti, che era dell'11,4% fra gli immigranti dell'Italia settentrionale, raggiungeva la media del 57,3% fra gli immigranti dell'Italia meridionale.[2]

Erano i primi, naturalmente, che davano i maggiori grattacapi al padrone, perché esigevano salari più alti e migliori condizioni di lavoro; anch'essi, ad ogni modo, una volta organizzati in squadre dai padroni, costavano meno dei lavoratori americani.

Oscar Handlin dice che «il padrone faceva da scudo al lavoratore contro gli abusi del datore di lavoro»,[3] ma la verità è che molto più spesso il padrone curava l'interesse dell'agenzia o del piantatore, fornendo loro gli immigranti più ingenui e sprovveduti. In collusione con i datori di lavoro vincolava gli immigranti con contratti che li impegnavano per una durata da uno a sette anni; provvedeva al loro trasporto fino al luogo di lavoro; rappresentava il lavoratore presso il datore di lavoro e viceversa, fungendo da intermediario e procurandosi così innumerevoli occasioni di farsi corrompere. Era una specie di avvoltoio, che ingaggiava l'immigrante (spesso giunto in America solo, lasciando in patria la famiglia) ad una tariffa fissa e traeva il proprio utile dal maggior salario che riusciva ad ottenere per lui. Spesso non gli corrispondeva neppure una tariffa fissa, ma soltanto la somma che gli sembrava conveniente. E non accontentandosi di ciò, si faceva dare delle provvigioni sia dal lavoratore sia dal datore di lavoro, e guadagnava anche sulla fornitura degli alimenti al primo, e magari esigeva una percentuale sulle rimesse dell'immigrato alla famiglia, o sul prezzo del passaggio marittimo del lavoratore che rimpatriava.

Alla fine il sistema cominciò ad essere aspramente criticato: «C'è chi vorrebbe tenerlo [il lavoratore italiano] fuori del paese, ma sarebbe più ragionevole tenerne fuori il *contractor*». Secondo chi scriveva così, erano i *contractors* quelli che sempre venivano meno agli impegni, mentre i lavoratori, in genere, «tenevano fede agli impegni presi, anche quando capivano di essere stati ingannati e sfruttati». Spesso il *contractor* denunciava gli accordi «protestando o per l'ammontare del salario o per le ore di lavoro o per la natura stessa del lavoro. Si sa di *contractors* che, dopo aver promesso del lavoro e aver intascato la relativa provvigione, hanno portato i loro uomini in un luogo deserto e ve li hanno abbandonati». Anche le condizioni di lavoro erano soggette a dure critiche: «Il lavoro finisce al tramonto, e allora gli uomini si ritirano in una baracca molto simile al dormitorio di terza classe di una nave per emigranti». Spesso, infatti, gli immigranti erano stipati in stretti e sudici ambienti a cuccette. «La baracca nella quale la Chicago National Gas-Pipe Company ammucchiava i lavoratori italiani, nei pressi di Logansport, Indiana, è stata abbattuta da una tempesta e molti uomini sono rimasti uccisi. Ma si ignorano i nomi dei morti, perché i lavoratori italiani sono indicati soltanto con numeri.»

Si denunciava spesso la brutalità del padrone, «un omaccio grande, grosso e robusto, abituato a comandare ben armato, protetto dalle autorità, appoggiato dai dipendenti suoi favoriti e, triste a dirsi, da gente ostile ai lavoratori». C'erano dei *contractors* che arrivavano ad armare le loro guardie di fucili Winchester, per impedire la fuga dei lavoratori. Quasi impersonassero il governo, multavano i lavoratori, o li battevano, o li punivano per «resistenza all'autorità». Potevano costringere il lavoratore a lavorare anche la domenica, e si sa di un padrone che tassava i suoi uomini per fare il regalo di compleanno alla propria moglie. «Un signorotto feudale non avrebbe potuto esigere di più dai propri vassalli.»[4]

Il continuo accrescersi del numero degli immigranti dava tuttavia a questi ultimi una forza e una sicurezza di gruppo che rendeva via via meno sostenibile la posizione del padrone. Vivendo insieme, si facevano coraggio a vicenda. Saputo che i contratti stipulati in Europa non avevano vigore in America, stracciavano con sdegno quei documenti, che essi avevano firmato solo per poter raggiungere il Nuovo Mondo. E anche quando il contratto lo avevano firmato in America, sapevano di potervisi sottrarre scappando nel West; cosa, questa, che molti fecero quando le condizioni di lavoro diventarono insostenibili. A porre fine al discusso sistema, il cui decennio d'oro fu quello dal 1870 al 1880, contribuì anche la resistenza del governo italiano, il quale, per liberare l'emigrante dalla dipendenza dal padrone o dal mediatore gli diede la possibilità, creando gli uffici di emigrazione, di sbrigare più celermente le sue pratiche e di partire meglio protetto e documentato.[5]

Come s'è visto, del resto, dopo il 1885 il padrone fu messo nell'impossibilità di tassare forzosamente gli immigranti o di sfruttarli in altro modo. Alla fine, solo i più ignoranti ricorrevano ai servizi di questo esoso mediatore. La liberazione dei lavoratori italiani dal padrone diventò ancora più completa quando essi cominciarono ad iscriversi ai sindacati. Secondo i risultati di un'inchiesta condotta fra i lavoratori italiani a Chicago, nel 1896 questi lavoratori restavano alle dipendenze del padrone per una media di undici settimane e quattro giorni dopo l'arrivo in America. C'erano anche dei padroni onesti, che evitavano all'immigrante di commettere dei passi falsi e di cacciarsi nei guai; ma la maggior parte dei padroni non pensava che ad arricchirsi.[6]

Una volta liberatosi dalla servitù del padrone, il lavoratore immigrato rimaneva tuttavia esposto ad un'altra forma di sfruttamento da parte del datore di lavoro; forma di sfruttamento rappresentata dal magazzino o spaccio sociale, sito a fianco del luogo di lavoro. Carichi di debiti, i lavoratori immigrati si vedevano costretti a servirsi dello spaccio del datore di lavoro, quel *pluck-me store*, o «spaccio pelami ben bene», dove talvolta dovevano comperare anche «la paglia sulla quale dormire». I generi alimentari di prima necessità costavano il doppio che nei negozi privati, e la loro qualità era tanto cattiva quanto il prezzo era elevato. A questo proposito D'Angelo scriveva:

Il sistema degli spacci sociali domina in tutto il paese. Nelle sue forme più estreme esso si traduce in una spremitura continua dell'infelice lavoratore che si lascia prendere nel suo meccanismo. In generale [questi immigranti] sono affascinati dal miraggio di un salario alto e del trasporto gratuito a grande distanza: così accadde a mio zio Giuseppe D'Angelo, che si lasciò portare in una lontana località della Florida, dove lo tennero prigioniero otto mesi fino a quando non riuscì a scappare. Gli davano un cibo scadentissimo, e le condizioni di vita erano tali da non potersi descrivere. I lavoratori – ed erano lavoratori bianchi – erano controllati da feroci guardie negre, pronte alla minima occasione a servirsi del fucile di cui erano armate. Questo nella libera America. Non ricevevano paga, anzi, si sentivano dire che, lungi dall'aspettarsi qualcosa dalla ditta, erano essi in debito verso la ditta.[7]

D'Angelo dà anche una efficacissima descrizione delle «tecniche contabili» usate da uno spaccio sociale per immigrati: «Ogni lavoratore immigrato ha un libriccino in cui vengono segnati i prezzi delle cose che acquista. Ma anche il gestore dello spaccio tiene un libro, ed è il suo che conta, non quello del lavoratore. Se, cercando di fare dei risparmi, spendi poco, avrai la sorpresa di vedere, il giorno di paga, che ti è stata addebitata la stessa somma di un altro che ha mangiato a sazietà, senza curarsi di risparmiare».[8]

Ironia vuole che talvolta gli immigrati siano più intolleranti fra loro che non nei confronti dei «locali» ostili. I contrasti e le tensioni fra gli immigrati erano all'ordine del giorno in America. Quando l'ondata degli europei meridionali sembrò minacciare il tradizionale monopolio dei lavoratori e dei poliziotti irlandesi, questi reagirono violentemente. Nel West, tuttavia, non c'erano tanti motivi di tensione fra immigrati quanti erano quelli che, a New York, contrapponevano i tedeschi agli ebrei polacchi o che provocavano scontri continui fra ungheresi, svedesi, italiani e irlandesi nelle miniere della Pennsylvania.

Perfino nell'interno di una stessa nazionalità – fra italiani del

Nord e italiani del Sud, ad esempio – continuavano a manifestarsi secolari e non sopiti conflitti. Le differenze fra gli immigranti dell'Italia meridionale, rimasta fuori della grande corrente culturale europea, e quelli dell'Italia del Nord, che in tale corrente era stata immersa e che era orgogliosamente conscia della parte avuta nell'unificazione del paese, persistevano in America non meno forti che in Italia. Si aggiunga che i piemontesi, i lombardi, i veneti erano generalmente arrivati negli Stati Uniti prima dei calabresi, dei napoletani o dei siciliani: la prima immigrazione italiana era stata prevalentemente «nordica». Fino al 1876 l'85% dell'emigrazione complessiva italiana era dato dall'Italia del Nord. Ma a cominciare dalla grave crisi agraria degli anni 1880, per tutta una serie di fattori demografici, economici e psicologici che incisero sulle tradizioni più profonde dell'Italia meridionale – attaccamento al paese natio, timore di viaggiare, dedizione ad un genere di vita agricolo e patriarcale – e per il crescente sfruttamento dell'Italia meridionale da parte dell'Italia settentrionale in via di industrializzazione, la corrente migratoria degli italiani del Sud andò intensificandosi, e gli Stati Uniti furono investiti da un'ondata di emigranti che provenivano dalla Sicilia, dagli Abruzzi, dalla Calabria e dalla Campania.[9]

Agli italiani del Nord non piaceva che l'immagine dell'italiano tipico, che andava formandosi nella mente degli americani, corrispondesse a quella dell'italiano del Sud, piccolo e bruno. Essi soffrirono anche dell'abbassamento culturale che questa nuova ondata di immigranti da regioni economicamente depresse dell'Italia inevitabilmente produsse in seno alla comunità italiana d'America. E l'italiano del Sud, che si vedeva trattato con alterigia dall'italiano del Nord, lo chiamava *tight*, spilorcio, e *mean*, meschino e con la puzza sotto il naso.

Gli italiani del Nord erano considerati un po' come lo *yankee* americano: furbi, intraprendenti, freddi, troppo interessati al denaro, e tuttavia artefici di un grandioso progresso. Gli italiani del Sud, invece, erano giudicati più ingegnosi e adattabili, più amanti della vita e della natura, di temperamento più mite e solare. La United States Immigration Commission era solita tenere distinte le cifre degli immigrati dal Nord e dal Sud dell'Italia, mentre non usava fare altrettanto per nessuna delle altre nazionalità.[10]

Non a torto gli italiani del Sud si mostravano spesso insofferenti di una simile distinzione; possiamo dire, tuttavia, che se si continuò a farla, doveva pur esserci una ragione di qualche consistenza.

È opinione comune che gli immigrati dall'Italia del Nord avessero un livello di istruzione superiore a quello degli immigrati del Sud. Le statistiche del governo americano dicono che fra il 1899 e il 1910 per ogni immigrato italiano del Sud professionalmente qualificato ce n'erano tre del Nord. Abbiamo già osservato che fra gli immigrati dall'Italia del Nord gli analfabeti non arrivavano al 12%, mentre fra gli immigrati dall'Italia del Sud superavano il 50%. Gli immigranti del Nord arrivavano negli Stati Uniti con in tasca il doppio del denaro con il quale arrivavano gli immigranti del Sud, ed erano più aggressivi, più decisi a farsi un posto al sole, soprattutto al sole del West. In genere venivano accolti più facilmente, forse in parte perché più istruiti. E pare che nel West l'italiano che non sapeva né leggere né scrivere fosse un'eccezione. Secondo dati ufficiali, nel 1901 il 63,14% degli italiani giunti in California proveniva dall'Italia del Nord; tale percentuale era salita al 73% nel 1904. In tutto il West, nel 1901, solo il 2% degli immigrati italiani proveniva dall'Italia del Sud, mentre in quello stesso anno gli italiani del Sud rappresentavano l'88% dell'emigrazione italiana negli stati dell'Est. Tali percentuali erano discese, nel 1903, rispettivamente all'1% e all'86%.[11] La stimolante analisi dei sentimenti xenofobi del New England, fatta da Barbara Miller Solomon, mette in luce la discriminazione che i fautori delle restrizioni immigratorie facevano tra italiani del Nord e del Sud, discriminazioni alle quali si abbandonavano anche eminenti uomini di cultura, come William Dean Howells. Degli italiani del Nord si diceva che avevano un «temperamento sereno» molto attraente; degli italiani del Sud che erano gente «semicivilizzata», ancorché ne uscissero, a volte, «autentici artisti e uomini di genio». Quel bonzo di Boston che era Henry Cabot Lodge faceva grazia delle sue critiche agli italiani del Nord o, come diceva lui, «teutonici», i quali, avendo sangue germanico nelle vene, appartenevano «a un popolo di civiltà occidentale». Per altri fautori delle restrizioni immigratorie, influenzati anch'essi da preconcetti razziali, gli italiani del Sud erano troppo conservatori, troppo lenti a staccarsi dalle consuetudini tradizionali. Dimenticando che l'Italia del Nord aveva avuto i suoi Visconti e i suoi Sforza, essi attribuivano all'italiano del Sud un carattere particolarmente violento, pronto a far uso del pugnale e della pistola, litigioso, capace di odi inestinguibili e addirittura mortali. Questi razzisti pensavano che l'italiano del Sud riuscisse a sottrarsi al pauperismo e alla criminalità solo se lasciato nel suo strano ma pittoresco ambiente tradizionale, e invece si corrompesse facilmente non appena immesso nell'ambiente degli slum americani.[12]

Se l'italiano del Nord era meno soggetto a discriminazioni di quanto non lo fosse il suo compatriota del Sud, ciò dipendeva dal fatto che l'americano indigeno lo giudicava «meno diverso» da sé. Al cuore della intolleranza americana c'era la «diversità», soprattutto quella che si manifestava nel diverso uso della lingua. Nulla di più patetico di un immigrato italiano, del Sud o del Nord, incapace di parlare, leggere e scrivere l'inglese. L'inglese, così diverso dall'italiano nel lessico e nella costruzione e così difficile da impararsi, veniva deformato da questi immigrati ignoranti, i quali lo costringevano a piegarsi alle leggi della loro lingua. Così:

Bum [fannullone] prende il plurale italiano *Bummi*. *Rag, bar, car* [straccio, caffè, automobile] diventano *raggo, barro, carro*, come *job, basket, shop, mortar* [mestiere, cesto, negozio, mortaio] diventano *giobba, baschetta, scioppa, mota*; *grocery* [drogheria] è *grosseria* e *customer* [cliente] è *costume*. Si stenta a ritrovare in *bizine* la parola *business* [affare], e nessuno immaginerebbe che *bochin, stecinosa, sitiola, rairode, elettricosa* corrispondano a *hoboken, station house, city hall, railroad, electric cars* [vagabondi, posto di polizia, municipio, ferrovia, automobile elettrica].[13]

H.L. Mencken, discutendo nel suo libro *American Language* questa trasposizione delle parole, osserva che la «nuova lingua» creata dagli immigranti era loro di effettiva utilità, perché rappresentava un mezzo di comunicazione comune a gente abituata a non parlare altro che il dialetto locale, intelligibile solo a persone dello stesso paese, o valle, o regione. La «nuova lingua» italo-americana, inoltre, permetteva loro di dare un nome a cose e a concetti sconosciuti nel loro ambiente originario: così *visco* (whisky), *ghenga* (*gang*, banda), *loffari* (*loafers*, fannulloni), *blacco enze* (*blackhands*, mani nere), *grinoni* (*greenhorns*, pivelli), *ruffo* (*roof*, soffitto), *gliarda* (*yard*). Dalla parola *fight* (combattere) uscivano *faitare, faiti, faitato, faitava, faito* e *faitasse*. Gli italiani del West usavano la parola *rancio* per *ranch*, parola poco nota agli italiani dell'Est. *You bet* (puoi scommetterci) diventava *in beccia*; per dire *son-of-a-gun* (figlio di buona donna) si diceva *sanemagogna*; e già da tempo era passato addirittura nella lingua italiana quel verbo *linciare*, da Lynch e *to lynch*, che gli immigrati usavano solo con molta prudenza.

La discriminazione nei confronti degli italiani aveva radici molto profonde. Gli xenofobi temevano non soltanto l'invasione del lavoro a buon mercato, che avrebbe abbassato inevitabilmente il livello di vita degli Stati Uniti, ma anche la presenza di una potenza straniera in patria – la Chiesa cattolica, alla quale gli italiani appartenevano largamente. Chiesa e manodopera importata, insomma, minacciavano l'ordine costituito, soprattutto nelle grandi città dell'Est, dove un sistema politico corrotto si manteneva grazie al voto degli immigrati. Contro i mali che intravedevano nell'invasione degli immigranti, i «patrioti» xenofobi eressero una potente barriera psicologica, con la quale si proponevano di esercitare la loro pressione su larghi strati della società americana. La American Protective League, organizzazione anti-cattolica degli anni 1890, si valeva dei partiti politici esistenti per fomentare, nel Middle West, sentimenti ostili agli immigranti. Cercò anche di ottenere che si proibisse la vendita di beni immobiliari agli europei meridionali. I giornali della lega sbandieravano la loro dottrina di odio in nome della patria da Galesburg, nell'Illinois, a Denver, nel Colorado.[14]

Reuben Gold Thwaites, un cronista che al principio del secolo si avventurò nella Ohio Valley, ci ha dato in due parole il senso di questa xenofobia del Middle West, raccontando di aver incontrato «un giovane alto, dinoccolato, ossuto, con addosso una camicia di flanella sporca, senza bottoni, che lasciava vedere il petto villoso», il quale affermava di essere rimasto disoccupato in conseguenza dell'invasione di immigrati nelle miniere locali. «Ecco qua, signore», diceva nel rozzo gergo del Middle West «gli italiani e gli ungheresi l'hanno rovinata, questa terra; creda a me, non tornerà ad essere una terra da uomo bianco se non quando li avremo buttati fuori!» Comprendendo che commenti simili non erano fatti per chiarire i rapporti fra americani e stranieri, Thwaites concludeva: «Per conto mio non so proprio capire in quale nuova fortuna potrebbe sperare il mio amico quando avesse "buttato fuori" gli italiani e gli ungheresi...».[15]

Anche se andava detto che nel West la discriminazione nei riguardi degli immigrati non era così forte come nell'Est, non si deve passare sotto silenzio il fatto che gli immigranti, confusi e disorientati com'erano, subivano spesso anche lì ogni sorta di angherie. A volte venivano depredati di tutti i loro averi, magari ad opera dei loro stessi connazionali. Albergatori, gestori di posti di tappa, trasportatori, facchini, trattori, esigevano prezzi esorbitanti. Venivano indirizzati male, derubati dei loro risparmi. Un buon consiglio da darsi ad un immigrante in transito per una grande città capolinea, come Chicago, o St. Louis, o Omaha, era che evitasse i saloon, le sale da bigliardo, le case chiuse, dove furfanti di ogni genere e risma facevano la posta a queste facili prede. I nuovi venuti facevano bene a seguire il consiglio degli anziani e a sostare qualche giorno in un albergo prima di proseguire verso il West, senza lasciarsi indurre da gente sconosciuta ad avventurarsi subito in un viaggio lungo e disorientante.

Fu da questa situazione difficile che sorsero, in molti luoghi, delle società di mutuo soccorso fra gli immigrati e dei comitati di assistenza in viaggio.[16] Il governo italiano cercava di ridurre i rischi di morte e le spese di malattia sussidiando in parte certe organizzazioni benefiche, come la Italian Typographical Union, la Rapalle Lawyers' Association, la Italian Athletic League, che nei loro nomi e nella loro natura ricordavano agli immigranti la patria lontana e cementava la loro unione nella coscienza della comune origine. Queste società, queste organizzazioni, questi comitati non sarebbero mai sorti se gli immigranti non fossero stati oggetto di discriminazione. Inoltre non si può negare che, proprio nel periodo in cui gli immigrati cominciavano a crearsi una base nella patria di adozione, si insisteva nel prendere di mira il lavoratore straniero e soprattutto il lavoratore proveniente dall'Europa meridionale. Gli Stati del West, che dapprincipio erano stati i più pronti a concedere il diritto di voto agli stranieri non appena questi avessero dichiarato la loro intenzione di diventare cittadini americani, cominciarono, dopo il 1875, a rimangiarsi queste concessioni. Nel 1899 c'erano soltanto i due Dakota che, per principio costituzionale, garantivano agli stranieri il pieno diritto di suffragio. Per certi *nativists*, paladini inflessibili del mito della purezza razziale della santa America, l'Europa era un luogo di corruzione, i cui conflitti (e in particolare i conflitti di classe, da cui tutta la sua storia era segnata) stavano ora propagandosi all'America. E chi altri era il portatore del contagio, se non l'immigrante?[17]

Le tesi razziste di certi xenofobi arrabbiati, come la Boston Anti-Immigration League, si fecero strada, oltre che nella pubblica opinione, anche nel pensiero di più d'uno storico del XIX secolo. La stampa quotidiana era piena di diatribe anti-immigratorie. Due perlomeno fra i maggiori storici del West insaporirono la loro prosa con il mirto e l'alloro della superiorità anglo-sassone. Il massimo interprete della «frontiera» americana, Frederick Jackson Turner, non andò esente da pregiudizi razziali, come non ne andò esente

Hubert Howe Bancroft, lo storico della costa occidentale, che dipinse il quadro di una grande migrazione ariana dalla costa dell'Atlantico a quella del Pacifico. Né Turner né Bancroft seppero, nei loro scritti, offrire un'interpretazione dell'immigrante. Avrebbero potuto, perlomeno, come altri studiosi più ben disposti verso quest'ultimo, associare l'impulso dell'immigrante a cercare possibilità nuove nella «frontiera» a quello di sottrarsi ai ceppi di un'Europa ancora feudale.

Secondo Owen Lattimore, esperto di problemi asiatici che studiò il fenomeno «frontiera» in altre parti del mondo, Turner rifiutava di credere che la democratizzazione del West fosse dovuta alla presenza di immigranti che si gettavano dietro le spalle un'Europa di privilegi di classe, più che ad una presunta azione specifica dell'ambiente di «frontiera». Lattimore pensa che l'emigrante-immigrante porti con sé, nel suo bagaglio, la negazione del concetto di aristocrazia e di proprietà ereditaria della terra. Non sembra che a Bancroft e a Turner idee simili siano mai passate per la testa.[18]

Se la discriminazione dell'opinione pubblica nei confronti degli immigranti dal Sud e dall'Est dell'Europa andò via via attenuandosi e scomparendo aumentarono d'altra parte, con il risorgere delle dottrine restrizionistiche e del razzismo dopo la guerra ispano-americana, le pressioni sociali contro gli stranieri non anglofoni in generale. Gli Stati Uniti furono percorsi da un'ondata di «mistica dell'anglo-sassonismo bianco», come la chiamò Richard Hofstadter; una mistica che mantenne la sua presa sul paese per buona parte del decennio 1920-1930. L'idea ossessiva di un conflitto tra razze inferiori (*Pold stock*) e superiori indusse anche molti americani colti a collocare gli immigrati «teutonici» più in alto dei «nuovi immigranti», spesso contraddistinti da una carnagione più scura.[19]

Ciò non toglie che di tanto in tanto si levassero delle voci autorevoli contro la discriminazione. Già nel 1849, in quel racconto parzialmente autobiografico che è *Redburn, My First Voyage*, Melville aveva auspicato un'America che fosse qualcosa di più di una «angusta tribù di uomini», e «il cui sangue scorresse invece simile all'ampia fiumana del Rio delle Amazzoni, formata dal confluire di mille nobili fiumi in uno solo». Molto più tardi Theodore Roosevelt sostenne l'idea del *melting-pot*, del crogiuolo degli immigrati, sebbene fra gli elementi messi a fondersi insieme ci fosse una certa prevalenza dell'elemento nordico. Roosevelt apparteneva ad una generazione che esaltava ancora la superiorità degli ariani, e che tuttavia riconobbe nell'immigrazione un arricchimento nazionale. In molti periodici popolari, prima e dopo l'inizio del nostro secolo, si difendeva l'immigrazione: «L'italiano, lo slovacco, l'ebreo sono diversi dallo *yankee*, certo. E se non diventano subito come lo *yankee*, che male c'è? Che ragione c'è di disprezzarli o di averne paura? Qualunque personalità che non sia molle come la cera merita rispetto».[20]

Incoraggiati da questi benevoli ondeggiamenti della pubblica opinione, gli italiani guardavano con fiducia alla possibilità di essere accolti in seno alla società americana. E cercavano di buttarsi presto dietro alle spalle gli anni del sacrificio e delle privazioni, senza peraltro riuscire ad evitare che una certa discriminazione continuasse, soprattutto negli Stati del Sud. Nella Louisiana, gli italiani sbatterono ingenuamente il naso contro la demagogia bianca quando, nella loro ignoranza dei pregiudizi razziali degli Stati del Sud, si opposero a vari tentativi di opprimere i negri. Sentendosi anch'essi un gruppo di minoranza, si lasciarono attrarre, nell'ultimo decennio del secolo scorso, dal populismo meridionale, quel populismo che sollecitava «i bianchi e i negri a guardare senza pregiudizi al comune problema di farsi una vita».[21]

Questo atteggiamento degli italiani della Louisiana, che si manifestava a così breve distanza dalla *black reconstruction* (o *South's reconstruction*), cioè dal riassestamento sociale susseguente alla liberazione degli schiavi negli Stati del Sud, non piacque affatto ai paladini della supremazia bianca. Come la massima parte degli immigrati, gli italiani rimasero estranei a quel clima sociale in cui fiorivano i Knights of the White Camellia (i Cavalieri della camelia bianca) e la White League. Non essendosi lasciati assimilare dalla cultura del Sud, non avevano alcun motivo di rimpatrio o di nostalgia per la situazione anteriore alla guerra civile e si dimostravano alieni dalle passioni negrofobe. E quando i populisti sfidarono i democratici del Sud, gli italiani si affiancarono ai primi nelle manifestazioni contro la legislazione anti-negro, rendendo vano il tentativo dei democratici di «riunire tutti i bianchi attorno al comune ideale della supremazia bianca».[22] Il blocco italiano si schierò apertamente contro il programma discriminatorio del Choctaw Club, la macchina politica di New Orleans, suscitando l'ostilità dei giornali locali, e in particolare del «Times-Democrat». Fu così che, ignorando a quale profondità scendessero le radici dei sentimenti razziali del Sud, gli italiani provocarono, con il loro comportamento, le manifestazioni di violenza popolare di cui furono oggetto nel 1891.

Spesso si alimentava la discriminazione accusando di delinquenza le sue vittime. La tensione razziale dell'epoca faceva sì che il pubblico concentrasse la sua attenzione sulle debolezze e i difetti delle minoranze straniere, finendo per disprezzarle e sospettarle. Nell'ultimo decennio del secolo scorso, New Orleans diventò molto difficile per gli italiani. Il «Daily Picayune» di New Orleans cominciò a scrivere che il golfo del Messico era un po' come il Mediterraneo; che esso offriva agli italiani «le migliori possibilità di svolgere ogni genere di traffico marittimo di pesce e frutta»;[23] che gli italiani erano diventati economicamente importanti; che c'era da congratularsi con loro perché avevano fatto molta strada, passando da rivenditori di frutta a padroni del crescente commercio di frutta con l'America Latina. È chiaro che questa rapida ascesa economica non poteva non provocare delle reazioni, e infatti nel 1890 ci fu a New Orleans un'esplosione di xenofobia che minacciò di trasformarsi in un incidente internazionale. In quel periodo si era verificata una serie di delitti «siciliani», almeno in parte con carattere di vendetta, la cui origine andava ricercata nell'intervento di vari capi mafia della Mano nera nel commercio locale della frutta, fra cui Antonio e Carlo Matranga, di Palermo, che pare riscuotessero tributi da tutte le bananiere che arrivavano cariche in porto. Vari concorrenti italiani cercavano di inserirsi in queste lucrose operazioni, con il risultato che finivano nei canali con la gola tagliata o addirittura decapitati, mentre altri cadevano vittima di bombe, colpi d'arma da fuoco e coltellate.

Molti furono i mafiosi processati perché sospetti, ma nessuno fu condannato, cosicché nell'opinione pubblica si radicò l'idea che la corruzione avesse impedito il libero corso della giustizia. Poi ci fu qualcosa di ancora più grave: il 15 marzo 1890 il capo della polizia di New Orleans, David Hennessy, fu assassinato mentre conduceva un'inchiesta sull'attività criminosa della mafia. Due bande rivali di scaricatori del porto siciliani si scambiarono delle accuse di complicità, ma nessun testimone seppe identificare l'assassino o gli assassini fra i quaranta italiani e più arrestati il giorno stesso dell'assassinio di Hennessy. «Chiusi come arselle» scrisse il «Times-Picayune» di New Orleans.[24] Allora, di colpo, l'impotenza della legge fece esplodere l'opinione pubblica, e a New Orleans la folla si assunse il compito di fare giustizia da sé, «al modo della frontiera».

Edgar H. Farrar, uno dei caporioni del razzismo bianco, si mise a capo di un Committee of Fifty (un comitato sul modello dei comitati di vigilanza del West) con il dichiarato scopo di «sopprimere la mafia» e di scovare gli assassini di Hennessy. Questo comitato denunciò e consegnò alla giustizia nove individui; ma il 12 marzo 1891 la corte pronunciò verdetto di assoluzione per sei di essi, e di «non luogo a procedere» per gli altri tre. Al colmo dell'indignazione, il «Times-Picayune» invitò «tutti i buoni cittadini» a partecipare ad una grande adunata per «prendere provvedimenti al fine di porre rimedio all'impotenza dimostrata dalla giustizia nel caso Hennessy»; esortò i lettori a recarsi all'adunata «preparati per l'azione», e pubblicò l'elenco delle personalità della Louisiana che appoggiavano il suo «appello al dovere». Per il «Times-Picayune» non v'era dubbio circa la complicità dei nove siciliani, che in quel momento stavano ancora «rimpiattati» nelle carceri cittadine, con gli autori materiali del delitto. In quell'occasione, dunque, vi fu un vero e proprio preannuncio di linciaggio da parte della stampa di New Orleans.

E così, il 15 marzo 1891, ad un anno dall'uccisione del capo della polizia Hennessy, la folla si impadronì di undici ignari siciliani rinchiusi nelle carceri distrettuali e li impiccò. Fra quegli undici c'erano i nove che erano stati processati e non condannati, ma ce n'erano anche due che non avevano ancora subito alcun processo. Il «Times-Picayune» si felicitò con la folla, osservando che «mali estremi richiedono estremi rimedi», e scrisse in tono fieramente compiaciuto che quando la folla si era allontanata dalle carceri otto colpevoli giacevano al suolo in una pozza di sangue, mentre «dietro le mura fatiscenti della cupa vecchia prigione il nono stava agonizzando su di una barella vicino al punto dov'era stato finito a fucilate».[25] Come se non bastasse, la polizia, travolta dal delirio xenofobo da cui New Orleans era stata presa, arrestò oltre cento italiani.[26]

Quando la notizia del fatto giunse in Italia, fu uno scoppio di indignazione nazionale. Il governo italiano incaricò il ministro plenipotenziario a Washington, marchese Rudinì, di esigere la punizione dei responsabili e il pagamento di un'indennità. Il segretario di Stato americano, James G. Blaine, rispose che il linciaggio era avvenuto con il consenso della popolazione di New Orleans, compresi molti italiani amanti dell'ordine. Era quindi difficile individuare i responsabili, mentre l'indennità era di competenza, in primo luogo, di quel determinato Stato. Tuttavia il presidente americano porse le sue scuse, definendo il fatto «un'offesa alle leggi e ai sentimenti umani». La mafia, che naturalmente era coinvolta in tutto questo, difese i propri membri assicurandosi i servigi di Thomas J. Semmes, uno dei più fortunati e brillanti penalisti specializzati nella difesa di criminali. Dopo un duro scambio di note, durante il quale il governo italiano accusò quello americano di aver omesso di assicurare la debita protezione alle minoranze nazionali, l'Italia ritirò il suo rappresentante diplomatico a Washington. Soltanto allora si venne a sapere che otto degli undici carcerati uccisi erano naturalizzati americani. Il presidente Harrison fece pressione sul Congresso e lo indusse ad approvare lo stanziamento di 25 mila dollari da suddividersi fra gli eredi dei tre morti non americani. Allora l'Italia ristabilì le relazioni diplomatiche. È questo un caso in cui la presenza di italiani negli Stati Uniti creò una tensione tale da compromettere le relazioni diplomatiche fra i due paesi, dimostrando al tempo stesso che i sentimenti xenofobi non erano ancora spenti.

Nell'agosto del 1896 vi fu un altro linciaggio di italiani nella città di Hahnville, distretto di St. Charles, Louisiana; e anche questa volta il governo degli Stati Uniti pagò un'indennità. L'indennità, dell'ammontare di 6000 dollari, fu pagata agli eredi delle tre vittime in quanto «sudditi del re Umberto d'Italia».[27]

Tutte le volte che si ebbe notizia in Italia di azioni ostili contro gli italiani – come nel caso di un altro linciaggio, questa volta di cinque italiani, a Tallulah, Louisiana, nel 1899 – il governo di Roma intervenne per scoraggiare l'emigrazione. Ma era troppo difficile arrestare l'esodo, e l'Italia finì per accettare l'idea che gli Stati Uniti fossero una valvola di sicurezza per l'eccedenza demografica del paese. Alla fine il governo italiano cercò di risolvere il problema in un altro modo, cioè aiutando gli emigranti ad ambientarsi nella nuova patria, e a tale scopo creò una direzione dell'emigrazione che stabilì i suoi uffici oltre Atlantico e fu presto in grado di accertare via via la situazione immigratoria nel Nuovo Mondo. Il governo italiano cercò anche di evitare lo sfruttamento e le frodi ai danni degli emigranti vietando il reclutamento e la vendita di passaggi marittimi senza regolare licenza. Le agenzie autorizzate dovevano fare dei depositi cauzionali che potevano arrivare fino ai mille dollari e impegnarsi con contratto a proteggere gli emigranti da ogni forma di sfruttamento. Il governo italiano fu prodigo di migliaia di dollari alla Society for Italian Immigrants di New York City e diede disposizioni ai suoi consolati negli Stati Uniti di assistere gli immigranti.[28]

I linciaggi di New Orleans concorsero a creare e a rassodare la convinzione che dietro gran parte dell'attività criminosa italiana negli Stati Uniti ci fosse la mafia, descritta come una crudele e segreta «organizzazione terroristica internazionale». Alla presunta potenza della mafia si attribuiva il fatto che gli immigranti non osassero denunciare i delitti che avvenivano nel loro ambiente. Essi tenevano effettivamente nascosti tali delitti, ma soprattutto perché temevano di essere arrestati. La mafia era, sì, responsabile di buona parte dei delitti «organizzati», ma giustamente uno scrittore osserva che sul finire del XIX secolo la mafia «nella sua forma americanizzata era sconosciuta in Italia non meno di quanto la *Tong warfare*, o guerra alla cinese di tipo americano, fosse sconosciuta in Cina».[29] Perfino il termine «Mano nera» nacque in America come *Black hand*. La mafia siciliana, l'«Onorata società», era, in origine, un'organizzazione d'ordine, intesa a punire, un po' alla maniera dei comitati di vigilanza, i criminali che si sottraevano alla legge. Questo tipo originario di organizzazione degenerò, negli Stati Uniti, ad opera dei criminali della seconda generazione, nati e cresciuti negli slum delle città dell'Est. Luigi Barzini junior ha scritto che «la tesi di una mafia internazionale con quartier generale in Sicilia e diramazioni negli Stati Uniti è plausibile e convincente» e «aiuta a spiegare certi fatti misteriosi, certe strane fedeltà e alleanze, giustificando, a volte, l'impotenza della polizia»,[30] ma queste affermazioni poggiano più sul folclore e sui preconcetti che sull'evidenza dei fatti. È curioso e sconcertante che la mafia non esista come organizzazione formalmente costituita. Non esiste un quartier generale della mafia, non esistono uffici della mafia, e neppure statuti scritti, regole, norme, elenchi di iscritti. Il modo come si diventa capomafia è un oscuro affare, in cui giocano il prestigio familiare e la forza delle singole personalità: non è mai una scelta democratica. La mafia può essere descritta come un conglomerato semi-casuale di uomini e di gruppi, ciascuno dei quali opera autonomamente nella rispettiva situazione locale, tutti però concorrendo a salvaguardare i comuni interessi nella vita economica di una regione.

Non esiste quindi *una* mafia; esiste una maglia di mafie senza limiti.

Poi c'è una mafia vecchia e una mafia nuova, una mafia rurale e una mafia urbana. E questa «Onorata società» scaturì dalla profonda diffidenza nei confronti dei governi stranieri che per venticinque secoli dominarono senza interruzione la Sicilia. L'acidità del siciliano, il suo agire diverso dall'italiano della penisola, ha origine qui, in quel diffidente disprezzo dell'autorità governativa, che nel corso degli anni e dei secoli si è trasformato in una specie di resistenza all'autorità costituita e alla legge.

Tra la vecchia mafia e la nuova mafia le differenze sono profonde. La vecchia mafia, ripetiamo, non era un'organizzazione a delinquere. Se anche uccideva, se anche ricorreva a volte alla violenza, era però sempre capace di controllo e addirittura di contegno cavalleresco. La vecchia mafia era spesso governata dalle «migliori famiglie» siciliane. La nuova mafia, invece, è gangsterismo puro.

In verità il delitto era lungi dall'avere in Italia l'evidenza che invece aveva negli Stati Uniti. Un osservatore americano notava nel 1889 che le leggi italiane vietavano l'espatrio dei criminali ed anche soltanto degli accusati di attività criminale; e, notato questo, soggiungeva: «Sono ormai più di tre anni che vivo nei dintorni di Alassio, cittadina di seimila abitanti a metà strada fra Nizza e Genova. Ebbene, qui il furto è raro, la rapina del tutto sconosciuta, tant'è vero che abbiamo dormito settimane e settimane senza chiudere a chiave la porta, e addirittura lasciandola aperta. [...] Saranno cinquant'anni che non si sente parlare, qui, di un assassinio. [...] I delitti prodotti da avidità di denaro o di piacere sono quasi sconosciuti».[31] Ciò nonostante, l'idea della mafia macchiava la reputazione di tutti gli italiani in America. La massima parte degli italiani detestava e respingeva con sdegno questa immeritata nomea, di cui ben presto gli Al Capone e i Lucky Luciano li avrebbero bollati. I molti immigranti onesti e ossequienti alla legge consideravano i sindacati della delinquenza come un prodotto degli slum americani. Giudicavano ingiuste le accuse di criminalità rivolte contro un'intera nazione. L'americano medio non si rese mai conto del fatto che la percentuale delle condanne per cause criminali fra gli immigrati italiani negli Stati Uniti era e rimase a lungo suppergiù eguale a quella degli altri gruppi nazionali, e addirittura inferiore a quella dei «nativi». Ciò non impedì che i delitti commessi da italiani ricevessero particolare pubblicità da parte della stampa. In qualche modo gli italiani, e soprattutto i meridionali, sembravano più «drammatici» nel commettere i loro delitti, e così evocavano lo spauracchio dell'italiano assetato di vendetta e di sangue. E poiché questa immagine dell'italiano non era del tutto immaginaria, ma anche in parte reale, non c'era modo di toglierla dalla mente degli americani.[32]

Nei primi anni del nostro secolo accadeva spesso che i titoli dei giornali delle grandi città «strombazzassero la solita storia degli spargimenti di sangue italiani: "Caro accoltella Piro... Catania assassinato... Staccate le orecchie a morsi... Rinaldo uccide Malvino... Gascani aggredito... Vendetta nei pressi di Oak Street"».[33] In un giro di ispezione compiuto negli Stati del Sud, l'ambasciatore d'Italia a Washington raccolse la eco dei preconcetti che a New Orleans continuavano ad offuscare pericolosamente la buona fama degli italiani, e soprattutto dei siciliani:

A sentire questi signori, nessuno dei nostri siciliani farebbe mistero di essere affiliato a una società segreta, e tutti sarebbero pronti a seminare stragi per spirito d'odio o di vendetta. Inoltre non rifuggirebbero dall'usare alcuna arma o mezzo, ivi compresi i pugnali, le armi da fuoco e perfino il veleno.[34]

Questo persistere della discriminazione provocava in Italia dei risentimenti molto forti. Quel libro fondamentale che è la *Storia degli Stati Uniti* di Vito Garretto contiene l'esplicita accusa che «la vergognosa discriminazione» era un modo per tener fuori dal paese il lavoro a buon mercato. Secondo Garretto, c'era e si faceva sentire un complesso di superiorità celto-anglo-germanico, diretto contro le nazionalità latine e slave e le altre minoranze. Gli italiani – che Garretto descrive come forti lavoratori e, a differenza degli irlandesi, «non congenitamente dediti all'alcool» – non tolleravano questo atteggiamento. E Garretto consigliava agli immigranti italiani di non starsene ammucchiati e soffocati nella fetida atmosfera delle grandi città dell'Est, ma di andarsene verso il West. Egli era convinto che nel lurido ambiente delle città dell'Est i figli degli immigranti fossero inevitabilmente condannati a deviare dalla retta via dei loro padri e ad imboccare la strada del vizio e del delitto. Insomma, la potenziale criminalità degli italo-americani era da addebitarsi, secondo lui, all'ambiente stesso degli Stati Uniti.[35] Invece Napoleone Colajanni, pur respingendo anche lui l'idea che la criminalità fosse una questione di razza, la collegava con l'ignoranza e la mancanza di istruzione.

La xenofobia americana da un lato e l'innegabile criminalità di una certa aliquota di stranieri dall'altro concorsero a rendere difficile il processo di ambientamento degli immigranti. Gruppi di criminali italiani, che l'Italia avrebbe respinto e che in America fiorivano in un'atmosfera di blanda imposizione della legge, concorsero a dar vita a quello stereotipo che nessun italiano per bene era disposto ad accettare. Non si può dire, naturalmente, in quale misura il desiderio di questi italiani di sottrarsi al fango e all'avvilimento delle città li spingesse a cercare l'aperta, pulita atmosfera delle pianure e delle foreste del West. Ma è certo che il bisogno di espandersi in un ambiente nuovo dovette decidere molti immigranti ad andare verso occidente. Il campo d'azione dei criminali era allora nelle grandi città; e fino all'inizio del secondo terzo del nostro secolo non si sentì parlare, nelle città del West, di criminali italiani.

L'immigrazione italiana nel West, dunque, fu stimolata anche dall'odiosa maschera di criminalità che l'Est sovrapponeva alla figura dell'italiano. Un esperto del problema affermava che i criminali italiani non si sarebbero mai azzardati ad uscire dalle città per spargersi anche nella provincia americana e che la criminalità italiana sarebbe continuata ad essere «in buona parte l'effetto del sovraffollamento e della dura e continua concorrenza dell'ambiente urbano».[36] La massima parte degli italiani che si trasferirono verso l'interno non aveva niente a che fare con attività men che oneste e normali. Manovali o artigiani o contadini, essi cercavano soltanto ciò che le parole incise alla base della statua della libertà promettevano. E nella volontà di riscattare, di restaurare, di ricostruire la propria immagine gli italiani diedero prova di una notevole capacità di reagire superandosi. È una qualità, questa, che John Horne Burns, un americano di Boston di origine irlandese, ebbe modo di rilevare trovandosi a Napoli durante la seconda guerra mondiale e di fissare con poche parole: «A differenza dagli irlandesi, che stanno a leccarsi le loro ferite per tutta la vita, gli italiani hanno una molla, dentro, che li fa scattare in avanti».[37]

V

«ABBIATE PAZIENZA CON NOI»: GLI ITALIANI E LA TERRA

Uno dei tanti luoghi comuni che sono stati detti e ripetuti a proposito degli immigranti italiani è che essi erano adatti soprattutto alla vita della grande città. Ora, se è vero che i contadini, nel senso tradizionale italiano, sono qualcosa di diverso dagli agricoltori nel senso moderno della parola, è altresì vero che molti immigrati italiani in America erano in partenza dei coltivatori di terra. Il più delle volte non si trattava di contadini autonomi, ma di uomini che lavoravano la terra in luogo dei proprietari assenti. In ogni caso, era gente che veniva dalla terra. E il mestiere dell'uomo suggerisce allo storico quale può essere la sua concezione della società, la sua casa, le sue amicizie, le sue aspirazioni, la sua personalità. È chiaro che un immigrato proveniente da una vita di lavoro all'aria aperta non poteva non avere disposizioni, tendenze, modi di vedere rurali. Se, a volte, gli immigrati di origine campagnola sembravano a disagio, ciò faceva parte di quella tipica rusticità che contraddistingue il contadino in tutti i paesi del mondo. La vita di questi immigranti era stata semplice, senza complicazioni. Gli attrezzi agricoli che partendo lasciavano in patria erano strumenti primitivi: la zappa, l'ascia, l'aratro nella forma elementare ereditata dai romani. E per quanto dura fosse in Italia la vita del contadino, e avara la terra, a questa l'italiano rimaneva legato da un amore intenso e profondo. C'era, naturalmente, chi aveva ripudiato l'antica società rurale e la sua particolare concezione della vita, e non era più disposto a lasciare la città. «Sebbene il lavoratore dei campi viva e guadagni meglio di qualunque altro lavoratore in qualunque altra parte del mondo,» scriveva uno di costoro al principio del secolo «una forte aliquota di lavoratori immigrati appartiene a comunità dalle quali non gli è più facile uscire.»[1]

Ma se è vero che una «forte aliquota» di lavoratori immigrati non cercava lavoro nei campi, è altrettanto vero che non pochi vi si sarebbero dedicati volentieri se avessero saputo come fare. Da un rapporto ufficiale dei servizi governativi dell'immigrazione si può dedurre quanto fossero profondi questi sentimenti di attaccamento alla terra:

Non c'è «cafone» italiano impiegato in lavori di semplice manovalanza su di un argine ferroviario che, alla vista di una fattoria americana, con la casa dalla staccionata bianca e dal tetto rosso, e il mulino che rotea le sue pale al vento, e le stalle capaci e il rustico, e la distesa dei campi su cui crescono e maturano le messi, e magari una coppia di bei cavalli da tiro americani attaccati all'aratro, o un carro colmo di prodotti dei campi, o una mandria di mucche, o un branco di maiali, o un gregge di pecore, o un'aia popolata di pollame, non senta forte la nostalgia per la sua antica vocazione, per la terra che vorrebbe arare e coltivare con quell'intensità e varietà e ingegnosità di metodi che l'hanno reso famoso. [...] Ma ignora le leggi che regolano la proprietà della terra in questo paese, e non sa che la legge relativa alla concessione di terreni demaniali gli permetterebbe, con poche formalità, di ottenere da un giorno all'altro 160 acri di terra.[2]

Peccato che in genere le statistiche riguardanti le professioni e i mestieri degli emigranti siano incomplete, anche perché le voci dei censimenti non sono abbastanza chiare nel fissare la distinzione fra lavoro agricolo e lavoro industriale. Solo nel 1943 furono poste in luce le manchevolezze del tredicesimo censimento degli Stati Uniti, quello del 1910. Tale censimento, tuttavia, rivela il forte numero di immigrati assorbiti dall'agricoltura. Su 10.851.581 maschi al disopra dei dieci anni, che nel 1910 risultavano occupati in attività agricole, forestali e di allevamento del bestiame domestico, 6.567.826 erano figli di americani «nativi», 1.323.166 figli di stranieri (orientali esclusi), e 1.038.945 immigrati, cioè bianchi nati all'estero. È molto difficile stabilire quanti di questi ultimi fossero italiani, ma è certo che erano più di quanti comunemente si pensi.[3]

Una definizione che veniva applicata spesso e volentieri agli italiani era: «scappati dalla campagna italiana nella città americana».[4] E non solo «scappati», ma anche «inadatti» alla campagna. Tale nomea perseguitava gli italiani per il fatto che un numero relativamente esiguo di essi sembrava volersi dedicare all'agricoltura. Si dimenticava che suppergiù l'80% degli italiani veniva proprio dalla campagna. Dalla campagna veniva l'80%, ma alla campagna ritornava soltanto il 20%; donde le contraddizioni statistiche. Secondo i dati di un'inchiesta, «mentre il 67% di tutti i lavoratori italiani negli Stati Uniti erano, in patria, occupati nell'agricoltura, solo il 6,6%

di essi risultava occupato nell'agricoltura negli Stati Uniti».[5] Secondo un'altra inchiesta, solo il 15% circa degli italiani immigrati in America era impiegato nell'agricoltura a tempo pieno, sebbene l'85% degli italiani immigrati avessero indicato «agricoltura» come loro principale attività prima dell'espatrio.[6]

L'amore della terra si conservava anche nelle grandi città. Nel suo libro *The Urban Villagers* (New York 1962), Herbert Gans definisce gli italiani di Boston *almost village-minded immigrants*, cioè immigranti con una mentalità quasi paesana. Non diversamente dal Gans, nel suo studio sugli italiani di Chicago Rudolph Vecoli osserva che i vecchi immigrati contadini, ormai insediati nei vari quartieri della città, facevano blocco con i nuovi immigrati contadini dello stesso paese o della stessa provincia. Questa esclusione della gente che proveniva da paesi o province diverse era dovuta in parte a diffidenza («Ci si potrà fidare?»), ma soprattutto all'attaccamento sentimentale al proprio villaggio, al dialetto locale o regionale (fatto, quest'ultimo, che ostacolò l'inserimento nella vita delle grandi città). E, quasi ciò non bastasse a sottolineare la loro «ruralità», gli italiani andavano a stabilirsi – come accadde a New York – in prossimità dei terminal delle metropolitane, dove si poteva ancora trovare del terreno relativamente a buon mercato per coltivare ortaggi o allevare capre. A New York, come del resto in altre località dell'Est, questa ricerca di terreno suburbano o semi-rurale continuò per moltissimo tempo.

Gli italiani sentirono sempre molto fortemente l'attrazione della terra e dell'ambiente campagnolo. Essi non cessarono mai di subire il «tiraggio» degli amici o dei parenti impegnati nell'agricoltura. Con il sistema dell'amico che tira l'amico, accadeva spesso che l'immigrante andasse a collocarsi proprio fra due, immigrati prima di lui, che in patria erano stati suoi vicini. L'assistenza reciproca, naturalmente, era una condizione vitale: lavorando uniti, gli immigranti potevano sperare di superare molte difficoltà, fra cui principalmente le difficoltà finanziarie. Ed è certo che il numero degli immigranti italiani che si dedicarono all'agricoltura sarebbe stato maggiore se essi non fossero arrivati in America quando ormai il governo federale e le ferrovie avevano distribuito grandi estensioni di terra a buon prezzo. Gli italiani furono quindi costretti a comperare quei bocconi di terra che gli altri abbandonavano; e si trattò appunto, in parte, di terra suburbana. Un altro tipo di proprietà che gli italiani poterono acquistare furono le fattorie dissestate, da riorganizzarsi di sana pianta. Spesso la coltura degli ortaggi – della cui origine si sa tanto poco – cominciò proprio così. Ed è continuata fino ad oggi, sebbene la città abbia pian piano inglobato i campi.

Che per gli agricoltori americani fosse un buon affare l'ammettere nel proprio seno i contadini italiani lo si rileva da un rapporto governativo del 1906:

Recentemente l'«American Agriculturalist» ha pubblicato un articolo di un suo lettore dell'Ohio, nel quale si dice che se un agricoltore americano vuole arricchirsi deve prendere [...] una famiglia italiana nella propria fattoria. Egli fa una descrizione del lavoro della «sua» famiglia italiana, finendo per paragonarlo a quello di un popolo di formiche o di uno sciame d'api. [...] Bisogna riconoscere che gli italiani delle classi migliori vivono sotto la squallida ombra che le condizioni negative della vita urbana proiettano su di loro [...] Questa «spinta verso l'aratro» dovrebbe partire dagli stessi immigrati italiani, ma essere incoraggiata dagli amici americani e dal governo italiano, il quale dovrebbe vedere in essa il modo più sicuro di assistere e proteggere gli italiani all'estero.[7]

All'inizio del secolo il console generale italiano a New York City, Gustavo Tosti, osservava che molti italiani erano più adatti a vivere e lavorare in campagna che non nelle città sovraffollate, e faceva pressione perché essi si sparpagliassero in tutti gli Stati Uniti, pur rendendosi conto delle difficoltà implicite in un simile movimento. «I nostri immigranti devono lasciare le città congestionate e cercare nel lavoro agricolo un'atmosfera più pura» scriveva. A questo punto, naturalmente, si poneva la questione fondamentale di trasformare l'immigrante in piccolo proprietario. Per molti immigranti non si poteva pensare di trovar lavoro se non per pochi mesi all'anno. All'epoca dei raccolti, la richiesta di lavoro agricolo era forte; ma poi la disoccupazione delle altre stagioni costringeva i lavoratori a tornare all'industria. «L'unico modo di risolvere la questione alla radice è di trasformare una forte aliquota di nostri emigranti in proprietari di terra o agricoltori.»[8]

Una parte dei contadini italiani veniva da regioni fra le più povere d'Italia – Calabria, Abruzzi, Sicilia – dove si poteva vivere con 5 centesimi di dollaro al giorno. Si nutrivano di polenta, pasta, verdura, pane, formaggio, noci, vino, poca o niente carne. In America questo immigrato mangiava molto meglio. Continuava a fare economia su altre cose, ma comperava ottimi tagli di carne, belle e nutrienti pagnotte di pane, olio d'oliva, salumi, formaggi di qualità. Da dati statistici raccolti nel 1912 risulta che gli italiani spendevano in generi alimentari più di quanto spendesse qualsiasi altra nazionalità con reddito inferiore ai 900 dollari l'anno, ivi compresi gli americani «nativi».[9] Ma già una ventina d'anni prima, verso il 1890 un immigrato poteva dire cose come queste: «Per quattro dollari si poteva comperare un maiale da 400 libbre, quanto bastava per avere carne e lardo per tutto l'inverno e buona parte della primavera. [...] Acquistando poche libbre di porco o di manzo in macelleria, si aveva gratis tutta la trippa e tutto il polmone che si voleva [...] si poteva entrare nel bar, buttar là una moneta da 5 centesimi per un boccale di birra e mangiare gratis dal banco fino ad averne piena la pancia».[10]

L'entusiasmo dell'immigrante per il cibo fu uno degli elementi pittoreschi da lui introdotti nella vita americana, ma non il solo. L'arrivo degli immigranti nel West diede origine a scene di straordinario interesse umano. Memorabili, e indimenticabili, furono la vitalità e l'energia con le quali essi aggredirono il futuro. Ecco, ad una fermata del treno ad un serbatoio d'acqua, precipitarsi fuori da un vagone di emigranti un'orda di bambini, seguiti da rotoli di materiale lettereccio, da vecchi cofani, da valigie legate con corda, da scatole(piene di indumenti, da sacchi di pane casareccio, di pasta, di salami e tintinnanti fagotti di utensili da cucina; magari anche una carrozzella con dentro il bambino, o invece una pesante stufa.

Da questo momento cominciava la fatica dell'insediamento sulla terra, e da questo momento bisognava far tesoro di ogni soldo risparmiato o, come dice un rapporto del 1905, «risparmiare religiosamente il denaro». «È rarissimo» prosegue il rapporto «trovare una famiglia italiana senza soldi; intanto, però, si dice che questi nuovi venuti spendono meno del giusto e così abbassano il generale tenore di vita.» Accadeva spesso di udire critiche simili; al tempo stesso, però, si sentiva dire dai difensori degli immigranti: «Un italiano grasso è uno spettacolo tanto raro quanto quello di un italiano ubriaco».[11]

In principio l'italiano portò nel Nuovo Mondo i suoi metodi piuttosto primitivi di coltivazione. In un'inchiesta sul lavoro agricolo italiano nell'ultimo decennio dello scorso secolo si legge: «Per spargere il concime, che viene trasportato nei campi mediante carriole, donne e bambini si servono delle nude mani». Però subito il rapporto avverte: «Non appena l'italiano ha messo da parte il denaro necessario, si compera un cavallo [e un carretto]; ma fino a quel momento tira avanti con la carriola. [...] Spesso tutto il suo rifornimento di latte proviene da una capra. Quasi tutti gli italiani tengono un maiale e delle galline per loro uso e consumo». Il senso di economia degli italiani si manifestava in mille modi, osserva il rapporto: «Arrivano perfino a raccogliere le foglie secche dei viali per fare il letame delle bestie».[12] L'italiano metteva a frutto ogni centimetro di terra. Concentrava un'attività incredibile su una zolla, inizialmente presa in fitto. Se la zolla era un frutteto, in mezzo agli alberi metteva pomodori, fagioli, patate. Fra i lamponi e gli ortaggi grandi seminava la verdura piccola. Rivoltando strati di terreno che non avevano mai visto il sole riusciva a fare due ed anche tre raccolti. Ai piselli, alle cipolle, ai cavoli primaticci e alle verze potevano seguire il granturco e i pomodori. Nel giardinetto sul davanti della casa, dove generalmente l'americano metteva fiori e prato, l'immigrante piantava viti, lamponi e ortaggi.[13]

Ma la cosa per la quale gli italiani più si struggevano era di diventare padroni del loro pezzetto di terra e della loro casa. Diventare proprietario di terra significava dare la prova del proprio valore. Non c'era sacrificio troppo grave per uno scopo simile. Frugale all'eccesso, l'italiano non sprecava niente. Lo studio di Emily Meade sulla fattoria italiana registra i sacrifici e le privazioni ai quali si sottoponeva l'immigrato: «Quando l'italiano acquista un pezzo di terreno incolto, impiega il suo tempo libero a zapparlo e a prepararlo per la coltura. [...] Paga in contanti lo scavo della cantina e la pompa per l'acqua, e al costruttore che gli tirerà su la casa dà una o più cambiali, rese negoziabili dall'avallo del proprietario del terreno, o di un proprietario di terra». La Meade racconta il caso di un immigrante della prima generazione «che alcuni anni fa non aveva praticamente un soldo» e che poi comperò per 1500 dollari un terreno coperto di erbacce e apparentemente non sfruttabile in alcun modo. Liberò il terreno dalle erbacce e con il solo ricavo del primo raccolto di fragole pagò l'ipoteca. In seguito, con i successivi utili, «comperò per 700 dollari una fattoria di 20 acri sulla strada principale, e adesso ci ha costruito sopra una delle più belle case della zona, spendendo 3500 dollari, di cui 1100 per impianti idraulici e sanitari, ivi compresi un impianto di riscaldamento ad acqua calda, una stanza da bagno ben arredata e attrezzata, e una pompa a vapore per la casa e il rustico».[14]

L'immigrato poteva ottenere in vari modi del terreno demaniale. Tra il 1801 e il 1841 il Congresso aveva votato una serie di ben diciannove leggi fondiarie, chiamate *pre-emption acts*, o atti di prelazione. Questi atti di prelazione prevedevano la concessione di terreno, fino a 160 acri di superficie, agli occupanti abusivi del terreno stesso, purché avessero almeno ventun anni, vi risiedessero e si impegnassero a migliorare il terreno. Poi, nel 1862, il Congresso votò lo *Homestead Act*, o atto di concessione di terra demaniale, inteso ad indurre gli agricoltori a trasferirsi nel West, al di là del Mississippi. Questo atto permetteva ad un capofamiglia di entrare in possesso di una *quarter section* di terra, cioè di 160 acri, insediarvisi, coltivarli per cinque anni, e alla fine diventarne proprietario, all'unica condizione che quel capofamiglia fosse cittadino americano o dichiarasse la sua intenzione di diventarlo. Nel 1890 la terra messa a disposizione da questa legge era quasi totalmente occupata. Un'altra legge, il *Timber Culture Act*, approvata dal Congresso nel 1873, aprì la via ad una lunga serie di provvedimenti legislativi intesi a promuovere la difesa e la valorizzazione del patrimonio forestale: essa concedeva 160 acri di terra nuda a quei piantatori che si impegnassero a piantarvi degli alberi.

Ma per gli immigranti la colonizzazione di terre demaniali si dimostrò, anche a queste condizioni, troppo pesante finanziariamente. Nei due Dakota, tra il 1880 e il 1890, il tasso di prestito salì al 60% annuo. Poca era la gente di città provvista di risorse finanziarie sufficienti per mettersi a fare il *farmer* con buone probabilità di successo; d'altra parte le paghe erano, nella zona di frontiera, più alte che in qualunque paese d'Europa. Nei quattro Stati di frontiera – dal Kansas a sud al North Dakota a nord – l'occupazione agricola aumentò di due terzi nell'anzidetto decennio. Furono anni in cui il flusso di speranzosi emigranti verso il West andò continuamente crescendo.

Grazie alla sua frugalità, l'immigrante italiano, non appena riusciva ad avere «via libera» per il West, si trovava in netto vantaggio rispetto agli altri agricoltori, che in genere dimostravano una sorprendente e spesso miserevole mancanza di autosufficienza. La capacità del lavoratore italiano di far da sé, di bastare a se stesso, contrastava con la dipendenza dei suoi vicini dai rifornimenti che venivano dalla città e che costavano loro del prezioso danaro contante. Gli italiani, poveri o addirittura privi di contante com'erano, «si arrangiavano» da soli. Questa notevole capacità di vivere con il poco che si possiede sopperiva alla mancanza di danaro e di esperienza.

Con tutta la loro povertà economica, gli italiani venivano in America armati di una risolutezza che gli americani, guastati dal benessere, non conoscevano.

Non si deve dimenticare che l'Italia era allora un paese eminentemente agricolo e che le forze lavoratrici erano legate per tradizione al lavoro dei campi. Nel 1908, su un totale di 25 milioni al disopra dei nove anni d'età, 10 milioni di italiani erano occupati nell'agricoltura. E ancora nel 1954 il 42,4% della popolazione italiana attiva (più di 8 milioni) esercitava un'attività agricola.[15] Ma, come abbiamo già notato, i vari censimenti degli Stati Uniti mancano di precisione per quanto riguarda le categorie professionali degli immigranti; per giunta, c'è stata sempre l'abitudine di identificare una data nazionalità con un dato genere di lavoro. Le statistiche demografiche, ha detto uno studioso, servono di solito a rafforzare «uno stereotipo che nasconde più che non riveli».[16] I censimenti, poi, sono bizzarri e imprevedibili: da quello del 1890 ad esempio, risultava che molti italiani erano giardinieri, mentre tutti gli altri censimenti presentavano gli italiani come occupati eminentemente nell'industria. A differenza dalle donne di altre nazionalità (come ad esempio dalle giapponesi), le donne italiane non erano eccessivamente dedite ai lavori agricoli; non poche lavoravano come pettinatrici, cucitrici, operaie di fabbrica. Molti italiani lavoravano nelle cave di marmo e nelle miniere, o come legnaioli, pescatori, musicanti, barbieri, trattori, baristi, venditori ambulanti, operai e manovali delle ferrovie. Notevole la percentuale dei pasticcieri, dei setaioli, dei carbonai, degli scalpellini, dei cuochi, dei distillatori, dei cappellai, dei sarti, dei calzolai, dei tipografi.[17]

Nel 1920, il 41% degli agricoltori stranieri di tutti gli Stati Uniti era concentrato in sei Stati: South Carolina, Minnesota, Wisconsin, Texas, Michigan, California. Il numero dei fittavoli stranieri (cioè nati all'estero e immigrati) era di 140.667; e si calcolava che quello degli agricoltori in proprio fosse due volte e mezzo tanto. Dai 13 mila ai 18 mila fittavoli erano italiani, concentrati soprattutto nella California, nello Stato di New York, nel New Jersey, nella Louisiana e nel Colorado: cinque Stati, di cui tre al di là del Mississippi. Un quadro statistico parziale della situazione lo si può rilevare dalla tabella seguente:[18]

Regione	Italiani		Percentuale dei	
	proprietari	fittavoli	proprietari	fittavoli
Centro Nord-ovest	422	170	71,28%	28,72%
Centro Sud-ovest	1555	936	62,42%	37,58%
Stati della Montagna	1576	304	83,83%	16,17%
Stati del Pacifico	3195	1703	65,23%	34,77%

Il numero degli immigranti proprietari di terra cresceva incessantemente, sebbene di solito non fossero le terre più fertili quelle che essi potevano assicurarsi, se è vero che «le migliori fattorie abbandonate dai "nativi" vengono affittate ad altri "nativi", più disposti a lavorare la buona terra altrui che a combattere per fecondare la cattiva terra propria. Così è la terra meno buona quella che rimane a disposizione degli immigrati, i quali la prendono sperando di riuscire a superare gli ostacoli a forza di energia e di muscoli».[19]

Quando si cerca di capire quanto costasse, nel XIX secolo, impiantare una fattoria a conduzione familiare nel Midwest, è facile cadere in una valutazione errata per difetto. Già negli anni 1850 il far dissodare una prateria da braccianti costava 5 dollari l'acro. Per una fattoria di 100 acri seminati a grano occorreva, in media, un investimento non inferiore ai 100 dollari per attrezzi e utensili, in aggiunta alla dissodatrice, alla mietitrice e alla trebbiatrice, per i quali bisognava stanziare almeno 375 dollari. Qualche animale da tiro, qualche maiale, un po' di pollame: altri 200 dollari. Dunque, solo per mettere in opera una fattoria di queste dimensioni bastavano sì e no 1000 dollari, senza contare il costo del terreno. Per chi, nativo o straniero, non possedeva un capitale non c'era dunque speranza di poter diventare proprietario di terra, almeno per un certo numero d'anni. C'era, sì, della terra a buon mercato, ma in genere, come s'è detto, affatto incolta, in zone depresse, tale quindi da non dare subito una resa che consentisse al contadino di viverci. Ecco perché gli immigranti, privi di quel capitale minimo indispensabile per trasformare una landa in terreno da coltura o da allevamento, non potevano, spesso, diventare agricoltori o allevatori.[20]

A proposito dei grossi problemi che gli agricoltori immigrati dovevano affrontare, l'arcivescovo John Ireland scriveva: «La più grande disgrazia toccata alla massa degli immigranti cattolici giunti in America quaranta o cinquanta anni fa fu che si permise loro di ammassarsi in centri urbani dove, in genere, non avevano altra possibilità che di fare gli spaccalegna o gli acquaioli, mentre si sarebbe dovuto spingerli ad occupare le fertili terre del West, dove avrebbero potuto formarsi, a minor prezzo e con minori sacrifici, una vita indipendente».[21]

E quanto al costo d'impianto di una fattoria, l'arcivescovo Ireland osservava: «Secondo noi, l'immigrante che arrivasse con un gruzzolo di 300 dollari poteva, con il nostro aiuto, andare avanti bene, a condizione, naturalmente, che fosse laborioso e s'intendesse di lavori agricoli».[22] L'arcivescovo Ireland diventò uno dei condottieri della colonizzazione irlandese; sul finire degli anni 1870 andò nel West, trattò con diverse società ferroviarie l'acquisto di terra per gli immigranti nel Minnesota, e diede vita a numerosi insediamenti cattolici, soprattutto irlandesi. Se si eccettua il caso di Tontitown, del quale abbiamo già parlato, gli italiani non godettero mai di quella dinamica leadership sacerdotale che tanto aiutò la colonizzazione irlandese. In quelle parti del West dove il potersi riparare dall'avversità del clima era cosa fondamentale, l'immigrante aveva la possibilità di tirar su una casa prefabbricata, anziché costruirsela con le proprie mani. Negli anni 1880 si trovavano case prefabbricate standard, ad un piano, per 150 dollari, e a due piani per 250. Egisto Rossi, nel suo manuale per gli immigranti italiani, consigliava quelle case prefabbricate, che potevano essere spedite nel West per ferrovia. Ma gli italiani non le amavano molto, come non amavano molto la colonizzazione organizzata. Ciò non toglie che Egisto Rossi potesse scrivere che «le colonie di immigrants nel Far West sono un esempio di redenzione economica che non ha eguale presso nessun altro popolo».[23]

Uno studioso americano, esaminando l'influenza degli immigrati sull'agricoltura degli Stati del Sud, parla di «isole culturali» con «tradizioni agricole estranee al Sud, che sviluppano programmi agricoli più o meno diversi da quelli tipici della regione». Egli osserva che queste «testimonianze della colonizzazione straniera», o «isole di innovazione agricola straniera», sono caratterizzate da una percentuale relativamente bassa di affittanza, da continui miglioramenti della fattoria, da un sano sistema di autosufficienza domestica, da una grande quantità di lavoro manuale fatto direttamente dal fittavolo, dal limitato numero di coloro che, in periodi di depressione, chiedono la pubblica assistenza, e da una scarsissima dipendenza dal credito esterno.[24]

Dal principio del nostro secolo si cominciò a considerare troppo instabile e mal pagato il lavoro agricolo itinerante e a caldeggiare il sistema delle colonie agricole, come quella di St. Helena, non lontano da Wilmington, nel North Carolina. I trecento italiani dei Nord, soprattutto veneti, che formavano questa colonia si erano specializzati nella produzione di tabacco, uva, fagioli, fragole e insalata. Intitolata a Elena, regina d'Italia, la colonia «poggiava su sane basi umanitaristiche ed economiche ad un tempo».[25]

Un altro paladino del sistema delle colonie agricole contrapponeva l'equa e razionale distribuzione degli italiani nel West alla loro eccessiva concentrazione nell'Est: «Nelle regioni agricole e minerarie ad occidente del Mississippi,» osservava, «la distribuzione è più uniforme. Nel Nevada ci sono italiani in ogni distretto, e nella California un solo distretto non ha italiani. Gli italiani sono ben distribuiti tanto nel Colorado quanto nel Wyoming, nel Montana e nella Louisiana. Si immagini il diverso destino che attende gli italiani dell'Oklahoma e quelli di Rhode Island pensando che là vi sono due decimi di italiano per ogni cento miglia quadrate e qui ve ne sono dodici per ogni miglio quadrato». Lo scrittore plaudiva al tentativo fatto dall'ambasciatore italiano a Washington, Des Planches, di conciliare gli interessi della Gould Railroad con un allargamento della colonizzazione agricola degli immigranti italiani, e poneva in risalto questa affermazione dell'ambasciatore: «Quando [gli immigranti] avranno creato qui la loro piccola fattoria, si attaccheranno al paese e non saranno più tentati a ritornare in patria».[26]

Se molti immigranti italiani finirono per occuparsi nell'industria anziché nell'agricoltura, è anche perché l'America urbana dell'ultima parte del XIX secolo e della prima parte del XX offrì al lavoratore straniero delle possibilità eccezionali. Infatti l'emigrazione italiana in America raggiunse il vertice nel periodo in cui la richiesta di lavoro industriale non specializzato era più forte. Nel decennio 1870-1880 le retribuzioni offerte dalle fabbriche e dalle miniere superarono quelle offerte dalla media azienda agricola americana. Se nelle fattorie del Middle West continuò l'afflusso di europei del Nord, ciò dipende in parte dal fatto che in quelle regioni essi avevano dei parenti stabilitisi prima di loro, e grazie a questi poterono entrare a far parte di comunità agricole già consolidate. Va anche detto che, in quei primi tempi dell'emigrazione di massa italiana, ad un'America che riempiva i propri granai si contrapponeva un'Europa che mieteva poverissimi raccolti; era quindi naturale che gli squattrinati emigranti dell'Europa meridionale, arrivati in America nell'ultimo decennio del secolo e dopo, incapaci di parlare la lingua del paese, trovassero più facile rimanere insieme con i loro semi-analfabeti compatrioti delle comunità nazionali dell'Est, dentro la cinta protettiva delle grandi città della costa atlantica, dov'erano sbarcati. La forte concentrazione di italiani nelle zone urbane non fu dunque dovuta ad una loro presunta inidoneità come agricoltori, ma alle favorevoli occasioni economiche che le grandi città offrivano a lavoratori senza beni e senza soldi. Ma il fatto stesso – rilevato, come s'è visto, dal censimento del 1890 – che tanti italiani facessero il giardiniere a giornata dice quanto essi si dedicassero volentieri a lavori agricoli ogniqualvolta ne avevano la possibilità. D'altra parte è ovvio che non tutti pensassero di lasciare la costa orientale per andare nel Far West, perlomeno fino a quando sulla costa orientale potevano scavare gallerie, scalpellare la pietra, lavorare nelle fabbriche, nelle fonderie, nelle miniere, sulle ferrovie.

Il giornalista italiano Bruno Roselli, che visitò New York negli anni 1920, osservava che ci voleva un certo coraggio, da parte dell'immigrante, a lasciare la base sicura del quartiere urbano, per affollato, oscuro, pestifero che fosse: «Come si fa a rinunciare alla costosa protezione degli unici amici americani che ci si è fatti, Mike il padrone del bar e il signor Pinkus padrone di casa?». Ciò non impediva a Roselli di incoraggiare gli italiani ad andare verso il West: «Qui,» diceva, «siete infelici e non avete successo. In commercio, non potete battervi con gli ebrei; non conoscete l'inglese e vi trovate quindi in svantaggio con gli irlandesi. Lasciate andare questa concorrenza che non fa per voi e vedete un po' se le vostre forti braccia non siano capaci di trarre dalla terra tutta la ricchezza che volete. [...] Voi appartenete ad una stirpe di pionieri, alla quale in Europa sono mancate le buone occasioni, né può trovarle qui, in queste città affollate da gente più abile di lei. Però siete di una razza che diventa forte di fronte agli ostacoli della natura».[27]

Gli immigrati italiani dell'Est che, sebbene in ritardo, presero la strada del West furono una minoranza, ma probabilmente furono una minoranza selezionata, spesso composta di persone volitive, che preferivano cercare il successo, affrontando il rischio piuttosto che rimanere indietro, nei ghetti suburbani delle città dell'Est. Lo storico del West Robert G. Athearn descrive il coraggio e la decisione di questi cercatori di fortuna:

Chi oggi voglia scrivere l'epopea dell'intrepido pioniere e della sua marcia verso ovest, sempre più verso ovest, a dispetto del pericolo degli indiani e delle condizioni spesso proibitive frapposte dal paese, non deve dimenticare il contadino europeo, che con il suo scarso bagaglio di inglese e scarsissimo di geografia fu scaricato nel West dall'uomo d'affari americano desideroso di farsi largo. Questo nuovo abitatore del West non era l'uomo dall'accetta e dal lungo fucile: era un contadino trapiantato, e non chiedeva che di continuare il suo mestiere. [...] Così egli concorse a modificare la natura della «frontiera» non soltanto con la forza del numero, ma anche con quella della cultura. Non si trattava più, in genere, di gente che arrivava con il carro coperto dei pionieri, ma di gente che arrivava col treno, spesso direttamente dal porto di sbarco, anzi dalla nave che l'aveva trasportata in America.[28]

La provenienza degli «immigranti che non si inurbavano» non coincideva con la provenienza degli emigranti «in generale». Nel 1909 l'80% degli immigranti in generale proveniva dal Sud d'Italia rurale e solo il 20% dal Nord d'Italia industriale, mentre più del 50% degli immigranti che si dedicavano all'agricoltura era costituito da italiani del Nord. Nel complesso, gli italiani del Nord erano più istruiti di quelli del Sud; alcuni di essi avevano il diploma di scuola tecnica. Erano quindi in una posizione di vantaggio rispetto ai loro compatrioti meridionali. Però anche l'Italia del Nord diede all'America degli analfabeti.[29]

Quel che conta è che gli immigranti italiani, del Nord come del Sud, nutrivano per la terra lo stesso genere d'amore che nutrivano per la famiglia. Nei buoni e nei cattivi tempi, per generazioni e generazioni, i loro progenitori l'avevano lavorata con pazienza instancabile. E adesso, pur essendo arrivati nel West quando ormai le terre migliori se n'erano andate, si sforzavano di imparare e applicare le nuove tecniche meccanizzate dell'agricoltura americana. Anche gli immigranti che si fermavano nelle grandi città tiravano su l'orto o il pollaio, e qualcuno finiva per lasciare l'insalubre e pericoloso impiego nell'industria e tornava alla terra. Dalla fattoria l'italiano ricavava i formaggi che gli piacevano, l'uva per il suo vino, il basilico per la pasta asciutta, il maiale da trasformare in salame o in salsiccia.

Lo studio condotto da Merle Curti nel distretto di Trempeleau, Wisconsin, fra il 1870 e il 1880 mostra come gli agricoltori immigrati si adoperassero attivamente a migliorare la terra non appena ne avevano la possibilità. Non v'è dubbio che, perlomeno in quel distretto, «gli immigranti non anglofoni arrivavano in percentuali più alte dei nativi».[30] Gli italiani che raggiunsero la campagna furono troppo pochi, ma il successo di quei pochi fu sicuro, anche se lento. C'è l'invocazione di un immigrante contadino italiano, ottimistico appello alla comprensione e alla pazienza, che tocca il cuore:

Abbiate la pazienza di aspettare almeno una ventina d'anni, e vedrete che sorta d'americani diventeremo. Ora siamo ignoranti. Siamo poveri. Siamo lenti nell'agire. Ma sareste così anche voi se aveste cominciato la vostra vita in un paese arretrato. Dateci la stessa possibilità di svilupparci che ebbero i vostri padri, e in breve avremo anche noi cervello e muscoli. Siate pazienti con noi, perché troviamo difficoltà a superare la condizione che ci ha oppressi per secoli. Tutto quanto vorrete darci ora nel momento della nostra debolezza, vi sarà da noi restituito con gli interessi quando verrà il giorno della nostra forza.[31]

Edward Corsi, commissario all'immigrazione, respingendo l'idea preconcetta dell'italiano incapace di fare, l'agricoltore, scriveva: «Come coltivatori di frutta e di ortaggi, gli italiani superano di gran lunga chiunque altro, e ne sono prova le riuscitissime imprese di Vineland, di Fredonia, di Canastota, di Valdese. [...] Questa gente che viene dalla terra, trova la strada per tornare alla terra. Negli ultimi anni, il numero degli italiani che tornano alla terra è andato crescendo ininterrottamente».[32]

In netta antitesi con gli italiani di un tempo, che avevano tollerato le soperchierie di padroni egoisti, i nuovi e più fieri e ambiziosi agricoltori italiani si ribellavano al paternalismo, sotto qualunque veste si nascondesse. E furono quelli gli immigranti che andarono nel West, dove non avevano padroni. «Più a ovest andate,» scriveva nel 1904 Konrad Bercovici, «più le vostre comunità diventeranno piccole e più la vostra buona fama di italiani diventerà grande.»[33]

Parte quarta
L'ITALIA VA NEL WEST

VI
SI VA A VEDERE: IL GRANDE FAR WEST

Non furono tutti coloni i primi che si avventurarono nel West. Furono anche dei visitatori temporanei, fra cui dei giornalisti, degli esiliati politici, dei cercatori di fortuna, e di questi alcuni seguirono i coloni, ma altri li precedettero. Quando, finita la guerra civile, la situazione politica si stabilizzò, il numero dei «turisti» *ante litteram* che andavano a vedere l'America crebbe progressivamente. Lo sviluppo della navigazione a vapore rendeva i viaggi di mare più celeri e più comodi. D'altra parte lo sviluppo della rete ferroviaria permetteva a questi turisti, che un tempo si sarebbero limitati a visitare la costa atlantica, o tutt'al più quella del golfo del Messico o i grandi laghi, di spingersi verso «il grande Far West».

Questo Far West, tuttavia, suscitava sentimenti contrastanti nell'animo dei primi viaggiatori italiani. Lo scrittore Antonio Gallenga (L. Mariotti), che nel 1838 si era spinto addirittura fino a Nashville e a Louisville, considerati ancora, a quell'epoca, come West, non nasconde le sue perplessità davanti a fatti che sembrano inconciliabili fra loro. Le colline verdeggianti di gigantesche foreste di querce, frassini, cedri, aceri venivano follemente saccheggiate e devastate dagli americani residenti. Per tre anni Gallenga assistette a questo spreco, e il suo sdegno esplode in questa frase: «Non passerà molto che gli americani avranno superato i peggiori selvaggi d'Europa nell'insensato e spietato furore contro gli alberi». Al tempo stesso vedeva il granturco «crescere alto e robusto come neppure le più ricche zone della mia Italia settentrionale si sognerebbero mai di vederlo crescere. Le mandrie e le greggi, sebbene trascurate, sono splendide». Gli sembrava che la rozzezza della gente di frontiera non fosse degna della maestà dei luoghi. Se ne sentiva offeso. Dopo aver visto uno di quegli uomini – un generale sulla quarantina – che con i suoi sputi insudiciava il tappeto del salotto di una signora, Gallenga scriveva senza perifrasi: «Non avevo bisogno

di tanto per provare nausea del West. Ma fu la goccia che fa traboccare il calice; un calice che fortunatamente potei allontanare presto da me». D'altra parte l'emozione di una galoppata per una strada di campagna, lo spazio aperto, le stupende visioni e le immense
possibilità che il West offriva, erano cose che non potevano non im-
pressionare profondamente lo straniero.[1]

La prima idea che gli italiani in patria si fecero del West se la fecero attraverso gli scritti – libri o lettere – di questi viaggiatori.
Troppo presi dai problemi domestici, gli italiani sapevano ben poco di ciò che avveniva fuori dei confini del loro paese. Del resto anche quelle notizie erano spesso vaghe e frammentarie. Carlo Vidua,
che si spinse fino a St. Louis negli anni 1820, dopo aver parlato della relativa sicurezza pubblica di cui si godeva in America, osservava:
«Si può viaggiare tranquillamente di giorno e di notte, senonché
c'è il pericolo di rompersi l'osso del collo o, se piove, di rimanere
inchiodati nel fango, perché le strade non sono vere strade, sono
semplici piste in mezzo ai boschi o alle praterie». Solo di tanto in
tanto saltava fuori un libro-chiave che dava agli italiani un'idea
completa, anche se spesso deformata, del West. Nel suo studio sul-
l'opinione che gli italiani si facevano dell'America, Andrew J.
Torrielli dà del libro pubblicato da Gustavo Strafforello a Firenze
nel 1856, *Il nuovo Monte Cristo*, il seguente giudizio: «Fantastiche avventure di un giovane irlandese, Dick Murphy, fra i cercatori d'oro
della California, al cui confronto Edmond Dantès diventa un palli-
do e insignificante fantasma». In verità, non sappiamo neppure se
Strafforello fu nel West. Sono scritti ormai senza alcuna importanza, che però danno la misura dell'interesse che il West americano
suscitava permanentemente all'estero.[2]

Come appare il West presentato da questi libri? Anzitutto esso appare grande, molto grande. Laggiù, oltre il Missouri, dicevano questi
libri, è tutto un monotono svolgersi di grandi pianure, che si inse-
guono attraverso il Kansas occidentale, il Nebraska, gran parte dei
due Dakota, e le parti orientali del Montana, del Wyoming, del
Colorado e del New Mexico. Poi queste pianure si accavallavano formando la base della *cordillera* nord-sud, che, rotta qua e là da picchi
montani, si spingeva ad occidente fino alle Montagne Rocciose.
Questo altopiano comprendeva i principali gruppi montuosi del
Nordamerica, a cominciare dalle stesse Montagne Rocciose, oltre le
quali si stendeva tutto un complesso sistema orografico, caratterizzato da vallate profonde, rivestite da foreste, e da *plateaux* coperti di gra-

minacee o *mesquite,* che occupava parte del Montana, del Wyoming, del Colorado, del New Mexico, e anche dell'Idaho. Le regioni occidentali del New Mexico, del Colorado, del Wyoming, nonché buona parte dell'Utah, dell'Arizona e del Nevada fino alla Sierra californiana, erano occupate da un altro altopiano, che si estendeva al di là del centesimo meridiano.

I viaggiatori che negli anni 1860 si spingevano in quella parte del Nebraska dove oggi sorge Omaha avevano l'impressione di trovarsi al margine di una vasta e generalmente arida zona di frontiera, oltre la quale si stendeva il selvaggio West, che non era stato ancora né assoggettato né ben descritto dall'uomo e che – come ebbe a dire l'illustre geologo e paleontologo italiano Giovanni Capellini – sembrava ansioso di esserlo. Professore universitario a Genova e a Bologna, presidente della Società geografica italiana, Capellini visitò questo vasto mondo di pianure e di fiumi in compagnia dello studioso francese Jules Marcou, e non esitò a confessare nei suoi *Ricordi* certi malintesi in cui incorse. Egli fu uno dei primi sostenitori delle idee darwiniane e, prima ancora di compiere il viaggio in America di cui stiamo parlando, aveva contribuito a stabilire la disciplina dell'archeologia preistorica. Il West lo affascinò e in pari tempo produsse in lui un senso di incertezza e di disorientamento, come quando, nel 1863, si accingeva ad attraversare il fiume Missouri tra Council Bluffs e Omaha. Dal racconto che egli ce ne ha lasciato possiamo comprendere la natura del suo disagio:

Rimasi a guardia dei bagagli mentre il mio amico e il conducente andavano avanti ad esplorare il terreno. Fra i tanti inconvenienti di quel viaggio c'era anche la mancanza di lampade. All'improvviso mi si avvicinò un uomo, il quale mi chiese dove fossimo diretti a quell'ora tarda. Confesso che prima ancora di cercare di rendermi conto delle sue intenzioni misi mano alla pistola; ma quel gentiluomo si era smarrito come noi e, sperando di trovare un mezzo per raggiungere Council Bluffs, aveva semplicemente pensato di chiederci se per caso vi fossimo diretti.[3]

Quando, convinto della necessità di andare armato, Capellini si recò dal «comandante», un certo Bassett, a chiedere il porto d'arma,

[...] al piede della scalinata per cui si accedeva al comando c'erano due guardie a cavallo, disarmate e cenciose. Nel bel mezzo dell'ufficio stava Bassett, allungato in una poltrona e con un piede sul tavolo, dove una bottiglia di whisky faceva buona compagnia ad un calamaio e ad un teschio umano. Quest'ultimo era foggiato a guisa di tazza, ma non per bervi, bensì, in quel momento almeno, per contenere della sabbia![4]

Arrivato ad Omaha, Capellini mise il naso negli uffici del «Nebraskian», il giornale locale. Non andava in cerca di pubblicità, ma solo di carta per avvolgervi certi campioni di fossili che aveva raccolti. Il mattino dopo rimase piacevolmente sorpreso nel leggere «una nota biografica completa del geologo italiano, nel quale si salutava un pioniere dell'apertura del West».[5] Capellini fu così contento di constatare di essere già noto a tanta gente, che nei suoi *Ricordi* sottolineò la consapevolezza culturale delle regioni al di là del Mississippi.[6]

Non tutti i visitatori del West apprezzavano ciò che vedevano. Antonio Caccia, ad esempio, rettore dell'Università di Bologna e di poco posteriore a Capellini, ricordando in *Europa ed America, scene della vita dal 1848 al 1850* un suo viaggio nella California all'epoca del *gold rush*, della febbre dell'oro, lamentava la scortesia della gente. Ammirava l'ambiente naturale, non quello umano. Le gare nautiche sul fiume Mississippi, ad esempio, lo sconvolsero. Erano gare pericolose, che causavano terribili incidenti, eppure gli americani non vi avrebbero rinunciato per tutto l'oro del mondo. Secondo Caccia gli americani erano veramente troppo cocciuti in cose di questo genere.

Anche il tenente colonnello Ferri Pisani, un corso che accompagnò come aiutante di campo il principe Napoleone nel suo giro in America durante la guerra civile, riportò dal West delle impressioni contrastanti. Da un lato, ad esempio, fu indignato della *curiosité brutale* della gente del West, dall'altro ne lodò con gratitudine l'ospitalità.[7]

Di tutti i racconti di viaggio uno dei più divertenti è senza dubbio *Un viaggio nel Far West americano* di Giovanni Vigna del Ferro, che fu negli Stati Uniti per quattro anni, fra il 1876 e il 1880. Nel 1879, insieme con il giornalista francese Jean Soudan, il nostro Vigna del Ferro, avendo ottenuto due biglietti ferroviari gratuiti dal magnate delle ferrovie Jay Gould, si mise in viaggio per il West con un cofano colmo di provviste e una preziosa cassa di vecchio borgogna. Il viaggio fu molto rallegrato dalla presenza, sul treno, di una *troupe* di artisti, fra cui la celebre Sarah Bernhardt e la di lei sorella Jeanne, nonché l'attrice Marie Colombier. Del Ferro le scortò da Buffalo a Toledo, da Toledo a St. Louis, e di qui verso Omaha, dove, attraversato il Missouri in piena, venne finalmente a contatto, «sulle alte praterie», con i «nobili indiani», che trovò ridotti ad ubriaconi abbrutiti, in mezzo a carcasse di giovani bufali e manzi morti durante il duro inverno precedente alla sua venuta.

L'incontro di Vigna del Ferro con la *troupe* di Sarah Bernhardt offre lo spunto per un rapido accenno alla fama di «galanteria» di cui gli italiani godevano nel West. A paragone dei rozzi e spesso ineducati campioni d'uomini che le donne incontravano a volte nelle zone di frontiera, i visitatori italiani facevano, di solito, buona figura. Una visitatrice del West dei tempi andati racconta di un certo monsieur R. che, pur essendo «un semplice giardiniere italiano», le aveva fatto particolare impressione perché «aveva veramente delle buone maniere e conosceva, si può dire, il mondo». Stando alla sua descrizione, era «un bell'uomo alto e imponente», agilissimo «nel fare eleganti inchini a madame C.». E soggiunge: «Parlava l'inglese quanto bastava per esprimerle la grande stima in cui la teneva e per darle la certezza che, se ella avesse acconsentito, l'avrebbe sposata anche l'indomani».[8]

Gallenga pensava che gli uomini americani fossero troppo presi dal lavoro per curarsi abbastanza delle loro donne e che «i *ladies' men*», cioè gli uomini che si curano delle donne, fossero «terribilmente scarsi in America. Gli *yankees* arrivano a casa spremuti dal lavoro» diceva «e senza più alcun desiderio, quindi inidonei alla compagnia femminile». La loro mancanza di buone maniere e di spirito di società aveva l'effetto di rendere particolarmente gradito lo straniero che, secondo Gallenga, era più galante e più «pronto a dedicarsi alle donne, a tenerle allegre, a interessarsi di loro».[9]

Nel viaggio da Omaha a Reno, Vigna del Ferro godette il percorso in treno, ma fu disgustato dal cibo. La cucina del West, invece di eccitarne l'appetito, gli dava la nausea. Aveva quindi con sé un certo numero di scatole di tonno, sardine, burro, nonché mortadella e formaggio. Si fermarono a Cheyenne, Denver e Leadville; con alcuni membri del gruppo, Vigna del Ferro lasciò addirittura il treno per parecchie settimane, accampandosi nel Colorado meridionale e nel New Mexico settentrionale. Egli criticava fortemente lo sterminio che era stato fatto e si faceva degli indiani, e applaudiva questi ultimi quando reagivano, come nel caso del massacro di Custer. Era piuttosto pericoloso, a quell'epoca, manifestare atteggiamenti simili. Visitò anche gli accampamenti di Apaches lungo il Rio Grande, facendo dono di whisky agli indiani, che lo chiamavano «acqua del diavolo».

A Leadville, allora al centro della frontiera mineraria del West, Vigna del Ferro constatò che il rapporto fra uomini e donne era di trenta a una. Trovava che le strade erano fangose, ma che avrebbero potuto diventare un po' migliori se uomini e donne non si fossero serviti tanto e soltanto del cavallo per ogni trasporto. Parlò anche di ordine e di rispetto della legge, non omise di far cenno alla legge del linciaggio, e lasciò scritto di aver trovato pochi italiani nelle miniere. Pensava con ragione che Leadville non sarebbe mai diventata una grande città, perché era situata ad oltre tremila metri di altitudine e, secondo lui, gli animali domestici, cani compresi, non potevano viverci. La polmonite, diceva, era all'ordine del giorno, e la pistola all'ordine della notte. Risaliti sul treno a Cheyenne, i componenti del gruppo si trasferirono a Ogden, e di là a Salt Lake City, dove Vigna del Ferro visitò il Tabernacolo dei mormoni; poi egli si recò a Virginia City, nel Nevada Territory, e visitò le Conistock Consolidated Virginia Mines, «le più produttive del mondo». Finalmente, passando per Reno, raggiunse San Francisco, che descrisse come «la città degli Stati Uniti con la maggiore componente latina». Fu preso dall'entusiasmo quando constatò che i quattro quinti dei pescatori erano genovesi. I venditori di pesce, invece, erano in massima parte di Lucca; essi gestivano anche i magazzini del mercato al quale affluivano dalla campagna gli ortaggi e i fiori prodotti dagli italiani. Visitando gli italiani del West, Del Ferro trovò ancora operanti le antiche società di mutua assistenza e i circoli di bersaglieri e di garibaldini, con tanto di uniformi. In molte case vide appesi alle pareti i ritratti del re Vittorio Emanuele, del re Umberto, della regina Margherita, di Cavour, di Mazzini. Da San Francisco, insieme con l'amico francese, Vigna del Ferro ritornò a New York, dove prese imbarco sulla nave francese *L'Amérique*, che riportò in Europa lui, Soudan e anche Sarah Bernhardt. Parti della sua relazione furono ristampate dal giornale italo-americano di New York «La Patria».

Secondo quanto scrissero Carlo Gardini ed altri visitatori del West, l'opera vi era molto popolare. Gli storici moderni si sono soffermati ad esaminare il posto che la cultura nel suo complesso tenne nella frontiera occidentale, argomento intimamente legato con quello dell'immigrazione.[10] I diari e le relazioni di viaggio come quella del Gardini contestano l'idea convenzionale della vita «al di là delle montagne». Lungi, infatti, dal sottolineare gli aspetti primitivi, brutali, rumorosi del West, quei diari e quelle relazioni illuminano un mondo di uomini assetati di cultura, che leggono molto, e regolarmente, e amano e sostengono gli spettacoli teatrali e musicali. La vita di frontiera non era «sola violenza», come piace alla televisione e al cinematografo di dipingerla. La vita del West era influenzata dai mercanti, dai banchieri, dagli agricoltori, dagli artigiani, dagli insegnanti, dai musicanti non meno che dai fuorilegge e dai comitati di vigilanza.

Nel West si alternarono, con la Sarah Bernhardt, altri grandi attori ed artisti come Edwin Booth, Adelaide Ristori, Alessandro Salvini. Nessuno di loro mancò di arrivare fino a Central City, una trentina di miglia oltre Denver, nel Colorado, per esibirsi in quel celebre teatro. Il viaggio in diligenza, su per i canyon, era massacrante, ma essi sentivano di avere un debito verso quel lontano uditorio che li apprezzava tanto.[11]

Gardini, che tra il 1878 e il 1886 visitò quattro volte gli Stati Uniti, dice che gli americani trattavano le dive italiane dell'opera come regine. Ancora più ad ovest, musicanti avventurosi si trasferivano da un luogo all'altro su vetture ferroviarie appositamente attrezzate con pianoforte, ristorante e sala. Gardini ne trovò una a Cheyenne, di queste compagnie operistiche, che in tre mesi aveva percorso 13 mila miglia dando ottantacinque spettacoli applauditi da un pubblico tutto ritto in piedi. Assistette alla loro versione della *Lucia di Lammermoor* di Donizetti, imperniata su di un coro di oltre sessanta cantori italiani della Covent Garden Company di Londra. Dirigeva Luigi Arditi, autore della popolare canzone *Il bacio*. Il teatro di Cheyenne, dice Gardini, era molto ben messo e il pubblico, oltre che attento, ben vestito. «Le delicate melodie di Donizetti,» è scritto nei suoi ricordi, «ascoltate in un paese ancora selvaggio, dove solo pochi anni prima imperversavano Toro Seduto e Cavallo Pazzo, lasciarono nella mia mente un'impressione indelebile.»[12]

I racconti di viaggio degli stranieri finivano sempre per toccare certi tasti: quello degli indiani (i pellirosse), quello della diversità e della vastità del paese, quello delle drammatiche avventure di un viaggio nel West. Un libro *hell-raising*, un libro da cardiopalmo, che meriterebbe anche di essere chiamato il «West cucinato alla straniera», è *Il Far West degli Stati Uniti, i pionieri e i pellirosse* di L. Simonin. L'autore era stato cinque volte negli Stati Uniti, fra il 1859 e il 1875, e pur essendosi perfettamente reso conto che l'epoca dei pionieri era finita, riempì il suo libro di scheletri di bianchi massacrati nelle pianure, di devastanti incendi delle praterie, di cacce al bufalo, di pistolettate, di pire funerarie indiane, di scotennamenti, il tutto misto a curiosità più o meno piccanti, tipo la poligamia dei mormoni. Ad ogni modo non mancava, nel libro, un bell'omaggio sentimentale al West inteso come crogiuolo di popoli e alla «nuova razza americana» che vi si andava formando:

E per razza americana intendo qui non solo la razza anglo-sassone da cui dipendono i Yankees (essi non dimenticano di gloriarsene all'occasione), ma anche ogni razza emigrata negli Stati Uniti: tedeschi, francesi, italiani, belgi, scandinavi. Tutti sanno bentosto piegarsi all'ambiente in cui sono destinati a vivere, e tutti, venuti dai quattro canti del mondo, non formano in breve che un solo popolo.[13]

Di Simonin si sa poco. Si sa che trascorse buona parte del suo soggiorno americano nel Colorado, e alcune sue descrizioni di quella zona sono eccezionalmente belle. Nel 1867 scrisse un altro libro, questa volta sulla vita delle miniere, *La vita sotterranea*, che due anni dopo uscì a Londra in edizione inglese. Questo libro è basato in parte su interviste che Simonin ebbe con il mulatto Jim Beck, vissuto fra i Sioux fino alla morte, avvenuta nel 1867.[14]

Il fascino dei «tipi western» faceva sì che le relazioni di viaggio degli stranieri si colorissero spesso e volentieri di mitici «ipertoni». Gardini racconta di aver assistito a St. Louis ad uno spettacolo di varietà indiano, nel quale, a fianco degli antichi nemici indiani, si esibivano quelle fiere assetate di sangue che rispondevano ai nomi di Texas Jack, Texas Ned e Buffalo Bill. Dopo aver «seminato tanto terrore attorno a sé» scrive Gardini «furono non soltanto applauditi, ma ammirati senza riserve dagli spettatori per l'abilità atletica e la bravura di cui facevano sfoggio».[15]

La violenza della vita del West appassionava i viaggiatori stranieri, e soprattutto gli scrittori, perché quanto più bizzarra era un'avventura tanto più grande era l'interesse del lettore potenziale. Il solito Gardini racconta di aver incontrato un uomo che affermava di essere stato scotennato dagli indiani e poi dato per morto e abbandonato sul terreno. Costui era riuscito a recuperare lo scalpo e a farlo «riattecchire» sul cranio. Per quanto incredibile possa apparire la di cosa, Gardini non esita ad affermare che vi furono altri casi di scalpi fisiologicamente riattaccati al loro posto.[16] Un altro episodio – il linciaggio di un negro nel Texas – provocò il raccapriccio di

Così un artista italiano idealizzava la scena di un cowboy che prende al laccio un manzo selvatico (1880). *(Riprodotto da E. Rossi, op. cit., con il permesso della Huntington Library, San Marino, California.)*

Gardini, il quale, «sopraffatto dall'orrore», andò a rifugiarsi «nella vettura ferroviaria, senza affacciarsi al finestrino, per timore di vedere il cadavere».[17] Tutto ciò che era insolito – natura della gente, istituzioni, usi e costumi – sorprendeva e appassionava gli stranieri.

In America un analfabeta poteva benissimo raggiungere rapidamente la ricchezza, ed ecco Gardini scandalizzarsi per aver letto

[...] in un giornale americano che a Leadville c'è un giovane di nome John L. Morrisey, che non sa né leggere né scrivere, e neppure leggere l'ora, eppure ha messo assieme tre milioni di dollari. Pochi anni fa, tutto il denaro che possedeva era la sua paga da minatore.

E prosegue dicendo che Morrisey diede poi sviluppo alla miniera di Crown Point, e vi trovò un filone così ricco da assicurargli un reddito di 18 mila dollari al mese.[18]

Un viaggiatore tipo Gardini, inoltre, non poteva non restare fortemente impressionato dallo spirito d'indipendenza del West, specie quando si manifestava in situazioni drammatiche come la seguente:

Nella sala da pranzo del mio albergo, al tavolo vicino al mio, venne a seder-
si una ragazzetta che non doveva avere più di nove o dieci anni e che con
espressione serissima ordinò minestra e gelato. Il cameriere, stupefatto dal
vederla sola al tavolo, le chiese se desiderava ordinare anche per suo padre.
«Oh, no,» rispose la ragazza in tono fermo «sono sola; il mio povero papà è
morto pochi giorni fa.»

Gardini, pur non negando di essere stato molto scosso dall'episodio, commenta, pensando certamente al tradizionale amore degli italiani per i bambini: «Non è raro trovare in America, anche tra
così giovani creature, uno spirito fiero ed indipendente, che stupi-
sce il visitatore straniero, e soprattutto l'italiano».[19]

Gardini fu tra i pochissimi italiani che non si lagnarono del cibo.
In verità, la maggior parte dei visitatori, anche non italiani, non aveva una grande opinione della cucina del West, e in particolare di
quella delle ferrovie. «Anche a me avevano fatto credere» scrive il
Gardini «che nei ristoranti delle stazioni della transcontinentale si
mangiasse male; ebbene, la cucina non è, naturalmente, raffinata
come quella italiana, e neppure come quella francese; però, tanto
a Grand Island, dove cenai, quanto a Sydney, dove feci colazione,
trovai alcuni piatti eccellenti. Raccomando come sani e deliziosi la
bistecca di antilope e il pollo di prateria, che si trovano in quasi tutti i *menus*.»[20]

Le pensioni italiane, quando c'erano, erano sempre una grazia
di Dio per lo stanco viaggiatore. Se ne trovavano, nell'ultimo quarto dello scorso secolo, a Denver, Cheyenne, Salt Lake City, Sacramento. Ospitavano tanto i forestieri quanto gli americani nativi. Ci
abitavano anche, come ospiti permanenti, degli immigrati solitari,
che magari avevano lasciato in patria la moglie e i figli. Le pensioni
offrivano cose molto necessarie e molto desiderate nel West, cose
per le quali ci vuole la donna: lavatura, stiratura, rammendo, buona cucina e un po' di tenerezza. Questi uomini senza donne finivano per considerare la pensione del West come loro nuova casa. Gli
italiani vi trovavano l'allegria, le belle risate, il cibo familiare, il
conforto di una donna. L'atmosfera della pensione, calda di aroma
di vino e di fumo, non dissimile negli odori e nei rumori da quella
del paese lontano, dava un senso di sicurezza, leniva le ansietà del
paese nuovo e straniero.

La pensione era anche un luogo di trattenimenti e di divertimento. Era il luogo dove gli italiani si riunivano a cantare le canzoni sopravvissute nell'intimo del cuore. C'era un'offerta e una ri-

chiesta di benevolenza nella cantilena siciliana, cui rispondeva *La Violetta* piemontese o lombarda. La pensione era anche il circolo dei giocatori di carte: in cucina non mancava mai un tavolo di briscola. Ma piemontesi e lombardi preferivano la morra. Ogni gioco, in fondo, esprimeva una regione diversa, metteva in luce quei caratteri regionali degli italiani, che Luigi Villari riassume così:

Il piemontese è aristocratico, riservato, ospitale, fermo, industrioso, mentre il lombardo è svelto, affarista, rumoroso anzichenò, amante delle chiacchiere e attivo.

Il veneto è pettegolo, pigro, artistico e non particolarmente onesto. Il toscano è lavoratore, scettico, cortese, lento, conservatore ma aperto, molto attaccato alla famiglia e frugale fino alla spilorceria. Il romano è riservato e dignitoso, contrario al lavoro troppo pesante e indotto spesso dalla passione ad atti violenti. C'è molta differenza, nel Sud, fra il napoletano e il siciliano. Il primo è gaio, di grande intelligenza e adattabilità naturali, artistico, loquace, superstizioso, del tutto privo di amor proprio, balzano, amante del litigio, specie se questo finisce in tribunale, e molto propenso all'esibizionismo. Spesso è crudele e codardo, ma nelle grandi occasioni può portarsi a livelli ineguagliabili di abnegazione e di eroismo. Il siciliano invece, è taciturno, più ricco di dignità del napoletano, più signore nei modi e nell'aspetto, ma vendicativo e selvaggio, e intollerante di qualsiasi restrizione.[21]

Ma per tornare alle pensioni, diremo che a volte arrivavano ad ospitare venti persone e anche più, di regioni diverse, magari in due o tre stanze. L'affollamento era un fatto normale e inevitabile. C'era un solo bagno comune, e gli ospiti si servivano della cucina e della sala come stanza da pranzo, da fumo e da soggiorno in successione.

Qui prendevano alloggio soprattutto le persone che non intendevano stabilirsi per sempre nel luogo. Qui convenivano tutti coloro che desideravano scambiare notizie del «paesello». Alle riunioni nei bar gli italiani preferivano, per queste confidenze, la raccolta intimità delle pensioni.

Il più brillante e arrogante di tutti gli italiani che si avventurarono nel West fu certamente il cosmopolita «esule politico» colonnello Leonetto Cipriani, il quale viveva in un mondo fantastico di continuo eccitamento. Nel 1833-34 aveva commerciato a New Orleans e nei Caraibi. Più tardi, sulla nave che lo portava a New York, aveva avuto compagni di viaggio la danzatrice Lola Montez e il patriota ungherese Luigi Kossuth. Questo colto e baffuto nobiluomo, alto un metro e novantacinque, ossessionato da sogni di gloria e di conquista, fece parecchi viaggi nel West, il più memorabile dei quali in carro coperto dal Missouri alla California, nell'anno di grazia 1853. Nessun altro italiano, prima di lui, aveva raccontato di aver compiuto un viaggio del genere, e pochi prima di lui avevano descritto il trasferimento transcontinentale di una mandria. Le reazioni poco benevole di Cipriani sono registrate nelle *Avventure della mia vita*, pubblicate parecchi anni dopo la sua morte.[22] Per la spedizione in carro coperto dal Missouri alla California, compiuta, come s'è detto, nel 1853, Cipriani comperò del bestiame e gli strumenti «per fare personalmente dei rilevamenti ferroviari nel West». La sua carovana partì da St. Louis verso la metà del 1853 con ventiquattro uomini, dodici carri coperti, cinquecento bovini, seicento pecore, sessanta cavalli e quaranta muli. Cipriani vi aveva investito 35 mila dollari e contava di guadagnarne, arrivando in California, 200 mila. Dopo un *trek* di quasi sei mesi attraverso le pianure – viaggio rattristato da una dieta, per lui intollerabile, di fagioli e frittelle, e infiorato di incontri con i mormoni, di scontri con gli indiani, di fughe e di altri imprevisti – riuscì a raggiungere con la carovana la California, dove trasse un modesto utile dalla sua fatica.

Nelle *Avventure*, Cipriani insiste molto sul crasso materialismo degli americani, in cui vedeva dei profittatori senza scrupoli. Ce l'aveva in particolare con gli americani incontrati lungo le piste dell'Ovest. Quando arrivò in vista di Fort Lawrence, nel Kansas, decise di non entrarvi, «non volendo avere nessun rapporto con quei cannibali». Fece quindi «un gran giro» per evitare il forte, e così facendo si imbatté nel figlio del maresciallo napoleonico Andrea Massena, duca di Rivoli e principe di Easling, che era andato a vivere con gli indiani e vestiva di pelle di daino. Cipriani dice che era «uno dei migliori generali di Napoleone» e che viveva felice, tanto che «non sarebbe ritornato in Europa neppure per un milione». Del comandante di Fort Lawrence, invece, scrive che, sebbene la gente lo chiamasse «un gentiluomo», «in quel paese bisogna guardarsi anche dai gentiluomini, perché quel titolo è del tutto relativo». A Fort Bridger, invece, ebbe parole di lode per il maggiore Fitz-Hugh, della milizia locale, definendolo persona simpatica.[23]

In verità Cipriani trovava odiosi i comandanti dei fortini dell'esercito nel West, e fra tutti il comandante di Fort Kearney in modo particolare. Giudicava inscusabile il fatto che questo individuo avesse venduto a lui, che era in viaggio attraverso le pianure, dei barili di farina ammuffita ed altri generi andati a male. E nelle *Avventure* manifestò apertamente le sue rimostranze, osservando che il commerciante che vende merci deteriorate può essere punito a termini di legge, ma che tale azione diventa addirittura «infame e irreparabile» se le merci deteriorate vengono vendute «a una nave in partenza per le Indie o ad una carovana in procinto di attraversare il continente», perché allora «le vittime della truffa possono trovarsi esposte a morire di fame». Cipriani rappresenta un caso estremo di fobia verso il paese che visitava. Quando arrivò a Chimney Rock, tradizionale luogo di sosta per tutte le carovane che percorrevano la pista dell'Oregon, si rifiutò di incidere il suo nome sulla base di arenaria, perché vi si trovavano già incisi tanti nomi di *americani*.[24] Il suo nome, comunque, finì per inciderlo, ed anche in lettere alte più di 15 centimetri, ma sulla Solitary Tower Rock, che gli ricordava il Castel Sant'Angelo. L'iscrizione, infatti, dice in un misto di italiano e d'inglese: «Colonnello Leonetto Cipriani –16 Luglio, 1853 – Tiberio's tomb – Roman St. Angelo Castle Tiber River».[25]

Anche per gli italiani, però, Leonetto Cipriani rimase una figura curiosa. Nel 1859 lo troviamo con il grado di maggior generale nell'esercito italiano; ma in quello stesso anno, dopo la firma del trattato di Villafranca, ritenendo che i suoi meriti politici non fossero stati adeguatamente riconosciuti, decise di lasciare nuovamente l'Italia, dove peraltro finì per ritornare, ottenendovi il laticlavio. A sentir lui, nel 1871 volle rifare, ma questa volta in carrozza, la strada percorsa nel 1853 in carro coperto. Morì nel 1888 in Italia.[26]

Una delle più complete relazioni di viaggiatori italiani nel West della fine del XIX secolo è *Una corsa nel nuovo mondo* del palermitano Francesco Varvaro Pojero, libro di intenti filosofici oltre che informativi. Smaliziato autore di racconti d'avventura, membro della piccola nobiltà (come del resto Cipriani), Varvaro, prima di imbarcarsi per il Nuovo Mondo, si era documentato sui saggi e sui romanzi di de Tocqueville e di Dickens. Al pari di Cipriani e di altri visitatori «latini», non lesinò le critiche ed anche le sferzate per molte cose che gli accadde di vedere in un soggiorno di tre mesi. Va detto, però, che anche lui, non diversamente dagli altri critici italiani, se provò un'avversione iniziale per il carattere e i modi degli americani, finì poi per addolcirsi nei loro confronti e nei confronti del paese, come possiamo constatare da questa sua confessione:

La presunzione, millanteria, la ruvidezza dei modi ispirano una grande avversione a tutti coloro che per la prima volta si mettono in contatto col popolo americano; ma quando, dopo un lungo soggiorno nel paese, sotto questi difetti si trovano pregi tanto solidi quanto la buona fede, l'onestà, l'intelligenza, l'ingegno, l'operosità, all'avversione succede spesso l'ammirazione.[27]

Varvaro, ad ogni modo, sentiva che negli Stati Uniti c'era forse troppa democrazia e al tempo stesso troppa mancanza di buone maniere. Questi due aspetti si manifestavano in mille modi, attraverso mille particolari. Varvaro non digeriva il fatto che gli uomini si presentassero alle signore con il cappello in testa e le mani in tasca. Queste goffaggini sembravano ingigantirsi nel Far West più che lungo la costa orientale. Trovava avvilente l'esistenza, sui treni, di una classe unica. Gli accadeva molto spesso di non poter sopportare i compagni di viaggio, e nel suo libro ricorda in particolare un «impertinente» diciassettenne che discuteva a pieni polmoni con il padre. A Denver fu molto irritato dalla scortesia di un misterioso individuo che si era introdotto abusivamente nel suo palchetto a teatro. Il suo sdegno esplose quando si rese conto che questo tizio (con il quale dovette, suo malgrado, trascorrere la serata) era il cocchiere della sua dama. Varvaro non nascondeva di sentirsi offeso da quella «fondamentale mancanza di cortesia degli americani», come egli la definì. Le finezze alle quali era abituato nel trattare con le signore erano semplicemente «sprecate» nel West. Pur non cessando di essere un *lady's man*, un cavaliere, e pur trovando che le donne americane erano carine e addirittura belle, constatava che mancavano spesso di delicatezza di modi.

C'erano invece altri aspetti del comportamento americano che Varvaro approvava. Fra questi, il modo diretto con il quale si usava dar corso alla legge. Giunse perfino a plaudire all'azione dei comitati di vigilanza nei casi in cui sulla legge non si poteva contare. Scrisse infatti di aver capito da un linciaggio (al quale gli accadde di assistere a Canon City, nel Colorado) che gli americani non tolleravano lentezze nell'applicazione della giustizia e non ammettevano che i criminali fossero protetti. Resta da vedersi se Varvaro sarebbe stato così pronto ad approvare il linciaggio se la vittima di questo atto di giustizia sommaria fosse stato un italiano, come nel caso del linciaggio di New Orleans del 1891, che, – lo abbiamo visto – determinò la rottura delle relazioni diplomatiche fra Italia e Stati Uniti.

Vedendo, dal treno, passare carovane e carovane dirette verso ovest, Varvaro provava pena per quegli emigranti *overland* («oltreterra», non più «oltremare»), che avrebbero dovuto viaggiare per settimane e settimane attraverso le pianure prima di raggiungere la terra promessa. Trovava deprimente la monotonia delle praterie e paragonava la sensazione da lui provata alla vista delle Montagne Rocciose con quella che prova il navigante nel vedere terra dopo molti giorni di mare. Gli fecero pena anche i cinesi, quando li vide per la prima volta a Denver, per il disprezzo in cui gli parve fossero tenuti dalla maggior parte degli americani. Egli ricorda con quanta dignità cadesse il codino sulle spalle dei cinesi in tunica azzurra che lo servivano a tavola a Green River, nel Wyoming occidentale. Quei figli del celeste impero non mancavano mai di destare in lui, ogni volta che li vedeva, un senso di tristezza.

Varvaro arrivò nel Far West pochi giorni dopo il massacro di Custer, e registrò l'indignazione dei bianchi contro gli indiani e in particolare contro Toro Seduto, i cui Sioux erano duramente giudicati dall'opinione pubblica. Ma Varvaro trovava triste che agli indiani non fosse concesso di continuare la loro vita nomade. Egli vedeva negli indiani, nei cinesi e nei negri tre razze che avrebbero dovuto necessariamente combattere una dura battaglia per farsi un posto nella società americana. E in ciascuna di queste tre razze vedeva un elemento drammatico, reso doloroso dal fatto che esse vivevano, come dice il poeta, *in the land of the free and the home of the brave*, «nella terra dell'uomo libero e nella patria dell'uomo coraggioso».

A Salt Lake City, Varvaro incontrò Brigham Young. Non gli fu facile ammettere che il potere di Young fosse totale e assoluto come sembrava. Il fatto che un capo mormone potesse sfidare addirittura il governo federale era, per uno straniero come lui, non soltanto sorprendente, ma incredibile. E Varvaro non era convinto che Brigham Young fosse veramente amato dal suo popolo, anche se il suo popolo – i mormoni – si inchinava davanti al suo genio finanziario e ne seguiva la guida. Quanto alla poligamia dei mormoni, egli trovava divertente il fatto che anche le vicine tribù indiane (gli Ute, i Shoshoni e «le Vipere», cioè i Sioux o Dakota) praticassero in nome della loro religione quei matrimoni multipli che certi bianchi praticavano in nome di Cristo. Come già il barone Hubner nella sua *Passeggiata intorno al mondo* (Torino 1873), Varvaro prevedeva – a torto – che i mormoni si sarebbero spenti con il loro fondatore, anche a causa di questa pratica sociale, giudicata anomala dagli europei.

Un consiglio che un immigrato italiano di Virginia City, nel Nevada, diede a Varvaro fu di evitare di finire in miniera se voleva fare del denaro. «Vuoi vendere caffè, o zucchero, o qualunque cosa? Benissimo. Ma tieni lontano dalla miniera.» Chi parlava così era diventato fruttivendolo, e faceva fatica a convincersi che Varvaro fosse venuto nel West soltanto per vedere il paesaggio e l'ambiente, e non per cercare fortuna anche lui. Ecco due modi diversi di «essere straniero», due modi diversi e contrastanti, anche se ambedue italiani. Il breve incontro ebbe termine con la vendita, da parte del fruttivendolo, di un arancio di Los Angeles al suo compatriota Varvaro. L'arancio costava otto centesimi, e Varvaro rimase interdetto quando, avendo messo in mano al fruttivendolo una moneta da ventincinque centesimi, questi non gli diede il resto. «Qui da noi, nella compravendita, non si calcolano le piccole frazioni di dollaro» gli disse il fruttivendolo. «Le monete al disotto dei 10 centesimi non sono addirittura in circolazione.» Nel cercare di darsi una spiegazione di questo fatto, Varvaro osserva: «La cosa mi sembra naturale in un paese dove l'argento guarda con disprezzo il rame, e non soltanto il rame, ma anche la carta». E infatti da Ogden in poi – scrisse Varvaro – oro e argento dominarono la scena monetaria. Raggiunto San Francisco e visitati i luoghi d'obbligo per i turisti nella regione californiana, Varvaro riprese la via dell'Est fino a Chicago. I suoi contatti con gli immigrati furono pochi, anche perché egli si sentiva troppo superiore culturalmente.

In realtà, il *background* e l'istruzione di uno scrittore itinerante avevano ben poco in comune con quelli dell'immigrato che egli incontrava sul suo cammino. Ecco perché non avvenne che uomini di elevata cultura si stabilissero in modo permanente nel Nuovo Mondo. Se da una parte lo straniero colto era – come dice il Gallenga – una «benvenuta rarità», dall'altra parte una simile persona trovava difficile abituarsi alla crudezza dell'ambiente americano. Ma se lo straniero colto sapeva controllare il suo temperamento, poteva essere certo che «la novità e varietà che portava con sé», nonché «le sue stranezze e curiosità», sarebbero state ampiamente apprezzate negli Stati Uniti. «Insomma,» scrive Gallenga «nei circoli americani uno straniero fa la parte del leone per tutta una stagione; e questo vale soprattutto per gli italiani» anche grazie alla diffusa simpatia che gli americani spontaneamente sentono per quelle lotte dell'emancipazione dalla tirannia straniera, che essi stessi hanno combattuto.[28] Ma lo stesso Gallenga, come gli altri intellettuali italiani, non avrebbe potuto rimanere in America, e lo confessa apertamente:

Non ero idoneo alla vita americana. L'educazione che aveva fatto di me un patriota italiano e che mi aveva fatto lasciare l'Italia come esule politico non aveva però fatto nulla per prepararmi alla vita dell'emigrante.[29]

Ciò nonostante, sia il viaggiatore sia l'immigrato sollecitavano i compatrioti in Italia a venire in America. In questa funzione stimolatrice, le relazioni dei viaggiatori erano perlomeno altrettanto efficaci quanto le lettere che gli immigrati scrivevano in patria. Le testimonianze personali, soprattutto quando ardono d'entusiasmo, hanno un grande effetto. Spesso le lettere dell'immigrato venivano lette da tutti quelli che, nel villaggio, sapevano leggere. E produssero il risultato di spopolare letteralmente certe lontane contrade rurali. Famiglie intere lasciarono l'Italia, trascinate dalla forza delle lettere che giungevano dal Nuovo Mondo. Difficilmente un giovane di campagna, solo con i suoi sogni e il suo avvilimento, poteva resistere al richiamo del parente autorevole e stimato, che gli descriveva (per giustificarsi, per gloriarsene) la ricchezza dell'America, le sue sterminate estensioni di terra, il suo favoloso benessere. Gli immigrati che erano riusciti ad avere della terra, in particolare, erano entusiasti del bestiame: bovini, pecore, cavalli, che mai si sarebbero potuti procurare in patria. E a mano a mano che mettevano sulla terra altro bestiame, e suini, e polli, raccontavano con crescente orgoglio il loro successo. Naturalmente non tutte le lettere erano piene di soddisfazione e di entusiasmo. C'erano persone deluse che esprimevano l'intenzione di ritornare in patria. Peccato che se ne siano salvate tanto poche, di queste lettere altamente rivelatrici delle esperienze e dello stato d'animo degli immigrati!

Spesso le mogli, le sorelle, le madri, le zie degli immigrati si limitavano a conservare le fotografie (e il denaro) accluse alle lettere. Erano lettere scritte alla men peggio, nello stretto spazio di una bettola o di una baracca di minatori, e andavano dal Nuovo al Vecchio Mondo come un fiume continuo. Quale importanza avessero queste lettere lo dice un figlio di italiani immigrati nel Colorado:

Non passava mese che uno dei fratelli di mio padre non mandasse una lettera a casa. Mio padre le leggeva avidamente, come del resto le leggevano tutti gli abitanti del villaggio. Ogni volta che arrivava dal Nuovo Mondo uno di quei messaggi magici, si riunivano nella casa di mio nonno e non si stancavano di farsi ripetere le incredibili descrizioni dell'America contenute in quelle lettere, e si scambiavano segni del capo, e borbottavano ad alta voce, uscendosene di tanto in tanto in esclamazioni di gioia e d'incredulità.[30]

Ed ecco, per averne un'idea, il tono tipico di una di queste lettere:

Pensa a venire in America prima che sia troppo tardi. Quanto a me, non ho nessuna intenzione di ritornare in Italia. Fra un anno o due spero di essere in grado di farmi raggiungere dal resto della famiglia. Di lavoro, qui, ce n'è tanto, e le paghe sono buone.[31]

«Padre Alfonso mi raccontava sempre delle storie straordinarie sul paradiso» scriveva un immigrato ai genitori. «Se è ancora vivo, ditegli che il paradiso l'ho trovato in America, e che è infinitamente migliore di come lui l'immaginava.»[32]

Via via che l'ambiente del West si raffinava, i visitatori vi osservavano cose meno «da frontiera». Nel rapporto dell'ambasciatore italiano Edmondo des Planches su un viaggio d'ispezione compiuto al principio del secolo sono citate spesso delle particolarità tipicamente americane, come il chewing gum, i sandwich, i saloon, i *barbecues*, le trombe d'aria, le vetture-salone o *parlor cars*, gli spartineve, i *geysers*, il baseball, le sonde per il petrolio, l'allevamento in grande del bestiame o *stock raising*, il poker, le tavole calde, le grandi sputacchiere o *spittoons*, e modi di dire come *high standard living*: tutte piccole cose, se vogliamo, che però cominciano a costellare ogni racconto di vita americana, e che non erano tipiche (o altrettanto tipiche) dell'Europa.

Dopo il 1900 negli scritti dei viaggiatori andò diffondendosi un'altra immagine dell'America, di un'America meno regionale, più nazionale, più standardizzata. Al di là delle caratteristiche locali si formava il «modello» americano, un modello generico, spesso in contrasto con le realtà particolari.

Così, intorno al 1929, quella brillante scrittrice che fu Irene de Robilant rilevava l'impressionante ristrettezza mentale del Middle West. Suggestionata dalla visione critica del Sinclair Lewis di *Main Street*, si sentiva sopraffatta dalla desolante insularità di certe parti del paese: l'America, diceva, è fatta di villaggi alla Spoon River, di praterie alle Gopher Prairies, di città tentacolari alle Zenith Cities;

sono queste cose che, insieme con l'immagine del milionario, nutrono l'opinione pubblica del West, formano il tema delle campagne elettorali, determinano addirittura l'elezione del presidente. Ma in contrasto con tutto ciò, Irene de Robilant trovava che il Far West era pieno di speranze e di promesse. Quando si sono lasciati dietro le spalle «i monotoni campi di grano del Kansas e dell'Oklahoma», ci si sente più a proprio agio spiritualmente. Quando poi si entra nell'orbita «ispanica» del New Mexico, dell'Arizona e della California, la tradizione della *mesa* e del *pueblo* eccita la sensibilità latina. Anche Irene de Robilant, al pari di altri visitatori italiani, deplora il modo in cui sono trattati gli indiani, ma rimane ugualmente affascinata dal West e dalle sue incredibili manifestazioni, come quella, da lei raccontata, dell'indiano Hopi che, arricchitosi con le *royalties* del petrolio, era andato fino a Denver a comperare un bel macchinone familiare e aveva finito per fare acquisto di un carro funebre, trovandolo più ampio e capace di tutti i veicoli che gli erano stati mostrati. Questi viaggiatori stranieri, pur avendo a volte delle idee un po' confuse del West, erano di solito persone *well read*, ben nutrite di letture, e desiderose di rendere partecipi il più possibile gli altri delle affascinanti cose viste e vissute in quel mondo. Tanto per restare all'esempio della contessa de Robilant, ella conosceva gli scritti dell'antropologo Bandelier, i romanzi di Jack London, le belle descrizioni della natura di John Wesley Powell e di John Muir. Attirata soprattutto dalla novità del West, dalla sua ampiezza, dalla grandiosità del suo potenziale, la de Robilant prestò minore attenzione al tema dell'immigrante, lasciandosi prendere piuttosto dal fascino della vita all'estremo confine occidentale del continente.[33]

VII
NEL CUORE DELLE PRATERIE E OLTRE

A prima vista la strana ed arida regione al di là del Missouri non sembra capace di offrire ospitalità all'uomo. In tutta la parte meridionale è una terra rugosa e senz'acqua, di cactus e di *piñon*, mentre al nord si stende una gelida e lontana regione, dove, fin da quando vi regnava il bufalo, il bestiame doveva ogni inverno scavare la neve per trovarvi l'alimento di un ciuffo d'erba. Gole selvagge si spalancano nelle *mesas* dirupate, e i pochi fiumi degni di tal nome scorrono nel fondo di queste gole, che ne assorbono avide l'acqua. Il terreno assetato, pur potendo accogliere bestiame bovino e pecore, non sembrava disposto ad offrire ospitalità che a pochi uomini.

Nonostante l'avversità del clima e della terra, i coloni si sentirono attirati dagli aperti altopiani e dagli alti monti che costeggiano l'estremo margine occidentale delle praterie calcinate dal sole. E con essi penetrarono nel West gli immigranti stranieri, in cerca di lavoro nelle miniere, nelle fattorie, negli allevamenti di bestiame. Le strade del West si allargarono e moltiplicarono; gente di ogni razza trasformò i sentieri in strade, lungo le quali, a fianco dei *wikieups*, i capanni di ramaglie e di stoppie dei cacciatori, sorsero baracche e stabbi. E col tempo le carte topografiche del West si costellarono di circoletti di città, collegati fra loro dal segno della ferrovia. Dopo il 1870 le pianure diventarono un oceano e i treni diventarono navi, navi sulle quali una fiumana di gente prendeva imbarco per andare al di là del bacino del Mississippi. Gli agricoltori «americani», nati sul posto, col trasferirsi più a ovest rendevano possibile agli altri di ottenere la terra da coltura a minor prezzo. Quando il prezzo dei lotti urbani salì più in alto di quello degli appezzamenti agricoli, l'abbassarsi relativo di quest'ultimo fu per gli immigrati un incentivo a sostituirsi ai primi coloni. Tuttavia erano pochi, fra gli immigrati, coloro che comprendevano che non era il prezzo del terreno di coltura la parte più grossa del costo della fattoria.

Ciò non diminuiva la forza d'attrazione della terra e non tratteneva gli agricoltori dall'andare a cercarla, questa terra, servendosi, ora, della ferrovia, che fu uno dei fattori più importanti dell'apertura del West agli immigrati.

Insieme con gli irlandesi, i russi, gli ungheresi e gli austriaci, gli italiani formavano la forza operaia impiegata nelle ferrovie del West. Con il continuo estendersi verso occidente, queste ferrovie avevano sempre più bisogno di lavoro immigrato per gettare le sedi ferroviarie, costruire le stazioni, i serbatoi d'acqua, i magazzini di rifornimento. La crescita della rete ferroviaria dopo la guerra civile fu poco meno che spettacolare: nel 1870 erano stese 52 mila miglia di ferrovia, pari ad 84 mila chilometri. Il ritmo si abbassò negli anni di depressione che seguirono, ma risalì nel 1879; e fino al 1887, parallelamente alla curva ascendente dell'economia nazionale, le prospettive degli investimenti ferroviari tornarono ad essere buone; ebbero poi una breve flessione, e di nuovo un forte rialzo fino al 1893.

Nel 1880 l'estensione della rete ferroviaria aveva raggiunto le 93 mila miglia, pari a quasi 150 mila chilometri, di cui 16 mila aperti in quell'anno. Il record fu raggiunto nel 1887, quando si costruirono circa 21 mila chilometri di ferrovia. Nel 1890 la rete era, complessivamente, di 266 mila chilometri; due anni dopo era raddoppiata rispetto al 1877. La Great Northern congiungeva già, nel 1893, St. Paul nel Minnesota a Everett nello Stato di Washington, mentre la Northern Pacific arrivava al Pacifico. Da San Francisco la Southern Pacific aveva raggiunto New Orleans fin dal 1882. In quegli anni anche altre ferrovie andavano estendendosi: la Union Pacific, la Atchison, Topeka and Santa Fe.

Il gruppo finanziario Gould fu il primo ad andare in Italia a cercarvi manodopera per le ferrovie: Jay Gould ebbe materialmente in mano, in epoche diverse, la U.P., la A.T. and S.F., la Kansas Pacific, la Missouri Pacific, la Texas and Pacific, la Denver Pacific ed altre ferrovie del West. I suoi agenti di reclutamento attiravano gli immigranti nel West offrendo concessioni di terra garantite dal governo federale. Gli italiani, mollati gli ormeggi dall'Est allo Union Depot di Chicago, muovevano verso le pianure settentrionali valendosi, di solito, della Northern Pacific e della Great Northern. Quelli che, invece, si dirigevano verso le pianure meridionali, salivano a bordo della Rock Island per poi trasferirsi sulla Santa Fe, la Southern Pacific e la Kansas Pacific. Alcuni raggiungevano le pianure centrali e le Montagne Rocciose con la Burlington, la Union Pacific e la Denver Río Grande Western.[1]

Fu il successo del programma di colonizzazione della Illinois Central Railroad che diede il via al particolare sistema di insediamento agricolo del West, rappresentato dalle colonie promosse e guidate dalle compagnie ferroviarie. Di pari passo con l'estendersi delle ferrovie in regioni non ancora colonizzate, milioni di acri di terra si aprivano alla coltura. Senza le ferrovie del West non vi sarebbe stata la colonizzazione agricola su grande scala alla quale si assistette. Le ferrovie avevano bisogno degli immigranti quanto questi avevano bisogno delle ferrovie. Uno dei programmi di immigrazione che ebbe più successo fu quello realizzato dalla Northern Pacific Railroad, che nel 1870 «importò» nel West principalmente degli scozzesi, degli olandesi, dei norvegesi, degli svedesi, dei tedeschi e anche un ristretto numero di italiani.

L'azione delle ferrovie fu decisiva, dopo il 1875, nella creazione di colonie specifiche. Negli anni 1880-1890 gli italiani fondarono a Milwaukee, nei pressi dello scalo merci della Chicago and Northwestern Railroad, una piccola colonia, composta in buona parte di operai italiani reclutati da una New York Labor and Construction Company. Nello Stato del Minnesota, gli agenti di reclutamento delle ferrovie furono i veri e propri progettatori della distribuzione delle fattorie, delle città, dei centri commerciali. Le ferrovie non provvidero soltanto a portare la gente verso l'Ovest, ma commerciarono i raccolti, aprirono crediti su di essi, svolsero funzioni di banca, di istituto di credito, di società di colonizzazione. E il West diventò un alveare di immigranti.[2]

Durante il grande boom ferroviario del quadriennio 1879-1883 si ebbe una vera e propria «frontiera della costruzione» che si spinse al di là della catena di stati ad ovest del Mississippi, fin dentro le Montagne Rocciose. Nei due Dakota, in un solo anno (il 1880), una sola ferrovia si estese di 1160 chilometri. L'anno dopo, la Denver Río Grande Western costruì nel Colorado un tronco di 640 chilometri e ne progettò un altro di 1280: essa fece una grossa propaganda per riuscire a reclutare 10 mila lavoratori a paghe variabili tra 1 dollaro e 25 centesimi e 1 dollaro e 75 centesimi al giorno; e gli agenti di reclutamento in Inghilterra, Francia e Italia non faticarono a coprire la richiesta.[3]

Le cifre degli italiani impiegati nelle costruzioni ferroviarie sono imponenti. Alla fine del secolo la Union Pacific ne impiegava circa

2000, la Great Northern 1500, 800 la Wabash, 1800 la Chicago and Northwestern, 1500 la Chicago, Milwaukee and Puget Sound. Nel 1902 il solo complesso delle Canadian Railroads impiegava oltre 6000 italiani, di cui la metà sulla Canadian Pacific.[4]

Le costruzioni ferroviarie continuarono ad attirare immigranti anche dopo il 1900. Tra il 1908 e il 1909 oltre 9000 italiani trovarono impiego nelle linee ferroviarie del West. Non sempre questi operai, finito il lavoro per il quale erano stati ingaggiati, ritornavano in patria; un certo numero restava nel West, dove il clima era generalmente abbastanza caldo e dove si poteva sempre trovare impiego per tutto l'anno nel lavoro di manutenzione.[5] La maggior parte degli italiani che emigravano per lavorare nelle ferrovie erano scapoli, e prevalentemente a cavallo dei vent'anni. In genere non erano operai specializzati, ma semplici manovali; tuttavia riuscivano, alla fine, a trovare altri e più attraenti impieghi, che permettevano loro di sottrarsi alla dura fatica della messa in opera delle traversine e delle rotaie sotto il sole cocente dell'estate o nella gelida umidità dell'inverno. Lavorare con una squadra delle ferrovie significava accettare una vita di disagi e di privazioni. I caratteri degli uomini diventavano aspri nella pesante atmosfera di fatica muscolare e di sudore, scandita dal ritmo del piccone e del badile. Erano continue controversie sulle paghe e le ore di lavoro, l'alloggio insoddisfacente, le rivalità fra le diverse minoranze, e in particolare fra gli irlandesi, gli scandinavi, i tedeschi, e anche gli slavi, e perfino gli indiani dell'India. Tutti cercavano di conquistarsi le simpatie del *boss*, da cui dipendeva l'impiego. Le liti erano continue; una disputa sul maggior pregio del whisky rispetto al vino, o viceversa, poteva, il sabato sera, terminare in una zuffa sanguinosa.

Poche, inoltre, erano per il maschio italiano le occasioni di manifestare la sua tradizionale capacità di esercitare sul sesso debole un'impressione di forza e di potenza. È una forma di esibizionismo, quella, che ha bisogno di disporre di una cerchia femminile sensibile e responsiva. Ai solitari «uomini di bronzo» che stendevano le linee ferroviarie del West mancava, d'altra parte, il calore dell'ambiente familiare e paesano, la possibilità di godere di quelle serate numerose ed intime in cui si gioca a carte, si fuma tabacco turco, si beve caffè forte e si accompagnano i discorsi con fiaschi di Chianti.

La vita dell'immigrante, soprattutto nel West, sembrava fatta di improvvisazioni. Ecco arrivare in America, al seguito e al servizio di chi emigrava, un piccolo esercito di mercanti che, avendo già commerciato in Italia, seguivano ora i loro migliori clienti, ai quali fornivano i cibi tradizionali, a cominciare dall'olio di oliva, il formaggio e il salame. La ricchezza e varietà di condimenti della cucina europea ed italiana diede impulso al mercato locale di spezie di St. Louis, Denver e Salt Lake City.

Quanto più l'immigrante si spostava verso ovest tanto più caro era il prezzo che doveva pagare per le sue specialità tradizionali. Le truffe a carico degli operai delle ferrovie erano frequenti; spesso il cibo che veniva servito loro era immangiabile. Lo stesso *contractor* gestiva i due bar ai due opposti ingressi della galleria in costruzione, e quando gli operai non avevano più contante accettava cambiali al tasso di 10 centesimi a dollaro.

Gli operai delle ferrovie erano una razza turbolenta, e i reclutatori cercavano, di conseguenza, di assicurarsi elementi più sobri e volonterosi quali, in genere, gli uomini con famiglia. Erano anche quelli che più facilmente si sistemavano poi nel paese attraversato dalla ferrovia.

Accadeva spesso che in un dato complesso di lavori fosse impiegato un gruppo di lavoratori provenienti dallo stesso villaggio in Italia. Il *boss* siciliano addetto alla costruzione o alla manutenzione di un tronco ferroviario faceva venire i suoi compaesani; il *boss* toscano impiegava di preferenza gente di Siena o di Firenze. Era bene tener separati i gruppi nazionali o regionali, anche per evitare contrasti e alterchi sul lavoro.

Il lavoro era duro e lungo per tutti, dal garzone al caposquadra e al dirigente, ma era un tipo di lavoro in cui anche l'analfabeta aveva la possibilità di distinguersi. Il «rodaggio» era breve, e l'immigrato poteva cominciare quasi subito a guadagnare regolarmente e a mandar denaro a casa o a risparmiare per farsi raggiungere dalla famiglia. Era, inoltre, un tipo di lavoro che, tenendo l'immigrato fuori dai ghetti urbani, gli dava un senso di libertà.

Spesso gli immigrati erano indotti a rimanere nelle ferrovie dal fatto che si trovavano in compagnia di amici e compaesani; poteva accadere che un gruppo di vecchi amici restasse per tutta la vita insieme, impiegato nella manutenzione di un tronco ferroviario. Ma naturalmente c'erano anche gli «uccelli di passaggio», ansiosi soltanto di ritornare a casa, tra le persone care, con i soldi appena fatti. Lavorando dodici e anche sedici ore al giorno, mettevano da parte un gruzzolo sufficiente per ritirarsi in Italia. Per questa gente l'America era veramente la terra della fatica.

In certi casi venivano intrapresi progetti ferroviari troppo arditi, tronchi che si spingevano in zone lontane parecchi anni prima che cominciasse a determinarsi una corrente di traffico passeggeri e merci. Allora le entrate non bastavano a pagare gli interessi sui prestiti che avevano finanziato l'impresa, con la conseguenza che taluni facevano bancarotta, altri erano costretti a riorganizzare la propria struttura finanziaria per ridurre i debiti. E ciò, di solito, si traduceva in disoccupazione degli operai. Il fallimento di una o due delle maggiori imprese ferroviarie poteva essere causa di panico finanziario regionale o addirittura nazionale. Era, come scrisse lo storico Ray Ginger, una *age of excess*, un'epoca di eccessi, e le ferrovie tendevano a spingere il paese ad una super-espansione. Dopo il 1887, poi nel 1893, quando vi furono dei rallentamenti nelle costruzioni ferroviarie, migliaia di lavoratori si trasformarono di colpo in manodopera migrante, senza più radice; la domanda di prodotti agricoli diminuì, i prezzi calarono, miniere e fabbriche operarono dei licenziamenti e ridussero la produzione.

Per questo gli italiani, che spesso portavano con sé le giovani spose, preferivano il lavoro dei campi al lavoro di costruzione su solitari tronchi ferroviari; ma non soltanto per questo; infatti preferivano il lavoro dei campi anche quando le condizioni del lavoro ferroviario erano buone. Gli immigranti italiani restavano, di solito, nel Kansas, nel Nebraska e nei due Dakota fino ad acquistare quell'indipendenza finanziaria che consentisse loro di comperare un po' di terra e di mettersi a lavorare in proprio, in ciò agevolati dall'ampia disponibilità di lotti a buon mercato offerti dalle ferrovie. Le società ferroviarie, d'altra parte, avevano interesse, una volta finita la costruzione di una linea, a cedere il terreno lungo di essa a gente vogliosa di lavorarlo e di valorizzarlo. Non pochi fra coloro che ebbero maggiore successo erano uomini senza istruzione, che però si dimostrarono capaci di farsi strada a forza di volontà e di capacità naturali.

Gli immigranti, di solito, passavano spesso da miniera a miniera, da fattoria a fattoria, cambiando mestiere; gli italiani erano meno inclini di tante altre nazionalità a questi spostamenti; tuttavia cercavano di migliorare, con le migrazioni stagionali, la qualità del lavoro e il guadagno. Il lavoro, per chi aveva voglia di lavorare sodo, non mancava mai.

Il viaggio in ferrovia verso ovest era, di solito, una dura prova. Gli affollatissimi vagoni per emigranti, con le loro panche di legno, non erano certo studiati con sufficiente riguardo per la clientela che dovevano trasportare.

La notte venivano stesi sul pavimento dei pagliericci. Ci si lavava in recipienti di latta sistemati sulla piattaforma posteriore del vagone. Quasi tutte le stazioni di passaggio, scaglionate lungo la linea, vendevano a prezzi maggiorati spuntini (*snacks*) a base di formaggio maleodorante, uova non più fresche e pane raffermo. Sui binari irregolari il treno sobbalzava continuamente, rendendo il viaggio massacrante, specie per le donne. Il personale viaggiante non si interessava molto dei passeggeri; a volte, anzi, commetteva delle sgarberie e degli abusi.

E il viaggio, per quelle pianure che sembravano susseguirsi tutte eguali, tutte calde, tutte noiose, era interminabile. Grandi estensioni selvagge, senz'acqua, dove i passeggeri stupefatti potevano scambiare occhiate soltanto con qualche indiano e qualche (ormai raro) bufalo, separavano città ancora elementari come Dodge City e Omaha. Ma con tutti i suoi inconvenienti, la nuova ferrovia transcontinentale, affollata di passeggeri e maleodorante com'era, costituiva l'unico mezzo di collegamento fra quelle che Robert Louis Stevenson aveva battezzato *wayside stations in the desert*, le stazioni al margine della strada del deserto.[6] Quanti non furono i passeggeri che si smarrirono come la donna italiana di cui parla Pagano nel suo *Golden Wedding*! Si era verso la fine del penultimo decennio del secolo, e sul treno era salita una donna «con nient'altro che un sacco di pane, che sarebbe dovuto bastarle fino a quando non avesse raggiunto lo zio nel West, e un cartellino di emigrante appuntato al petto». Scese ad una città di cui non seppe mai il nome e, non riuscendo a capire le indicazioni relative ad un certo cambiamento di treno che avrebbe dovuto fare, finì per trascorrere un giorno e una notte in stazione. «Credetemi,» raccontò poi, «ero spaventata. Non parlavo una parola di americano. Non sapevo cosa fare. Stetti seduta in stazione aspettando che qualcuno me lo dicesse.» Quando finalmente raggiunse il Colorado, perdette la tramontana un'altra volta:

Quei dannati, sul treno, mi hanno fatto scendere alla stazione sbagliata, prima di Coalville, dove ero diretta. Rimasi senza mangiare per quasi due giorni. [...] Non avevo indumenti, non avevo denaro, niente. Non lo potrò mai dimenticare.[7]

All'immigrante nel West non si presentava soltanto, è ovvio, l'attrattiva dei lavori ferroviari e agricoli. Si presentavano tante altre possibilità. In questo senso, infatti, si è detto che:

La bravura del lavoratore italiano e i benefici che il paese ha tratto dal suo lavoro non possono essere messi in discussione. Egli dissoda la terra, costruisce ferrovie, fora montagne, prosciuga acquitrini, ed apre all'iniziativa americana, ora qui, ora là, campi nuovi che forse non si sarebbero mai aperti senza il suo mal pagato lavoro.[8]

Il livello dei compensi fu un elemento fondamentale e determinante dell'immigrazione in America. Per quasi tutto il XIX secolo la paga media settimanale di un lavoratore italiano adulto, di sesso maschile, oscillò fra i 9,61 dollari e gli 11,28 dollari, mentre per il lavoratore americano nato sul posto la media era di 13,89 dollari.[9] Ma pur essendo inferiore a quella americana, e pur essendo tenuta bassa dalla concorrenza fra i diversi gruppi nazionali, la paga dell'immigrato era pur sempre superiore a quella cui avrebbe potuto aspirare in Europa. Un falegname che in Italia guadagnava nel 1880 non più di 4,18 dollari la settimana poteva contare di guadagnare, negli Stati Uniti, addirittura 12 dollari. E un panettiere: 3,90 dollari in Italia, da 8 a 12 dollari negli Stati Uniti. E un maniscalco: 3,50 dollari in Italia, da 12 a 25 dollari nel West. Un semplice manovale: 2 miseri dollari in Italia, da 6 a 9 nel West.[10] Sì, a volte il costo della vita in America era più alto che in Europa, il che riduceva in parte il divario fra i compensi; ciò non toglie che il livello dei compensi americani continuasse ad attirare gli emigranti.

Una parte degli italiani che seguirono la scia delle prime invasioni di svedesi, norvegesi e tedeschi arrivò «nelle pianure» praticamente senza il becco d'un quattrino, e negli anni 1880 dovettero piegarsi (come gli ungheresi, i polacchi, i russi, i greci ed altri europei orientali e mediterranei) ad accettare gli impieghi che gli altri disdegnavano. Abbiamo già detto che ben di rado arrivavano con il denaro occorrente per comperare del terreno; che, quando arrivarono, le terre migliori erano già state assegnate; che quindi non usufruirono dei benefici del sistema americano di concessione della terra. Fu insomma un'esistenza precaria quella di molti italiani impiegatisi nelle ferrovie, i quali spesso finivano per insediarsi al «capolinea ferroviario», vale a dire dove avevano termine i lavori di costruzione, dovunque fosse.[11]

Dopo il 1880 ci fu un mutamento nella gerarchia d'impiego degli immigranti: i nuovi immigranti dell'Europa meridionale si sostituirono ai vecchi immigrati dell'Europa settentrionale. La concorrenza e le rivalità fra gruppi nazionali venivano talvolta incoraggiate dai datori di lavoro, che cercavano così di meglio resistere alle pressioni sindacali. E gli italiani, che nel West andavano via via sostituendosi ai tedeschi e agli svedesi, erano giudicati crumiri potenziali. Sembra tuttavia che nel West si sia cercato di far fare agli immigranti la parte del crumiro assai meno che nei campi di carbone bituminoso dell'Est. Poteva accadere, piuttosto, che degli immigranti crumiri fossero «importati» nel West per stroncarvi gli scioperi; arrivavano, in tal caso, organizzati in squadre o gruppi al comando di un capo di lingua inglese o di un *boss*. I rapporti governativi dell'epoca sull'immigrazione straniera rilevano lo «spostamento progressivo» degli immigrati che, entrati alla base della piramide gerarchica degli impieghi, salivano via via verso l'alto, lasciando il posto a chi arrivava dopo di loro.[12]

Ma più curiosa del meccanismo del lavoro nel West era la sua distribuzione geografica. Non c'è parte d'Italia che ricordi, nel paesaggio, le squallide pianure del West, con quella sconfinata monotonia che soltanto le macchie dei boschi interrompono qua e là. E gli immigranti italiani trovavano invariabilmente che quelle pianure aperte e piatte non avevano nulla di attraente; cosicché, proseguendo con il loro bestiame e la loro attrezzatura, si spingevano verso le praterie più fredde e vi penetravano, sperando di trovare nel fondovalle qualcosa che richiamasse il loro paese e un terreno dormiente da risvegliare con l'aratro. Accendevano, per scaldarsi, il fuoco sul pavimento di vecchie baracche di tronchi abbandonate, che offrivano scarso riparo contro la sferza delle nevicate invernali. Accadeva che durante la notte la neve, insinuandosi per le fenditure fra i tronchi, andasse a deporsi su letti e coperte. E non di rado, per riscaldarsi, dormivano in tre o in quattro nello stesso letto. Così, nella grigia asprezza dell'ambiente, andò compiendosi un processo di indurimento, che trasformò l'immigrato in pioniere.

Kansas

Pochi furono gli italiani fra i primi coloni del Kansas, e quei pochi furono in prevalenza sacerdoti. Frate Andrea Mazzella vi lavorò fra il 1836 e il 1840 per portare la fede cattolica tra gli indiani di quella zona del Nebraska meridionale e del Kansas settentrionale che corrisponde suppergiù agli odierni distretti di Leavenworth e di Pottawatomie. Dal 1848, per quarant'anni, il gesuita piemontese Paolo M. Ponziglione svolse la sua opera missionaria fra il Kansas e il Wyoming, e a lui si deve la costruzione di sette chiese nel Kansas.[13] La storia degli italiani nel Kansas è in gran parte la storia di un gruppo sociale attirato verso l'angolo sud-orientale della regione da un'industria carbonifera in sviluppo (carbone bituminoso). Le prime miniere (1878) furono aperte nei pressi di Pittsburg e di Scammon, e i primi minatori italiani vi giunsero nel 1880, inviativi dalle agenzie di reclutamento per spezzare uno sciopero. Naturalmente la parte che le agenzie fecero recitare a questi italiani li rese impopolari; alla fine, però, essi diventarono un fattore decisivo nel mercato del lavoro. E nel 1907 erano ormai il più grosso nucleo di minatori stranieri del Kansas. I minatori stranieri costituivano, nel Kansas, il 60% del totale, e il 25% di essi era rappresentato da nati in Italia. Il loro ambientamento, come quello degli jugoslavi, fu relativamente rapido.[14]

Nel 1910 i minatori italiani del Kansas, provenienti in massima parte dall'Italia settentrionale, avevano raggiunto la cifra di 3500. Diversamente dai loro compatrioti che lavoravano nelle miniere di carbone della Pennsylvania, i minatori italiani del Kansas avevano, per la massima parte, fatto il minatore anche in patria. Nel commentare la resa di questi minatori, la Federal Immigration Commission spiegava il più alto livello di produttività soprattutto col fatto che «i migliori lavoratori venivano spinti verso ovest dall'afflusso di immigranti meno desiderabili nei distretti più vicini alla costa atlantica».[15] La Commissione osservava anche che i minatori italiani del Kansas erano diventati più rapidamente e più largamente «proprietari». Nel Kansas gli italiani possedevano più terreno e più case di qualsiasi altro gruppo immigrato. Chicopee era un insediamento quasi del tutto italiano. Altri centri abitati, come Frontenac, Osawatomie, Mulberry e le stessa Pittsburg, contavano grosse comunità italiane. A Pittsburg (da non confondersi con la omonima e maggiore città della Pennsylvania) gli italiani pubblicarono un loro giornale, «Il Lavoratore Italiano», che usciva ogni quindici giorni. Erano, ripetiamo, soprattutto minatori, ma alcuni di essi si insediarono come negozianti o come giardinieri liberi in città come Topeka o come Kansas City, o nei dintorni. Secondo le statistiche, gli italiani non superarono mai di molto le 3500 unità; ma anche qui, come altrove, le statistiche non dicono tutto.[16]

L'insediamento degli immigranti delle varie nazionalità nel Kansas avvenne all'epoca del grande boom delle città del Middle West.

Nel decennio 1880-1890 New York City aumentò di poco più del 30%, passando da 1.911.629 abitanti a 2.507.414; Kansas City, invece, aumentò di poco meno del 139%, passando da 55.781 a 132.710 abitanti. L'immigrazione nel Kansas fu stimolata da affermazioni tanto edificanti quanto fantasiose propalate dagli agenti delle ferrovie e delle società fondiarie: si arrivava a sostenere come «scientificamente provato» che «la pioggia segue immancabilmente all'aratura», che «la fascia arida si ritira davanti alla marcia della civiltà» e che il clima del Kansas era tanto salubre da rendere difficile non il viverci, ma il morirci. Tant'è vero che un vecchio residente del luogo aveva dovuto, per morire, trasferirsi nell'Illinois! Le tariffe ferroviarie – nel Kansas come nel resto del Middle West – erano fortunatamente basse: con 21,35 dollari un immigrante poteva, nel 1870, andare da New York City ad Emporia, viaggio pari a otto giorni e nove notti di treno, anche se la distanza superava di poco i 3000 chilometri. In quell'anno la terra costava, nel Kansas, un dollaro e mezzo l'acro, e la paga di un operaio non qualificato si aggirava sui due dollari al giorno.[17]

Alla coltura estensiva del grano, per la quale il Middle West andò famoso sul finire del XIX secolo, gli italiani parteciparono in piccola misura. Per tale coltura, infatti, occorrevano forti investimenti in macchinario, ed occorreva la padronanza di tecniche agricole particolari, ancora fuori della portata dei nuovi arrivati. I raccolti erano ben diversi da quelli del vecchio continente, e altrettanto diversi erano i metodi. La meccanizzazione agricola era un affare per gente «iniziata» e con soldi. Così gli immigranti si accontentarono, per la massima parte, di fare gli orticoltori negli appezzamenti di terra disponibili ai margini delle città. Non riuscivano a ricavare dalla terra tutto il necessario per vivere; ciò che erano costretti a comperare inghiottiva il capitale messo assieme a prezzo di duro lavoro.

Era difficile, nelle campagne del Middle West, ripristinare la vita di una comunità agricola europea. Non bastava che l'immigrante fosse abituato, in Europa, a vivere in una capanna e a coltivare il campicello vicino: qui, nel Kansas, le case erano molto distanti l'una dall'altra, e quando gli uomini erano fuori, a dissodare il terreno, le donne si sentivano sole ed isolate. Ad ogni modo il contadino italiano, non appena diventò padrone della giusta tecnica per lavorare quel terreno, dimostrò di essere un agricoltore non meno abile dei suoi vicini, ciò che concorse a farlo salire nella considerazione sociale, mentre ben di rado, pare, gli procurò delle gelosie.

Un buon numero di italiani si stabilì tanto a Kansas City del Kansas quanto a Kansas City del Missouri. In ambedue le città essi rappresentavano, nel 1920, il terzo gruppo immigrato in ordine di importanza, dopo i tedeschi e i russi.[18] Ecco ciò che ne scrive un loro compatriota:

Gli italiani del North Side di Kansas City badavano per la massima parte ai loro affari, pagavano i loro conti, andavano a messa, mandavano i figli a scuola e si comportavano dappertutto come buoni e civili cittadini. Spesso la loro casa era esternamente grezza, senza tinteggiatura, grigia, macchiata di fuliggine, ma dentro era pulita, nitida, allegra, con un tocco d'arte, un segno della loro fede, e soprattutto la presenza della musica.[19]

Purtroppo, però, nel North Side di Kansas City, in quel quartiere che si chiamava *Little Italy*, si annidava anche un *underworld* di *racketeers* e di *hoodlums*, una fungaia di ricattatori e di teppisti, fra cui c'erano quattro italiani: Michael La Capra, Adam Richetti, Charles Gargotta e Johnny Lazia.

La carriera di Johnny Lazia si può considerare come il tema dominante del capitolo più negativo della storia di Kansas City. Negli anni 1930-1940 questo giovane amabile, azzimato, dalla parola cortese, diventò il *boss* politico del North Side dopo aver stroncato, nel 1928, il potere del *boss* irlandese Michael Ross, portandogli via l'uno dopo l'altro, con inesorabile decisione, molti dei suoi luogotenenti. Fino a quel momento gli italiani del North Side non avevano avuto praticamente un'organizzazione politica, accontentandosi – anzi fieramente compiacendosi – di sottrarsi alla sudditanza dai capi irlandesi. Assicuratosi il controllo del North Side Democratic Club, Lazia fu in grado di stringere alleanza con Thomas J. Pendergast, la cui macchina politica controllava Kansas City. E Pendergast (la cui sorella, Mary, aveva sposato un italiano, William C. Costello) prese a benvolere sinceramente quel Lazia in apparenza tanto modesto e contegnoso.

Le apparenze di Lazia, però, erano ingannevoli. L'amabilità dei modi, quel suo portare occhiali e ghette, bastone e guanti, gli conferivano un'aria di grande gentilezza. Parlava un buon inglese, masticava chewing gum in continuazione, raccontava barzellette e storielle spiritose, e aveva l'aspetto delle persona beneducata. Con tutto ciò era l'uomo che controllava e impiegava spietatamente, per conto di Pendergast, i più spregiudicati sicari di Chicago e St. Paul e ne faceva sotterrare le vittime lungo le strade della contea di Jackson.

Viaggiava in macchina blindata, con autista e guardia del corpo. La guardia del corpo si chiamava Big Charley Carollo. Lazia era sposato, ma era facile trovarlo solo in un cottage sul lago Lotawana.[20]

La potenza di Lazia attingeva in parte dalla comunità italiana di Kansas City, che era pigiata in una zona relativamente piccola ad est di Market Square. Il quartiere di *Little Italy* era ormai composto, nel 1929, per l'85% circa di siciliani. Era un grosso quartiere: si calcola che prima della prima guerra mondiale fossero già dai 12 ai 15 mila gli oriundi italiani che vi risiedevano, compressi fra i negri e gli irlandesi. Ciò creava, come in altre grandi città americane, un'atmosfera di antagonismo razziale; ed è probabile che in questa atmosfera vari delitti rimasti impuniti siano stati compiuti da membri della mafia. In questa stessa atmosfera Lazia cominciò assai presto a farsi notare dagli uomini d'affari del posto. Pur non essendo andato oltre la licenza elementare, Lazia studiò legge per conto suo, e a diciott'anni sembrava ormai avviato alla carriera legale quando fu preso con le mani nel sacco in un tentativo di rapina. Condannato a quindici anni di carcere, da scontarsi nel penitenziario del Missouri, fu rilasciato dopo meno di un anno, nel 1917, un po' grazie ad autorevoli interventi in suo favore, un po' per l'atmosfera di clemenza del tempo di guerra.[21]

Essendosi avvantaggiato così del gioco dei favoritismi politici, Lazia si dedicò ad attività similari, come il prestar denaro ad amici, tirar fuori dal carcere i principianti, commerciare beni immobili, dirigere traffici di alcoolici e gestire sale da gioco. Sotto il nomignolo di Brother John, Lazia derubava il ricco per aiutare opere di beneficenza, per tirar fuori dagli impicci questo o quello, e per rendersi gradito alla «struttura del potere» di Pendergast. Evitò l'arresto pur essendo una volta accusato, con altri, di contrabbando di liquori, e fu assolto grazie alla sua guardia del corpo, Carollo, che si addossò la colpa in vece sua. Nel 1928 guidò la comunità italiana di Kansas City in una vittoriosa campagna elettorale contro uno schieramento irlandese in favore di un'amministrazione autonoma. Un po' con la violenza, un po' con il suo fascino personale, ma soprattutto rivelando eccezionali capacità organizzative ed esecutive, Lazia si formò un forte seguito politico, e ben presto arrivò al punto di far nominare uomini suoi ai posti chiave della polizia di Kansas City, ottenendo così la concessione di licenze di gioco e di vendita di liquori e la connivenza della polizia con il vizio organizzato.[22]

Nel 1934, a trentasette anni, Lazia era al vertice della sua potenza. Mussolini aveva allora insignito il suo protettore, Pendergast, dell'Ordine della corona. Il dittatore dell'Italia, Mussolini, onorava nel dittatore del Kansas, Pendergast, l'uomo che si era alleato con il dittatore del North Side di Kansas City, Lazia. E come un tempo Quantrill e i fratelli James avevano dominato la campagna attorno a Kansas City, così ora Pendergast e Lazia dominavano Kansas City medesima d'accordo con altri piccoli re locali. Poi, un brutto giorno di luglio (Pendegarst si era mosso allora in difesa di Lazia, sul cui conto le autorità federali stavano conducendo un'inchiesta per sospette evasioni fiscali), Lazia fu falciato da una scarica di fucile mitragliatore, sparatagli addosso da ignoti. Varie persone di primissimo piano seguirono il suo feretro: lo stesso Pendergast, il capo della polizia cittadina, perfino Mike Ross, l'uomo spodestato da Lazia. L'uccisione, sulla quale non fu mai fatta luce ufficialmente, dovette essere opera di una banda rivale. Sembra che, morto Lazia, la sua guardia del corpo, Carollo, diventasse lo zar di Kansas City; uno zar che alla fine trascorse lunghi anni di carcere nei penitenziari di Leavenworth e di Alcatraz.[23]

Nebraska

È difficile che, pensando al Nebraska, venga in mente la figura dell'immigrante, e in particolare dell'immigrante sud-europeo, a meno che non si conoscano le deliziose descrizioni di questa «campagna francese» fatte da Willa Cather nel suo libro *O Pioneers!* (New York 1913) o il vivace profilo che in *Old Fules* (Boston 1935) Maria Sandoz traccia di quel burbero immigrante che era suo padre. È difficile credere che un soffio mediterraneo possa essere giunto fino a questa remota regione. Collocato com'è nel più intimo, più chiuso cuore del continente nordamericano, il Nebraska è l'ultimo posto del mondo in cui si immaginerebbe di trovare l'immigrante italiano. E invece la presenza dell'immigrante italiano è stata consistente, soprattutto nella più grande delle città del Nebraska. Una colonia italiana era già insediata alla periferia di Omaha nel 1863. Era gente che lavorava nella Union Pacific Railroad, ma gli scapoli vivevano nelle pensioni di periferia e gli sposati si insediarono con le famiglie in un pittoresco quartiere soprannominato appunto *Dago Hill*, vicino ad altri quartieri di altri immigranti, come *Sheelytown*, *Polack Hill* e *Little Bohemia*. Molti si misero a gestire delle tavole calde e dei negozi, e acquistarono un po' di terra per coltivarvi ortaggi. Nel 1888 avevano già fondato la Dal Cenisio All'Etna Lodge, e più tardi diedero vita all'Omaha Italian Club. Nel decennio 1901-1910, quando la grande ondata dell'immigrazione italiana negli Stati Uniti raggiunse il vertice di 2.044.877 unità, poco meno di 2500 si stabilirono ad Omaha: quattro volte tanto quelli immigrativi nel decennio precedente. Le ferrovie continuavano ad offrire lavoro per le opere di manutenzione e le officine; altre attività in espansione – fabbriche di imballaggi, stabilimenti di macellazione ecc. – assorbivano manodopera.

L'essere accolto in una città come Omaha era molto più difficile per l'immigrante che l'essere accolto nella campagna o nelle piccole città rurali; tuttavia gli italiani si integrarono abbastanza presto nel nuovo ambiente. In occasione dell'Esposizione del 1898 – la Trans-Mississippi and International Exposition – un gruppo di italiani di Omaha, ansiosi di farsi accettare in pieno dalla città, si mise in evidenza cercando di pilotare una flottiglia di gondole veneziane giù per il fiume Ohio e su per il fiume Missouri; ma, raggiunto Cairo nell'Illinois, furono ostacolati dai ghiacci e dovettero, data anche la temperatura rigidissima, lasciare il fiume e rientrare per ferrovia ad Omaha: trionfale e pubblicizzatissimo viaggio in treno! Dal 1915 in poi gli italiani di Omaha ebbero un loro giornale, «Il Progresso», che nel 1931 distribuiva 5785 copie. Era un piccolo giornale, naturalmente, rispetto ad altri del posto, come l'«Omaha Bee» di Edward Rosewater o il «World-Herald» di William Jennings Bryan, che si erano schierati dalla parte degli immigrati nelle battaglie contro la American Protective League dell'ultimo decennio del secolo.[24]

La situazione dell'immigrante in una città come Omaha era diversa, come abbiamo notato, da quella che ne rendeva facile l'integrazione in un ambiente rurale. Fra i cittadini di Omaha di origine italiana (12 mila nel 1940) si poteva osservare lo stesso tipo di coesione riscontrabile nelle grandi metropoli. Anche lì si formarono isole o sacche nazionali dello stesso tipo. La vita degli italiani di Omaha, e in particolare dei meridionali, era pervasa dallo stesso tacito spirito di clan, di solidarietà tribale, che si poteva trovare a Kansas City, o a Minneapolis-St. Paul, o a San Francisco, dove gli immigranti si sforzavano di acquistare al più presto possibile una forza politica.

Ad Omaha, sotto la guida di James J. Piatti, democratico wilsoniano, gli italiani ebbero in politica una parte importante fin dal 1912. E da quella data gli italiani, orientati in massima parte verso il partito democratico, cominciarono a volere i propri capi anche nell'organizzazione comunale, che dal 1890 era stata in mano degli irlandesi. I locali *sons of Italy* ebbero una parte molto importante nella vita di Omaha fino alla vigilia della seconda guerra mondiale.[25]

North e South Dakota

La rarefazione della popolazione nei due Stati delle praterie centro-settentrionali, il North Dakota e il South Dakota, si riflette nel limitato numero di italiani che vi immigrarono. Nel 1880 i due Dakota contavano, complessivamente, una popolazione di sole 135 mila unità. Tre anni di buone piogge bastarono per farla salire, nel 1883, a 330 mila unità. Ma ancora nel 1910 gli immigranti erano poche migliaia.

Rispetto alla presenza degli immigrati scandinavi, quella degli immigrati italiani fu trascurabile. Alcuni si stabilirono nei pressi di Sioux Falls; altri fondarono nella stessa zona un villaggio che chiamarono Dante. Si può dire, in generale, che gli italiani evitarono i due Dakota, le cui *Badlands* erano da essi giustamente giudicate, come dice il nome, cattive ed inospitali. E in tutti gli anni in cui nella massima parte degli stati del West la popolazione italiana andò costantemente aumentando, nei due Dakota essa diminuì del 50%. Una tremenda siccità verificatasi tra i due censimenti del 1910 e del 1920 diede drammatica evidenza all'alternativa tra le accecanti tempeste di neve e la totale, distruttrice mancanza d'acqua. E anche quando in certe zone settentrionali del Dakota cadeva una media di 500 millimetri l'anno, quei cinquecento millimetri erano così mal distribuiti da non permettere raccolti regolari. Il lino costava un dollaro e mezzo lo staio,[26] il grano un dollaro. Il veemente calore del giorno e il mordente gelo della notte paralizzavano piante e uomini su di una terra senz'alberi, mentre le grandinate di mezza estate e primo autunno spogliavano le tenere piante delle loro foglie, producendo gravissimi danni. Inoltre la maggior parte dei contadini italiani non conosceva abbastanza la coltura dell'alfalfa, del grano, della barbabietola, dell'orzo, dell'avena e della patata, né la regione era adatta a quella coltura di ortaggi in piccole aziende, che rappresentava la forma più tipica di attività agricola degli italiani. Accadeva così che, nell'impossibilità di procurarsi i capitali e il macchinario occorrenti per un tipo di agricoltura intensiva, il contadino italiano se ne andasse dopo poco tempo. D'altra parte l'agricoltura estensiva non gli era familiare, e quella regione di fattorie agricole che si stendevano a perdita d'occhio lo sgomentava, come sgomentano le cose che non si comprendono. Non può stupire, quindi, che i lavoratori delle ferrovie che attraversavano i due Dakota non si fermassero in queste due regioni, ma proseguissero verso occidente, verso quel tipo di collina ricco di boschi e d'acqua che era tanto apprezzato nel vecchio mondo. Oltretutto, le società ferroviarie avevano per troppo tempo e troppo facilmente promesso agli immigranti della terra ben diversa da quel deserto asciutto e senz'alberi, che non offriva ospitalità a contadini, immigrati o no che fossero.

Col trascorrere degli anni, le *Badlands* cessarono di presentare, a coloro che erano rimasti e avevano imparato a vivere a temperature di trenta gradi sotto zero, il volto feroce che avevano presentato all'inizio. E chi riuscì a convincersi che il clima stava modificandosi e migliorando progressivamente poté comperare ad un prezzo molto basso, anche di quindici dollari l'acro, la terra da coloro che l'avevano lasciata. Può essere utile ricordare qui, per inciso, che nel 1910 più della metà della popolazione agricola degli Stati Uniti viveva su terre che cinque anni prima non erano ancora occupate. Pochi americani bianchi, infatti, si sentivano attaccati alla terra, o meglio a quel dato pezzetto di terra. Essi si muovevano in continuazione da un terreno all'altro, e fanno così ancor oggi. Ma se il carro è diventato uno dei simboli dell'America, esso non fu mai il simbolo degli italiani, i quali avevano una diversa tradizione.[27]

Naturalmente gli agricoltori abituati a lasciare una terra per un'altra trascuravano di compiervi i lavori necessari per renderla produttiva. E gli immigranti, subentrando in fattorie spesso abbandonate da tempo, spesso non più arate da anni ed anni, dovevano abbattere alberi da frutta ormai vecchi e inselvatichiti, piantarne di nuovi, rifare staccionate, scavare nuovi pozzi, cosicché il rimettere in efficienza vecchie fattorie si rivelava il più delle volte faticoso e costoso ai subentranti. Vi fu tuttavia, specie lungo il confine del Minnesota, del terreno che si rivelò buono per l'agricoltura, anche grazie ad una migliore distribuzione delle precipitazioni atmosferiche. E coloni volonterosi e pazienti, ai quali il lavoro non faceva paura, arrivarono perfino a chiamare «casa mia», «mio paese», quella regione.[28]

Di queste case o paesi o patrie ne conobbero anche due o tre, nel corso della loro vita, quegli irrequieti immigranti del West che usavano trasferirsi di terra in terra. Ogniqualvolta la situazione del lavoro peggiorava; o il terreno di coltura, spogliato del ricco strato superficiale, impoveriva; o l'erba alta della prateria diventava bruna e dura sotto il morso della siccità, questi immigranti vendevano le loro terre e andavano a cercarne altre, meno ingrate, più ad occidente. Non pochi di coloro che, nelle grandi crisi di panico finanziario del 1873 e del 1893, abbandonarono le loro fattorie nel Dakota, si trasferirono addirittura in California, dove ancor oggi vivono i loro discendenti.

VIII
IN ALTO: NEL COLORADO

Il Colorado era famoso per le sue grandi ricchezze minerarie già molto prima di essere Stato (cosa, questa, che avvenne nel 1876). Ma possedeva, oltre all'argento e all'oro, la fertile terra di un vasto altopiano, un altopiano ricco di foreste e capace, se ben irrigato, di produrre buone ed abbondanti messi. Era dunque destinato ad attirare gli immigranti; e la stampa europea arrivò al punto di chiamarlo «l'Italia dell'America dell'Ovest».[1] A buon diritto il Colorado acquistò anche, in Europa, la fama di essere il più ricco di rilievi montani e di alte cime fra tutti gli Stati Uniti d'America. Forse, dunque, non fu un caso se i primi italiani che affrontarono le scoscese balze di quella regione nordamericana furono uomini provenienti da una regione d'Italia particolarmente montuosa: la Liguria.

Il Colorado poteva ancora chiamarsi una *untamed wilderness*, un mondo vergine, quando i quattro fratelli Garbarino di Genova vi si avventurarono. Era la primavera del 1859, e i quattro fratelli, attirati forse dalle prime voci della presenza di oro nel Colorado, si unirono ad una carovana di carri in partenza da St. Louis, carichi di tutta l'attrezzatura occorrente per l'estrazione e il lavaggio dell'oro. Dopo pochi giorni di viaggio la carovana incontrò degli indiani che i viaggiatori giudicarono amici, tanto che subito iniziarono con essi delle transazioni commerciali. Ed erano così lontani da ogni sospetto di tradimento, che si accamparono sul posto per la notte.

Li svegliò il frastuono di una cavalcata selvaggia: gli indiani avevano fatto scappare quasi tutti gli animali della carovana, ivi compresi «quattro bei cavalli da sella» di proprietà dei fratelli Garbarino. Rimasto il convoglio sprovvisto di animali da tiro, si dovette cercare di riempire i vuoti; e i fratelli Garbarino, insieme con poche altre persone, furono inviati nel Missouri ad acquistare nuovi cavalli. Si sarebbe detto che il destino avesse deciso di non farli arrivare mai nel Colorado.

Ma ecco che, quasi al termine di un disagevole viaggio di ritorno, si presentarono ai loro occhi le Montagne Rocciose. Era estate quando raggiunsero lo sbocco della Clear Creek. I quattro fratelli genovesi erano destinati a fondare una delle più solide famiglie del Colorado. Uno di essi, Carlo, si stabilì in un tumultuoso campo minerario, diventato poi l'attuale Golden. Altri due, Giuseppe e Antonio, passarono da un campo minerario all'altro, finendo per fermarsi a Georgetown nel 1860. Il quarto, Luigi, mise casa e radici a Boulder, fra i minatori attirati dal miraggio dei filoni d'oro di Central City, Black Hawk, Russell Gulch, Georgetown, Empire ed altri centri minerari, nonché dalla scoperta dell'argento a Leadville. Nel 1870 i quattro Garbarino avevano guadagnato quanto bastava per farsi raggiungere da un quinto fratello.[2]

Anche nel Colorado i missionari fecero la loro apparizione molto presto. Indotti dai moti risorgimentali a lasciare l'Italia, alcuni gesuiti napoletani fondarono la missione Colorado-New Mexico. Raggiunta Santa Fe nel New Mexico, risalirono in direzione nord la vallata di San Juan; e qui padre Salvatore Persone e fra Cherubino Anzalone assunsero la direzione della già costituita Conejos Mission.[3]

All'immigrazione di questi sacerdoti si accompagnò l'immigrazione di italiani laici, che tra il 1880 e il 1890 vennero nel Colorado a lavorare per la Denver and Río Grande Western Railroad e nelle nuove miniere di questo Stato. C'era tanto bisogno di manodopera che un sindacato di lavoratori di Denver ingaggiò degli agenti in Italia per far arrivare ai più lontani villaggi dei comunicati illustranti le condizioni di lavoro nel Colorado. Però l'emigrante doveva pagarsi di tasca propria il viaggio, non solo, ma doveva anche versare un deposito di tre, cinque o anche dieci dollari e impegnarsi in contratto a corrispondere al suo «importatore» o padrone il 20% della paga per il primo triennio.[4]

La storia di uno di questi immigranti nel West delle Montagne Rocciose può essere presa a modello di tante altre storie di immigranti in questa regione. Adolfo Rossi narra che nel 1881, poco più che ventenne, lasciò New York e prese un treno che andava verso le miniere del Colorado. Il biglietto ferroviario suo e di una settantina di italiani della sua stessa età era a carico della Denver, South Park and Pacific Railroad (passata poi sotto il controllo della Union Pacific). La Denver che si presentò ai suoi occhi era ben diversa dalle città italiane: strade in gran parte non pavimentate, marciapiedi fatti di assi, case di legno e tende. Rossi fu sorpreso del gran numero di uomini barbuti, e delle donne che guidavano i carri e dei cowboy con il copricapo di pelliccia. Lo mandarono a lavorare in un campo ferroviario a 3300 metri di altitudine, uno dei valichi più alti delle Montagne Rocciose. Egli aveva accettato convinto che il suo compito fosse quello di registrare le ore di lavoro degli operai, così come altri suoi compatrioti ritenevano di essere stati assunti come falegnami, fabbri e cuochi; invece furono messi tutti a scavare la sede ferroviaria e a fare massicciate di tronchi e pietrame per consentire il collocamento dei binari. La loro paga era di due dollari e mezzo al giorno, alloggio e vitto compresi. Buttati così a miglia e miglia dagli ultimi avamposti della civiltà, questi operai italiani seppero fare buon viso a cattivo gioco.

Il cibo era cattivo, gli alloggiamenti erano costituiti da capanne di tronchi senza porte né finestre; ma alcuni di questi italiani avevano portato dalla patria uno strumento musicale, e accompagnandosi ad esso presero a cantare le canzoni paesane. Gli irlandesi loro compagni di fatica e di sacrifici dovettero essere grati agli italiani per le ore di distensione e di divertimento profuse dalle loro fisarmoniche, dai loro flauti, dai loro tromboni. Forse – scrisse Rossi, ed aveva ragione – era la prima volta che quella parte del mondo udiva la musica dell'uomo.

Ma Rossi non si accontentò di suonare delle canzoni su uno strumento musicale. Andò come cameriere in un ristorante della città mineraria più vicina, un ristorante che ammanniva carne di bufalo e di capra di montagna. Era un'atmosfera alpina, fatta di notti fredde e frizzanti, e Rossi fiorì in salute e in denaro. Il sole conciò la sua pelle, conferendole una bella tinta bronzea. Poi un agente delle ferrovie gli offrì un posto negli uffici centrali della società a Denver. Fra i suoi compiti c'era quello di ispezionare squadre al lavoro nei punti più lontani della rete ferroviaria. Rossi vi incontrava dei compatrioti, e in un accampamento si imbatté in operai italiani che avevano inventato dei piatti nuovi: lo «stufatino alla Colorado», fatto con cacciagione e sugo di funghi, e i «polli alle Rocciose», che non erano polli, ma scoiattoli alla brace. Cibi, questi, che si elevavano molto al disopra del lardo bollito con patate e cavoli degli operai irlandesi. Se in un paese dominato dal whisky e dalla birra non era facile trovare il vino, gli italiani seppero tuttavia creare una cucina che, bene o male, si avvicinava a quella del paese natio.[5]

L'avanzata degli italiani nel Colorado è segnata in gran parte dall'espansione che vi ebbero, in quegli anni, le attività minerarie. Nel decennio fra il 1880 e il 1890 la città di Denver aumentò da 35.029 a 106.773 abitanti. Al suono dei picconi e dei badili gli inesperti italiani cominciarono a soppiantare gli operai inglesi, gallesi e della Cornovaglia. Anche i polacchi, gli slovacchi, i rumeni, i russi furono altrettante fonti di energie e capacità nuove. Energie e capacità nuove che non si accontentarono di invadere e travolgere il mercato del lavoro di Pittsburgh, nell'America dell'Est, ma aggredirono con mazze e picconi le rocce dure dell'America occidentale, in cerca di oro, argento, ferro, stagno e rame. I cimiteri di Leadville, Butte, Central City ed altri antichi centri minerari del Far West sono popolati di nomi di italiani affluitivi in quell'epoca e andati a lavorare anche nelle cave di granito come tagliatori, spianatori, fresatori di roccia, muratori in pietra.[6]

Fortissimi furono gli effetti e le reazioni suscitati dall'avvento di questa manodopera nuova tra la vecchia popolazione operaia. I tre milioni di immigranti che ogni dieci anni, nel secolo compreso fra il 1810 e il 1910, affluirono in media in America, non cercavano che lavoro, e in massima parte lavoro manuale retribuito a livello di pura sussistenza. Nelle aziende agricole come nelle acciaierie o nelle ferrovie in espansione la chiave dell'economia e dell'impiego era la produzione, e ogni minimo mutamento ciclico nella produzione aveva delle gravi ripercussioni economiche e sociali.

La concorrenza esercitata da un'esorbitante massa di lavoratori privi di esperienza specifica, che di punto in bianco dovevano imparare a servirsi di un macchinario complesso e di esplosivi pericolosi, produsse delle agitazioni sindacali cui davano esca antichi pregiudizi. E fu proprio nel Colorado che gli italiani incontrarono la più forte tensione da essi sperimentata in tutto il Far West. Negli anni 1880-1890 perfino l'istituzione dei gesuiti italiani di Pueblo fu sul punto di chiudere i battenti per l'ostilità dell'ambiente locale. Tale ostilità fu accresciuta dalle rimostranze che gli italiani stessi sollevavano contro le pessime condizioni di lavoro nelle miniere, nelle fonderie e sulle linee ferroviarie. Nel 1882 cinquecento immigranti di tutte le nazionalità si riunirono a Denver in una manifestazione di protesta per varie promesse non mantenute da parte delle società minerarie. Il 20 aprile di quell'anno si poté leggere sul «Republican» di Denver una nota di lagnanza del locale console d'Italia per l'ingiusto trattamento subito da questi lavoratori. E poiché i motivi di preoccupazione e malcontento persistevano, si formò a Denver una Italian

Protective and Benevolent Association, seguita a breve distanza dalla creazione di un Circolo Italiano, la prima intesa a dare ai lavoratori italiani tutta la possibile assistenza, il secondo a soddisfare le loro esigenze sociali.[7]

Troppi italiani del Colorado, disgraziatamente, lavoravano nelle miniere, vale a dire in un'industria ciclica, nella quale la concorrenza era fortissima e il lavoratore era alla mercé di forze al di fuori del suo controllo. Gli immigranti si trovarono coinvolti in continue controversie con la proprietà e la direzione delle miniere, e a volte ci rimisero anche la pelle. I conflitti operai che si susseguirono nel Colorado fra il 1880 e il 1914 sono fra i più gravi della storia del West; e gli italiani, pur rappresentando una piccola componente di questa aspra lotta, si trovarono proprio al centro del ciclone. In tutto l'ultimo decennio del secolo fu un esplodere di ostilità contro gli immigranti nei distretti carboniferi sud-orientali del Colorado, ostilità che nelle miniere di Trinidad sfociarono in aperte violenze. Nella contea di Gilpin si assistette ad un lungo conflitto fra un gruppo di alto-altesini occupati nell'estrazione dell'argento e un gruppo di picconieri della Cornovaglia, che ebbe fine soltanto quando questi si rassegnarono alla presenza e ai modi dei primi. Uno dei vecchi picconieri, ritornato da Central City ai natii monti della Cornovaglia sul finire del secolo, commentava i fatti dicendo che «l'età d'oro» era passata, la birra color ambra della Cornovaglia aveva ceduto il posto al vino rosso del Chianti e «sulle insegne dei negozi i nomi in "ini" avevano ricoperto i vecchi nomi di Polyglase e di Trelawney».[8]

Naturalmente questa tensione fra lavoratori immigrati e lavoratori del posto era principalmente il frutto dell'importazione di «lavoro a buon mercato» attuata dalle grandi società minerarie. Era un'epoca in cui l'organizzazione sindacale aveva un'estensione limitata e gli immigranti suscitavano la gelosia e il timore dei lavoratori locali per il fatto che riuscivano a vivere con meno ed erano disposti a lavorare nelle miniere a paghe più basse. Ci furono gravi episodi di linciaggio di italiani a Gunnison nel 1890 e a Denver nel 1893, e del primo episodio ci rimane il racconto scritto di un testimone:

Ne fu vittima un italiano che lavorava nel cantiere della galleria Alpine sulla South Oak Road e che, venuto a diverbio con un imprenditore di nome Hoblitzell, gli aveva sparato ferendolo mortalmente. Il feritore scappò, ma in quello stesso giorno fu preso e portato a Gunnison, dove, la sera seguente, fu sottoposto ad un primo interrogatorio. Preoccupati della sicurezza del colpevole, lo sceriffo e il procuratore distrettuale lo fecero rinchiudere in una stanza al secondo piano del tribunale stesso, pensando che così sarebbe stato più protetto. Fino a mezzanotte regnò la massima quiete, tanto da far pensare che la cosa sarebbe passata senza incidenti. Ma pochi minuti dopo la mezzanotte la guardia sentì bussare educatamente alla porta e, pensando che fosse un collega, socchiuse il battente per vedere che cosa volesse, ma si trovò di fronte un gruppetto di uomini armati di rivoltella a sei colpi, che lo sopraffecero e senza perder tempo trascinarono via il prigioniero. Poco tempo dopo il disgraziato pendeva da una corda attaccata all'insegna dello stallaggio di Kelmel & Allison sulla Tomichi Avenue. E qualche giorno dopo Gunnison fu alquanto scossa dalla notizia che 300 italiani si apprestavano, per ritorsione, a dar fuoco alla città.[9]

La temuta vendetta non fu mai messa in atto; tuttavia la popolazione di Gunnison credeva che gli italiani fossero veramente capaci di compierla. Va notato, d'altra parte, che gli episodi di violenza nel Colorado non furono volti soltanto contro gli italiani. Il testimone al quale dobbiamo il racconto del linciaggio di Gunnison non esita, nel suo candore, a scrivere: «Nei primi nove mesi dopo il mio arrivo vi furono perlomeno sei uccisioni con arma da fuoco, un linciaggio e un'impiccagione legale».[10] Forse egli indugiò a raccontare l'episodio di Gunnison perché il protagonista ne era stato uno straniero, il che dava al fattaccio un tono esotico e lo rendeva degno di essere ricordato ai posteri. Non diversamente i lettori delle gazzette locali di Denver erano stati affascinati, nel 1875, dal quadruplice omicidio compiuto da quattro italiani in detta città.[11]

L'atmosfera di strafottenza e di spavalderia delle città della frontiera favoriva l'esplosione della violenza nei delinquenti potenziali. Leadville, che era sorta nel 1878, contava già due anni dopo, nel 1880, 300 saloon, quattro sale da ballo e cinque teatri di varietà, nessuno dei quali era mai vuoto. La marea di vita che investiva le montagne del Colorado era animata ben più da moti di turbolenza e di anarchia che da sentimenti di giustizia e d'ordine. In un ambiente di avventurieri, di truffatori, di malfattori, dove bande di fannulloni dal grilletto facile sparacchiavano per le strade delle città, i minatori non potevano davvero aspettarsi di essere risparmiati dalla violenza. Nel 1895, in un distretto carbonifero del Colorado meridionale, un gruppo di minatori massacrò sei compagni di lavoro italiani coinvolti nell'uccisione di un *saloonkeeper* americano. E altri quattro italiani ci rimisero la pelle a Walsenburg nel 1900.

Agli italiani capitava anche di trovarsi immischiati nelle dispute altrui. A Lake City, nel Colorado, i minatori organizzarono nel 1899 un grosso sciopero di protesta contro una disposizione della società che faceva obbligo ai dipendenti celibi di alloggiare negli appositi dormitori predisposti dalla società stessa. Anche i minatori italiani, sobillati dai minatori «americani», dichiararono di non volere sottomettersi a questo obbligo odioso, e allora la direzione della miniera dichiarò cessato per tutti il rapporto di lavoro. A questo punto gli italiani si rifiutarono di uscire dal recinto della miniera, e solo l'intervento del locale console italiano indusse la società a concedere ai minatori celibi un margine di tre giorni, e di trenta ai minatori con famiglia, per lasciare il posto. L'annuncio fece esplodere un gravissimo sciopero.

Gli scioperi erano motivati anche da altre ragioni, come ad esempio dalle inadeguate misure di sicurezza delle miniere. I minatori lamentavano che le ispezioni delle gallerie erano una farsa, che non si usavano gabbie protettive per farli scendere nei pozzi pericolosi, che c'erano enormi cantieri di miniera senza neppure una trave di sostegno. Quel che è peggio, accadeva spesso che, per mancanza di adeguata aerazione, si dovessero portar fuori dalle gallerie minatori svenuti o addirittura uccisi dalle esalazioni venefiche.

La bestialità di questa situazione non poteva non gettare i minatori in braccio ai sindacati. È passata alla storia la dichiarazione di un immigrante iscrittosi al sindacato minerario di Cripple Creek «perché mi resi conto che mi avrebbe aiutato a conservare il mio posto di lavoro e mi avrebbe protetto in caso di incidente sul lavoro o di malattia, essendo il sindacato, da questo punto di vista, proprio come una setta segreta».[12] All'inizio del nostro secolo vediamo un giornale socialista, lo «Wayland's Monthly», protestare violentemente contro la deportazione di lavoratori nelle miniere del Colorado, attuata dalle autorità militari. In queste deportazioni obbligatorie si trovarono coinvolti anche degli italiani; e fra questi italiani vi furono Josef Paganni e Adolfo Bartolli, rispettivamente direttore ed editore del giornale «Il Lavoratore Italiano» di Trinidad, che il 26 marzo 1904 aveva incitato alla resistenza contro la direzione delle miniere. Da Trinidad fu deportato anche William M. Wardjon, organizzatore nazionale dello United Mine Workers of America. Lo «Wayland's Monthly» riferisce i fatti, bollandone il carattere illegale e inumano:

Il 19 maggio 80 scioperanti italiani furono fatti marciare, sotto scorta di truppe di cavalleria, da Berwind a Trinidad. Questi italiani avevano rifiutato di iscriversi a Berwind. [...] Essi denunciarono il fatto che 18 miglia [circa 29 chilometri] di marcia per terreno montagnoso in una giornata caldissima li avevano grandemente affaticati e che alcuni si erano lasciati cadere al margine della strada, con l'unico risultato di essere presi a male parole e spinti avanti dai soldati a cavallo. Fu data loro acqua, ma non fu dato loro cibo né durante la marcia né all'arrivo a Trinidad. Giunti al comando militare furono fotografati a gruppi e registrati secondo il sistema Bertillon, e poi messi in libertà. [...] Il 22 maggio 10 uomini, arrestati nelle due settimane precedenti sotto imputazioni varie, furono caricati a Trinidad, sotto scorta di un ufficiale e una squadra di soldati, su un treno della Colorado & Southern diretto a sud e scaricati oltre la frontiera del New Mexico, dove fu intimato loro di non ritornare al distretto minerario fino a quando vigeva la legge marziale.[13]

Gli immigranti parteciparono dunque in pieno al conflitto che, all'inizio del nostro secolo, rese così difficili i rapporti fra lavoratore e gestione. Durante lo sciopero di Cripple Creek del 1904, il governatore del Colorado proclamò la legge marziale e ordinò alla milizia di Stato di sciogliere la Western Federation of Miners. Non diversamente, quattro anni dopo il governatore del Nevada, durante lo sciopero di Goldfield, diede il suo appoggio ai proprietari delle miniere nel tentativo di liberare lo Stato dalla presenza dei sindacati.

I lavoratori stranieri detestavano in modo particolare l'idea di essere il gregge dei proprietari di miniera o di industria e di dipendere da questi per l'impiego, la casa, il cibo e perfino l'istruzione scolastica dei loro figli. Era gente che si era sottratta ai residui feudali del proprio paese d'origine spezzandone le maglie e puntando verso occidente, e che adesso era insofferente del passato e non poteva accettare di buon grado di ricadere, in quelle alte e libere montagne, in nuove forme di discriminazione. Da «americani in transizione» quali erano, godevano di una libertà di scelta che consentiva loro di non mettere radice in alcun luogo. E il West, nonostante gli episodi di violenza nel mondo del lavoro cui si assisteva nel Colorado, offriva loro una società fluida ed aperta.

Stimolati dall'idea socialista di una società senza classi, i minatori immigrati nel West cominciarono fin dal principio del secolo ad interessarsi vivamente dell'organizzazione sindacale del lavoro. Il loro atteggiamento – è stato osservato – differì largamente da quello dei lavoratori «americani», per i quali i sindacati erano qualcosa di «non americano». È tipico il modo in cui gli italiani si trovarono coinvolti nel tentativo di organizzare sindacalmente i lavoratori di vari complessi industriali, e in particolare della Colorado Fuel and Iron Company Works a Trinidad e Pueblo, di cui era proprietario John D. Rockefeller Sr. Il 20 aprile 1914, nel campo minerario di Ludlow, Colorado, fatto di tende, esplose una violenta dimostrazione dei minatori contro la direzione per le insoddisfacenti condizioni di retribuzione, di orario e di lavoro. La manifestazione, alla quale gli italiani parteciparono, acquistò il carattere di una vera e propria battaglia. I proprietari chiesero l'intervento della milizia di Stato, la quale sparò sui lavoratori, immigrati e non immigrati, e mise a fuoco tutto il campo di tende di Ludlow, radendolo al suolo. Due donne italiane e tredici bambini vi trovarono la morte. Ci fu un intervento del presidente Wilson per metter fine alla dolorosa situazione e lo Stato del Colorado finì per pagare agli italiani un indennizzo per i danni da essi subiti, riconoscendo così almeno parzialmente la sua responsabilità per le vite umane sacrificate. I fatti di Ludlow rappresentarono per lo Standard Oil Trust una pubblicità così negativa, che John D. Rockefeller Sr. sentì il bisogno di ricorrere ai servigi di un *public relations man*, Ivy Lee, per cercare di ricostruire nell'opinione pubblica una buona immagine di sé.[14]

All'epoca del grande sforzo di affermazione del movimento sindacale negli Stati Uniti era inevitabile che gli immigranti partecipassero attivamente ai conflitti del lavoro, aderendo a questa o a quell'organizzazione. Gli italiani, ad esempio, parteciparono nel 1907 allo sciopero indetto dalla Western Federation of Miners nell'ambito delle miniere di ferro del Minnesota. Fallito lo sciopero del 1907, la Western Federation of Miners rientrò nel più vasto alveo della American Federation of Labor, rinunciando a fare del sindacalismo specificamente industriale. Allora gli immigranti, con la loro vaga conoscenza della situazione locale, si volsero alla Industrial Workers of the World, che comprendeva tutti i lavoratori, e non soltanto quelli specializzati. Nel 1910 solo il 15% dei lavoratori italiani del ferro negli Stati Uniti poteva vantare una precedente esperienza come minatore, ed erano proprio loro che sentivano particolarmente bisogno di protezione sindacale. Tra il 1912 e il 1914 gli italiani furono coinvolti anche nei conflitti di lavoro manifestatisi nelle miniere di rame del Montana. I sindacalisti della Industrial Workers of the World riaccesero la battaglia nelle miniere di ferro del Minnesota nel 1918, e fu una battaglia che si concluse con un grande successo, segnando il vertice delle fortune di questa organizzazione. Ma ben presto la Industrial Workers of the World doveva subire una serie di rovesci che ne segnarono la fine.[15]

Intanto lo sviluppo di nuove attività economiche aveva gradatamente ridotto l'importanza dell'oro e dell'argento, cui il Colorado doveva la sua fama. Questo fatto ebbe, fra le sue conseguenze, quella di diversificare l'attività degli immigranti. Nei primi anni del secolo, ad esempio, la località di Marble, nel Colorado, diventò un importante centro di estrazione e lavorazione del marmo. E furono artigiani italiani quelli cui fu affidato il compito di ridurre il marmo nelle forme definitive e di levigarlo a mano. Marble vanta il più gigantesco blocco di marmo ricavato dal fianco di una montagna, un blocco di cento tonnellate, che oggi occupa il posto d'onore nella capitale dello Stato, come monumento al Milite ignoto.

Un altro aspetto della presenza italiana nel Colorado è quello offerto dall'attività delle suore missionarie del Sacro Cuore, la cui superiora e guida – madre Francesca Saverio Cabrini – doveva poi essere la prima santa americana della Chiesa cattolica. La «santa degli emigranti», venuta in America dalla natia terra lombarda dove s'era formata la sua vocazione, fondò a Denver, nel 1904-1905, il Queen of Heaven Institute e promosse la creazione di tutta una serie di scuole e di orfanotrofi in altri Stati del West, dove l'opera da lei iniziata vive tuttora.[16]

Nel 1910, la popolazione italiana di nascita nel Colorado raggiungeva le 15 mila unità; e ciò significa che, tenendo conto della seconda generazione, toccava le 40 mila unità, quanto basta per giustificare e consentire la nascita e la vita di vari giornali. Fra i giornali che dal 1885 in poi videro la luce a Denver ricordiamo «La Stella», «La Nazione», «Il Risveglio», «La Capitale», «Il Roma» e «La Frusta». Fra i mensili ci fu «Il Vindice» e fra i settimanali «La Voce del Popolo», che nel 1931 distribuiva 15.595 copie. A Trinidad, nel 1919, «Il Corriere di Trinidad» distribuiva 3500 copie. Ma nel 1950 non restavano in vita che «Il Risveglio» a Denver e «L'Unione» a Pueblo. Quest'ultimo giornale aveva, nel 1931, una distribuzione di 16.291 copie.[17]

Nel Colorado gli italiani andarono a stabilirsi anche in località remotissime e strane. A un miglio da Julesburg c'è un luogo chiamato *The Italian's Cave. Si* tratta infatti di una caverna naturale ampliata artificialmente, al cui imbocco si vedono ancora le rovine di una costruzione in pietra a due piani. I muri di questa costruzione, spessi più di sessanta centimetri, sono forati da curiose feritoie. Questo fu per un certo tempo il rifugio di un franco-canadese, Jules Reni, cui si deve appunto la fondazione di Old Julesburg. Ma sembra che il costruttore della casa e del suo primitivo impianto idrico sia stato Umberto Gabello, un minatore italiano. Gabello, avendo ammassato una cospicua fortuna nei campi auriferi di Cripple Creek, s'era ritirato a far vita d'eremita in questa casa-caverna, evitando ogni contatto anche con i più vicini. Alcuni lo giudicavano matto, altri lo tenevano in conto di stregone; sta di fatto che alla sua morte furono trovati scolpiti nelle pareti della sua abitazione dei simboli esoterici, dai quali trasse forza l'ipotesi che il Gabello considerasse la casa come un tempio al dio Sole.[18]

Nel Colorado, come del resto in tante altre regioni, non è facile far rivivere lo spirito e le forme della vita di immigranti scomparsi senza lasciare testimonianze concrete. Non manca tuttavia qualche racconto in prima persona. Ed ecco una descrizione, sebbene frammentaria, di come si svolgeva la vita di questa gente intorno al 1900:

Zio Dominic viveva a Coalville, che era un campo minerario nella zona carbonifera del Colorado del centro-sud. Ci sarà stata forse un'ottantina o una novantina di baracche della società, nelle quali vivevano i minatori e le loro famiglie. Il paese all'intorno era montuoso e deserto. A Rockton, la città più vicina, che distava quattro miglia, si arrivava per una strada a montagne russe, tutta polvere. Qui c'era la stazione ferroviaria, e di qui partiva un tronco di linea che raggiungeva Coalville, percorso, una volta al giorno, da un treno merci con uno scompartimento per passeggeri, che andava a caricare il carbone. [...] A sentire mio padre, però, non c'era nulla di triste o di misero nella Coalville di allora. I minatori erano in massima parte italiani e polacchi, con un pizzico di gallesi, svedesi e americani. [...] I minatori venivano pagati secondo la quantità di carbone che riuscivano a estrarre: i migliori non superavano i 50 o 60 dollari al mese. In compenso erano costretti a pagare alla società un prezzo esorbitante per le baracche in cui vivevano; per giunta, poi, gli alti prezzi dei generi venduti dallo spaccio sociale mantenevano questa gente in uno stato di indebitamento continuo nei confronti della società. Di conseguenza c'era molto malcontento fra gli americani; ma gli italiani e i polacchi, memori della povertà e dei sacrifici affrontati in patria, non erano, nel complesso, insoddisfatti...

In questi campi minerari, come osserva il testimone, si sviluppava un autentico senso di solidarietà:

Gli italiani del campo minerario [...] erano come una grande famiglia tenuta assieme dal comune lavoro, e quando uno se ne andava, ci si rammaricava come per la partenza di un fratello. [...] Alle cerimonie di addio partecipavano tutti, a Coalville, perfino il sovrintendente della società.[19]

Nel freddo e inospitale ambiente dei campi minerari avevano molta importanza, soprattutto d'inverno, l'alloggio e il cibo, e lo vediamo dalle righe che seguono:

Il gran fuoco che d'inverno rugge nella stufa panciuta; i vetri delle finestre appannati; le montagne incappucciate di neve; la cantina gelida, con i suoi sacchi di patate infestati dai ragni, e le cipolle, e le braciole di maiale in scatola, e le salsicce all'italiana conservate nello strutto; e il fischio del vento che gira attorno alla casa [...] le pentolate di spaghetti rosso-sangue, e i tegami di stufato, e i vassoi di patate fritte e di peperoni al forno, e le pagnotte di pane odoroso che s'indora nella stufa...[20]

Nel 1910 il Colorado State Board of Immigration, l'ufficio statale di immigrazione, fece di tutto per indurre i contadini italiani a stabilirsi nello Stato.[21] Ne vennero, e si addensarono attorno alla comunità agricola di Welby, a nord di Denver. Si diedero alla produzione della frutta, del latte e dei latticini, degli ortaggi, e in particolare dei sedani. Spedivano questi prodotti agricoli nella capitale del Colorado, la cui richiesta cresceva col crescere della popolazione. Un sottoprodotto secondario, se vogliamo, ma molto apprezzato localmente è il *Merlino Cherry*, che con il non meno noto *Raspberry Cider* (succo di lampone) viene fabbricato tuttora da una famiglia di pionieri italiani stabilitasi a Cañon City.

Gli italiani hanno lasciato memoria di sé in alcuni toponimi della loro alta e rocciosa patria d'adozione. Alla testata della valle del Gunnison l'*Italian Peak* (chiamato anche *Italia Mountain*) ricorda gli italiani, così come Corno, nella Park County, ricorda la località occupata nel 1879 da minatori italiani. Nel 1907 gli italiani ottennero dal parlamento dello Stato che il Columbus Day fosse dichiarato festa nazionale. Essi continuano poi a celebrare altre feste, fra cui, importantissima per gli italiani di Denver, la festa di san Rocco, a ricordo del prete misericordioso che andava elemosinando fra i ricchi per curare i malati.[22]

Nonostante le dure condizioni del lavoro e la forte concorrenza, gli italiani riuscirono, nel Colorado, ad integrarsi nella società locale. I conflitti del lavoro nei quali si trovarono coinvolti non compromisero il loro futuro. Il West delle Montagne Rocciose, il *Rocky Mountain West*, diede loro, in fondo, agio di crescere, di irrobustirsi, di piantare profonde e salde radici nel terreno.

IX

IN AVANSCOPERTA NELLA REGIONE FRA I MONTI

Ad ovest della catena delle Montagne Rocciose e ad est di quella delle Cascate si stende l'*Intermountain West*, la regione fra i monti. In questa vasta terra cinta e delimitata da montagne si riversò rapida, nella seconda metà del XIX secolo, l'ondata migratoria che saliva dalle grandi pianure. Prima che avesse tempo di formarsi una frontiera di colonizzazione, cacciatori, commercianti, esploratori, uomini di Dio si spinsero nell'alta regione tra il Colorado occidentale e il Nevada orientale. Fra questi pionieri vi furono preti italiani, la cui attività si diresse verso le tribù indiane residenti nel Montana occidentale ed oltre. Non c'erano frontiere né geografiche né amministrative per i sacerdoti in nero della Compagnia di Gesù: da quando, nel XVI secolo, Francesco Saverio aveva iniziato la sua opera missionaria in Giappone, i gesuiti avevano stabilito le loro basi nelle più lontane terre, da Goa in India allo Zambesi nell'Africa australe, e l'America non era che una provincia del loro grande regno missionario.

Tuttavia l'evangelizzazione degli indiani dell'America occidentale rappresentò per i gesuiti un compito importante. Nel 1831, e poi di nuovo nel 1835, nel 1837 e nel 1839, delegazioni di indiani del Montana occidentale si erano recate fino a St. Louis in cerca del «libro celestiale dell'uomo bianco». Queste delegazioni di Flathead e di Nez Percé – di Testepiatte e di Nasi Forati, tribù Selish del Montana occidentale – guidate da un irochese francofono, chiedevano ai gesuiti del St. Louis College di stabilire una missione permanente non soltanto fra loro, ma anche fra i Pend d'Oreilles, i Kutenai (o Kootenai), gli Spokane, i Kayuse e i Kettle. Finalmente nel 1840, dopo le ripetute richieste rivolte dagli uomini rossi alle tonache nere perché andassero ad insegnar loro i modi dei bianchi, il padre gesuita belga Jean De Smet si decise a compiere il suo ben noto viaggio esplorativo fra le tribù stanziate al di là delle Montagne

Rocciose, all'estremo ovest del grande spartiacque continentale. Tornato a St. Louis, De Smet lanciò un appello ai volontari disposti a recarsi ad evangelizzare quelle remote tribù. De Smet, pur essendo il personaggio centrale del missionarismo gesuita nell'America dell'Ovest, non aveva la tempra del «gesuita di frontiera», capace di vivere tutta la vita fra genti rimaste fuori del mondo. Era, piuttosto, un organizzatore e un finanziere, il capo di stato maggiore dell'esercito missionario gesuita nell'America nord-occidentale.[1]

L'appello di De Smet fu raccolto in Europa. Gli risposero dall'Italia, centro tradizionale di reclutamento dei gesuiti, dei giovani sacerdoti impazienti di azione. Non ne occorrevano molti. Il primo, il ventinovenne Gregorio Mengarini di Roma, si presentò a padre De Smet, in St. Louis, nel 1841; e in quello stesso anno De Smet, Mengarini e un gruppetto comprendente padre Nicholas Point, tre fratelli laici e alcuni mulattieri e montanari canadesi varcarono i confini del Missouri diretti verso occidente. Il 30 aprile essi lasciavano Westport, località destinata a diventare, in seguito, la base di partenza delle spedizioni verso l'Ovest. In prossimità del villaggio degli indiani Kaw sul fiume omonimo raggiunsero un gruppo di una cinquantina di immigranti, il primo gruppo organizzato che osasse spingersi al di là delle grandi pianure verso la California. Il capo di questo gruppo, John Bidwell, così descrisse in seguito l'incontro:

Poi ci raggiunse uno, uno degli ultimi, e ci disse che un gruppo di missionari cattolici era in cammino da St. Louis diretto verso le terre degli indiani Testepiatte, avendo per guida un vecchio montanaro delle Rocciose, e che se avessimo aspettato un altro giorno quei missionari si sarebbero uniti a noi. Sulle prime ci sentimmo gelosi della nostra indipendenza e ci parve che non fosse il caso di attendere l'arrivo di un gruppo di missionari, che avrebbe rallentato la nostra marcia. Ma avendo constatato che nessuno di noi sapeva esattamente quale strada avremmo dovuto prendere, venimmo a più saggi consigli altrimenti, forse, nessuno di noi sarebbe mai arrivato in California.[2]

Il «vecchio montanaro delle Rocciose» era Thomas Fitzpatrick, un veterano delle piste del West, guida di lunga esperienza, che nel 1836 aveva condotto Marcus Whitman e la moglie attraverso le grandi pianure fin nell'Oregon. Il suo aiutante era John Grey, altro cacciatore della frontiera, e il resto della comitiva era fatto di veri e propri segugi. Così le guide di De Smet pilotarono i due gruppi oltre le pianure e le Rocciose, per cinque mesi. L'attrezzatura dei gesuiti consisteva di quattro carrette a due ruote e un carro coperto, il tutto tirato da muli. I missionari andavano a cavallo. Ad una biforcazione della pista nel cuore dell'odierno Idaho, i padri De Smet e Mengarini si accomiatarono dal gruppo Bidwell-Bartleson e si diressero verso la regione del fiume Snake, e di qui verso il Montana occidentale.

I tre missionari, tutt'e tre stranieri, raggiunsero così la Bitter Root Valley, patria dei Testepiatte o indiani Selish. Fu nella zona tra Fort Owen, che allora non esisteva, e l'odierna Stevensville, zona attraversata trentasei anni prima dalla spedizione Lewis-Clark, che i tre missionari stabilirono la sede della missione, costruendo una grezza casa di tronchi d'albero, le cui connessure riempirono d'argilla. A questo punto lontano e solitario diedero il nome di St. Mary, dedicandolo alla beata vergine. Fu la prima missione e la prima chiesa del Montana, ma fu anche il punto di partenza di ulteriori spedizioni missionarie. De Smet ritornò verso il Missouri affidando St. Mary a padre Mengarini, il quale trascorse nella regione i dieci anni che seguirono, conducendo il suo apostolato fra gli indiani.

Padre Mengarini era un uomo fuori dell'ordinario. Prima di essere chiamato a presiedere il Santa Clara College in California ebbe tempo di imparare le lingue Selish e Kalispel con tanta perfezione che gli indiani stessi, di solito, non trovavano differenza fra la loro parlata e la sua. Gli piaceva, anzi, di farsi passare per uno dei loro.[3] Una delle fonti fondamentali della primissima storia dell'*Old Oregon*, com'era chiamata allora la regione, sono gli scritti dello stesso Mengarini.[4] Padre Mengarini è riconosciuto come la massima autorità nel campo della lingua e della cultura dei Flatheads o Testepiatte. Pubblicò in latino la *Grammatica Linguae Selicae*, che nel 1861 fu tradotta in inglese[5] e non fu mai sostituita o superata da altre. Nel 1846 si mise a lavorare attorno ad un *Dictionary of the Kalispel or Flat-Head Indian Languages*, che fu poi stampato nel 1877 nella tipografia di St. Ignatius, una delle prime missioni dei gesuiti nel Montana.[6]

L'azione dei gesuiti non è esente da critiche, e va riconosciuto che in alcuni casi le loro realizzazioni ebbero breve durata. I conversi trovarono, sì, assistenza e sollievo alla loro miseria, ma più d'una volta ripiombarono nello stato originario, essendo rimaste a fior di pelle l'educazione e l'istruzione impartite dai maestri europei. Eppure quei primi missionari compirono veramente uno sforzo sovrumano per capire gli indiani. Le prime grammatiche indiane furono opera loro nel Montana. La vita e le costumanze degli indiani furono descritte per la prima volta da padre Alessandro Diomedi, che condusse il suo apostolato fra i Kalispel della regione dell'alto Columbia e del Coeur d'Alène e che nel 1879 pubblicò gli *Sketches of Modern Indian Life*.[7] Dirigeva lui stesso una sua tipografia, nella quale stampò *Smiimii Lu Tel Kaimintis Kolinzuten*, abbecedario e libro di lettura Kalispel, al quale fece seguire un *Kalispel Dictionau*, opera collettiva sua e dei confratelli gesuiti della missione di St. Mary, la cui redazione li impegnò per oltre tre decenni.[8] Ci vollero tre anni (1876-79) per stampare i tre volumi di cui si compone.[9]

Altro esperto linguista fu padre Filippo Canestrelli, che nel 1894 pubblicò una grammatica Kootenai. La grammatica era destinata ai gesuiti (ai quali era stato fatto obbligo di imparare tale lingua) e fu quindi pubblicata in latino. Altro esempio di questa attività di esegesi culturale e linguistica, che vide primeggiare i padri Mengarini e Canestrelli, fu il *Dictionary of the Nez-Percé Language* di Antonio Morvillo, pubblicato nel 1895 nella missione di St. Ignatius. Bisogna dire che i gesuiti del Montana non si lasciarono sfuggire davvero occasione alcuna per far conoscere le lingue indiane, attraverso grammatiche e messali, al mondo.

In quella che si chiamò la Mission Valley, non lungi dall'odierna cittadina di Missoula, i primi residenti bianchi furono Mengarini e De Smet. Fu appunto qui che essi fecero sorgere, nel 1844, la missione di St. Ignatius, le cui costruzioni di tronchi d'albero furono poi sostituite da costruzioni in mattoni, tali da vincere i rigori invernali. A St. Ignatius, che è tuttora un notevole istituto dei gesuiti, venne poi padre Giuseppe Bandini.[10]

Mengarini – secondo quanto di lui scrisse il biografo di padre De Smet – era «uomo di provata virtù e di carattere amabile, esperto come medico, non comune conoscitore di musica, e linguista di vaglia». La sua era medicina naturista, popolare, fisiatria basata sulle proprietà terapeutiche delle erbe indiane, come quella di un altro padre, Pietro Prando; ma c'era anche chi, come padre Ravalli, faceva della medicina scientifica e praticava la vaccinazione. Sulla fisiatria indiana, padre Mengarini scrisse articoli scientifici in riviste americane di etnografia e antropologia.[11]

L'esperienza di frontiera sviluppò tanto in Mengarini quanto in Ravalli delle non comuni facoltà di percezione e una straordinaria tenacia nell'affrontare le durezze di una vita solitaria in una remota regione nordica. Per un romano abituato al clima mite del Mediterraneo dovevano essere molto aspri gli inverni del Nord-ovest americano. Nel 1844 lo stesso padre De Smet, desiderando recarsi a visitare padre Mengarini, scrisse perché non poté farlo:

Essendosi uno dei miei Kalispel offerto di portare un messaggio fino a St. Mary servendosi delle scarpe da neve, scrissi a padre Mengarini, e fra l'altro gli dissi: «Ho fatto del mio meglio, lasciandomi guidare dalla prudenza, per venire da te, ma mi sono scontrato nelle barriere insuperabili delle nevi che coprono i monti del Cocur d'Alène e dei fiumi in piena, ed ora eccomi bloccato definitivamente dal ghiaccio a Clark's Fork».[12]

De Smet doveva poi venire a sapere che anche Mengarini «era scampato per un pelo alla minaccia della neve e delle piene e che aveva perduto dodici cavalli nella "foresta maledetta"».[13]

Questi coraggiosi missionari, poi, non potevano mai dirsi del tutto al sicuro dalle rapine degli indiani. Una volta padre Mengarini definì la storia della sua missione come «in buona parte il racconto di scorrerie di Blackfeet e di rappresaglie dei Flatheads», lasciando intendere quanto filo da torcere avessero dato loro i Selish Testepiatte e i Siksika Piedi Neri. La pacificazione dei Piedi Neri, predoni e assassini, fu un problema continuo; ed è certo che la missione dei gesuiti non sarebbe riuscita a stabilirsi nel Montana se l'anno prima del loro arrivo una pestilenza non avesse decimato i Blackfeet. Infatti i Blackfeet non cessarono mai, quando la missione ebbe posto radici, di attaccarla spavaldamente con incursioni notturne e di depredarla di cavalli e di muli.

Gli indiani misero più volte a soqquadro la zona tutt'attorno alla missione. Nella *Mengarinis Narrative of the Rockies* è descritta una battaglia tipica fra i Testepiatte e i loro nemici mortali Piedi Neri:

In vari punti erano stati predisposti degli sbarramenti, dietro i quali, se battuti in campo aperto, i Testepiatte avrebbero opposto l'ultima resistenza. Un'altura ci separava dalla pianura dove si svolgeva il combattimento, ma sentivamo il fischio delle pallottole che passavano alte sopra le nostre teste. I combattenti non gridavano, ma il suono delle fucilate si faceva sempre più vicino, cosicché capivamo che il nemico stava esercitando una forte pressione sulla parte a noi amica. Appena fui al riparo del boschetto levai le mani al cielo e pregai con tutto il mio fervore. La battaglia durò fin quasi a sera [...] il sole tramontava quando i nostri guerrieri ritornarono trionfanti, portando i corpi dei loro quattro morti. Il nemico aveva cercato scampo nel proprio accampamento, lasciando sul terreno ventiquattro cadaveri.[14]

Dal 1841 al 1850 Mengarini si dedicò ad insegnare il catechismo alle Testepiatte, ad organizzare una banda indiana, ad insegnare (e imparare) giochi sportivi, a studiare gli usi e costumi dei Flatheads, ad esercitare la medicina a loro beneficio. Può sembrare un fatto eccezionale questa capacità di un prete appena giunto dall'Europa di adattarsi tanto prontamente alla dura vita di una zona di frontiera non ancora visitata dai bianchi. Ma Mengarini e De Smet appartenevano alla tradizione di quel padre Kino che un secolo e mezzo prima era andato ad evangelizzare la frontiera sud-occidentale. Dappertutto – nel New Mexico prima, nel Montana e nell'Arizona poi – i gesuiti dovettero combattere contro le più grandi difficoltà per compiere la loro azione missionaria.

Così, dunque, la primissima storia del Montana è, almeno in parte, la storia delle vicende di un manipolo di «preti della frontiera», assai spesso italiani, e delle loro realizzazioni materiali e spirituali. Ciò che essi si proponevano era di fondare missioni, aprire chiese al culto, offrire scuole agli indiani, redigere e stampare dizionari e grammatiche, e tentare, così facendo, di convertire il loro gregge al cristianesimo. Non si preoccuparono mai di trascinare con sé dei coloni italiani. E se nelle loro file si aprivano dei vuoti, perché gli indiani uccidevano qualcuno di loro, questo stesso fatto sembrava stimolare il reclutamento dei sostituti in Italia. Tra il 1840 e il 1900 furono una settantina i preti, i seminaristi e i fratelli laici italiani che raggiunsero le missioni gesuite del Nord-ovest.[15]

Questi gesuiti del Nord-ovest erano generalmente, rispetto ai tempi e ai luoghi, uomini di educazione superiore. Padre Congiato era stato vicepreside del Collegio dei nobili in Italia e del Collegio di Friburgo in Svizzera, poi di un piccolo college dei gesuiti in America, e precisamente a Bardstown, nel Kentucky. Finito il suo servizio fra gli indiani, fu nominato rettore del college di San Francisco, diventato poi Università di San Francisco. Padre Giorda era stato insegnante in un seminario italiano e padre Canestrelli all'Università gregoriana di Roma. Diomedi, prima di recarsi in America, era tutore nel Collegio del Gesù a Roma; Imoda insegnava nel Collegio dei nobili di Napoli; D'Aste aveva studiato matematica alla Sorbona di Parigi. Cataldo aveva studiato in Sicilia e nel Belgio; Prando a Roma e a Monaco; Rappagliosi in Italia, in Francia e in Belgio; Palladino in Italia, Austria e Francia; e Vanzina, prima di iniziare il suo apostolato di diciassett'anni fra gli indiani, era prefetto nel college di San Francisco.[16]

Il gesuita italiano dell'America del Nord-ovest appartenente a più illustre casata fu padre Gregorio Gazzoli, «uomo di finissimi modi e d'ingegno», degno esponente della nobiltà romana. Uno zio era stato cardinale, e a lui il papa Pio VII in persona aveva impartito il battesimo. Ma né l'ambiente sociale né le comodità della vita impedirono al Gazzoli di recarsi nel 1850, in veste di missionario, nella zona del lago Coeur d'Alène e di dirigervi per molti anni, insieme con padre Ravalli, una missione gesuita. Ma «dirigervi» non è la parola esatta, perché Gazzoli e Ravalli erano tutta la missione. Essi, oltre a padre Cataldo, esercitarono una grande influenza sugli indiani, nel senso di dissuaderli dallo scendere sul sentiero di guerra.[17]

Inutile dire che oltre agli italiani c'erano anche degli austriaci, dei francesi, dei tedeschi e dei belgi: i gesuiti del Nordamerica formavano infatti una brigata internazionale. Sul finire del 1846 padre De Smet si mise in viaggio per rientrare dalle Montagne Rocciose a St. Louis, e da allora non tornò più ad essere, se così si può dire, un *field missionary*, un missionario di prima linea. Egli fu, comunque, il promotore dell'attività di frontiera dei gesuiti, così come Mengarini ne fu l'esecutore. Ma sarebbe più giusto dire che Mengarini, destinato prima alla Willamette Valley nell'Oregon e poi, nel 1850, a Santa Clara di California, fu uno degli esecutori di questo grande piano missionario.[18]

Non c'è tribù indiana del Nord-ovest nel cui seno non abbia lavorato un gesuita italiano. Padre Grassi (che per un anno intero preferì a qualsiasi altro cibo una dieta di frittelle e lardo) visse tra i Blackfeet, i Gros Ventre, i Kalispel, gli Okanagan, i Chelan, gli Yakima e gli Umatilla. Padre Caruana lavorò fra gli Yakima; padre Guidi fra i Kettle; padre Morvillo fra i Nez Percé; padre Imoda fra i Blackfeet e Palladino fra i Flatheads.[19]

Erano uomini nati in epoca napoleonica e post-napoleonica, e quasi tutti vissero nel Wild West americano fin oltre l'epoca vittoriana. In genere furono longevi: De Smet visse dal 1801 al 1876; Joset dal 1810 al 1900; Cataldo dal 1837 al 1928; Accolti dal 1807 al 1878; Ravalli dal 1812 al 1884; Congiato dal 1816 al 1897; Palladino dal 1837 al 1927; Caruana dal 1836 al 1913.

In maggioranza raggiunsero le missioni dell'America del Nord-ovest dopo che queste, nel 1854, erano state affidate ai gesuiti di Torino. Ma un certo numero era stato reclutato prima da padre De Smet: padre Antonio Ravalli di Ferrara giunse infatti a Fort Vancouver, sulla costa del Pacifico, nel 1844, insieme con padre Michele

Accolti, e da allora rimase sempre nel West,[20] rinunciando deliberatamente a quella brillante carriera che avrebbe potuto percorrere in Europa. Ravalli era entrato quindicenne nell'ordine dei gesuiti, aveva studiato medicina, chirurgia, lettere, filosofia e scienze naturali, aveva insegnato a Torino, era uomo semplice di modi e cordiale. Fu il primo medico, il primo farmacista, la prima autorità scientifica del Montana. Sapeva maneggiare altrettanto bene una pialla a mano e una piallatrice meccanica, una sega da falegname e una lima, fare un muro di mattoni o un mobile, mettere i ferri a un cavallo e forgiare il ferro; si fabbricava le candele da sé e sapeva di musica e di pittura. Allegro, dinamico, estroverso, aveva una sola lacuna, che però costituiva per lui una grossa difficoltà: non riusciva ad imparare le lingue e i dialetti indiani. Con gli indiani, inoltre, non sapeva molto bene mantenere la disciplina.[21]

Ravalli raggiunse la Bitter Root Valley nell'estate del 1845 per prepararsi a continuare, quando ne fosse giunto il momento, l'opera di Mengarini e di De Smet, e prese il posto di padre Pietro Zerbinatti il quale concluse poco dopo la sua esistenza terrena annegando nel Bitter Root River. Ben presto rimase praticamente solo a St. Mary, e da solo costruì «un curioso edificio barocco lungo ventisette metri e alto diciotto [...] fatto di tronchi squadrati con l'accetta e senza un sol chiodo».[22] Fabbricava con le sue mani tutti, si può dire, gli arredi occorrenti per le sacre funzioni. Si fece arrivare a dorso di cavallo, da circa trecento miglia di distanza, una pietra da macina di tipo europeo, e la fece andare ad acqua. Fu la prima macina del Montana, e contribuì molto a migliorare la dieta dei padri gesuiti, i quali, fino a quel momento, si erano nutriti quasi esclusivamente all'indiana, di carne di bufalo, pesce, strutto, radici, bacche e pochi tipi di verdura. Con l'aiuto di padre Mengarini, padre Ravalli costruì anche una segheria primitiva; poi inventò un piccolo distillatore per estrarre alcool medicinale da certe radici locali, e zucchero dalle patate. Nel suo piccolo dispensario di tronchi d'albero vaccinava gli indiani, eseguiva amputazioni, fabbricava polveri e medicamenti con le sostanze più elementari. Italiano era anche il suo superiore diretto, padre Gerolamo d'Aste, che i moti del 1848 avevano cacciato da Genova.[23]

Questi preti votatisi volontariamente all'esilio ricevevano posta da casa non più di una volta l'anno. E per riceverla, come del resto per ogni provvista, erano costretti a mandare degli indiani fino a Fort Vancouver, vale a dire ad ottocento miglia di distanza. Oltre a occuparsi dei Flatheads affidati alle sue cure, Ravalli si interessava anche degli indiani Coeur d'Alène residenti in quella striscia montuosa che oggi si chiama «il manico di padella» dell'Idaho, perché questo Stato, di forma allargata a sud, si restringe e si allunga a nord, insinuandosi fra il Montana ad est e l'Oregon e il Washington ad ovest. Nel 1860 fu destinato al college gesuita di Santa Clara, in California, ma nel 1864 gli fu permesso di ritornare nel Montana occidentale, dove fu il parroco dei cercatori d'oro durante la corsa ai giacimenti del Sun River; e nel 1866 ebbe la gioia di poter riaprire la missione di St. Mary, che era stata chiusa nel 1850. Intanto, nella seconda metà degli anni 1860 andava aumentando l'afflusso dei bianchi nel Montana occidentale, e Ravalli continuò ad essere per altri due decenni, in mezzo a loro, quel che era stato in mezzo agli indiani: una figura in cappotto lungo e stivali, breviario in tasca, medicine e strumenti chirurgici nelle bisacce della sella, a cavallo di un pony indiano, impavido in mezzo alle nevi invernali e alle calure estive, nel suo ministero di assistenza al malato e all'infortunato. Sul finire della vita era così malato lui stesso da non poter più occuparsi del piccolo ambulatorio di tronchi d'albero, che aveva costruito con le sue mani vicino a St. Mary ed era stato il primo di tutto il Nord-ovest.

Ravalli continuò per quarant'anni la sua fatica senza mai ritornare in patria, per la quale tuttavia conservava un intenso amore. «Sì,» rispose una volta a chi gli chiedeva se non avrebbe voluto e potuto tornare a rivedere il suo paese «avrei potuto concedermi quella gioia. Ma allora il mio sacrificio non sarebbe stato completo.» E detto questo abbassò il capo, e pianse singhiozzando come un bambino.[24] Un lampo della sua grande, paziente tenacia traspare da una lettera da lui scritta a Narcissa Caldwell pochi mesi prima della morte, che lo sorprese a St. Mary nel 1884. Da anni, ormai, era confinato a letto, e per dare la sua assistenza ai malati si faceva trasportare su una barella di strisce di pelle di cervo. Soffriva molto, ma scriveva: «Non per questo cesserò di benedire il Signore, essendo certo che Egli non mi manderà tribolazioni che io non possa, con il Suo aiuto, sopportare».[25]

L'alta considerazione in cui questo italiano fu tenuto fece sì che il suo nome restasse per sempre legato ai luoghi del suo apostolato. A lui sono dedicate la città di Ravalli, sulla Northern Pacific Railroad, e la contea omonima.[26]

La storia di un altro missionario di alta cultura, formatosi alla scuola di Torino come padre Ravalli, illumina l'opera e l'influenza dei gesuiti nell'America del Nord-ovest. Intendiamo parlare di padre Giuseppe Giorda, di nobile famiglia anche lui al pari del Gazzoli, che prima di raggiungere l'America aveva fatto la sua esperienza pastorale in Corsica. Giorda è sulla stessa linea di padre Ravalli. Dopo aver fondato la missione di St. Peter sul fiume Missouri e aver lavorato fra gli indiani Coeur d'Alène, padre Giorda raggiunse la più barbara città mineraria del West, Virginia City, con il proposito di aprirvi una chiesa. L'atmosfera di violenza e di illegalità non impediva che fosse sentito il bisogno religioso, e padre Giorda cercò disperatamente di trovare una cappella dove celebrare la messa. Era quasi sul punto di abbandonare il tentativo, quando gli giunse un aiuto inatteso.

Era la vigilia di Natale, e la voce dei suoi inutili sforzi si sparse fra i clienti di un bar cittadino. Alcuni di questi, i più autorevoli, levati i bicchieri a guisa di solenne impegno, decisero di compiere un passo presso il generale Thomas Francis Meagher, un possente irlandese facente funzione di governatore del Montana. Questo straordinario personaggio dal grande naso carnoso e dall'abbondante capigliatura a ciocche inanellate, ascoltò il loro appello e aderì ad aiutarli a raccogliere tanto oro quanto poteva occorrerne per prendere in affitto un teatro all'incrocio di via Wallace con via Jackson, già impegnato con una compagnia di varietà. Agli attori della compagnia fu fatto capire che avevano bisogno di una settimana di riposo; gente di ogni razza e di ogni mestiere si diede a trasformare il teatro; le scritte e le pitture allegre furono rimosse, sulla porta d'ingresso fu fissata una grande croce, festose decorazioni di pungitopo ornarono l'interno. Gente di Virginia City costruì l'altare, la balaustra della comunione, il confessionale. I preparativi furono, per i cattolici, tanto eccitanti quanto lo era stata la febbre dell'oro a Last Chance Gulch.

A mezzanotte fu celebrata la messa. La gente era tanta, che molti si inginocchiarono davanti alla porta nonostante l'inclemenza del tempo. Finita la messa, il proprietario del teatro si lagnò perché il locale era stato reso inservibile per l'uso cui era destinato. Allora il governatore Meagher gli chiese di dare un prezzo alla costruzione; poi fece personalmente una seconda colletta di polvere d'oro; e la fece con un piatto di porcellana di Delft, usando un cucchiaio per vuotarvi dentro la preziosa polvere. Infine, esprimendo la speranza che padre Giorda volesse fare di Virginia City la sua casa, consegnò allo sbalordito sacerdote torinese il ricavato della colletta. A questo punto padre Giorda non seppe trattenersi e scoppiò in lacrime. La sua messa aveva dato alla gente del Montana la prima chiesa di città.[27]

Poco dopo, nonostante la sua cattiva conoscenza dell'inglese, di cui egli stesso si rammaricava, padre Giorda fu scelto come cappellano della seconda Legislatura territoriale del Montana.[28] Dal 1862 al 1866 fu capo dei gesuiti del territorio, e tornò ad esserlo una seconda volta finché, nel 1877, fu sostituito da padre Cataldo. Abbiamo già detto che prima di arrivare a Virginia City aveva fondato fra i Blackfeet la missione di St. Peter, della quale fu poi superiore un altro italiano, padre Giuseppe Damiani. Pio IX attesta che Giorda rifiutò, «con una modestia unica», la mitra vescovile. Egli predicava in sei lingue, fra cui il Nez Percé, il Flathead e il Blackfoot. Gli indiani lo chiamavano il Capo Romano e lo tenevano in conto di uomo tanto dolce e amante della pace da farne il loro mediatore quando, nel 1877, ci fu la guerra dei Nez Percé. Al pari di Mengarini, di Morvillo, di Canestrelli e di altri gesuiti del Nord-ovest, Giorda diede un significativo contributo alla linguistica indiana. Negli anni tra il 1877 e il 1879, nella missione di St. Ignatius, aiutò Mengarini a redigere il *Kalispel Dictionary*; in collaborazione con padre Giuseppe Bandini pubblicò *Varratives from the Holy Scripture in Kalispel* (1879).[29]

Giorda era arrivato a Virginia City nel momento in cui il territorio cominciava ad essere invaso dal bianchi, con i quali i gesuiti avrebbero dovuto, dopo qualche anno, fare i conti. Ma intanto l'evangelizzazione degli indiani procedeva senza soste, grazie alla continuità della tradizione gesuita, fra i cui maggiori esponenti dobbiamo ora ricordare padre Giuseppe Cataldo, che fu uno dei capi di quest'ultimo periodo di pionierismo glorioso. Padre Cataldo era nato in Sicilia nell'anno dell'ascesa della regina Vittoria al trono d'Inghilterra. Presidente degli Stati Uniti era allora Andrew Jackson, e Lincoln aveva ventitré anni. Cataldo insegnava nel Collegio Massimo di Palermo quando i gesuiti furono espulsi dal territorio già appartenente al regno delle Due Sicilie e i loro collegi chiusi e nazionalizzati. Così, nel 1860, Cataldo lasciò la sua isola con altri novanta gesuiti e si recò in Belgio, dove completò i suoi studi a Lovanio. Recatosi a Boston per sei mesi nel 1862, raggiunse nel 1863 la California e tenne un breve corso di lezioni nel Santa Clara College. A questo punto si offrì come volontario per servire nelle missioni gesuite delle Montagne Rocciose, e nel settembre 1865 lo vediamo imbarcarsi a San Francisco, diretto alla foce del fiume Columbia. Qui era ad attenderlo padre Giorda, che lo accompagnò su per il fiume fin oltre Les Dalles, donde padre Cataldo proseguì a cavallo per Walla Walla. Non immaginava certo che, da quel momento, avrebbe trascorso poco meno di sessantatré anni fra gli indiani.[30]

Dal 1865 fino al 1928, anno della sua morte, padre Cataldo lavorò nell'Idaho, nel Washington, nel Montana, nell'Oregon, nel Wyoming e nell'Alaska. Conosceva a fondo venti lingue tra europee e indigene americane. Fu superiore generale delle missioni gesuite del Nord-ovest dal 1877 al 1893. Di costituzione debole e malaticcia, acquistò una grande forza fisica, tanto che Robert I. Burns lo definì una *soldierly figure*, una figura da soldato, sebbene, a volte, polemico e un tantino gretto.[31]

Nel 1877 Cataldo ebbe degli scontri con vari pastori protestanti e con funzionari del governo, fra cui il generale O. Howard, comandante militare del dipartimento della Columbia. L'oggetto della controversia era se il capo dei Nez Percé, Joseph, dovesse tornare a rinchiudersi in una riserva. Alla fine, ad ogni modo, Cataldo funse da paciere nella guerra dei Nez Percé di quell'anno, così come padre Ravalli si era adoperato a tenere tranquilli i Testepiatte del Bitter Root. Gli indiani lo chiamavano Kaoushin, vale a dire Gamba Rotta. Quale fosse l'opinione che il capo dei Nez Percé, Joseph, aveva di lui ce lo riferisce padre Paolo Ponziglione, dei gesuiti del Missouri, il quale, avendo visitato nel 1879 i Nez Percé e gli indiani Poca, ricorda che quel capo gli disse: «Cataldo è amico mio, è un brav'uomo, tutto il mio popolo gli vuol bene, ed io vorrei moltissimo rivederlo ancora una volta».[32] Aggiungeremo, per inciso, che Ponziglione era figlio di un conte italiano e che aveva insegnato nel collegio dei gesuiti di Genova fino a quando, durante i moti del 1848, non era stato arrestato. Poi era andato esule, in veste di missionario, fra gli indiani Osage, Chippewa, Fox, Kaw, Arapaho e Cheyenne.

Fondatore, nel 1881, della Gonzaga University di Spokane, superiore (per un certo tempo) anche dei gesuiti dell'Alaska, coperto di onori negli ultimi anni della sua lunga vita, padre Cataldo è ricordato dal nome della Cataldo Mission nella cittadina di Cataldo, Idaho.[33]

Grandi soddisfazioni morali ma ben pochi compensi materiali ebbero questi pionieri dell'opera missionaria nell'America del

Nord-ovest: Grassi, Zerbinatti, Diomedi, Carignano, Caruana, Congiato, Damiani, Folchi, Griva, Imoda, Tadini, Bandini, Prando, Rappagliosi, Tosi, Canestrelli, Cataldo, D'Aste, Gazzoli, Palladino e tanti altri.[34] Essi animarono quelle deserte regioni di chiese missionarie in tronchi d'albero, intonacate di bianco all'interno e ornate dei simboli e delle forme della cultura natia. Se chiese e missioni erano rudi all'esterno, all'interno erano fini e gentili. Le missioni Cataldo, St. Mary e St. Ignatius nel Montana sono la testimonianza tangibile di una vasta trama missionaria, certamente non meno grandiosa di quella delle missioni spagnole in California. In esse, nel loro rustico e al tempo stesso raffinato vigore, si perpetua il ricordo di uomini che seppero consacrarsi totalmente alla loro missione.[35]

Quando, più tardi, anche le missioni della California furono affidate alla responsabilità dei gesuiti, il superiore generale delle missioni californiane, padre Accolti, richiamò in quella più promettente «terra di missione» le energie migliori delle missioni nord-occidentali; e così Cataldo, Congiato, Mengarini, Palladino, Caruana e Grassi consumarono l'ultima parte della loro vita insegnando nei collegi di Santa Clara o di San Francisco. Ma nel Montana non furono dimenticati, e una volta i Testepiatte inviarono una delegazione fino in California per pregare padre Mengarini di ritornare.[36] Ma quando queste «tonache nere» ormai consunte scomparvero, fu un altro tipo di italiano che ne prese il posto.

Gli immigranti che vennero in seguito a stabilirsi nel Montana non vennero nella scia dell'attività gesuita: ci vennero per trovarvi lavoro e per dare un avvenire ai loro figli. Il territorio andava, per così dire, innervandosi di nuove ramificazioni ferroviarie, ed era ricco di risorse minerarie e di terre libere. Pochi erano i coloni, tanto che nel 1872 si costituì una Montana Immigration Society per incoraggiare l'immigrazione; quattro anni prima che Custer fosse sconfitto a Little Big Horn. Nel registro delle offerte di lavoro di questa società, sotto la data 2 maggio 1872, si legge: «Cercansi commercianti, meccanici, manovali, agricoltori, minatori, allevatori e consumatori di ogni genere».[37] Ciò avveniva prima dei grandi scioperi delle miniere di rame e carbone del Montana. Negli anni 1880 un imprenditore di nome Christian Yegens portava i primi immigranti italo-svizzeri nella zona di Billings, a lavorare in quelle miniere di carbone, e altrettanto avveniva poi a Red Lodge, nella Carbon County, la contea carbonifera per antonomasia.[38]

Una nota apparsa sotto il titolo di Political nel numero del 18 settembre 1899 del «Weekly Missoulian» è molto significativa e non ha quasi bisogno di commento: «Si dice che un paio di giorni fa, con l'appoggio dei datori di lavoro, circa 400 italiani si siano naturalizzati nella contea di Silver Bow, per avere così il diritto di votare l'1 ottobre. È una frode, questa, di cui ogni partito accusa l'altro. Sono fatti comprovati dal registro elettorale, ed attestano l'enorme sforzo che si sta compiendo per queste elezioni». Gli italiani cominciavano dunque ad essere, nel Montana occidentale, un fattore politico.

La più grande comunità italiana del Montana era quella di Meaderville, campo di minatori di rame alla periferia di Butte. Per le miniere di rame di Butte la Anaconda Copper Mining Company aveva condotto negli anni 1890 una campagna di reclutamento in massa di italiani, di inglesi di Cornovaglia e di finlandesi. Minatori già occupati nelle miniere del Vermilion Range, nel Minnesota, o nei depositi carboniferi di Cartonville, nell'Indiana, vennero a piantare le loro baracche attorno ai pozzi di Butte, in mezzo alle montagne di scorie che andavano crescendo. Così, ad opera di alcune centinaia di italiani del Nord, sorse la città di Meaderville. L'ambiente era rozzo e aspro quando arrivarono, ma essi gradualmente lo ingentilirono creando le loro trattorie, i loro negozi, i loro luoghi di ritrovo. Assistevano alle funzioni religiose nella chiesa della parrocchia di Sant'Elena, dove si parlava soltanto l'italiano; poi formarono un'altra comunità nei dintorni, e precisamente a Walkerville.

A Butte, come del resto in tutto il West, la scarsità di donne era tale che – cosa inaudita per quell'epoca – per cercare una compagna si metteva un avviso sul giornale, come fece appunto Domenico Foresco a Meaderville. Nell'avviso Foresco precisò che per tre ore al giorno egli si sarebbe messo personalmente «in mostra» al crocevia principale di Butte. E difatti il giorno seguente si presentò all'incrocio fra Park Street e Main Street con un garofano bianco all'occhiello; ma fu arrestato per «intralcio al traffico», avendo la sua presenza richiamato una gran folla di curiosi. Quando fu rimesso in libertà, trovò ad attenderlo fuori del carcere uno stuolo di candidate al matrimonio, perché nel frattempo si era potuto accertare che questo singolare forestiero possedeva una ventina di migliaia di dollari in titoli di Stato.[39]

Uno dei più influenti capi italiani di Meaderville fu un negoziante di nome Domenico Bertoglio, un piemontese che, prima di stabilirsi a Butte nel 1892, aveva lavorato nelle miniere del Wisconsin e dell'Arizona. A Butte, con un capitale di soli 160 dollari, costituì la Bertoglio Mercantile Company, e il successo gli arrise immediatamente. Via via fondò la Spokane Telephone Company, si mise nella Tivoli Brewing Company e nella Patent Plow Point Company di Detroit, Michigan, ed entrò in possesso di cospicue proprietà minerarie. Nel 1910 c'era ormai più di una dozzina di membri della famiglia Bertoglio nel mondo degli affari di Meaderville.[40]

Un altro italiano di Butte che ebbe successo fu Vincenzo Truzzolino. Truzzolino fabbricava il meno italiano dei prodotti, le *hot tamales*, e mise dei soldi anche nella gestione di miniere e in affari immobiliari. Fu, come Bertoglio, uno dei grossi esponenti del Partito repubblicano. Finì i suoi giorni nell'agiatezza, un'agiatezza procuratagli dalle migliaia e migliaia di *tamales* spedite in tutto il Montana.[41]

Nel 1890 la popolazione complessiva di Butte superava di poco le 10 mila unità; eppure c'erano quarantatré campi di bocce nel solo quartiere di Meaderville.[42] Ma nel 1920, scomparsa ormai la popolazione immigrata e trasferitesi altrove le nuove generazioni, Meaderville aveva cessato di essere un centro omogeneamente italiano. Quelli che erano stati, in origine, dei buoni ristoranti scesero al livello di ritrovi periferici, come l'Italian Rocky Mountain Cafe, poco più che un'allegra facciata, dove la gente di Butte va tutt'al più a bere qualcosa e a ballare. Già la seconda generazione degli immigrati di Meaderville sembra si trasferisse a Butte.

Nel Montana orientale furono relativamente pochi gli immigranti che si lasciarono attirare dall'agricoltura, sebbene negli anni 1880-1890 si potesse avere dalle ferrovie la terra, al modestissimo prezzo di 2,60 dollari all'acro. La Northern Pacific offriva, nell'ultimo decennio del secolo, biglietti circolari Chicago-Bozeman-Chicago, chiamati *excursion tickets*, al trascurabile prezzo di 49,50 dollari. Tali biglietti dovevano permettere agli interessati di dare uno sguardo panoramico alle terre agricole in vendita. Anche la Great Northern Railroad cercava con ogni mezzo di incoraggiare la colonizzazione delle vaste terre che possedeva lungo le sue linee ferroviarie. Ma anche qui gli italiani, in genere, non si lasciarono «incantare» da quelle descrizioni che decantavano le grandi pianure come un paradiso di fertilità. La mancanza d'alberi, il rigore

delle invernate, le cavallette, i tremendi rischi delle colture secca-
gne, i cicli ricorrenti delle annate di siccità, erano tutti fattori che
mettevano in guardia gli agricoltori, e in particolar modo gli italiani, orientati più verso l'orto che verso il campo. I rischi erano
troppo grandi, ecco tutto. E infatti oggi si vedono fattorie abbandonate là dove dei coloni non abbastanza prudenti credettero di
poter vivere su terre che, per rendere, avrebbero richiesto grossi
investimenti di denaro in macchinario agricolo.

Le nuove generazioni di immigranti erano ormai attirate dalle
belle città che andavano sorgendo anche nel West. Mogli desiderose di una casa facevano pressione sui mariti perché si trasferissero
in città, secondo quel processo di inurbamento che aveva finito per
essere un fenomeno tipico della fine del XIX secolo e del principio
del XX. E gli italiani diventarono orticultori nei sobborghi di
Billings, di Missoula, di Anaconda, di Great Falls. Dei 2499 stranieri che presero la cittadinanza dello Stato nel 1898, 127 erano italiani: in una relazione pubblicata dal Montana Bureau of Agriculture
è detto che l'aridità del terreno tratteneva gli immigranti dallo stabilirvisi.[43]

Nel Montana, come nel Colorado, gli immigrati avvertirono più
di una volta il peso dei pregiudizi. Si sarebbe detto che la stampa locale fosse assetata di episodi di violenza fra gli stranieri. Nel 1907 un
titolone di prima pagina di un giornale del Montana diceva: «Fra
italiani mani in alto brutalmente tagliate»; e vi si parlava di «un selvaggio assalto ad un furgone parcheggiato in un quartiere italiano»,
effettuato con «pistole, coltelli e un rasoio». Alla fine «il furgone era
letteralmente coperto di sangue e sembrava uno scannatoio». Nello
stesso numero il giornale riportava, in neretto, una notizia preceduta dal seguente titolo: «Finlandesi resistono alla forza pubblica
per sottrarsi all'arresto. Tre ubriachi colpevoli di aver causato una
rissa consegnati alla giustizia».[44]

Un referendum sull'immigrazione, tenutosi a Red Lodge nel
1908, fu vinto da un tizio che aveva risposto affermativamente alla
domanda: «Non dovrebbe più esservi immigrazione di stranieri?».
Il giornale locale scrisse che quel tizio aveva dato il buon esempio
mostrando quanto fosse importante «proibire l'immigrazione degli
stranieri nella contea».[45] Bisogna tener conto, d'altra parte, delle
manifestazioni in favore degli immigranti. Contro un certo numero di dichiarazioni ostili all'immigrazione da parte della stampa vi è
un numero perlomeno eguale di testimonianze di funzionari e

giornalisti che mostrano quanto sia importante la presenza di immigranti in una comunità. Queste testimonianze a favore attenuano ma non annullano la violenza di certe manifestazioni ostili all'immigrante.

Nel 1910 gli italiani non superavano ancora, nel Montana, i 6600. Ma la cifra degli immigrati della prima generazione non dà mai la giusta idea delle cose. Gli olandesi, ad esempio, erano in quell'anno solo 1054, e al loro confronto gli italiani rappresentavano un'aliquota rispettabile. E se dalla quantità si passa alla qualità, va detto che questi italiani, formando i quadri direttivi delle prime missioni dei gesuiti e delle miniere, e concorrendo a costruire le città, contribuirono sostanzialmente assieme ai finlandesi e ai baschi e ad altre nazionalità a forgiare la «vita di frontiera».[46]

Wyoming

La popolazione del Wyoming aumentò molto lentamente fra il 1870 e il principio del nuovo secolo. Lo storico più illustre di questo Stato osserva che negli anni 1880-1890 gli sforzi compiuti per attirarvi dei coloni dall'Europa o da altre parti del mondo furono «pochi e deboli».[47] Nel Wyoming si stabilirono molto meno italiani che nel Montana: alcuni si dedicarono all'allevamento o all'ingrassamento di bestiame ovino, altri ci arrivarono come manovali delle ferrovie, altri come minatori, altri infine come orticultori, specie nel Cheyenne e nel Laramie. Era gente che veniva in massima parte dall'alta Italia: Piemonte, Lombardia, Veneto e Trentino. Non era passato il primo quarto del nostro secolo che avevano il monopolio della produzione orticola delle due maggiori città del Wyoming. Detto questo, rimane poco da aggiungere sugli italiani del Wyoming. Nel 1920 erano poco meno di 2000, e tanti rimasero in tutto il decennio che seguì.

Sulla via del Lago Salato

Per gran parte del XIX secolo la Gerusalemme dei mormoni, con il suo centro in Salt Lake City, suscitò molta curiosità all'estero. Pochi viaggiatori stranieri omisero di comprendere nei loro itinerari il territorio di Deseret o di parlarne nei loro libri di viaggi. Non furono molti gli italiani che andarono nella lontana Deseret con i mormoni, sebbene questi svolgessero un'opera di proselitismo molto attiva. Nel 1849 Lorenzo Snow, chiamato allora a far parte del sinodo dei Dodici Apostoli di Mormonia, partì per l'Italia insieme con Giuseppe Taranto (o secondo altri Toronto). Taranto, siciliano di nascita, aveva offerto a Brigham Young i suoi risparmi, ammontanti a 2500 dollari, per aiutarlo a costruire il tempio mormone di Nauvoo, nell'Illinois.[48] Via New York-Liverpool-Parigi-Marsiglia, Lorenzo Snow e Giuseppe Taranto arrivarono il 25 giugno 1850, insieme con l'Anziano Thomas B.H. Stenhouse, a Genova, dove poco più tardi furono raggiunti dall'Anziano Jabez Woodard. Il 19 ottobre 1850 scalarono tutt'e quattro un monte delle Alpi Marittime, sulla cui vetta fecero la loro offerta di preghiere e, quasi ad esprimere la volontà di voltare le spalle all'America, proclamarono «terra di missione» la benedetta penisola d'Italia. Alla montagna della preghiera diedero il nome di «Monte Brigham», e alla roccia su cui poggiavano i piedi quello di «Roccia della profezia».[49] I frutti dell'opera di proselitismo dei quattro mormoni americani in Italia furono parecchi battesimi di convertiti, celebrati dall'Anziano Lorenzo Snow nelle gelide acque del fiume Angrogna a Torre Pellice. Più tardi Snow fondò tre centri mormoni, uno ad Angrogna, il secondo a San Germano Chisone e il terzo a San Bartolomeo, tutt'e tre nel Piemonte valdese. Tra i convertiti di Prarostino molti avevano nomi francesi (Bertoch, Pons, Rochon, Gaudin), e la lingua parlata in parecchi di questi comuni valdesi era il francese, cosicché Snow fece tradurre in francese un suo catechismo, *The Voice Of Joseph*, che fu stampato in Inghilterra. In francese era anche il giornale che l'Anziano Stenhouse pubblicava a Genova: «Le Réflecteur».

Snow lasciò l'Italia nel 1852, affidando quella «terra di missione» all'Anziano Woodard.[50] Poi anche l'Anziano Stenhouse se ne andò, per fondare un centro missionario in Svizzera. Si deve a Snow la pubblicazione del *Libro di Mormone* in Italia (1852). Tre anni dopo l'Anziano Stenhouse prese su di sé anche il compito dell'Anziano Woodard, unendo le due missioni, l'italiana e la svizzera. Nel 1855 i convertiti al mormonismo in Italia erano 114, di cui 50 si erano trasferiti in America, mentre 64 formavano la comunità mormone in Italia.[51]

Nel 1866, 17 famiglie piemontesi convertite al mormonismo si trasferirono a Salt Lake City, e in seguito ne vennero altre, tanto in quella località quanto a Ogden. La vita del pioniere nell'Utah era veramente dura per questa gente, che sentiva in modo molto acuto la mancanza non soltanto del verde delle loro vallate alpine, ma anche del latte ricco e dei formaggi e dell'uva e delle noci e di tanta altra frutta. Spesso, in quel clima asciutto ed arido, si riducevano a mangiare erbacce, frutti di rosa di macchia e crusca. Le cavallette distruggevano i raccolti, la polvere rendeva difficile la respirazione.

Donne italiane, non meno fanatiche dei loro uomini, spingevano a braccia le carrette attraverso le pianure deserte verso la Nuova Gerusalemme dei mormoni. Le vesti che indossavano erano a brandelli e insudiciate dallo sterco di bufalo che le donne raccoglievano e dall'acqua piovana che attingevano dalle orme degli stessi bufali. Le belle, inutili sete portate dalla patria erano buttate in un canto, dimenticate. Ecco come una di queste donne descrisse il suo arrivo a Salt Lake City nel 1855 dopo un viaggio di otto mesi: «Come gobbe del terreno ci apparvero le piccole abitazioni di tronchi d'albero e fango». E quando si stabilì a Ogden, il posto le sembrò sulle prime «qualcosa come un deserto»; ma poi, «con il nostro paziente lavoro, la perseveranza e l'aiuto di Dio», lo vide trasformarsi a poco a poco «in una terra bella e desiderabile per viverci».

Ansiosi di fare proseliti, i mormoni erano, di solito, gentili con gli stranieri. Leonetto Cipriani, visitando Salt Lake City nel 1853, vi trovò molti italiani di valore, e ricordò poi con commozione l'amicizia dimostratagli da un maestro di musica napoletano, Gennaro Capone. Ma c'è un altro musicista italiano che merita di essere ricordato anche lui: quel capitano Domenico Ballo che, molto prima che i mormoni si facessero una fama nel campo musicale, guidò la sua orchestra fino a Salt Lake City, facendole attraversare a suon di musica le pianure dell'Utah.[52]

Altri illustri stranieri, oltre Cipriani, andarono a visitare Salt Lake City: qui ricorderemo soltanto due naturalisti, il francese Jules Remy e l'inglese Julius Brenchley, che visitarono Salt Lake City nel 1855 e insieme scrissero poi un intelligente libro sulla società mormone, e lo scrittore e avventuriero inglese Richard Burton, che percorse il *Great Basin* nel 1860 e vi raccolse appunti per *The City of the Saints* (London 1861). Il fatto che il libro di Burton sia stato più tardi tradotto in italiano dimostra che l'opera di proselitismo dei mormoni in Italia aveva avuto un certo successo, anche se inferiore a quello che ebbe in Scandinavia e in Inghilterra. La traduzione del libro di Burton (*I Mormoni e la Città dei Santi*, 1875) servì da spinta a qualcuno che, in Italia, maturava l'intenzione di emigrare per raggiungere la Nuova Gerusalemme.

L'aspetto del mormonismo che interessava maggiormente i forestieri, suscitandone la discussione, era la poligamia. Non era facile, per gli italiani, avvicinarsi al mormonismo e comprenderlo, anzitutto perché i mormoni erano sotto scomunica per ribellione, negligenza delle regole di vita cristiane, «immoralità in genere»; tuttavia su certi «maschi» italiani la poligamia esercitava una indubbia attrazione. In una «lettera al direttore» de «L'Eco d'Italia» di New York, uno di questi «maschi» italiani scriveva nel 1874: «Che ne direbbero i suoi lettori se mi vantassi di avere una progenie di 62 figli? Badi che ho soltanto 50 anni e che posso quindi attendermi ancora altri figli dalle mie 22 mogli, le quali godono di ottima salute e sono tutte in grado di figliare».[53]

La società mormone acquistò ben presto ottima fama per la facilità con la quale dava lavoro ai forestieri. Era sempre pronta ad assorbire gli immigranti nei lavori agricoli stagionali, negli impieghi privati di Salt Lake City o nelle «attività pubbliche» della Chiesa dei Santi dell'Ultimo Giorno. Troviamo italiani convertiti al mormonismo anche nelle più remote città minerarie dell'Utah. A Bingham Canyon, a sud-ovest di Salt Lake City, dal 1875 circa fin oltre il 1920, ben 17 nazionalità diverse erano concentrate attorno alle miniere del posto: negli anni di massima fioritura, c'erano 9000 abitanti in questa sperduta località. I primi a mettervi piede furono gli irlandesi; poi, verso il 1875, arrivarono i cinesi con i loro ristoranti e le loro lavanderie; poi i serbi, i croati, gli altri slavi centro-europei, gli italiani, i russi, i finlandesi, gli svedesi, gli armeni, i montenegrini, gli inevitabili picconieri della Cornovaglia, detti anche *Cousin jacks*, mentre i piemontesi di Bingham Canyon, bravissimi nel maneggiare mazza e scalpello, erano chiamati *Short Towns*, per la loro struttura massiccia.

Ogni nazionalità organizzava le sue squadre di lavoratori, con un caposquadra che sapesse parlare inglese. Formavano colonie nazionali attorno alle varie trattorie o pensioni: gli austriaci e gli slavi a Highland Bay e Phoenix, i greci a Copperfield, i finlandesi e gli svedesi a Carr Fork. C'erano comunità più piccole, frazioni, a Yampa, Frogtown, Dinkeyville, Jap Town, tutte collegate mediante la lunghissima strada principale ai cui margini si affollavano le case compresse nell'angustia del canyon. E tutte insieme formavano Bingham. Era un doppio fronte stradale, di sette miglia a destra e sette a sinistra, insomma 23 chilometri complessivamente, sul quale si affacciavano, guardandosi a distanza di una dozzina di metri, quant'era larga la strada, 30 saloon e un numero imprecisato di sale da ballo e pensioni.

Ogni gruppo nazionale aveva i suoi negozi, i suoi forni, le sue trattorie. I greci, da soli, avevano cinque negozi di dolciumi e dieci botteghe di caffè, tutti ancora in attività negli anni 1920-1930. Nella composizione della popolazione di Bingham gli italiani erano secondi dopo i greci, che nel 1912 erano 1210. Da un'inchiesta fatta per conto del Dipartimento federale del commercio e del lavoro risultava che in quell'anno risiedevano a Bingham 402 italiani del Nord e 237 italiani del Sud. Oggi la città non esiste più: nel 1965 era ridotta a 37 persone, perché tutto il terreno di qualche valore era ormai preso nella macina della lavorazione mineraria meccanizzata.

I conflitti fra le varie nazionalità non erano rari a Bingham; ma tutte le nazionalità, di solito, si univano contro «la Compagnia», che era la Utah Copper Company, sostituita poi dalla Kennecott Copper Corporation. Però ci furono anche dei crumiri, soprattutto fra i greci «importati» da Creta. Furono costoro, appunto, che contribuirono a far fallire il famoso «grande sciopero di Bingham» del 1912. Le autorità minerarie stavano molto attente a cogliere ogni indizio della presenza di agitatori sindacali fra gli immigrati, e di solito riuscivano a neutralizzarli facendoli arrestare sotto l'imputazione di attività sediziose o anche semplicemente di vagabondaggio. La diffidenza, l'apatia, l'eccessiva emotività degli immigrati fecero sì che i dirigenti sindacali trovarono difficoltà ad organizzare le forze del lavoro della prima generazione. Lo storico più autorevole di questa piccola ma esplosiva comunità operaia dice che «nel complesso gli immigranti erano guidati dalle implicazioni economiche e non da quelle ideologiche».[54]

Molte contee dell'Utah erano vere e proprie roccaforti degli immigrati. Tale, ad esempio, la contea di Sanpete, dove la percentuale dei residenti nati all'estero fu, nel decennio 1860-1870 particolarmente elevata (il 42,68%). La storia della zona mineraria della Carbon County, a sud-est di Provo, si configura come una storia di rivalità fra gruppi stranieri, anzi fra italiani e greci; ma se italiani e greci non avessero saputo mettersi d'accordo al momento opportuno, le trentadue miniere di carbone della Carbon County non sarebbero mai arrivate, probabilmente, a darsi un'organizzazione sindacale (ciò che avvenne nel decennio 1920-1930, e solo dopo grandi sforzi) né vi sarebbe stata, nel 1924, la guerra ideologica contro il Ku Klux Klan dell'Utah. Furono gli italiani e i greci che la condussero.[55]

Gli immigranti italiani nell'Utah seppero anche acquistare posizioni eminenti nella Chiesa mormone. Come già Giuseppe Taranto, Filippo Cardone (Philip Cardon) diventò un rispettato Anziano. Si deve a lui l'introduzione della coltura del baco da seta nell'Utah.[56] Così gli italiani seppero, anche nell'Utah, esprimere la loro personalità nello Stato e nella Chiesa, sul piano laico e su quello religioso; e come in tutti gli altri stati fondarono anche qui i loro giornali, fra cui «The Cactus» di Salt Lake City (uno dei primissimi, stampato dalla Sangiovanni Company) e, anch'essi in Salt Lake City, i settimanali «La Gazzetta» e «Il Corriere d'America».[57]

Dalla comunità italiana dell'Utah uscì uno scrittore di grido, quel Bernard Augustine De Voto che fu per vent'anni il direttore della «Easy Chair» della Harper's e storico popolarissimo, specializzato nella storia del West americano. Fra i suoi libri più noti citiamo *The Year of Decision* (Boston 1943) e *Across the Wide Missouri* (Boston 1947). Suo nonno era stato ufficiale di cavalleria italiano; suo padre, Floriano Bernardo De Voto, aveva sposato una mormone; egli era venuto al mondo a Ogden nel 1897. Parlando della sua infanzia nell'Utah, De Voto scrive: «Sono figlio di un apostata cattolico e di una apostata mormone» e soggiunge che la sua vita, nei primi anni «oscillò tra i poli di Roma e di Deseret», finendo «per trovare la sua stabilità in nessuno dei due». Il padre di De Voto si divertiva a leggere in greco e in latino; e, ricordando come gli fosse accaduto di recitare a memoria ai compagni di gioco delle strofe dell'Iliade di Pope, al giovane Bernardo pareva di poter definire se stesso come «un campione da laboratorio di ciò che erano i rapporti umani di frontiera, rapporti che nessuna formula letteraria o accademica sarebbe stata capace di esprimere». Non v'è dubbio che la fermezza, la combattività, l'indipendenza di pensiero che lo resero ben noto furono il frutto di quegli anni di giovinezza trascorsi nel West.[58] Sebbene non siano stati molti gli italiani che si stabilirono nell'Utah, nel 1920 essi erano ben 3225 (più 4000, forse, della seconda generazione) su un totale di 59.200 immigrati. Eppure, sebbene non sia stato grande il numero degli immigrati italiani nell'*Intermountain West*, qui essi ritrovarono, ben più che nelle affollate città della costa atlantica, elementi della vita tipica dell'Italia rurale. Anche qui rappresentarono un fattore di civiltà, sebbene qui non si coagulassero mai in comunità nazionali permanenti. Nel West non conservarono la loro identità. Meaderville, Bingham, Tontitown, le colonie italo-svizzere non furono che aggregati temporanei di lavoratori italiani e, in genere, di immigrati. Questi vi rimanevano fino a quando avessero potuto impadronirsi della lingua e delle consuetudini locali e, non appena si presentavano prospettive migliori, se ne andavano fondendosi nella grande corrente della vita americana in movimento. E ciò apparve particolarmente chiaro nel Montana e nell'Utah.

X
NEL CUORE DEL NORD-OVEST

A cominciare dal penultimo decennio dello scorso secolo, la spinta verso ovest stimolò l'immigrazione nelle regioni della costa nord-occidentale del Pacifico. Le ricche vallate agricole dell'Oregon, del Washington e dell'Idaho settentrionale esercitavano indiscutibilmente una grande attrattiva su gente che aveva respirato a sazietà la calda polvere estiva e la gelida aria invernale delle grandi pianure. Perfino alla gente di città la viva e tonificante bellezza del Nord-ovest apparve come qualcosa di insolitamente suggestivo. Con pochi dollari si prendeva il biglietto da Chicago per Seattle o Tacoma o Portland sulla Great Northern Railroad o sulla Chicago-Milwaukee-St. Paul. Il più grande giornale degli emigranti italiani in America, «L'Eco d'Italia» di New York, non mancava mai di propagandare i vantaggi di quelle verdi regioni. Parlava di una terra di frutteti, foreste e acque correnti. Le agenzie di immigrazione facevano rilevare come fosse facile trovarvi impiego nelle segherie, nelle fabbriche per la lavorazione del pesce, nelle attività forestali e minerarie.

La prospettiva di grandi fasce di fertile terreno non ancora occupato e di vie d'acque interne era per l'immigrante la più bella delle promesse. Gli italiani, in particolare, erano attirati dalla possibilità di dar vita ad un'agricoltura su piccola scala e diversificata, ma rivolta soprattutto alla frutticoltura, all'orticoltura, alle colture erbacee. Sentivano parlare di *wheelbarrow farming*, di agricoltura familiare, a braccia e carriola, fatta nel Nord-ovest dagli scandinavi e dai tedeschi, che come loro non potevano affrontare gli alti costi della terra e dell'irrigazione (indispensabile in clima arido) della California. Sentivano dire che nel Nord-ovest i grandi alberi spontanei crescevano, spesso, a distanza tale l'uno dall'altro da permettere di arare frammezzo. Alcuni trovavano redditizia l'agricoltura mista congiunta con lo sfruttamento forestale. Si parlava di «febbre dell'Oregon» per indicare l'ottimismo e il boom di tutto il Nord-ovest. Nell'Oregon come nel Washington o nell'Idaho l'aria era tersa e pura, il clima fresco e rinvigorente senza essere aspro, lo spirito di iniziativa e di avventura vivo ed operante dappertutto. E gli immigranti vi si riversarono a schiere.

Idaho

Geograficamente, storicamente ed economicamente l'Idaho fa parte della costa occidentale e al tempo stesso delle Montagne Rocciose. Con il naturale «traboccare» della popolazione dai bordi del Montana, nuove prospettive si aprirono via via, nell'estremo Nord-ovest, al flusso migratorio. Chi studi la storia economica dell'Idaho perde facilmente di vista l'importanza che vi ebbe l'attività mineraria, perché la sua attenzione è assorbita dall'enorme attività forestale. Ma fin dall'inizio vi fu un gruppo di città minerarie dell'Idaho settentrionale – Rathdrum, Mullan, Wallace e Kellogg – che attirarono gli immigranti, in particolare finlandesi e italiani, che vi andarono sul finire degli anni 1870-1880. Nel numero del 22 maggio 1877 del «North Idaho Teller» di Lewiston si legge che «una buona metà della popolazione cittadina è nata all'estero». Gli immigranti erano desiderati, e ce lo dimostra lo stesso giornale quando, sotto il titolo *Arrivano gli immigranti*, scrive, in data 11 novembre 1876: «Abbiamo la terra e vogliamo gente che la occupi e la lavori. Possiamo garantire loro buoni profitti. [...] Vengano dunque, gli immigranti, e siano i benvenuti, e continuino a venire fino a quando valli e colline fervano di una popolazione intraprendente e operosa». Troviamo italiani ed altri stranieri condurre aziende agricole, ristoranti, alberghi e tutta una varietà di piccole imprese. C'è un De Borgia Mining District, una Torino Mining Company, una Italian Mining Association. Pochi immigranti si stabilirono a Pocatello, Idaho Falls e Boise, ma molti furono assorbiti dalle miniere della zona settentrionale. Nel 1910 il censimento federale diede presenti nell'Idaho 2067 italiani su di un totale di 94.713 immigrati. Gli italiani nati in Italia non superarono mai, nell'Idaho, questa cifra.

Washington

La prima presenza italiana nella regione che forma l'odierno Stato di Washington non fu, in realtà, che l'estensione della presenza missionaria nel Montana. In tempi diversi vi lavorarono Mengarini, Ravalli, Giorda e altri missionari gesuiti, ma per lo Stato di Washington la figura del gesuita s'incarna in padre Giuseppe Cataldo. Abbiamo già detto che la prima missione di padre Cataldo fu presso gli indiani dell'Idaho e che in seguito, in riconoscimento delle sue grandi capacità organizzative, gli fu affidata per molti anni la carica di superiore generale di tutte le missioni gesuite del Nord-ovest. Durante quegli anni fondò chiese, conventi e scuole dal Wyoming fino all'Alaska; e abbiamo anche visto che fu opera sua la creazione della Gonzaga University.[1]

Oltre a padre Cataldo, però, altri gesuiti lavorarono fra gli indiani dello Stato di Washington avendo come base le missioni del Montana. Nel 1869 padre Grassi unì la St. Paul's Mission e la Immaculate Conception Mission facendone la St. Regis Mission; e nel 1888 ridiede vita alla St. Andrew's Mission nella riserva degli indiani Umatilla nell'Oregon.[2] Padre Griva lavorò fra gli Skoielpi fin verso il 1925. Già nel 1866 padre Cataldo e padre Tosi amministravano i sacramenti fra gli Spokane nella Mission St. Michael in vicinanza della Peone Prairie. Padre Cataldo aveva già fama di «apostolo dei Nez Percé» quando, nel 1870, visitò gli Yakima. Nel 1885 egli fondò una scuola fra i Blackfeet. Fra i Crow lavorò, dopo il 1880, padre Barcelo. Morto padre Barcelo, fu mandato padre Prando a fondare la St. Xavier Mission. Padre Grassi lavorò anche fra gli Umatilla dell'Oregon orientale fin dall'inizio del decennio 1880-1890. Rispondendo fervidamente all'appello di padre Cataldo, Catherine Drexel di Philadelphia diede a padre Grassi 4000 dollari per costruire una scuola a favore dei bambini Umatilla. A padre Grassi successe padre Caruana, il quale, ammalatosi, dovette a sua volta cedere il posto a padre Giuseppe Chianale. Fra gli indiani Okinaga dello Stato di Washington lavorarono fra Gaspare Ochiena, padre Grassi e padre Parodi; nel 1925 amministravano ancora i sacramenti agli Okinaga padre Celestino Caldi e padre Griva.[3]

La più grande immigrazione di coloni italiani nella regione dell'odierno Stato di Washington avvenne dopo il 1881, e in quel decennio la popolazione complessiva della regione si quadruplicò, mentre il valore delle aziende agricole si quintuplicò e il valore dei prodotti agricoli si triplicò. La produzione di pesce aumentò addirittura di sei volte; ancora più vertiginosamente aumentarono le richieste dell'industria manufatturiera. Anche le ferrovie portarono nel territorio dello Stato di Washington parecchia manodopera. Nel 1900 gli italiani ivi stabiliti superavano le molte migliaia: seminavano e allevavano sui ricchi pascoli del Nord-ovest, pescavano lungo il fiume Columbia e il Puget Sound, coltivavano ortaggi nell'interno. Nella zona costiera settentrionale trovarono che il terreno era ricco e generoso come avevano sperato. Le abbondanti precipitazioni atmosferiche consentivano raccolti ottimi, sia quantitativamente sia qualitativamente, di frutta, ortaggi e biade. A Seattle, Tacoma, Aberdeen, Bellingham ed Everett sbarcavano il salmone, la passera di mare e il merluzzo, pescati nelle acque del Nord. Pescatori napoletani, liguri e siciliani si spingevano fino all'altezza dell'Alaska a pescarvi alcune delle migliori qualità di pesce del mondo. Parecchi diventarono proprietari di battelli, altri di laboratori per la lavorazione e la conservazione del pesce, che rifornivano tutto il territorio degli Stati Uniti.[4] Molti immigranti erano occupati nell'attività forestale: si calcola che nel 1890 il 40% dei dipendenti delle segherie fosse formato di forestieri; forestieri erano, nel 1900 il 60% dei taglialegna. L'Industrial Workers of the World cercò, come già aveva fatto nelle miniere, di organizzare sindacalmente i lavoratori del legno dello Stato di Washington; si ebbero così i grandi scioperi del 1912 a Grays Harbor e del 1916 a Everett, la città delle segherie.[5]

Quale potesse essere grosso modo la percentuale degli italiani sul totale dei lavoratori delle miniere lo si può dedurre dalle cifre del tragico bilancio di una sciagura mineraria verificatasi il 7 novembre 1910 nella Lawson Mine di Black Diamond, appunto nel territorio di Washington. In uno dei pozzi più profondi di questa miniera (che era anche uno dei pozzi più profondi di tutti gli Stati Uniti) un'esplosione uccise o mutilò diciotto minatori: tredici di essi erano italiani.[6]

Angelo Pellegrini ci ha lasciato, nei suoi libri, numerose testimonianze dell'impressione che il Nord-ovest suscitava nell'immigrante italiano del principio del secolo. Molto vivida e autentica è la descrizione che nel suo libro *Americans by Choice* egli fa delle foreste primordiali e delle vergini distese di un paesaggio al quale gli occhi degli italiani non erano avvezzi. «La foresta dietro casa, le tetre sagome delle capanne, le strade erbose con i loro traballanti marciapiedi d'assi,» scrive Pellegrini «erano in così acuto contrasto con l'umanizzato paesaggio italiano da generare sulle prime, anziché un'impressione di ricchezza, un'impressione di povertà. [Tuttavia] questo nuovo ambiente invitava al lavoro.»[7]

Così la miglior descrizione di una famiglia italiana nelle città del legno del Nord-ovest ci è data da un altro libro di Pellegrini, *Immigrant's Return* (New York 1951). In esso l'autore ricorda il suo stupore di fronte alla ricchezza della terra, il suo orrore per lo spreco che si faceva di tali ricchezze, la sua ammirazione per la pratica della democrazia e della tolleranza nei riguardi dello straniero, che caratterizzava la vita del West.

Gli immigranti non mancavano mai di restare impressionati dallo stupendo connubio di primitività e di abbondanza di quelle regioni. Pellegrini racconta di un Guido Sella che nel 1906 andò a lavorare in un cantiere di costruzione nel tratto basso della vallata del fiume Columbia. Ed ecco come, grazie alla sensibile retina di Pellegrini, Sella vede il mondo primitivo che lo circonda: «Neanche un mese dopo che avevamo lasciato il paesaggio incivilito di Castelnuovo ci trovavamo in mezzo ad un mondo preistorico. Montagne che si perdevano nelle nuvole. Deserti senza fine. Foreste impenetrabili. Fiumi larghi come oceani. Serpenti e lupi e orsi e leoni di montagna dappertutto. [...] Case neppure una, da nessuna parte. In quel mondo selvaggio popolato di animali selvaggi dormivamo sotto le tende».[8]

Come accadeva nel Montana, anche qui alcuni stranieri si lasciavano attirare dalle piccole città. Un fatto curioso è che parecchi orticultori italiani del Washington si erano stabiliti nella Douglas County, che era un centro della produzione delle mele, e tuttavia non si misero a fare i frutticultori. La produzione delle mele sarebbe stata, per questa gente, l'attività più congeniale, più naturale; e invece, di solito, si accontentavano di colture più domestiche, dimostrandosi, in questo come in altri campi, poco inclini a sperimentare il nuovo o il meglio. Due cose che li attiravano indiscutibilmente erano la produzione del latte e dei latticini e la coltura dei fiori; infatti gli italiani formarono, a Tacoma, una grande cooperativa di floricultori. A volte gli italiani comperavano la terra collettivamente; nel 1900 certe famiglie possedevano anche 500 acri di terra.[9] Questo latifondismo straniero nel Nord-ovest non suscitava alcuna reazione xenofoba; qualche ostilità si manifestò soltanto verso i giapponesi prima della seconda guerra mondiale.

Nel 1910 c'erano, nello Stato di Washington, oltre 13 mila italiani e due giornali italiani, «La Gazzetta Italiana» e «La Rivista dell'Ovest», ambedue a Seattle. Sorsero naturalmente anche i soliti circoli italiani, che attiravano gli stranieri.[10] Nessun oriundo italiano acquistò, nel Nord-ovest, maggiore importanza di Henry Suzzallo, la cui famiglia era originaria di Ragusa. Nel 1915 fu nominato rettore dell'Università di Washington; e quando, nel 1926 per contrasti con il governatore dello Stato, diede le dimissioni, non tardò ad avere, quattro anni dopo, un riconoscimento nazionale ancora più grande venendo chiamato a presiedere la Carnegie Foundation for the Advancement of Teaching. A tale alta carica rimase fino alla morte, avvenuta nel 1933. Che non ci fosse una sola goccia di sangue anglosassone nelle sue vene fu lui stesso a dichiararlo pubblicamente.[11]

Un eminente italiano, Alberto Rosellini, fu governatore dello Stato di Washington per buona parte degli anni 1950-1960. Durante la «Settimana italiana» di Seattle del 1957 gli vennero resi onori solenni, culminati nella consegna delle chiavi della città. In quell'occasione l'ambasciatore d'Italia negli Stati Uniti, Manlio Brosio, esaltò il «cosmopolitismo» dello Stato di Washington e definì Seattle «una città veramente internazionale».[12]

Oregon

L'attenzione di chi percorra l'autostrada che, risalendo la costa del Pacifico, porta nell'Oregon centrale è attirata, improvvisamente, dal cartello stradale che annuncia la città di Garibaldi. Una versione della storia di questa città di parecchie migliaia di abitanti, sita ad una cinquantina di miglia ad ovest di Portland, capitale dell'Oregon, vuole che un marinaio italiano, lasciata la nave sulla quale era imbarcato, rimanesse a terra in quel punto della costa, con il preciso proposito di dare il nome dell'eroe dei due mondi a una città americana.[13] Non sono molte le città del West che portano un nome italiano, ma quelle che ci sono bastano a ricordare la parte avuta dagli italiani nella nascita e nell'edificazione di questa parte degli Stati Uniti.

Dal tempo della spedizione Malaspina della fine del XVIII secolo non si trova nell'Oregon, fino al 1827, alcuna traccia di italiani. Del resto c'erano ben poche tracce, allora, di uomini bianchi in generale. Ma nel 1827 il brigantino *Owyhee*, al comando del capitano

Giovanni Dominis, faceva il suo ingresso nell'estuario del fiume Columbia. Rarissime navi, prima d'allora, si erano spinte fino alle coste dell'Oregon, e Dominis dedicò due settimane ad una esplorazione sistematica dell'insidioso fiume, scandagliandone le acque e il fondo e in pari tempo imbarcando un prezioso carico di pellicce da commerciare in Cina.[14] Al fiume Columbia, Dominis ritornò due anni dopo, nel 1829, per fare un secondo carico di pellicce, e in quell'occasione concepì l'idea di affumicare e conservare il salmone per venderlo negli Stati dell'Est. E così, il 15 aprile 1831, scaricava a Boston cinquantatré barili del prezioso pesce.[15] Questo carico, che all'origine era costato pochissimo a Dominis, non gli rese tuttavia quanto egli si era aspettato, perché il governo federale degli Stati Uniti lo tassò come merce importata dall'estero. Ad ogni modo, questo primo tentativo dell'*Owyhee* diede l'avvio al traffico del salmone tra la costa occidentale e la costa orientale degli Stati Uniti. Dominis fu anche il primo che piantò il pino nell'Oregon e che vi importò la pecora dalla California. Secondo lo storiografo Hubert Howe Bancroft, per tutto il decennio 1830-1840 Dominis condusse lungo la costa nord-occidentale la caccia alla lontra, della quale poi conciava e commerciava la pelliccia. E poiché organizzò anche un attivo scambio rum-pellicce, merita di essere considerato come uno dei primissimi mercanti dell'*Old Oregon*. Di sfuggita, e solo per completare il quadro, diremo che il figlio di Dominis sposò la regina Lilioukalani delle Hawaii.[16]

Un altro italiano importante dell'*Old Oregon* fu S.N. Arrigoni, un milanese che quasi trent'anni dopo Dominis, e precisamente nel 1856, essendo impegnato a fare il giro del mondo con la seconda moglie, un'irlandese, sbarcò a Portland; e lì, lungo la Willamette, impiantò un albergo che chiamò «The Pioneer». Questo albergo, il primo degno di tal nome a Portland, diventò popolarissimo; in breve raggiunse i trecento letti, e Arrigoni, commettendo un piccolo innocente falso, fece apparire nell'albo d'oro dei suoi ospiti illustri anche Giuseppe Garibaldi. Egli aveva proprio la passione di invitare nel suo albergo personaggi famosi, e i generali Ulysses S. Grant e William Tecumseh Sherman furono effettivamente suoi ospiti. Grazie all'eccellente servizio, questo albergo, come pure un altro che, in onore del proprietario, si chiamò «Arrigoni», diventò famoso in tutta la costa occidentale. Arrigoni fu uno dei fondatori dell'Arlington Club di Portland, nonché della prima loggia massonica di questa città; la prima macchina per cucire e il primo pianoforte dell'Oregon comparvero in casa sua. Non solo: il primo ufficio telegrafico e il primo servizio di corriere espresso dell'Oregon nacquero nel suo albergo, e fu lui, Arrigoni, a dare l'avvio all'illuminazione stradale di Portland con una lampada a olio collocata davanti al Pioneer Hotel. Quando morì, nel 1869, era, nella pubblica opinione, il «numero uno» dei pionieri dell'Oregon.[17]

Come già abbiamo visto per le altre regioni del West, tra i primi bianchi che misero piede nell'Oregon vi furono i gesuiti. Dei sei italiani registrati dal primo censimento dello Stato, fatto nell'anno 1850, tre erano sacerdoti.[18] Il più noto di questi gesuiti dell'Oregon fu padre Giovanni Nobili, di Roma, che raggiunse Fort Vancouver nel 1844. Padre Nobili lavorò per cinque anni fra gli indiani e i cacciatori della Hudson's Bay Company, nella regione chiamata allora «il paese dell'Oregon». Ecco come egli descrive la sua attività missionaria:

Ero solo tra otto o novemila indiani di diversa lingua e costume. Credo che, complessivamente, amministrai il battesimo e gli altri sacramenti a milletrecento-millequattrocento indiani, molti dei quali ebbero la felicità di morire poco dopo, e fra questi un'cinquecento bambini portati via dal morbillo. Nel maggio 1847 fondai la prima missione di San Giuseppe fra gli Okinaga, a due giornate di marcia dal fiume Thompson. [...] Con mio profondo dolore dovetti lasciare i miei cari indiani, in mezzo ai quali avevo sperato di morire, per trasferirmi a sud, nella missione dei Flatheads. Ivi passai l'inverno in condizioni di salute molto precarie, e certamente vi sarei morto se la grazia di Dio non avesse voluto che i buoni e caritatevoli padre Mengarini e padre Ravalli mi salvassero con le loro affettuose cure.[19]

Nobili si conquistò la stima e l'ammirazione dei cacciatori della Hudson's Bay Company per il coraggio e la dedizione di cui diede prova durante una tremenda epidemia scoppiata in mezzo a loro. Come gli altri gesuiti della frontiera, visse fra gli indiani e ne studiò la lingua e i costumi; e si deve a lui e alla sua influenza se gli indiani del fiume Nesqually rinunciarono all'usanza tradizionale di bruciare i morti e di sottoporre a torture il coniuge (moglie o marito) superstite. Fu anche merito suo se gli indiani Chilcotin abolirono la poligamia. Accadde spesso che Nobili si nutrisse di sole erbe e radici. Poteva dirsi fortunato quando riusciva a integrare questa dieta con carne di cavallo, di cane o di lupo. Ciò compromise gravemente la sua salute e fu perché potesse ristabilirsi che venne richiamato d'autorità dal Nord-ovest. Nel 1849 i suoi superiori dovettero veramente intimargli di rientrare nella civiltà. E così padre Nobili dovette trasferirsi in California, dove cominciò una nuova vita come insegnante. Due anni dopo, nel 1851, insieme con padre Michele Accolti, già della missione Saveriana sul Willamette, fondava il Santa Clara College.[20] Più tardi, un altro prete italiano acquistò fama leggendaria nell'Oregon in modo diverso da quello di padre Nobili: il gesuita Michele Balestra. Grazie a lui, negli anni 1910 la parrocchia di St. Michael a Portland diventò il centro degli italo-americani. Padre Balestra viveva molto frugalmente, elemosinava cibo e indumenti per i poveri, cercava di educare e riportare nel gregge i vagabondi e ribelli.

Fu ministro di Dio fra gli italiani di Portland per oltre cinquant'anni e conquistò un esercito di fedeli. Nell'Oregon si avvicendarono, sì, altri preti di vaglia, come i padri Bolla, Cestelli, Villa, e alcuni, forse, più grandi di padre Balestra; ma nessuno lo superò nella capacità di servire e di adattarsi all'ambiente del nuovo Stato che andava sorgendo.

Come nello Stato di Washington, anche qui le ferrovie e le industrie forestali furono le molle dell'immigrazione. La manovalanza ferroviaria e forestale fu fornita soprattutto dalla Sicilia, i contadini soprattutto dall'Italia settentrionale. Questi ultimi si adattavano a fare i mezzadri o gli ortolani fino a quando non riuscivano a comperarsi un po' di terra, di preferenza nelle vicinanze di Portland. Nel 1910 gli italiani dell'Oregon superavano le 5000 unità ed avevano tre giornali: «Lavoro e Progresso» (fondato a Portland nel 1895), «La Stella» e «La Tribuna Italiana».[21]

Con il nuovo secolo, gli immigranti furono attirati dai centri di pesca della Columbia Britannica e dell'Alaska, e ci fu un flusso annuale dai porti di San Francisco, Portland e Seattle verso le zone di pesca della costa dell'Alaska. Pescavano la passera di mare e il salmone e facevano fortuna, pur trovando un po' troppo freddo e pungente, per i loro gusti, il clima a nord di Puget Sound. Tant'è vero che pochi si decisero a stabilirsi definitivamente nel Nord. Ancor oggi questi pescatori svernano in California. Essi introdussero il sistema della paranzella per rastrellare i frutti di mare del fondo.[22]

Canada occidentale

Sul finire del XIX secolo le vaste praterie del Canada occidentale attirarono l'attenzione degli immigranti come una delle ultime frontiere agricole del Nordamerica, e con il nuovo secolo una massa di migliaia di immigranti vi si riversò, sollecitata da un'efficace campagna propagandistica. Il West canadese fu come una calamita per gente delle più diverse origini, fra cui anche irlandesi, mennoniti tedeschi, dukobori (o «fratelli cristiani») russi e, inutile dirlo, italiani, che contribuirono al rapido sviluppo della rete ferroviaria e dell'agricoltura e alla fondazione di decine e decine di centri minerari e forestali.[23]

Le relazioni di viaggio di italiani nel West, così abbondanti per il West americano, sono invece scarse per il West canadese. Fa eccezione Vincenzo Ruggieri con il racconto che egli ci lasciò[24] del viaggio da Vancouver a Juneau, nell'Alaska, e di qui a Skagway e infine, risalendo lo Yukon e il Klondike, nel territorio canadese dello Yukon. La sua relazione contiene molte interessanti notizie sugli esquimesi, sulla flora, sulla fauna e sugli insetti dell'America nordoccidentale dentro i confini canadesi e fuori.

Nell'ultimo decennio dello scorso secolo, le quattro province occidentali del Canada erano ormai aperte alla colonizzazione. Agenzie europee propagandavano attivamente le brillanti prospettive della Columbia Britannica, del Manitoba, dell'Alberta, del Saskatchewan. Ma in verità nel Saskatchewan, come nei due Dakota, l'inverno era rigidissimo; gelo e siccità vi si alternavano, i raccolti erano magri, il reddito della terra basso, e tutto questo spinse un certo numero di immigranti a spostarsi verso occidente, verso il più mite clima di Vancouver, nella Columbia Britannica. Le praterie dell'Alberta meridionale, invece, ricordano quelle del Montana nord-orientale, che con il loro clima semiarido si prestano alla coltura dell'avena, del grano, dell'orzo, della canapa e della barbabietola. Qui la temperatura scende anche a 20 gradi sotto zero. Più a nord la frontiera era ancora più inospitale: niente ferrovie, niente servizi sanitari.

Pur rimanendo relativamente rada, la popolazione del Canada aumentò, nel primo decennio del nostro secolo, del 35%, principalmente per l'afflusso degli immigranti. Le province occidentali furono fra quelle che registrarono un aumento maggiore. La popolazione del Manitoba aumentò, fra il 1900 e il 1910, del 78%; quella del Saskatchewan addirittura del 439%. In quel periodo, oltre 60 mila furono gli italiani che immigrarono nel Canada. Una parte si trasferì poi dal Saskatchewan nell'Alberta (Edmonton, Calgary) e nella Columbia Britannica (Vancouver), ma la maggior parte rimase a lavorare nelle opere ferroviarie ed edili e nelle aziende cerealicole del Canada centro-occidentale.[25]

Nella biblioteca provinciale di Victoria, nella Columbia Britannica, si può leggere un opuscolo che illustra le attività di una comunità agricola italiana negli anni 1920-1930. Si tratta della North Italy Farmers' Colony Ltd., stabilitasi a Loretta, nella provincia del Manitoba. L'opuscolo è intitolato *Opportunities That Manitoba Offers to the Italians*, e reca la data 1926. Le vantate prospettive vi sono documentate da serene, bucoliche immagini fotografiche illustranti le attività forestali ed agricole e la vita della comunità. Queste colonie organizzate valsero ad attirare degli immigranti che, altrimenti, non si sarebbero mai avventurati in regioni così aspre per clima e condizioni di vita.

Nonostante l'esodo verso gli Stati Uniti e i rimpatrii, il numero degli italiani che andarono ad accrescere la popolazione del Canada negli anni 1920-1930 fu di parecchie migliaia all'anno. Ai nuovi venuti si presentavano, infatti, sempre nuove possibilità di impiego al margine di una frontiera che andava sempre più dilatandosi. La durezza del clima e la povertà dei raccolti non spaventavano questa gente che cercava la libertà nel possesso della terra e la Canadian Pacific Railroad si preoccupava attivamente di offrire terra, casa e prestiti agli immigranti desiderosi di stabilirsi nei territori occidentali.[26]

È difficile ricostruire un quadro completo ed unitario del numero di italiani residenti nel Canada occidentale, ma basta dare uno sguardo ai titoli dei giornali canadesi alla vigilia della seconda guerra mondiale per avvertire la loro presenza. *Gli italiani celebrano il Columbus Day*, scrive il «Sun» di Vancouver del 13 ottobre 1936; *Centoventimila italiani vivono nel Canada*, dice la «Province» di Vancouver dell'11 giugno 1940; *Alla dichiarazione di guerra gli italiani di Vancouver rispondono dichiarandosi fedeli al Canada*, esulta lo stesso giornale del 10 giugno 1940. Ancorché tenuti momentaneamente in sospetto durante la guerra, in quanto cittadini o oriundi di un paese nemico, come avvenne negli Stati Uniti, gli italiani del Canada occidentale, essendo relativamente pochi, se la cavarono abbastanza bene. Il sindaco di Lethbridge, nella provincia di Alberta, che era un italiano, poté, ad esempio, rimanere tranquillamente in carica per tutta la durata della guerra. Finita la guerra, i titoli dei giornali tornarono a riflettere l'interesse del pubblico per gli italiani: *La colonia italiana a Vancouver celebra il Columbus Day*, scrive la «Province» di Vancouver il 13 ottobre 1952; *Provvedimenti per aiutare i nuovi immigranti*, dice il «Colonist» di Victoria dell'8 maggio 1955; *Diventeranno canadesi*, afferma il «Times» di Victoria del 10 maggio 1955. Gli italiani del Canada occidentale fondarono il loro bravo giornale, «L'Eco d'Italia» di Vancouver, che nel 1957 si vantava di essere *l'unico settimanale italiano nell'Ovest canadese*. In quello stesso anno, secondo l'annuncio stampato sotto la testata del giornale, esso aveva 100 mila lettori nelle province del Canada occidentale.[27]

Nella toponomastica canadese non mancano i nomi italiani: nella Columbia Britannica c'è il Garibaldi National Park, il Malaspina Peak, il Malaspina Glacier. Se Alessandro Malaspina fa la parte del leone, è perché pochi altri esploratori italiani si spinsero nel Canada occidentale. Fra quei pochi merita tuttavia di essere citato il duca degli Abruzzi, il quale, nel 1897, scalò il monte Elias, che con i suoi 5489 metri di quota è la seconda cima dell'America settentrionale. Egli, tuttavia, non lasciò il suo nome ad alcun elemento caratteristico dell'orografia dell'Alaska a nord di Puget Sound.

Se non si può dire che le poche migliaia di immigranti italiani del Canada occidentale abbiano lasciato nel paese un'impronta tangibile e sostanziale, si può dire, però, che certe influenze straniere si fanno sentire lo stesso anche indipendentemente da quel veicolo fisico che è l'immigrante. Infatti si possono osservare nel Canada occidentale delle influenze che provengono direttamente dal patrimonio culturale o artistico dell'Europa. Una delle più popolari località turistiche nei pressi di Victoria sono i Mrs. Butchart's Gardens, una grande tenuta di 130 acri nei dintorni della capitale della Columbia Britannica, dove un servizio giornaliero di autobus porta quantità di turisti. Ebbene, sono giardini di stile italiano, tutt'attorno ad una costruzione pompeiana che si chiama Villa Benevento. Vi si trova un limpido laghetto con multicolori bordure fiorite, circondato da statue; e vi si trovano gruppi di cedri del Libano e siepi ornamentali; un ambiente, insomma, non diverso da tanti creati in California, come la Henry E. Huntington Library and Art Gallery di San Marino o la Villa Montalvo di Saratoga. Questo tipo di villa, che sposava il gusto italiano al gusto inglese, rappresentava per i suoi creatori un modello ideale. Ed era un ideale che, pur non essendo stato portato direttamente nel Nuovo Mondo dagli immigranti, rappresentava pur sempre un elemento inconscio dell'eredità mediterranea del Nordamerica.

XI
SUCCESSI NEL SUD-OVEST, REGNO DEL SOLE

Il Sud-ovest è una delle regioni geografiche più amorfe del Nordamerica. Consiste in un assurdo mondo di sabbia, i cui limiti sono ancora oggetto di discussione; e ciò soprattutto perché questa è una zona di «regionalismi subconsci». Lo storico, il geografo, il letterato, l'economista, tutti hanno la loro particolare definizione per questo paese arido e affascinante. Anche chi ci abita, chi abita le singole province della vasta regione, ha tante definizioni diverse delle varie entità geografiche che la compongono. Alcuni chiamano Sud-ovest tutta la regione le cui acque confluiscono nel bacino del fiume Colorado. Altri comprendono nel termine Sud-ovest l'Oklahoma e il Texas. Per altri il Sud-ovest è l'Arizona, il New Mexico e il Nevada.[1] Noi, in questo libro, escludiamo dal Sud-ovest la California, i cui immigranti subirono un'acculturazione nettamente diversa da quella degli immigranti del resto della regione. Vi comprendiamo invece tutti gli altri Stati a sud dell'Utah e ad ovest del Texas, compreso quest'ultimo.

Comunque lo si consideri, ad ogni modo, il Sud-ovest esercitò sugli italiani un'attrattiva minore di quella esercitata dalle regioni non aride. Qui scarseggiavano le foreste umide del tipo di quelle della costa orientale. Gli immigranti che provenivano da un ambiente campagnuolo europeo non erano avvezzi alla coltura arida. In Italia arrivava notizia delle immense distanze, dell'intenso calore, dell'arsura delle pianure sud-occidentali. Erano fatti che turbavano e preoccupavano gli immigranti. L'acqua, si diceva, era tanto scarsa che si doveva pagarla cinque centesimi al bicchiere. Poi c'era la leggenda, ormai consolidata, degli indiani e dei «cattivi» del West. L'immigrante potenziale non si sentiva affatto incoraggiato a dirigersi nel Sud-ovest, a meno che non fosse un tubercolotico o un asmatico alla ricerca di un clima più propizio per la sua salute.

Texas

Di tutti gli Stati del Sud-ovest, il più noto agli immigranti era il Texas. Ma per questa gente il *Lone Star State*, o Stato della stella solitaria, com'è chiamato il Texas, poteva essere tanto la terra ben irrigata da corsi d'acqua della fascia orientale, lungo il confine con la Louisiana, quanto lo squallido e scostante distretto di Panhandle, polveroso e spazzato dal vento. Non si sapeva esattamente se il Texas fosse uno o fosse tanti, se fosse terra da allevamento di bestiame o da pozzi di petrolio, di aride pianure o di umide vallate costiere, di pascoli o di sterminati campi di cotone. Il Texas, insomma, era una regione di contrasti, fatta per gente curiosa e disposta al rischio, decisa e adattabile ad un tempo. Era terra per italiani?

Nella prima metà del XIX secolo solo un pugno di italiani andò a stabilirsi nel Texas. Pochi elementi anche delle altre nazionalità, a dir vero, concorsero a formare, all'inizio, la popolazione del Texas, se si eccettuano gli spagnoli e qualche tedesco. Fra gli italiani, uno dei primi fu Angelo Navarro. Navarro era nato in Corsica nel 1777, quando già l'isola era stata ceduta da Genova alla Francia, ed è possibile che la città di Corsicana, nel Texas, sia stata chiamata così in suo onore. Suo figlio, José Antonio Navarro, fu uno dei primi *land commissioners* o commissari demaniali del Texas, e fece anche parte dell'assemblea che dichiarò l'indipendenza del Texas dal Messico.[2] Alla rivolta del Texas parteciparono anche altri italiani, fra cui il già nominato marchese di Santangelo, che fu uno dei più fedeli sostenitori di Sam Houston e che dalla sua tipografia a New Orleans lanciò fiere bordate di stampa contro i messicani.

Un italiano dal nome unico per la sua stravaganza – Decimus et Ultimus Barziza – si stabilì nel Texas prima della guerra civile e vi acquistò una posizione di primo piano. Il padre era un patrizio veneto – il visconte Filippo Ignazio Barziza – che aveva scelto come sua dimora Williamsburg, in Virginia. Barziza figlio era uomo raffinato, che aveva viaggiato e conosciuto il mondo. Si era diplomato nel William and Mary College e durante la guerra civile combatté nel *Fourth Texas Infantry* di Hood, con il grado di capitano. Caduto prigioniero nella battaglia di Gettysburg, scrisse – unico fra tanti – le sue memorie di prigionia. In seguito diventò un bravissimo avvocato penalista e fu eletto alla Camera dei rappresentanti del Texas dalla contea di Harris.[3]

La storia di Barziza, naturalmente, è una storia atipica, che non può essere presa ad esempio per illustrare la partecipazione italiana alla vita e alle vicende del Texas. Divenuto il Texas uno Stato della repubblica stellata, gli italiani si unirono al flusso migratorio che si riversò nel Texas. Furono, in prevalenza, lavoranti delle ferrovie, braccianti agricoli, bottegai e gestori di ristoranti. Già nel 1890 gli italiani nel Texas assommavano a parecchie migliaia. Fra gli altri spicca la figura di un facoltoso nobiluomo, il conte Giuseppe Telfener, atipico anche lui come Barziza. Questo italiano di nome tedesco, nativo di Foggia, cominciò ad interessarsi del Texas dopo aver sposato – secondo la moda e lo spirito del tempo – la figlia di un milionario americano di origine irlandese. Al principio degli anni 1880-1890 Giuseppe Telfener progettò l'invio di 5000 italiani nel Texas. A tal fine acquistò parecchie migliaia di acri di terra nelle vicinanze di El Paso e costruì novantadue miglia di massicciata, destinate a farvi passare una ferrovia, per la quale aveva già scelto il nome: New York, Texas and Mexican Railway. Ma non essendo più riuscito, ad un certo momento, a finanziare la costosa impresa, nel 1884 abbandonò il progetto e ritornò in Italia, senza peraltro evitare che un migliaio di italiani si trasferissero nel Texas sotto il suo patrocinio. Gran parte di questi italiani, trovatisi allo sbaraglio fuori del mondo, ritornò verso la costa. Nel 1887 i creditori di Telfener lo denunciarono per aver rotto il contratto d'acquisto della terra ed ottennero una sentenza favorevole, che attribuiva loro un indennizzo di quasi 400 mila dollari. La ferrovia iniziata da Telfener finì per entrare a far parte del Southern Pacific System.[4]

Come in altri Stati, gli italiani del Texas si impegnarono in una vasta gamma di attività costruttive. Al principio degli anni 1890-1900 concorsero alla costruzione della Colorado River Dam, nei pressi di Austin, e ai lavori per aumentare la profondità del porto di Galveston, e allo stendimento dei binari della Texas Pacific Railroad e della Southern Pacific attraverso il più vasto degli Stati americani.[5] Duemilaquattrocento siciliani che avevano lavorato come manovali nella Houston and Texas Railroad si stabilirono, quando non ci fu più bisogno del loro lavoro, nella città di Bryan, contea del Brazos. In questa zona fuori mano, ad un'ottantina di miglia da Houston, lungo le sponde del fiume Brazos, comperarono a prezzo bassissimo della terra che, trovandosi in una depressione naturale, era regolarmente inondata dal fiume; e, dopo averla dissodata, la coltivarono a cotone, granturco e altre colture. La vita costava poco: cinque centesimi una libbra di carne. C'era tale abbondanza di terreno, che i proprietari lo davano gratuitamente in uso per due anni purché fosse liberato dalla vegetazione arborea spontanea. Questo legname gli italiani lo vendevano a due dollari per asse da due metri e quaranta.

Nel 1900 erano 500 le famiglie italiane ormai stabilite a Bryan. La maggior parte di queste famiglie diventò proprietaria di terra, e in certi casi le singole proprietà arrivavano anche ai 400 acri. Nel Texas sud-orientale altri gruppi di immigranti italiani si diedero alla coltura del riso; nei pressi di Dickinson a quella degli ortaggi per il mercato di Galveston; nella zona di Gunnison a quella della vite. Come gli italiani di Sunnyside nell'Arkansas, o di Verdella nel Missouri, o di Ogden nell'Utah, gli italiani del Texas puntarono molto verso la proprietà della terra, e non soltanto perché questo rappresentava una forma di assicurazione, ma anche perché significava prestigio sociale, conferma di un traguardo raggiunto.[6]

Il clima caldo del Texas, anche se a volte ingrato, sembrava adattarsi agli italiani meglio che a qualsiasi altra nazionalità. Infatti gli scandinavi (norvegesi e svedesi) non si lasciarono mai attirare in gran numero nel Sud-ovest, preferendo concentrare la loro attività nel clima più vivificante del Minnesota, del Wisconsin e del Michigan.[7] Ad ogni modo fa una certa meraviglia constatare che «L'Eco d'Italia», il massimo giornale in lingua italiana edito nel secolo scorso in America, vedeva nel Texas «lo Stato più consono agli italiani». Sta di fatto che nel 1900 era in piena attività la Società di colonizzazione italiana del Texas, che acquistò oltre 25 mila acri di terra a Perla e a Keechie, dividendoli in lotti da 50 acri ciascuno. I singoli lotti venivano poi assegnati a famiglie di immigranti. La società spese quasi un milione di dollari in un programma di sviluppo agricolo che andava dall'acquisto della terra a quello del macchinario agricolo e dei materiali da costruzione.[8]

Sfogliando le schede manoscritte del censimento demografico del 1900 ci si rende conto della distribuzione numerica degli italiani nel Texas. Essi vivevano, almeno per un certo tempo, in colonie o, meglio si direbbe, isole etniche, nessuna delle quali era di grandi dimensioni. E ogni isola etnica si specializzava in una data coltura. Gli immigrati italiani di Bryan coltivavano granturco e cotone, quelli di Dickinson pomodori e ortaggi vari, quelli di Houston e San Antonio frutta. Anche alla periferia di Galveston e di Dallas c'erano colonie di orticultori italiani. Nel Texas settentrionale, dove l'acqua scarseggiava, scarseggiavano anche gli italiani; faceva eccezione soltanto una piccola colonia di italiani del Nord a Montague.[9] Nel 1912 l'ambasciatore d'Italia a Washington, andato a fare un giro d'ispezione nel Texas, vi trovò i suoi ex connazionali sparsi un po' dappertutto. A «Diggenson» [così si legge nella sua relazione, in luogo di Dickinson] trovò un centinaio di famiglie siciliane, in massima parte di Palermo. «Ogni famiglia possiede dai 4 ai 10 acri di ottima terra, ben coltivata, che vale dai 100 ai 200 dollari per acro. Vi coltivano fragole, che poi vendono in tutto il gran mercato americano.» Colonie analoghe trovò a Hitchcock, a Goliad, a Greenville, a Paris e a Texarkana. Delle 30 mila persone che a quell'epoca formavano la popolazione di Galveston, 1500 erano italiane. A Bryan la percentuale degli stranieri era altissima: su una popolazione globale di 5000 abitanti c'erano 3000 siciliani. A Houston furono più di 1000 gli italiani che andarono incontro all'ambasciatore sventolando bandiere italiane, e alcuni erano a cavallo. A Beeville incontrò parecchie persone, giunte dall'Italia solo pochi anni prima, che avevano investito 300 dollari al massimo per prendere in fitto 20 acri di terra, e già erano padroni di 80 acri e non nascondevano di avere parecchie migliaia di dollari in banca. Un certo Beretta era proprietario di oltre 100 mila acri di terreno a Laredo, lungo il Rio Grande.[10]

All'ambasciatore non sfuggì, tuttavia, che gli italiani del Texas avevano avuto anche la loro parte di sfortuna. A Rockport, ad esempio, sul golfo del Messico, dune mobili avevano dato l'assalto, per tre anni consecutivi, alle piantagioni italiane, causando una perdita di una sessantina di migliaia di dollari e costringendo i proprietari ad abbandonare certi ranch. A Del Río, sul Río Grande, duecento miglia a nord-ovest di Laredo, un tentativo di impiantare la vite si concluse in un disastro completo. L'ambasciatore andava ripetendo ai nuovi venuti di dedicare la massima attenzione alla scelta della zona nella quale stabilirsi.[11]

In tutto il Sud-ovest gli italiani lavorarono anche nelle miniere. Nel 1900 c'era un mezzo migliaio di italiani – fra piemontesi, veneti e modenesi – stabiliti a Thurber, nel Texas, alle dipendenze della Texas and Pacific Coal Company, che vi sfruttava le miniere di carbone. Anche in altre miniere di carbone, nonché di rame, zinco e stagno del Texas c'era manodopera italiana.[12]

Commette un errore chi pretende di descrivere l'influenza esercitata da una nazionalità senza preoccuparsi di conoscerne i mezzi d'espressione; e nel Texas, come altrove, il mezzo di espressione e di comunicazione degli immigrati italiani era il giornale. Dal 1906 in poi uscì a Galveston e a San Antonio «Il Messaggero Italiano», mentre a Dallas uscì dal 1914 al 1935 «La Tribuna Italiana» (diventata poi «Texas Tribuna»), che nel 1931 vendeva 6835 copie.[13]

Straordinaria e unica è la carriera di un oriundo italiano stabilitosi nel Texas, Charles (Angelo) Siringo, il quale assurse a larga rinomanza come scrittore del filone western, facendosi portavoce di quella tendenza alla glorificazione di sé che costituisce la più autentica tradizione del Texas. Il capo e decano di tutta la letteratura popolare sud-occidentale, J. Frank Dobie, definì il romanzo di Siringo *A Texas Cowboy, or Fifteen Years on the Hurricane Deck of a Spanish Pony* (Chicago 1885) «la Bibbia del cowboy». Dobie scrisse che «Siringo non fu soltanto il primo cowboy autentico che pubblicò un'autobiografia; fu anche il più prolifico di vicende e variazioni autobiografiche fra tutti i cowboy, veri e falsi, che si cimentarono con la stampa».[14] Siringo nacque nel Texas nel 1855 da padre italiano e madre irlandese. Il suo primo libro, *A Texas Cowboy*, ebbe una tiratura di oltre un milione di copie. Altri suoi romanzi sono: *A Cowboy Detective* (Chicago 1912); *A Lone Star Cowboy* (Santa Fe 1919); *History of Billy the Kid* (Santa Fe 1920); *Riata and Spurs* (Boston 1927). Il valore di Siringo scrittore Dobie lo vede nel fatto che «i suoi cowboy e i suoi *gunmen* non erano comparse hollywoodiane o personaggi folcloristici. Siringo faceva dell'onesto *reportage*». Siringo era un uomo d'eccezione (che esercitava anche il mestiere del detective); tuttavia la sua carriera può essere presa ad esempio della prontezza con la quale la seconda generazione di stranieri si adattava ai grandi spazi aperti del West.

Però la maggioranza degli immigranti non possedeva tanto ingegno e non si alzava molto al disopra del livello di comuni lavoratori. Molti continuarono, per buona parte del nostro secolo, a lavorare nelle opere e nelle attività di manutenzione ferroviarie. A volte questo tipo di lavoro suscitava fra gli stranieri stati di disagio e di insofferenza: un'intelligente ed acuta descrizione delle condizioni di lavoro dell'immigrante nei cantieri ferroviari del Texas è fornita da Dominic Ciolli in un articolo – *The Wop in the Track Gang*, che potrebbe tradursi «L'immigrante italiano sulla strada ferrata» – apparso nel 1916.[15] A lui si deve anche una descrizione della comunità italiana di Bryan, sul fiume Brazos. Ciolli era appena dodicenne quando fu mandato a lavorare in un ranch del Texas, dove rimase tre anni. «Dovevo lavorare sodo» scrisse. «Preparavo da mangiare per i cowboy, ne lavavo le camicie, ne pulivo gli stivali» e per giunta doveva anche dar da mangiare al bestiame:

Un giorno venni a sapere che c'erano molti italiani in una località a venti miglia di distanza, chiamata Bryan, e che là, avvicinandosi l'epoca della raccolta del cotone, avrei forse potuto trovare lavoro. Una settimana dopo filai via, seguendo il corso del fiume Brazos, e finalmente arrivai ad una colonia di circa 350 famiglie siciliane. I primi di quei coloni c'erano andati trent'anni prima, come manovali delle ferrovie, e, avendo constatato che agli americani quel terreno lungo il fiume, soggetto alle inondazioni, non interessava proprio, decisero di comperarlo loro. Poi, non appena ebbero messo assieme un po' di soldi, si fecero raggiungere dalle famiglie e da altri compaesani, e adesso erano più di 3000, una metà dei quali possedeva dai 30 ai 100 acri di terra. Coltivano granturco e cotone. Il complesso delle loro terre si stende per una fascia di diciotto miglia quadrate lungo il fiume. Le hanno prosciugate e ci hanno costruito una bella cittadina con quindici negozi e la chiesa. Però non c'è scuola, cosicché sono costretti a mandare i bambini a dorso di mulo, o con carrette tirate da asinelli, fino alla scuola, che dista dieci miglia. Lavorano duro, durissimo. Anche le donne e i bambini danno una mano. Mi presero per la raccolta del cotone, ma finito questo lavoro non c'era più niente da fare per me; perciò dovetti andarmene.

Trovò lavoro come manovale, nelle ferrovie:

C'erano, in tutto, nove carri ferroviari in pessimo stato; sei per la mezza centuria d'uomini, uno per le carriole, uno per gli attrezzi, l'ultimo per il «padrone» e i sorveglianti. [...] Il nostro carro era l'unico che possedesse finestrini. Lungo i due lati di ciascun carro c'erano, appoggiati a terra, dei recipienti di latta, rugginosi, tenuti fermi mediante delle pietre; questi fungevano da stufe. Le immondizie coprivano il pavimento e il tanfo era intollerabile. [...] Quando entrai per la prima volta in uno di questi carri, il puzzo mi prese alla gola e quasi mi soffocò. C'erano otto panche di legno collocate trasversalmente al carro, ed erano otto letti. Sui letti c'erano dei sacconi pieni di paglia, e per coprirsi gli uomini si servivano di vecchi cappotti di pelle conciata o di coperte da cavallo. Le coperte formicolavano di insetti, e quanto ai sacconi di paglia essi erano neri della sporcizia di due anni. Scarafaggi e cimici stavano annidati nelle pareti, nei letti, dappertutto. I tavoli sui quali mangiavamo erano coperti di tela cerata o di vecchi giornali, sporchi quanto il pavimento. Sotto i tavoli c'erano alcuni recipienti bassi e larghi in cui si gettavano (e rimanevano) i resti del pranzo. Aprii la dispensa: c'erano un barattolo di salsa di pomidoro coperta di muffa e di insetti, una pagnotta di pane umido, alcuni cucchiai e forchette rugginosi, tre o quattro piatti di latta. In tutti gli altri carri la stessa cosa. La notte si chiudevano le porte, finestrini non ce n'erano, l'aria mancava. [...] Quando pioveva, gli indumenti degli uomini si inzuppavano. Nessuno si spogliava per andare a letto. Quei carri [...] erano buoni soltanto per esseri umani.[16]

Ciolli e i suoi compagni di squadra andavano al lavoro ogni mattina su un carrello azionato a braccia. Lavoravano a stendere binari, «tra imprecazioni e bestemmie», e a forza di sollevare per dieci ore al giorno i pesanti binari sudavano fuori tutta l'acqua che avevano in corpo. A mezzogiorno facevano una pausa per mangiare pane e salsicce. Ecco dove i sindacalisti dell'Industrial Workers of the World riuscivano a spacciare le loro promesse e a reclutare adepti. Ma «i tempi del piccone e del badile» lasciarono, alla fine, il posto all'epoca della casa di proprietà, della vita urbana, di una certa stabilità, di maggiori soddisfazioni materiali. Nel 1920 vi erano ormai nel Texas più di 80 mila italiani di nascita, e un numero doppio o triplo di figli di italiani, nati in America.

Oklahoma

Anche nell'Oklahoma, come nelle altre parti del Sud-ovest, le condizioni di vita della frontiera, la presenza di quegli sconosciuti che erano gli indiani e di quell'altra cosa sconosciuta che era la vita del ranch trattennero gli immigranti dall'andarvi in gran numero. I primi italiani che si spinsero nell'Oklahoma degli anni 1890-1900 si diressero nella zona orientale dell'*Indian Territory* di quello Stato, a scavare il carbone nelle miniere in piena espansione di Coalgate, Philips, Alderson e Hartshorne. Verso la fine del secolo c'erano alcune centinaia di piemontesi che lavoravano in un altro centro minerario, McAlester, dove si guadagnavano – ottima paga per l'epoca – 2 dollari e 56 centesimi al giorno (di otto ore lavorative). L'unica cosa di cui sembravano lagnarsi i minatori stranieri era il divieto di bevande alcooliche, vigente nell'*Indian Territory*. Un minatore sosteneva di aver assoluto bisogno di una bevuta corroborante quando usciva dall'atmosfera nauseabonda, impregnata di gas, delle gallerie. «Ho lavorato per anni in Asia Minore e, nonostante il rigoroso divieto che il Corano fa ai musulmani di bere bevande alcooliche, i turchi permettevano a noi cristiani di bere vino, birra e altri liquori a nostro piacere.» Ciò non avveniva, ahimè, in «territorio indiano»; e i poveri sitibondi italiani dell'Oklahoma si vedevano costretti a dissetarsi con quel «tonico medicinale» fabbricato in Italia che ancor oggi porta baldanzosamente in giro per il mondo l'antico nome di «Fernet Branca».

Il modello di comportamento dell'emigrante era sempre identi-

«Indiani in cerca di una sede», nella visione di un artista italiano (1880). *(Riprodotto da E. Rossi, op. cit., con il permesso della Huntington Library, San Marino, California.)*

co dovunque lo si considerasse. Anche nell'Oklahoma gli italiani dei centri minerari coltivavano il loro orticello accanto alla casetta di legno. La frugalità era una dote di tutti. Non si fidavano di consegnare alle banche i loro sudatissimi risparmi, e preferivano seppellirli sotto terra. «Scommetto» scrive uno storico degli italiani in America «che qui a Krebs ci sono perlomeno 50 mila dollari sotterrati.»[18] Il XX secolo doveva richiamare molti italiani nei campi petroliferi dell'Oklahoma e nelle due maggiori città dello Stato: Tulsa e Oklahoma City. Il loro numero raggiunse la punta massima nel 1910, quando nell'Oklahoma risultavano esservi oltre 2600 italiani di nascita.

New Mexico

L'eccelso altopiano roccioso, o *mesa*, patria del pino – il New Mexico – è rimasto sempre fedele al suo retaggio latino, nel quale domina l'elemento spagnolo, ma non manca l'elemento italiano. È un lungo filo quello che congiunge le prime esplorazioni di fra Marco da Nizza, i gesuiti Eusebio Kino e Giuseppe Salvatierra e i sacerdoti che continuarono l'opera missionaria italiana in quella regione. Nel 1865 arrivarono a Santa Fe le prime suore della Carità, fra cui numerose novizie italiane. Era presto perché delle donne mettessero piede sul margine estremo di una pericolosa frontiera, e quelle suore dovettero, infatti, affrontare un mondo di crude realtà. Il racconto di una suora ligure, Blandina Segale, ce ne offre un'idea. Nel profondo del suo affascinante libro di memorie – *At the End of the Santa Fe Trail* – c'è l'episodio dell'incontro con Billy the Kid durante il viaggio in diligenza che suor Blandina Segale compì nel 1877 da Trinidad a Santa Fe. La banda armata del Kid seminava il terrore nella zona, cosicché le diligenze viaggiavano, di solito, ben armate. Ed ecco quel che accadde quando, in territorio del New Mexico, i fuorilegge attaccarono la diligenza sulla quale viaggiava suor Blandina, come questa intervenne:

«Riponete le pistole, prego» dissi con un tono di voce che non era né implorante né aggressivo. [...] Le pistole scomparvero. Si sentiva lo scalpiccio sordo degli zoccoli di un cavallo che si avvicinava alla portiera. Veniva da dietro, e il cavaliere vide anzitutto i due signori che ci sedevano di fronte, ed io potei scorgerlo prima di esserne scorta. Mi tolsi la gran cuffia che portavo in testa, perché potesse vedermi bene e capire che io e la mia compagna eravamo due suore. Quando i nostri sguardi si incrociarono, egli si tolse il cappello a larga tesa facendogli compiere un ampio cerchio, si inchinò dando segno di aver compreso con chi aveva a che fare, e allontanatosi rispettosamente di qualcosa come tre pertiche si fermò e ci diede un meraviglioso saggio di maneggio di cavalli bradi. Il cavaliere era il famoso «Billy the Kid».

La brava suora si fece promettere dal Kid che la sua banda avrebbe protetto lei e i suoi compagni di viaggio da altri attacchi.[19]

Il bilancio dell'opera di suor Blandina e delle sue consorelle si compendia nella costruzione di un ospedale per gli operai delle ferrovie del New Mexico, di una scuola commerciale per gli indiani e di vari luoghi di culto.

Per tutte queste costruzioni, le suore della Carità aprirono le loro cave di pietra, prepararono le fosse di calce viva, fecero funzionare una fornace di mattoni, delle segherie e delle piallatrici. Si dedicarono alle attività più diverse, dall'amministrare i sacramenti agli Apaches al tentare di metter fine alla legge del linciaggio. Una vita, la loro, che trovava scarsi compensi fuori del regno dello spirito.

Era inevitabile che tra i preti e le suore più fini e istruiti della frontiera si manifestasse incontenibile la nostalgia del paese d'origine.

Nelle storie personali della massima parte dei gesuiti, dal Montana fin giù alla bassa California, e delle suore della Carità del New Mexico, si avverte, di fronte alla rudezza di un mondo primitivo, questo potente richiamo. In *The Soul of an Immigrant* dello scrittore immigrato Constantine Panunzio risuona con la sua eterna suggestione la voce dell'Italia che sentiamo anche cantare in una famosa romanza del Donizetti, appassionata invocazione all'Italia, terra di bellezza e di sole.

Nel 1867 le suore del New Mexico furono raggiunte nel Colorado meridionale da un gruppo di gesuiti napoletani. Il nuovo clima politico italiano aveva costretto o consigliato molti gesuiti ad andarsene, e questi erano pronti a servire nel Sud-ovest americano. Una volta finita la guerra civile, il vescovo di Santa Fe, John Lamy, era andato a Roma a rappresentare le urgenti necessità della sua azione missionaria e aveva ottenuto che al New Mexico fosse assegnato padre Donato M. Gasparri con un piccolo gruppo di sacerdoti. Nato a Napoli nel 1834, padre Gasparri aveva servito a Saragozza e a Valencia, cosicché sapeva parlare lo spagnolo. Del gruppo facevano parte anche i padri Raffaele Bianchi e Livio Vigilante e i fratelli Raffaele La Vezza e Prisco Caso. Il 27 maggio 1867 il loro piccolo treno di venti persone lasciò New York diretto verso occidente: la maggior parte di essi non sarebbe più ritornata. Raggiunsero St. Louis e di qui Fort Leavenworth in carro coperto, guidati dal vescovo Lamy in persona, l'uomo sul quale Willa Cather costruì *Death Comes for Archbishop*.[20] Un viaggio di 7340 miglia complessivamente, pari a 11.750 chilometri.

Padre Gasparri descrisse con fedeltà l'arrivo del gruppo nella boscaglia. Il suo racconto, come quello di suor Blandina, è pieno di momenti eccitanti. Da Fort Leavenworth in poi i sacerdoti viaggiarono in direzione sud-ovest a dorso di mulo. Qui vennero a contatto con gli Apaches. Fu lungo il fiume Arkansas, le cui rive padre Gasparri descrisse appunto come «infestate dagli indiani», che all'improvviso si imbatterono in «segni di distruzione: case devastate, cadaveri coperti da cumuli di terra, membra umane sparse, armi, vestiti, carri abbandonati». E una mattina «videro una banda di dodici indiani, armatissimi», e ne furono terrorizzati, ma lo spavento cedette allo stupore quando quegli indiani «chiesero del caffè e del tabacco, offrendo in cambio della carne di bufalo». I bravi sacerdoti ringraziarono Iddio di non appartenere al novero delle carovane che gli indiani solevano attaccare. Nel lungo viaggio, tuttavia, perdettero per colera parecchi conducenti e una suora, che seppellirono nella prateria. Finalmente, senza altre perdite, il 15 agosto 1867 raggiunsero Santa Fe.[21]

Padre Gasparri, e i suoi quattro confratelli, ed altri padri e fratelli – Persone, Gentile, Paoli, Mandalari, Leone e Tornassini – rimasero per molti anni a propagare e amministrare la fede fra i Navajo e altre tribù, nonché fra i bianchi. Eressero scuole, chiese e missioni nelle vallate del Río Grande, del Pecos, dell'Arkansas, del Purgatorio. Estendendo la loro azione nel Colorado operarono a Pueblo, a Trinidad e in tutta la San Luis Valley, fino a Denver. Uno di loro, padre Bianchi, morì l'anno dopo essere arrivato nel New Mexico. La sede centrale fu la parrocchia di Bernalillo, dove nel 1875 diedero vita alla «Revista Católica», durata fino a non molti anni fa. Il primo stampatore della rivista fu padre Enrico Ferrari, con l'aiuto dei padri Lorenzo Fide, Raffaele Tummolo, Giuseppe Marra e Alfonso Rossi. Il superiore della missione gesuita del New Mexico fu padre Donato M. Gasparri fino al 1880 (due anni prima della sua morte), al quale subentrò padre Aloisio Gentile. Tutti italiani, dunque.

Ci furono momenti in cui l'influenza dei gesuiti si fece sentire molto nel parlamento e nella magistratura del New Mexico, sia per il grande potere che essi avevano stabilito nel paese, sia perché erano esenti da ogni controllo governativo. Warren A. Beck, in una sua recente storia del New Mexico, riassume così la situazione: «Disgraziatamente, molti esponenti della scuola cattolica erano gesuiti italiani, da poco espulsi dalla loro patria; e questi uomini, come padre Finotti e padre Gasparri, erano gli apologisti, dinamici ed esperti, di una concezione particolare e conducevano una vigorosa offensiva, senza risparmio di durezze verbali, contro i sostenitori della scuola pubblica».[22] In certi casi l'efficienza dei gesuiti italiani suscitò addirittura l'ostilità del clero secolare americano.

Nonostante la notevole opposizione incontrata nel New Mexico, i gesuiti italiani fondavano a Las Vegas, nel 1877, dieci anni dopo il loro arrivo, un collegio, al quale ne affiancavano un altro a Morrison nel 1884.[23] Ma quattro anni più tardi tutto il corpo insegnante delle due istituzioni fu trasferito a Denver, e nel 1919 la missione dei gesuiti napoletani nel New Mexico fu sciolta. Ormai la loro opera poteva essere continuata dal clero secolare. Con lo scioglimento della missione gesuita finiva, dopo cinquantadue anni di ininterrotto lavoro, l'attività missionaria italiana nel New Mexico.[24]

Dal 1880 in poi andò crescendo il numero degli stranieri che raggiungevano le miniere del New Mexico settentrionale ed occidentale, i grandi allevamenti di pecore del Sud e le città di Santa Fe e di Albuquerque. Quanto si facesse sentire la presenza di tanti stranieri nel New Mexico lo si può arguire dal libro di Montague Stevens *Mr. Grizzly. A Saga on the Passing of the Grizzly* (Londra 1950) Montague Stevens era un inglese colto che negli anni 1880-1890 era andato a vivere con la moglie in un ranch non lontano da San Augustine Plains, nel New Mexico, ed era rimasto sbalordito dalla quantità di gente che si accampava sulla sua terra e non sapeva una parola d'inglese. Uno studio sulla popolazione del New Mexico rileva che «già verso la metà del XIX secolo la popolazione del territorio era estremamente cosmopolita, per origine se non per cultura». L'autore di questo studio osserva che «il paese da tenersi d'occhio, però, è l'Italia, perché nel decennio 1870-1880 la sua rappresentanza nel New Mexico è triplicata». Nell'ultimo decennio del secolo, il numero degli italiani della prima generazione, cioè nati in Italia, presenti nel New Mexico, raddoppiò. Nel primo decennio del nostro secolo, quando ancora la metà della popolazione di nascita straniera era costituita dai messicani, «l'Italia fece un *forcing* e, con un aumento di 1959 unità nell'ultimo anno (su una popolazione complessiva di 327.301 unità), si assicurò il secondo posto». Lo studio così conclude: «Da nessun altro paese straniero l'immigrazione si sviluppò con un aumento più costante e più rapido; dal 1860 al 1910 infatti, si è assistito in ogni decennio al triplicarsi della rappresentanza italiana. [Nonostante questa prevalenza italiana] si può dire che durante tutto il tempo in cui il New Mexico fu "territorio", la popolazione di nascita straniera vi manifestò un grado di cosmopolitismo di cui ci si può rallegrare ed anche sorprendere».[25]

Arizona

Come abbiamo già notato per il New Mexico, anche in Arizona l'attività italiana fu piuttosto scarsa nel periodo che intercorre fra la prima esplorazione di fra Marco, nel XVI secolo, e la seconda metà del XIX secolo. Ciò non toglie che in questa seconda metà del XIX secolo la popolazione non nata in America finisse per superare di gran lunga, nell'Arizona, la popolazione nata in America. Dei non indiani, quasi nessuno era nato nel West. I tre quarti dei soldati di guarnigione nel territorio (che fino al 1860 figurò, nei censimenti federali, come una contea del New Mexico) era gente venuta dall'Europa, e in massima parte dall'Irlanda e dalla Germania. Il censimento del 1870 dava, in Arizona, 3849 nati in America e 5809 nati all'estero. Nel 1880, però, il censimento dava 24.391 nati in America e 16.049 nati all'estero. Di questi 16.049 nati all'estero, ad ogni modo, solo una piccola percentuale era formata di italiani. Fu l'ingresso della Southern Railroad che aumentò il numero di questi ultimi. Vale la pena di fare alcuni nomi, se non altro per vedere verso quali occupazioni fossero orientati gli italiani. Già nel 1884 troviamo un Charles Salari che gestisce il Phoenix Hotel di Phoenix; un Alex Rossi conduce un saloon a Tucson; un E.F. Sanguinetti fa il commerciante a Yuma e la famiglia D'Onofrio ha una pasticceria a Phoenix, mentre fin dagli anni 1840-1850 la famiglia Corella gode in Arizona di una posizione di primo piano.

Ad ogni modo il più illustre degli italiani venuti in Arizona è il futuro sindaco di New York City, quel battagliero progressista che fu Fiorello La Guardia. La madre di Fiorello era triestina, mentre il padre era nato a Foggia ed era venuto in America come accompagnatore della celebre cantante d'opera Adelina Patti, finendo per diventare direttore di banda nell'esercito americano. Dal 1890 al 1892 il giovane Fiorello visse con la famiglia a Fort Huachuca; ma fu a Prescott – la città dove trascorse con i suoi i sei anni successivi – che mise, come ebbe a dire lui stesso, le sue prime radici americane.

«Viveva nel forte in cui era acquartierata la guarnigione di Prescott, ma andava a scuola in città, percorrendo un chilometro e mezzo o due di strada a fondo naturale, tutta buche e svolte. Il suo campo da gioco era il grande spazio libero attorno al forte, dove inseguiva e montava "i più selvaggi dei cavalli selvaggi della prateria". Vedeva gli indiani com'erano, parlava con i minatori e con i cowboy, seguiva i soldati quando andavano al campo sulle colline, badava ai polli e alle mucche che suo padre teneva, e si godeva la sua parte di scherzi e di lotte con i compagni di scuola.» La Guardia stesso, e con lui i suoi biografi, ha ricondotto a quella quasi ideale fanciullezza nella fresca e pura aria dell'Arizona alcuni degli elementi caratteristici del suo individualismo e del suo riformismo.[26]

«Tutti i ricordi della mia fanciullezza si compendiano in quegli anni di Arizona» scrisse Fiorello La Guardia. Fort Huachuca era rimasto, nella sua memoria, come qualcosa di lontano «le mille miglia dalla civiltà urbana» e di «paradisiaco per un bambino» nonostante fosse sperduto in un mondo deserto e squallido. «Imparammo a sparare» scrive La Guardia «quando eravamo ancora tanto piccoli, che il fucile doveva sostenerlo per noi un adulto.» La casa dove viveva con la sua famiglia era composta di due stanze, più la cucina esterna; le pareti e il pavimento erano di assi e il soffitto di tela impermeabile.[27]

Fu così che Prescott diventò per lui «la più grande e meravigliosa città del mondo», piena di gente più che cordiale, fra cui suo padre godeva di molta popolarità quale direttore della banda dell'11° fanteria. Lui stesso, come cornetta, partecipava ai concerti, mentre sua sorella Gemma suonava il violino e suo padre li accompagnava al pianoforte. Vigeva una rigida discriminazione fra ufficiali e truppa, che si estendeva anche ai rispettivi figli, ma ciò non aveva alcuna importanza per Fiorello, per il quale, anche in seguito, e finché visse, simili barriere non esistettero mai. Egli riassunse la sua posizione dicendo: «Non esitavo a battermi con il figlio di un ufficiale come avrei fatto con qualunque altro ragazzo». La Guardia conservò anche il più affettuoso ricordo dei suoi maestri della scuola pubblica di Prescott e delle sue precoci esperienze di vita di frontiera.[28]

Il valore formativo che quegli anni ebbero per il futuro sindaco, deputato e magistrato fu incalcolabile, ed egli non si stancò mai di dirlo:

Tutto ciò che io vidi, sentii e imparai nei giorni della mia infanzia in Arizona lasciò in me un segno profondo e duraturo. [...] Io, ad esempio, disprezzo i politici di professione. [...] E se cerco l'origine di questo mio atteggiamento, lo trovo in quei funzionari del dipartimento degli Affari indiani, vestiti male, astuti ed infidi, che vedevo venire in Arizona a rubare agli indiani il cibo che il governo metteva a loro disposizione.

La Guardia ricordava di aver provato vergogna a mangiare mele e biscotti davanti a dei bambini indiani affamati; e più avanti nella vita si adoperò per il benessere dei bambini bisognosi.[29]

La vita di frontiera dell'Arizona alimentò in lui anche un inestiguibile disgusto per i giochi d'azzardo. «Si può dire che a Prescott non c'era saloon che non avesse la sua sala da gioco, soprattutto per i *craps* (dadi), il *faro* (faraone) e qualche gioco cinese» ricorda La

Guardia. «I giocatori mettevano la pistola sul tavolo, a portata di mano, e naturalmente il gioco era "onesto"» e continuò ad esserlo in quel modo fino a quando non fece la sua apparizione in città un altro gioco, chiamato *policy*. «Ricordo che mia madre mi diceva che somigliava al lotto, e che il lotto lo si giocava a Trieste, sua città natale, ed era organizzato non so se dal comune o dallo Stato. La mamma giocava ogni settimana una puntata da dieci centesimi. Se le capitava di fare un sogno straordinario, arrivava anche a 25 centesimi. Ma non vinse mai. E non conosco uno che abbia mai vinto.» Quando gli organizzatori del gioco lasciarono di punto in bianco la città, il giovane Fiorello giudicò che l'operazione era stata una «pura e semplice rapina dalle tasche dei poveri» e dimostrò a sua madre che «non avrebbe mai potuto vincere». Più avanti nella vita si adoperò strenuamente ad impedire inganni e frodi del genere.[30]

«Un'altra cosa che lasciò in me, fin da piccolo, una profonda impressione» scrive La Guardia «fu ciò che vidi guardando i lavori della ferrovia in costruzione tra Ashfork, Prescott e Phoenix.» In questi lavori si faceva ben poco uso di macchinari. «Si faceva tutto a forza di braccia e di animali da tiro e da soma. Gli operai erano tutti messicani e italiani.» E fin da allora lo colpiva il fatto che non vi fosse alcuna forma di assicurazione sociale, alcun vincolo per il datore di lavoro, alcuna garanzia di giusta mercede per il lavoratore, immigrato o non. Tali ricordi lo spronarono, in seguito, a battersi per tutte queste cose. La Guardia non aveva che dodici anni quando, nel 1894, le truppe federali furono mobilitate in Arizona per proteggere le proprietà dell'Atlantic and Pacific Railroad durante lo sciopero del personale dei trasporti, che investì tutto il paese. Non riusciva a «capire perché mai dovesse essere illegale che gli impiegati di un settore informassero delle loro lagnanze gli impiegati di un altro settore, o perché gli uni dovessero essere tenuti separati dagli altri da un'ordinanza del tribunale, fatta rispettare con le baionette dei soldati degli Stati Uniti». Tutti ricordi, questi, che più tardi gli furono «molto utili». Si legge nella *Autobiography* di Fiorello La Guardia: «Doveva passare quasi metà della mia vita prima che mi fosse data la possibilità di contribuire, come membro del Congresso, all'elaborazione del *Railways Labor Act* e di far passare il *Norris-La Guardia Anti-Injunction Act*».[31]

Ed ecco un ultimo episodio, patetico ed umoristico ad un tempo, il cui ricordo probabilmente influì sul comportamento di Fiorello La Guardia quando diventò sindaco di New York. Un giorno – Fiorello era ancora ragazzo – arrivò a Prescott un suonatore d'organetto:

Il suonatore d'organetto, e in particolare la scimmia, attirarono molta curiosità. Ho ancora nell'orecchio le grida dei ragazzi: «Dago con la scimmia! Ehi, Fiorello!, non sei dago anche tu? Dove hai la scimmia?». Quelle grida mi ferivano. A peggiorare le cose, arrivò mio padre, il quale si mise a chiacchierare in napoletano con il suonatore d'organetto. Erano anni che non parlava la sua lingua materna, ed evidentemente se la godeva. Magari teneva il suonatore d'organetto in conto di collega, di musicista come lui. Sta di fatto che non esitò ad invitarlo a casa nostra per un piatto di maccheroni. Da quel giorno i ragazzi si fecero gioco di me per parecchio tempo. Io non riuscivo a capirli. Cosa c'era di diverso fra me e loro? Le famiglie di alcuni di loro erano nel paese da minor tempo della mia.[32]

La Guardia era sindaco di New York quando gli pervenne un rapporto dal comando di polizia della città. Il rapporto lamentava che l'invasione di organetti ambulanti causasse intralci al traffico e costituisse un pericolo per i bambini, i quali si precipitavano in strada a vederli e a seguirli. Sordo a tutte le critiche, il sindaco La Guardia bandì i suonatori d'organetto dalle strade di New York, invocando a propria giustificazione «l'avvento del grammofono e della radio», nonché dei «concerti gratuiti nei giardini pubblici, nei circoli di lettura, nei musei e in altri luoghi pubblici». Disse che i suonatori d'organetto e le relative scimmie avevano fatto il loro tempo. Ma forse è lecito pensare che la causa della sua reazione fosse più profonda e potesse essere riportata a quel momento di umiliazione che Fiorello La Guardia, fiero figlio di un direttore di banda musicale, dovette subire all'epoca della «frontiera», quando i suoi coetanei lo equipararono ad un povero suonatore d'organetto analfabeta, che andava chiedendo l'elemosina.

Il coraggio, l'integrità, la fede nel futuro della democrazia, l'inflessibile fiducia nell'efficacia delle riforme sono atteggiamenti che scaturiscono forse da tante esperienze infantili in Arizona. Il suo amore per il West si esprime in queste poche parole che egli scrisse alla vigilia della morte: «Per me [l'Arizona] è veramente la terra di Dio. [...] Io amo tutto di lei. Forse i miei ricordi dell'Arizona sono così belli perché vi ho vissuto un'infanzia sana e felice». Fiorello La Guardia, quest'uomo che fu tra i più astuti ed abili del gran calderone americano, si forgiò alla fiamma del West in modo non molto diverso da un altro statista americano, Theodore Roosevelt. È noto a tutti quanto i giorni del giovane ranchero Roosevelt nelle *Badlands* del Dakota influissero poi sul Roosevelt uomo e capo della nazione. Tanto La Guardia quanto Roosevelt si nutrirono di quella mentalità western che sembrava favorire la volontà pura, non deformata da pregiudizi cittadini, di servire il paese.

Non ci furono altri italiani dell'Arizona che sapessero elevarsi all'altezza di Fiorello La Guardia. Lavorarono, in generale, sulle ferrovie o per i grandi complessi minerari, come la Phelp-Dodge Corporation o la New Cornelia Copper Company. Molti minatori, dopo il 1879, si diressero verso le miniere d'argento di Tombstone. Nel *Great Register of the Coung of Cochise* del 1882 troviamo un Antonio Fleres, nato in Italia nel 1820, registrato come proprietario dell'Occidental Hotel, che secondo il «Citizen» di Tucson era un albergo «con comodità di prima classe, per signore e signori». Pare tuttavia, stando ad una notizia pubblicata dallo stesso giornale il 16 ottobre 1881, che, durante una festa organizzata all'Occidental Hotel, qualcuno accendesse dei fuochi d'artificio e dei barili di polvere proprio davanti all'albergo, danneggiandolo gravemente e danneggiando anche i fabbricati adiacenti. Troviamo un Fleres trentenne, probabilmente figlio di Antonio, registrato come mercante a Charleston (che oggi è una città-fantasma). Un cospicuo numero di minatori italiani si stabilì a Morenci. Con il 1910, raggiunto il vertice di 1500, il numero degli italiani di nascita presenti nell'Arizona cominciò a diminuire; da allora, pochi italiani nati in Italia andarono a stabilirsi nell'Arizona, un po' per la distanza e l'isolamento della regione, un po' per le leggi restrittive dell'immigrazione emanate dal governo dello Stato.[33]

Nel 1927 la fierezza per la patria d'origine negli italiani dell'Arizona fu esaltata al massimo dall'inatteso ammaraggio sulle acque del Lago Roosevelt di un idroplano pilotato dal comandante Francesco de Pinedo. Ufficiale di marina e pioniere dell'aviazione, de Pinedo stava compiendo il giro del mondo in idrovolante e, attraversato l'Atlantico dall'Europa al Sudamerica, era risalito fino alla costa meridionale degli Stati Uniti e di qui, via New Orleans, Galveston, San Antonio del Texas e Albuquerque del New Mexico, aveva raggiunto l'Arizona. Un'impresa di tanta audacia non era ancora stata tentata a quell'epoca. Però, mentre l'idrovolante di de Pinedo faceva rifornimento di carburante sul Lago Roosevelt, uno spettatore gettò una sigaretta accesa nell'acqua cosparsa di benzina e le fiamme distrussero l'apparecchio. Fu una tragedia, che però produsse anche una fiammata di solidarietà nazionale nei riguardi di de Pinedo e del suo equipaggio, i quali furono oggetto di manifestazioni di simpatia alla Casa Bianca, dove il presidente Coolidge li ricevette, e in tutta l'America. Quell'incidente, che troncava a metà un volo di circumnavigazione unico al mondo, attirò l'attenzione sulla convergenza di italiani e americani in uno dei punti più remoti del West.[34] Il modo migliore per concludere la storia degli italiani in Arizona è di ricordare un artista contemporaneo, Ted Ettore De Grazia, reso noto in tutto il mondo da quel suo dipinto Los Niños che l'UNICEF adottò nel 1964 per le sue cartoline natalizie. Ted Ettore De Grazia è nato nel 1909 a Morenci da un minatore italiano che lavorava in quelle miniere di rame e che, rientrando in Italia quando il ragazzo aveva undici anni, lo portò con sé. Cinque anni dopo, il giovane ormai sedicenne riprendeva per suo conto la via del Sud-ovest, via che doveva condurlo a raggiungere una posizione di primissimo piano fra gli artisti del West. Un illustre collega di De Grazia, il pittore Thomas Hart Benton, così ha scritto di lui: «L'arte di De Grazia emerge con una sua chiara identità dal caos delle astrazioni nel quale siamo oggi sommersi. Essa è piena di una poesia delicata e umanissima, che si fa sentire e capire da tutti. Abbiamo grande bisogno di un'arte come la sua. De Grazia è venuto fra noi al momento giusto».[35] Sul deserto, nudo paesaggio del Sud-ovest De Grazia, questo «maestro di fantasia» (come è stato chiamato), evoca vigorose figure di indiani, di cavalli e soprattutto di bambini di ogni razza. Quanta parte del suo genio scaturisca dal suo passato di immigrante non lo potremo naturalmente sapere mai.

Nevada

Dopo il grande sciopero del 1859 nelle miniere di Comstock, un gruppetto di italiani si spostò dalla California nel Nevada, andando da ovest verso est, cioè controcorrente rispetto al flusso migratorio, e poi per più di vent'anni concorse a scavare il labirinto di oltre 300 chilometri di gallerie e di pozzi del Conistock Lode. Un breve elenco di nomi ci aiuta ancora una volta a stabilire le principali occupazioni degli italiani del Nevada. Il signor M. Crosetta gestiva, già nel 1861, il Virginia Saloon di Virginia City. In questa località esiste ancora un Molinelli Hotel, fondato nello stesso anno. Fin dal 1865 gli italiani del Nevada si erano assicurati, per le loro necessità spirituali, un prete cattolico, padre Domenico Monteverdi, dell'ordine dei passionisti, che operò in mezzo a loro, con amore e zelo, per diciotto anni.[36]

È sorprendente il gran numero di stranieri che si stabilì prestissimo in Virginia City. Nell'ottobre del 1870 gli italiani ivi residenti si riunirono a banchetto per festeggiare l'unità d'Italia. In quello stesso anno i tedeschi del posto organizzarono una *Jollification,* cioè una gran baldoria, a ricordo della caduta di Parigi nella guerra franco-prussiana. Nel 1872 la «cosmopolitizzazione» di Virginia City era arrivata al punto, che anche la comunità svizzera festeggiò quell'anno l'anniversario dell'indipendenza del paese con ventidue colpi di cannone, una cena, una serata danzante e dei discorsi.[37]

Il 16 aprile 1869 «L'Eco d'Italia» di New York segnalava che molti italiani si erano stabiliti a Treasure City, nel Nevada. Alcuni di questi italiani vi erano andati con l'intenzione di aprire una drogheria o un ristorante, ma poi avevano preferito mettersi a fare il minatore, avendo constatato che il guadagno era maggiore e più sicuro.[38] Il censimento manoscritto federale del 1870 conferma la presenza di questi italiani a Treasure City, che era un campo minerario particolarmente cosmopolita, formato da austriaci, ungheresi, francesi ed altre nazionalità europee. Gli italiani del posto erano occupati prevalentemente in attività connesse con l'industria mineraria. Se si eccettua un macellaio, tutti gli altri facevano o il conducente di muli, o il carboniere, o il fonditore, o il macinatore di quarzo. Non si arricchirono, ma, rispetto a tanti altri minatori, fecero dei risparmi, dichiarando al censo dei conti bancari che si aggiravano, di solito, fra i 200 e i 300 dollari.[39]

Il nome di Verdi dato ad una città mineraria dice quanto gli italiani del Nevada, come in genere tutti gli italiani degli Stati Uniti, ricordassero la patria lontana. Un gruppo di carbonieri tenne in efficienza una carbonaia e una fonderia ad Eureka fin bene addentro gli anni 1870-1880. Con il nuovo secolo arrivò una nuova e più nutrita ondata di immigranti italiani. E poiché nelle miniere di rame di Ely e di McGill, come già in quelle di Bingham Canyon nell'Utah, i nuovi giunti furono tenuti separati dagli altri, fu possibile valutare la natura e l'intensità degli antagonismi che contrapponevano una nazionalità all'altra. Operando poi una separazione secondo parametri economici, questo sistema permetteva alla compagnia mineraria di programmare meglio la sua politica di alloggiamento. Gli alloggi migliori andavano ai dipendenti che si dimostravano più efficienti e più stabili, e ciò li stimolava ad una maggiore «fedeltà» verso «la compagnia».[40]

Non tutti i minatori immigrati, però, se vogliamo credere ad una fonte autorevole, reagivano nello stesso modo a questi sistemi:

Se da un lato la politica di alloggiamento della società favoriva la segregazione, dall'altro lato la politica di impiego, specie dopo la prima guerra mondiale, favorì l'opposto. Le accresciute facilità di istruzione, unite alla crescente richiesta di lavoro qualificato, concorsero a dare ai singoli la possibilità di elevarsi lungo la scala economica. Negli anni 1930-1940 molti oriundi greci, serbi e altri della seconda generazione, con licenza o diploma di scuola media inferiore o addirittura superiore, erano impiegati come apprendisti falegnami, idraulici, elettricisti e muratori. Il superamento della barriera economica e la convivenza di qualche anno nelle scuole pubbliche facevano sì che cadesse anche la barriera del matrimonio.[41]

Gli immigranti dell'Europa meridionale furono attirati in gran numero dalle miniere di Ruth e Kimberly, nella White Pine County, miniere che chiedevano lavoro stabile, ma a buon mercato. Affluirono anche in misura sempre maggiore a Ely, tanto da determinare reazioni xenofobe. Alla base dell'ostilità verso gli stranieri c'erano essenzialmente motivi economici; basta leggere, per rendersene conto, questo brano di un articolo apparso nel numero del 18 aprile 1908 dell'«Ely Mining Record»: «La sua [dell'immigrante] missione, venendo da noi, è di far abbassare le retribuzioni fino ad un livello che non permetta più all'americano di viverci, mettere da parte qualche dollaro e tornarsene a casa sua. [...] Non c'è comunità che possa prosperare su una classe operaia di così basse pretese».[42]

Tuttavia, a mano a mano che gli immigranti si lasciavano assorbire dalle organizzazioni sindacali locali, come la Lane City Miner's No. 251, l'ostilità contro di essi diminuiva. Così non furono pochi gli immigranti che parteciparono allo sciopero del luglio 1909 contro la Cumberland-Ely Company, sciopero il cui traguardo era di ottenere una paga di tre dollari e mezzo al giorno per tutti i minatori che lavoravano in galleria. Erano in massima parte immigrati, e in particolare greci e serbi, i 300 scioperanti che tennero chiusa per due anni la Veteran Mine della stessa società. Naturalmente, quando i lavoratori stranieri erano fedeli «alla società» anziché ai compagni di lavoro, allora rischiavano di esporsi a nuove ostilità.[43] Gli italiani non lavorarono soltanto nelle miniere. Alcuni si dedicarono all'orticultura alla periferia di Reno. Altri – ma molto più tardi – si interessarono di gestione di ristoranti e di cabaret nella capitale del Nevada, Carson City. Nel 1892 gli italiani di Carson City fondarono una loggia di mutua assistenza, la Società di Beneficenza Italiana. Nel 1902 sorse fra gli italiani del Nevada l'Ordine Internazionale dei Druidi, che al suo ventesimo anniversario contava oltre cento membri. Forte era anche, nel 1922, un'organizzazione femminile italiana chiamata delle Lamp Bearers, o portatrici di lampada, con sede a Reno. Questi gruppi trovavano la loro ragion d'essere e la loro forza di coesione proprio nello sparpagliamento e isolamento della popolazione del Nevada. I contatti con il mondo esterno avvenivano principalmente attraverso Sacramento e San Francisco.[44] Gli italiani di nascita, che nel 1880 erano nel Nevada già oltre 1500 superavano nel 1910 i 2800 e ancora nel 1930 erano 2600. In tale anno la popolazione di origine italiana era tanta da poter sostenere un proprio giornale, il «Bollettino del Nevada».

All'inizio del nostro secolo un piccolo gruppo di italiani stabilitisi nei pressi di Pyramid Lake, nel Nevada occidentale, venne a trovarsi invischiato in un conflitto con il governo federale, conflitto che si trascinò per moltissimi anni. Bisogna risalire al decennio 1860-1870 quando i progenitori di questi italiani, tutti di origine genovese, si erano stabiliti nella zona di Pyramid Lake venendo dalla California e avendo come obiettivo di produrre foraggio nonché verdure per le città di Virginia City e di Austin, ambedue in pieno boom di sviluppo. Quando poi la Central Pacific Railroad impiantò a Wadsworth varie officine di riparazione, alcuni di questi italiani trasferirono le loro attività nei pressi del nuovo centro, per rifornirne la popolazione operaia. Ma al principio del secolo le officine di riparazione furono smontate, e allora gli orticultori italiani, rimanendo sul posto con le loro famiglie, si trasformarono in *ranchers*, in agricoltori da ranch. Disgraziatamente le terre sulle quali si trovavano rientravano, tecnicamente, nella riserva degli indiani Paiute del Nevada. Solo nel 1924 il Congresso rese legalmente possibile l'acquisto di queste terre da parte dei bianchi, ma non tutti quelli che c'erano sopra potevano permetterselo, e infatti nel 1929, dopo un primo pagamento, gli italiani entrarono in mora. Nel 1936 il governo federale (e nella fattispecie l'ufficio degli Affari indiani dei Dipartimento dell'interno) pretese il rispetto delle scadenze, cercando così di invalidare ogni vantato diritto su quelle terre. Gli italiani potevano, fortunatamente, contare su amici potenti; e a cominciare dal 1937 il senatore Pat McCarran del Nevada presentò ogni anno una serie di progetti di legge parlamentari intesi a conferire quelle terre agli italiani che vi erano stabiliti sopra. Ci fu un caso in cui gli italiani chiesero 350 mila dollari di danni.

Per ottenere che 2100 acri circa (di cui solo 700 irrigati) fossero concessi agli italiani, il senatore McCarran ricorreva ad argomenti miranti a rendere ovvi i superiori diritti degli italiani rispetto agli indiani. «Costoro [gli italiani] sono qui fin dal 1864. [...] Si sono stabiliti in una regione desertica, dove non un sol fosso era stato scavato dagli indiani prima che essi [gli italiani] cominciassero a scavarne. [...] Perciò non stiamo portando via niente agli indiani.»[45] Nella sua difesa dei diritti degli italiani, tuttavia, il senatore McCarran subì delle sconfitte, tanto che nel 1948 il governo federale riprese possesso di parte delle terre occupate dagli italiani. Ma poco prima della morte del senatore McCarran, nel 1953, il suo progetto di legge per l'acquisto delle rimanenti terre su cui gli italiani vantavano diritti fu approvato dal Congresso e firmato dal presidente Dwight D. Eisenhower.

Detto questo, va aggiunto che gli italiani e gli indiani Paiute erano in ottimi rapporti fra loro, e ne abbiamo la testimonianza di un residente del posto: «Se un indiano entra in lite con un Fallon o un Fernley e magari si vede gettato in prigione, manda a dire al vecchio Bill Ceresola, il capo degli occupanti abusivi della terra, che per favore venga a dare la sua garanzia o la sua cauzione per farlo uscire». Naturalmente non era sempre così. Poteva anche accadere che un italiano vendesse agli indiani l'acqua a galloni, o meglio a *demijohn* (damigiana), il che, in un deserto come quello, non poteva davvero chiamarsi comportamento da amico.[46]

Anche la storia degli italiani del Nevada potrebbe essere conclusa con il racconto delle vicende e delle esperienze di una famiglia, una di quelle che ebbero maggior successo, la famiglia Saturno. A vent'anni Leopoldo Saturno, venuto in America come bracciante agricolo, si stabilì in una fattoria irrigata lungo il fiume Truckee, nel distretto di Reno. Veniva da un piccolo villaggio ligure. Dalla moglie, Teresa, ebbe cinque figli. Morì nel 1919, dopo essersi fatto una fortuna nel mercato immobiliare di Reno. Sulla scia del padre, due figli, Joseph e Victor, accrebbero ancora di più, con una serie di abili investimenti, il patrimonio familiare, portandolo ad una cifra stimata in due milioni di dollari.

Ciò nonostante, i figli di Leopoldo Saturno vissero senza alcuna ostentazione. Non solo, ma conservarono insolitamente vivo il senso del paese d'origine, della culla della loro famiglia. Joseph aveva settantun anni e Victor sessantaquattro quando, nel 1959, decisero di dare a ciascun abitante del minuscolo villaggio natio del padre, San Marco d'Urri, venticinque titoli della Bank of America. Fu un dono di 350 mila dollari, 1250 per ciascun abitante. I soli dividendi rappresentavano la metà del reddito *pro capite* degli abitanti del villaggio. Quel dono fu veramente saturnio: fantastico nella concezione, triste nei risultati. Agli abitanti del piccolo villaggio in rovina, fatto di casupole dal tetto d'ardesia, semideserto, esso causò un trauma. San Marco, che non aveva neppure un telefono, non si capacitava di quanto era accaduto. Pochi ricordavano ancora il vecchio Leopoldo Saturno. Il dono dei figli di Leopoldo metteva talmente in imbarazzo questa gente, che quasi non sapeva cosa farne, come reagire. Reagì, in uno slancio di gratitudine, decidendo di erigere un busto di Leopoldo, in bronzo, e di invitare i fratelli Saturno ad intervenire allo scoprimento. I fratelli vennero, e fecero anche un giro di tre mesi in Italia, un giro che, ahimè!, procurò loro tanta pubblicità da strapparli per sempre all'intima e tranquilla modestia della loro vita. Sui giornali d'Europa apparvero tante fotografie dei fratelli Saturno, che dovunque andassero venivano riconosciuti. Si rifugiarono a Reno disperati; ma neppure qui riuscirono più a ristabilire il loro anonimato. Ad una persona che nel 1961 era venuta ad intervistarlo, a interrogarlo, Joseph disse: «Noi, qui, vogliamo stare nascosti. Non vogliamo che la gente sappia che siamo qui. Non appena lo si sapesse, tutti si metterebbero in movimento un'altra volta». E infatti arrivarono lettere a fiumi, lettere che chiedevano dichiarazioni, chiedevano di tutto, e i fratelli Saturno cercavano di rispondere a ciascuna, e di rispondere di loro pugno. Alla fine vi rinunciarono, disperati. Una di quelle lettere (proveniva dalla Francia) era indirizzata così: *Saturno Bros., Angels of Reno Nevada*.

I fratelli Saturno vennero a sapere che il loro dono aveva portato l'infelicità ad alcuni abitanti di San Marco in Urri. L'antica vita del villaggio era stata sconvolta dalla pubblicità. Molta gente non era più contenta del suo stato, della casa in cui aveva vissuto finallora, del futuro che vedeva davanti a sé. Alcuni avrebbero voluto andare in America, ma dovettero constatare che la quota d'immigrazione concessa all'Italia, di 5000 persone all'anno, era già coperta per decenni. «Credevamo» diceva Joseph «che dando loro quei titoli avremmo messo la gioia nel cuore di ciascuno.»

Quel tributo dei figli Saturno alla memoria del padre, se creò qualche infelicità, mise anche in risalto l'abisso tra il villaggio dal quale Leopoldo era partito ventenne e il Nuovo Mondo dove, nel remoto Nevada, aveva trovato la sua fortuna.[47]

E intanto, negli Stati del Sud-ovest, gli italiani, come i figli di Leopoldo Saturno, erano cresciuti con il paese e con i tempi. Alla giovane energia del Nuovo Mondo avevano dato il lievito delle idee e delle tradizioni del Vecchio Mondo; e il lievito di questi valori stranieri lavorò fino a quando la vigorosa coscienza di una realtà nuova non li ebbe annullati in sé.

XII

L'ITALIA IN CALIFORNIA: AMERICA MEDITERRANEA

Fu in California che la migrazione italiana verso l'Ovest ebbe la sua fioritura.[1] Fu in quell'Arcadia d'America che gli italiani si riversarono più numerosi, e fu là che ritrovarono se stessi e diedero al progresso del paese un contributo incomparabile. Le somiglianze fra California ed Italia erano evidenti. La costa della California, pur così primitiva ed acerba, ricordava tratti dell'antica, civilissima costa etrusca o campana. Le terrazzature di roccia di Santa Barbara e Carmel non erano diverse da quelle di Santa Margherita, San Remo, Rapallo. Il cielo azzurro e gli olivi argentei sulle scogliere dirupate riportavano la mente a Posillipo e alla costa amalfitana. Perfino l'andamento delle piogge della California era simile a quello dell'Italia, più abbondanti col procedere verso il nord. Un simile ambiente naturale e la mitezza del clima del *Golden State* furono una potente attrattiva. In questa «Italia d'America» l'immigrante delle ultime generazioni constatò di poter piantare e far crescere quasi tutto ciò che era abituato a piantare e a far crescere in patria. Ci fu anche chi sognò la nascita di una civiltà classica lungo le sponde occidentali d'America per effetto della colonizzazione della California.

I contatti degli italiani con la California sono assai più recenti di quelli che con essa ebbero i portoghesi di Cabrillo e gli inglesi di Drake. I primi missionari italiani – Giuseppe Salvatierra e Francesco Clavigero – operarono nella bassa California (la California messicana) più che nell'alta California (la California statunitense). Quest'ultima fu invece chiaramente la meta della spedizione Malaspina del 1791, di cui abbiamo già fatto cenno. Ad ogni modo, nessuno di questi primi visitatori può essere compreso nel novero degli immigranti.

Chi furono, allora, i primi immigranti italiani? Solo sul finire del periodo spagnolo nella regione compare il nome di un colono italiano: Juan B. Bonifacio. Con il permesso del governatore, nel 1822 Bonifacio scese a terra a Monterey dalla nave *John Begg*; e un commerciante inglese del posto, certo W.E.P. Hartnell, lo assunse come stivatore di pelli e di sego. A Monterey, Bonifacio si adoperò a far crescere una grossa famiglia; non così grossa, peraltro, come quella di Hartnell, che ebbe ventinove figli. Alla sua morte era naturalizzato messicano.[2] Non molto dissimile è la storia di Juan Battista Leandri, localmente noto come Juan Bautista. Arrivato nella California meridionale nel 1823, prese in gestione un magazzino a Los Angeles, sposò Maria Francisca Uribe nella missione di San Gabriel, diventò giudice o, per essere precisi, *juéz de paz* – e quale *angeleno* adottivo rivestì varie altre cariche locali. Alla sua morte, nel 1843, era il rispettato comproprietario del Rancho San Pedro e il concessionario del Rancho Los Coyotes.

Richard Henry Dana, autore di *Two Years Before the Mast* (1840), classica descrizione della California pastorale ed arcadica, ricorda di avervi incontrato, lungo le coste meridionali, parecchi italiani. Racconta, fra l'altro, di aver visto vicino a San Pedro un grosso battello carico di italiani «in giacchetta blu e berretto rosso, e brache di vari colori», che se ne andavano a zonzo lungo la costa «cantando per tutto il tempo in ben affiatato coro bellissime canzoni da pescatori», fra le quali Dana colse la sua «prediletta *O pescator dell'onda*». Più avanti si imbatté in «tre o quattro marinai italiani a cavallo, che scorrazzavano su e giù per la spiaggia, sulla sabbia compatta e dura, a galoppo sfrenato»; e poi ne vide altri che ballavano nella vicina città; e tutte le volte che un battello italiano accostava a riva, dice Dana, «era pieno di gente vestita a colori vivaci, che cantava barcarole».[3]

La prima descrizione completa della California e della sua gente, opera di scrittore italiano, è quella lasciataci da Paolo Emilio Botta, figlio dello storico Carlo Botta. Il giovane Botta era medico di bordo sulla nave francese *Héros*, comandata da Auguste Duhaut-Cilly, e la sua vivida e fresca relazione del paese fu pubblicata in francese come parte delle *Nouvelles Annales de Voyages* del Duhaut-Cilly. Il padre stesso di Paolo Emilio Botta si incaricò di tradurre la sua relazione e di farla pubblicare con il titolo di *Viaggio intorno al Globo, principalmente alla California e alle isole Sandwich*. L'edizione italiana apparve nel 1841, quattordici anni dopo che il giovane Botta era stato in California: è dunque una delle prime testimonianze della regione. Paolo Emilio Botta vi descrive con molta fedeltà la dormiente vita pastorale della California sotto l'amministrazione messicana, e il suo libro – che approfondisce la conoscenza della fauna locale, della vita indigena, della società, del governo e dei commerci dell'epoca – meriterebbe di essere tenuto in maggiore considerazione, come genuina fonte storica. Egli visitò tutta la zona costiera da San Diego fino allo stabilimento russo di Fort Ross e la sua relazione occupa una parte importante degli *Annales* di Duhaut-Cilly. Paolo Emilio Botta era destinato a diventare un archeologo di vaglia.[4]

A differenza dal Botta, i primi italiani di California non lasciarono, in genere, descrizioni del paese; d'altra parte le loro lettere ai familiari e agli amici in Italia sono andate perdute. Se non si fossero conservati i quadri di Leonardo Barbieri, non si saprebbe, oggi, che questo valoroso artista giunse in California nel 1847 e vi dipinse numerosi ritratti di personalità del posto e del tempo, fra cui i membri dell'assemblea costituzionale del 1849. I suoi ritratti di Prudenciana Vallejo, sorella del generale Mariano Guadalupe Vallejo e moglie di don José Amesti di Monterey, esposti nella Customs House di Monterey, rivelano un talento non comune. La sua opera più bella è forse il ritratto di José de la Guerra, capostipite di una famosa famiglia coloniale californiana, conservato nell'Historical Museum di Santa Barbara. E vi furono certamente altri artisti italiani, di cui s'è perduta la memoria, che andarono in giro per il West cercando di mettere a frutto il loro talento artistico.[5]

Navi italiane giungevano in California appesantite da grandi blocchi di marmo di Carrara, che i comandanti vendevano per pagare le spese del viaggio.[6] Fra le prime ricordiamo la *Flaminio Agazzini* (1825), la *Rosa* (1834), la *Città di Genova* (1837) e *La Democrazia* (1850); e tanti italiani giunsero in California per mare e per terra che Massimo d'Azeglio, quale presidente del consiglio del re di Sardegna, dispose l'apertura di un consolato a San Francisco. Nel 1850 Vittorio Emanuele II nominava a tale carica Leonetto Cipriani – di cui abbiamo già fatto cenno – a chiaro riconoscimento delle benemerenze acquisite nei moti risorgimentali di due anni prima in Toscana. Oltre ad assistere moltissimi italiani attirati dal *gold rush*, la febbre dell'oro, il console (senza assegni) Cipriani compì delle straordinarie imprese, come quella di importare a San Francisco una casa prefabbricata, composta di milleduecento pezzi, da montarsi mediante settecento ganci e ventiseimila viti. Malauguratamente si lasciò dissuadere da italiani del posto dall'acquistare per 12 mila e 16 mila dollari due terreni a San Francisco, che furono poi venduti per 200 mila e 300 mila dollari rispettivamente. Ma si vede che era destinato a lasciarsi sfuggire le buone occasioni perché, a voler credere a quanto egli stesso scrisse, alcuni anni prima, a causa del fallimento della sua banca, aveva mancato di acquistare per 20 mila dollari una dozzina di acri nel cuore di New York City, vicino a Union Square.

Dopo due anni di servizio come console, Cipriani giunse alla conclusione che tale carica era troppo onerosa e, in pari tempo, incompatibile con le sue operazioni finanziarie, cosicché nel 1853 si dimise. Vendute le sue proprietà a San Francisco – fra cui la famosa casa prefabbricata venuta dall'Italia e da lui montata in Sutter Street – Cipriani tornò, via Panama, alla costa orientale. Sembra appunto che qui egli organizzasse, in quello stesso anno, la carovana di carri coperti, diretta nel West, di cui abbiamo già parlato. Fece poi sette volte la spola fra America e Italia; si diede ad attività minerarie e di allevamento; comprò e vendette numerosi ranch; e sembra infine che durante la guerra civile offrisse al presidente Lincoln un piano per rapire il generale confederato Pierre Beauregard.

A Leonetto Cipriani succedette, nella carica di segretario consolare (mai console), l'avvocato Federico Biesta, al quale probabilmente si deve la fondazione, nel 1859, de «L'Eco della Patria», che fu il primo giornale italiano ad ovest del Mississippi. Titolare del consolato italiano di San Francisco era invece Patrice Guillaume Dillon, console di Francia nella stessa sede, il quale, non conoscendo l'italiano, era ben felice di affidarsi a Federico Biesta. Un importante documento sulla situazione degli italiani in California negli anni 1850 è appunto un rapporto consolare redatto dal Biesta e conservato negli archivi di Stato di Torino. Le osservazioni del Biesta sui primi italiani in California (che egli valutava in circa 6000), meritano di essere riportate in parte:

La popolazione italiana è una delle migliori, delle più attive e delle più laboriose della California. Resistenti, industriosi, avvezzi alla fatica e ai sacrifici, i nostri connazionali pensano ai loro affari e non prendono parte agli spiacevoli disordini ai quali l'eterogenea popolazione di questo Stato si abbandona di tanto in tanto. Generalmente parlando, gli italiani, tanto a San Francisco quanto nell'interno, si dedicano anima e corpo al lavoro e vi prosperano; si può dire che non vi sia villaggio in tutta la California in cui il lavoro italiano non sia rappresentato bene, così come non v'è distretto minerario dove le comunità di minatori italiani non si facciano notare per la buona condotta, la fraterna armonia e il vigore che mettono nel lavorare.[7]

Uno dei più fortunati esponenti del *gold rush*, giunto sulla cresta dell'onda della febbre dell'oro, fu Domenico Ghirardelli, il quale diventò ricco soprattutto perché fu tanto intelligente da non andare in cerca del leggendario oro della Sierra. Egli andò invece a vendere cioccolato, dolciumi e *candies* duri all'italiana (le caramelle) da una città all'altra della zona mineraria di Mother Lode: Columbia, Clear Valley, Hornitos. Quando gli affari cominciavano a diminuire, lasciava il posto e andava a cercarsi un'altra città. Passata la febbre dell'oro, si stabilì a San Francisco, dove, assieme al Biesta, al Cipriani e a Nicola Larco, fondò nel 1859 la Italian Hospital Association. Intanto, otto anni prima, aveva impiantato, sempre a San Francisco, una fabbrica di liquori e di cioccolato. Morì a Rapallo nel 1894, ma i suoi eredi tennero in piedi la sua attività e la Ghirardelli Chocolate Company continuò a prosperare.[8]

La febbre dell'oro fu la calamita che attirò nella California gente di tutte le nazionalità. Il 26 aprile 1851 il giornale italiano di New York, «L'Eco d'Italia», affermava che nella sola San Francisco v'erano oltre 600 italiani. Molti di questi erano liguri, giunti sulle navi carbonifere provenienti dall'Inghilterra. Altri erano cercatori d'oro; gente che era emigrata prima nell'America del Sud, ed ora si trasferiva nel Nord. Nel distretto californiano di Mother Lode gli immigranti italiani chiamarono *Italian Bar* una determinata zona mineraria di natura alluvionale, così come i mormoni avevano chiamato *Mormon Bar* il cuore della loro regione. Alcuni italiani fecero fortuna rapidamente, sebbene non risulti che alcun italiano abbia avuto la buona sorte di partecipare a mirabolanti scoperte di giacimenti auriferi. Una parte di essi si dedicò, come Ghirardelli, ai rifornimenti e al commercio. Biesta accenna ad un italiano che aveva impiantato a San Francisco un laboratorio di lavorazione del marmo con macchinario a vapore, e ad un altro che aveva messo su una fabbrica di vermicelli e maccheroni. A Mariposa c'era un negoziante italiano, Mastro Gagliardo, che aveva un movimento giornaliero di 5000 dollari. Le rovine dei magazzini, dei negozi, degli alberghi condotti da italiani – dai Bruschi, dai Trabucco, dai Brunetti, dai Vignoli, dai Noce, dai Marre e dai Ginocchio – popolano ancor oggi il paesaggio di Mother Lode. Nel 1858 300 minatori italiani senza compagna fecero a piedi una quindicina di chilometri, ciascuno portando il suo dono, per dare il benvenuto alla prima donna italiana che si avventurava nella zona mineraria della California. Non sapremo mai come si chiamasse questa donna e quali doni accettasse, e da chi. Quelli che resistettero al fascino dell'oro rimasero a San Francisco, a guadagnarsi una più solida anche se meno spettacolare ricchezza come giardinieri o pescatori. Altri si aprirono strade nuove. Di un certo Tresconi si sa che allevava 40 mila capi bovini su di un terreno di 250 mila acri non lontano da Monterey.[9]

Più a sud, nei pressi di Los Angeles, Alessandro Repetto, genovese, comperò, dopo la guerra civile, un ranch di 5000 acri, che diventò poi la città di Montebello. Visse su questo ranch quasi vent'anni, con una donna indiana, allevando pecore e bestiame. Nel 1885 lasciò, morendo, il ranch al fratello Antonio, il quale, però, preferì restarsene in Italia e venne in California soltanto per raccogliere l'eredità e venderla per 100 mila dollari.

Dovunque gli italiani andassero, andava anche la loro Chiesa. Se non ci fosse la relazione, già ricordata, di Paolo Emilio Botta, diremmo che la prima descrizione della California (e dell'Oregon) fu quella di un missionario cattolico: *Six Ans en Amérique, Californie et Oregon*, di Louis Rossi, pubblicata a Parigi. Abbiamo già parlato dei padri Giovanni Nobili e Michele Accolti che, reclutati da padre De Smet per le missioni dell'Oregon, finirono in California, dove nel 1851 fondarono il collegio (poi università) di Santa Clara con un capitale di 150 dollari! E come loro finirono in California tanti altri missionari nel Nord-ovest, di cui vogliamo ripetere qui perlomeno i nomi: Antonio Ravalli, Giuseppe Caruana, Camillo Imoda, Gerolamo d'Aste, Giuseppe Giorda, Pietro Rappagliosi, Giuseppe Cataldo, Filippo Canestrelli, Giuseppe Joset, Lorenzo Palladino (che fu anche uno storico), Bertolio, Urbano Grassi, Gregorio Mengarini. Ma a quei nomi dobbiamo aggiungerne altri, a cominciare da quelli di Domenico Giacobbi e di Aloisio Masnata, che lavorarono nel campo missionario della California con padre Michele Accolti. Padre Giacobbi fu uno di quei giovani gesuiti entusiasti che l'espansione della fede e delle istituzioni della Chiesa richiamò in California, dove rimase fino alla fine dei suoi giorni, lavorando sotto i padri Aloisio Varsi, preside del Santa Clara College, e Nicola Congiato, preside del collegio di Sant'Ignazio a San Francisco, nonché nel noviziato del Sacro Cuore a Los Gatos. Qui, a Los Gatos, questo educatore e ministro di Dio, che aveva tanto insegnato, assistito malati e derelitti, formato altri sacerdoti per il suo ordine, seppe farsi anche, insieme con il siciliano padre Nicola Congiato, viticoltore e vinicoltore. Da lui e da padre Congiato ebbe inizio la produzione di uno dei migliori vini della California, quel *Results' Black Muscat* che ancor oggi gode di grande fama. È stato detto che padre Giacobbi compì gli ottant'anni lavorando nella vigna del Signore.[10]

Fra i sacerdoti inviati dalla provincia torinese dei gesuiti ci fu il piemontese padre Antonio Maraschì, fondatore del St. Ignatius College, dal quale uscì poi l'Università di San Francisco. Uno dei primi professori del St. Ignatius College, aperto nel 1855, fu quel padre gesuita Giuseppe M. Neri, prete-inventore, al quale si devono alcuni importanti contributi al progresso delle ricerche nel campo dell'elettricità. Nel 1874 padre Neri escogitò un sistema di illuminazione per sale d'esposizione e di conferenze che utilizzava lampade elettriche a carbone; e ciò dieci anni prima che Thomas Alva Edison inventasse la lampada a incandescenza. In quello stesso anno 1874 padre Neri dotò la torre del collegio di un faro – azionato prima a grandi batterie, poi a magneti, infine a dinamo, la cui luce poteva essere vista a 20 miglia di distanza. Fu il primo che si servì, in California, di spazzole rotanti, di batterie di accumulatori e di elettromagneti. La Market Street di San Francisco fu illuminata per la prima volta da lui con tre lampade ad arco di sua invenzione.[11]

Gli italiani della California non soffersero di atteggiamenti discriminatori da parte degli americani. Più d'uno si fuse così bene con l'ambiente, da considerare la California come il suo paese, la sua Italia. Si affermarono, con il loro lavoro, fra le altre nazionalità, vivendo con esse in buon accordo; se c'è qualche segno di intolleranza, lo si nota semmai da parte degli italiani, ad esempio nei confronti dei cinesi. Di questa troviamo una testimonianza nella seguente notizia apparsa il 22 febbraio 1880 nel «Chronicle» di San Francisco:

È stata costituita una Swiss-Italian Anti-Chinese Company of Dragoons, forte di quaranta membri. Ne sono stati scelti capitano il signor E. Caspani, primo luogotenente il signor P. Pozzi e secondo luogotenente il signor A. Varunia. È stata adottata una risoluzione al fine di rendere edotte le autorità cittadine che la compagnia è pronta a dar loro ogni possibile aiuto per allontanare i cinesi.

Con questo «allineamento» con lo spirito del tempo e del luogo, gli italiani della California non contribuivano all'affermarsi della tolleranza razziale. In compenso contribuirono in modo eccezionale all'affermarsi del gusto della musica e in particolare dell'opera. Già nel 1851 la Pellegrini Opera Company Troupe presentava al Teatro Adelphi di San Francisco *La sonnambula* di Bellini. Nel 1854 questa città, che era destinata a diventare il crocevia e il punto di convergenza di metà della popolazione italiana della California, vantava parecchie compagnie d'opera, che mettevano in scena un po' di tutto, con complessi anche illustri e con celebri cantanti, che venivano accolti entusiasticamente, come Clotilde Barili o Elisa Biscaccianti, detta *the american thrush*, o tordo d'America. Nei primi tempi, negli anni delle miniere, l'opera prediletta fu *La figlia del reggimento* di Gaetano Donizetti, che venne rappresentata più di qualsiasi altra opera. La Biscaccianti riapparve sulla scena dei suoi primi trionfi nel 1861, cercando di fondare una compagnia d'opera permanente a San Francisco. Ma scoraggiata dall'insuccesso dei suoi tentativi si mise a bere, e via via scese così in basso, che alla fine cantava nel Bella Union Saloon, «dove i clienti non facevano caso se, per stare in piedi, ella si appoggiava alla parete o ad un tavolo». Negli anni 1860-1870 la Compagnia d'Opera Bianchi presentò in California le *premières* del *Faust* di Gounod e del *Ballo in maschera* di Verdi. In quel decennio trionfavano, fra le dive, una Brambilla e la soprano Eufrosine Parepa-Rosa, importata dall'impresario Thomas Maguire, detto *the Napoleon of the San Francisco stage*.[12] Il Golden Gate riuscì ad attirare perfino Pietro Mascagni e Luisa Tetrazzini e, come abbiamo già detto, Adelina Patti.

La Patti sperimentò quella che finì per essere chiamata la *Patti epidemic*, o Pattiepidemia. Adelina era nata nel 1843 da Salvatore Patti, cantante e impresario siciliano, e da madre romana. Aveva dunque già quarantun anni quando, nel 1884, fece la sua prima apparizione al Golden Gate, preceduta da un'abile campagna pubblicitaria di stampa. I suoi fan, intere folle, presero a seguirla dappertutto. Quando cantava Bellini, o Verdi, o Rossini, tutta San Francisco «impazziva di lei; felice pazzia, che trascinava la città intera dietro alla sua carrozza o la accalcava davanti alla porta di servizio del teatro ad applaudirla all'uscita». Le fotografie di lei e della contralto Scalchi ornavano le vetrine dov'erano esposti i mantelli «da opera» per la «stagione Patti», e i ventagli dipinti in *Patti-style*, i fazzolettini di merletto alla Patti, i binocoli di madreperla alla Patti, le borsette da teatro alla Patti.

L'anno prima, nel 1883, passando in treno per Salt Lake City,

Adelina Patti aveva ricevuto nella sua vettura riservata, trattenendolo a colazione con lei, Brigham Young; e questi le aveva chiesto di cantare al Mormon Tabernacle, il che doveva considerarsi cosa eccezionale. «Ma in tutto il tour,» scrive il biografo di Adelina Patti «nulla eguagliò le dimostrazioni che si ebbero a San Francisco. Là, la Pattiepidemia [...] da febbre si trasformò in delirio. [...] La folla faceva la coda tutta la notte, e il mattino dopo c'era chi cedeva i suoi posti a dieci e anche a venti dollari l'uno. Gli speculatori riuscivano a raggiungere prezzi favolosi per un biglietto. E migliaia di persone cercavano invano di assistere a una *première*.» A causa della gran folla, e della coda che dal botteghino attraversava la strada e si snodava per parecchi isolati, l'impresario della Patti fu multato, una volta, di settantacinque dollari per aver contravvenuto a una disposizione municipale che vietava l'ingombro degli accessi ai teatri. Ma il giudice al quale l'impresario dovette presentarsi si disse disposto a incassare la multa sotto forma di biglietti di teatro. Questi costavano dai sette ai trenta dollari ciascuno. La Sherman & Clay Music Company subì un danno di 300 dollari perché la gente a caccia di biglietti entrò negli uffici frantumando le finestre e arrampicandosi con le scarpe chiodate sui pianoforti nuovi, pur di riuscire ad avere gli ultimi biglietti disponibili. Si vendette ogni ritaglio di superficie libera come posto in piedi. La gente che voleva sentire la Patti era tanta, che la sua compagnia dovette rassegnarsi a rimanere a San Francisco una settimana di più. La Patti, poi, aveva delle pretese che solo una diva del suo calibro poteva permettersi di avere: cinquemila dollari a spettacolo, pagati in contanti, l'uno sull'altro, prima dell'inizio della rappresentazione. E poiché era molto meticolosa nel contare quei dollari, accadeva spesso che il sipario si aprisse in ritardo. Ogni spettacolo si concludeva con il tradizionale *home sweet home*; e ogni nuova tournée era un *farewell tour*, una tournée di addio... apparente, che si ripeté d'anno in anno per molti anni.[13]

Un macchinista di scena dell'Opera House di Maguire osservava che nella San Francisco anteguerra mondiale gli italiani (o meglio gli *Eyetalians*, come li chiamava lui, giocando su quella i iniziale che, presa come sillaba a sé, quindi pronunciata con suono lungo, diventava *eye*, cioè occhio, donde italiani = occhitaliani) amavano follemente andare a teatro:

Se volevamo cantori per il coro e ci mancava il tempo di prepararli, non facevamo altro che andare al molo a prendere dei pescatori occhitaliani. Si poteva essere certi che ciascuno conosceva un sacco di canzoni e sapeva cantare l'Ernani e la Traviata. Naturalmente non potevamo prenderne che un numero limitato; ma ogni sera ce li trovavamo tutti accalcati alla porta di servizio del teatro, e tutti gridavano: «Sono del coro! Sono del coro!». Sapevamo che non lo erano; tuttavia, quando nessuno vedeva, li facevamo entrare.[14]

Alla fama della Patti succedette quella di una giovane soprano, destinata anche lei a conquistarsi il cuore di San Francisco. Nel 1905, due anni dopo che Mascagni aveva diretto a San Francisco la sua *Cavalleria rusticana* e *Zanetto*, gli aficionados locali scoprirono Luisa Tetrazzini, fresca di una tournée compiuta con un complesso operistico nel Messico, e la fecero cantare più e più volte prima di lasciarla proseguire per il Metropolitan di New York e il Covent Garden di Londra. Nel 1909, la vigilia di Natale, la Tetrazzini cantò all'aperto a Lotta's Fountain davanti a 250 mila persone, senza far uso del microfono. Con il passare degli anni diventò tanto grassa (forse a forza di mangiare pollo alla Tetrazzini) da far dire agli spiritosi che, quando cantava la *Carmen* di Bizet, era difficile distinguerla dal toro.

In quegli stessi anni il Metropolitan di New York cominciò a fare delle tourné d'opera a San Francisco. Ad uno di questi *Met's tours* partecipò il grande Enrico Caruso, ma in modo del tutto particolare, perché si trovò coinvolto in un grande e tragico avvenimento della storia di San Francisco. La sera del 17 aprile 1906 il tenore italiano cantò alla Grand Opera House nella parte di don José nella *Carmen*. Cantò meravigliosamente; ma la sua partner, la primadonna Olive Fremstad, «gli stava al fianco pallida e contratta, e pareva che facesse un grande sforzo a cantare; diceva di sentire come una specie di premonizione». Quella notte doveva concludersi con il tremendo terremoto e il rogo che distrussero tanta parte di San Francisco; e fu quella l'unica occasione in cui Caruso non fu alla ribalta della cronaca. Alle prime ore del 18 aprile egli fu svegliato da un grande schianto nel suo appartamento al Palace Hotel. Mentre scendeva di corsa nell'atrio tutto l'edificio sembrava sussultare e ondeggiare. La prima cosa che Caruso fece, arrivando fuori di sé (e fuori dei suoi abiti) nell'atrio, fu di abbracciare Alfred Hertz, il direttore d'orchestra del Metropolitan. Aveva addosso, oltre a qualche altra cosa, un asciugatoio girato attorno al collo, e con una mano brandiva un ritratto incorniciato, con dedica, di Theodore Roosevelt. Nell'atrio Caruso incontrò anche il baritono Antonio

Scotti, che alloggiava nello stesso albergo e si era svegliato con la sensazione di essere preso dal mal di mare, e i due italiani si tuffarono nella fiumana di gente che cercava di raggiungere Union Square per sottrarsi al pericolo di rimanere sepolti sotto le macerie dei palazzi che crollavano da ogni parte, per tutta la lunghezza di Market Street. Superato il trauma del terremoto, i due cantanti noleggiarono un carro coperto con conducente, pagandolo 300 dollari, e caricato il loro bagaglio si fecero portare alla tenuta di campagna di Arthur Bachman. Ma a Caruso non sembrava ancora di potersi fidare, cosicché trascorse la prima notte al riparo di un albero nel terreno dietro la casa di Bachman. Poi, da Oakland, prese il treno dell'Est; e a chi gli chiedeva che cosa avesse visto e provato a San Francisco rispondeva: «Datemi il mio Vesuvio!».[15]

Caruso non fu l'ultimo della lunga serie di artisti e compositori che andarono a San Francisco. Nel 1913 Ruggiero Leoncavallo diresse varie rappresentazioni dei suoi *Pagliacci* al nuovissimo Tivoli Theater. Dopo di lui venne l'Opera di Chicago, con cantanti italiani del calibro di Muratore, Ruffo, Muzio e Schipa. La tradizione operistica italiana fu tenuta viva per tutti gli anni 1920-1930 dalla Scotti Opera Company, dopo che il decennio si era aperto con la compagnia del San Carlo di Napoli. Uno dei principali direttori d'orchestra del San Carlo, Gaetano Merola, giovane dinamico, che già era stato a San Francisco nel 1906, ebbe nel 1923 l'idea di dar vita, con una manifestazione nell'Italian Ballroom del St. Francis Hotel, alla San Francisco Opera Association, i cui 2700 membri fondatori versarono una donazione di cinquanta dollari ciascuno. La nuova compagnia formata con quella donazione diede la sua prima rappresentazione la sera del 23 settembre dello stesso anno con la *Bohème* di Puccini. Impresario il nipote del regista, Armando Agnini; direttore d'orchestra Gaetano Merola; tenore Giovanni Martinelli nella parte di Rodolfo; Queena Mario nella parte di Mimì. Questa rappresentazione lanciò la seconda compagnia operistica permanente (in ordine di tempo) dello Stato; e Merola ne fu il direttore per una trentina d'anni.[16]

La musica non fu la sola forma di espressione artistica che trovò appoggio negli italiani della California. Ricordiamo, nei primi anni del nostro secolo, quel grande e versatile attore drammatico che fu Tommaso Salvini e che a San Francisco «spopolò» per parecchi anni, pur recitando soltanto in italiano. Nel suo Ristorante Torinese, Giuseppe (Papà) Coppa coltivava musicisti e letterati, fra cui Jack

London, George Sterling, Mary Austin. In quel locale caratteristico, famoso per le decorazioni murali, i pasti da trentacinque centesimi e il chiaretto gratis a volontà, cantanti, artisti, scrittori, attori discutevano, facevano all'amore, raccontavano i loro ricordi, sparavano le loro spacconate. Su questo ritrovo d'artisti e il suo proprietario, Gelett Burgess scrisse un romanzo intitolato *The Heart Line*, che apparve a New York nel 1907.[17]

Gli attori italiani di Bay City si sentivano completamente a loro agio nei numerosi caffè del posto, dove si servivano, come si servono tuttora, il cappuccino e la grappa. La colonia italiana era abbastanza forte da sostenere finanziariamente qualsiasi cosa, dall'opera italiana permanente ai quotidiani italiani. I giornali di San Francisco erano pieni di richiami pubblicitari a prestigiose imprese ed iniziative italiane: Hotel Verdi, Piemonte Saloon, Trentino Hotel, ristorante Al Buon Gusto, ristorante Il Trovatore e via dicendo. Di Hotel Roma ce n'erano almeno tre.

San Francisco vanta una serie di ben diciassette quotidiani italiani, il primo dei quali, nato già quotidiano nel 1859 con il nome di «La Voce del Popolo», diventò poi «L'Italia», e come tale morì nel 1966, dopo oltre un secolo di vita; ma gli successe, acquistandone tutti i diritti, «L'Eco d'Italia» di Pierino Mari. Vi furono periodi in cui a San Francisco uscivano contemporaneamente cinque quotidiani italiani, nei quali si leggeva una quantità stupefacente di notizie riguardanti Genova, Torino e altre città dell'Italia settentrionale, nonché del Canton Ticino. Ancora nel 1931 uscivano giornali italiani a Dunsmuir, a Martinez, a Sacramento, a Stockton e a Weed. Oggi, soltanto San Francisco e Los Angeles hanno quotidiani italiani. «L'Italo-Americano» di Los Angeles non aveva, nel 1971, saltato un solo numero su un arco di più di sessant'anni. Il proprietario, Cleto Baroni, che nel 1971 aveva settantasette anni, dirigeva il giornale fin dai tempi della prima guerra mondiale. Il fondatore era stato un suo zio. Tanto Baroni quanto lo zio avevano lasciato cadere le numerose possibilità di vendere il giornale, che, con la marea montante della stampa anglofona, si erano presentate via via. Sebbene i loro lettori venissero progressivamente fagocitati dai giornali di lingua inglese, essi si rifiutarono sempre di vendere quel loro giornale italiano.[18]

Risalgono ai primi tempi di San Francisco anche un ospedale italiano e varie associazioni benefiche italiane. Non c'era posto, a San Francisco, per la nostalgia dell'Italia. Quasi ogni sabato vi si poteva ascoltare la Royal Italian Band al Mechanics Pavilion o la *Tosca* al Tivoli. La vita comunitaria italiana era attivissima: nel 1902 uscì addirittura un annuario della comunità, un «Blue Book» intitolato *Attività Italiane in California*.

Per molti anni si celebrò a San Francisco la festa del Columbus Day.[19] Era uno spettacolo teatrale all'aperto, organizzato soprattutto dai pescatori, magari pronipoti di italiani stabilitisi nella baia di San Francisco negli anni 1850-1860. I primi a stabilirvisi erano stati dei genovesi, molti dei quali vendettero poi la loro attrezzatura a pescatori siciliani. Questi siciliani, per il solo fatto che gli altri italiani facevano fatica a capire il loro dialetto, finirono per fare vita a sé, e così conservarono molte vecchie usanze. Ci sono ancora dei pescatori siciliani che non sanno parlare inglese. Pochi italiani del Nord hanno continuato a fare il pescatore; in generale si sono dedicati ad altre attività.

I pescatori italiani della California usavano quel tipo di battello che si chiama feluca e per tradizione andavano a pescare in acque profonde al largo del Golden Gate. Per la pesca dei granchi di mare si servivano anche di quel tipo d'imbarcazione che era il *San Francisco Bay Cat*. I siciliani sfruttavano i banchi alla confluenza dei fiumi San Joaquin e Sacramento per la pesca dei gamberetti, dei quali, per un certo tempo, i cinesi tennero il monopolio della vendita.

Questi pescatori dell'Estremo Oriente, con le loro giunche dalla vela quadrata, entrarono in scena verso il 1865; ma gli italiani, con le loro pittoresche feluche a vela latina, andavano più lontano, stando fuori due o tre giorni di seguito, a pescare pesci e a raccogliere granchi. Ad un certo momento ci fu un'ondata di sentimenti anti-cinesi, che determinò una forte riduzione del numero dei pescatori estremo-orientali autorizzati a pescare nella baia, e gli italiani se ne avvantaggiarono. Sul finire del XIX secolo si potevano vedere dozzine e dozzine di feluche ormeggiate nel loro posto preferito, da una parte e dall'altra della darsena in fondo a Union Street. Nel 1910 il porto di pesca di San Francisco ospitava una flotta di 700 battelli, serviti da 2500 pescatori. Là si riunivano a riposarsi dalle faticose ore di mare i pescatori italiani, e mentre si riposavano rammendavano le reti, cantavano e si raccontavano le storie del paese lontano.[20]

I liguri e gli altri italiani del Nord che cedettero al siciliani la loro attrezzatura da pesca si dimostrarono dotati di notevole versatilità professionale. Molti, ad esempio, si dedicarono alla raccolta e al recupero delle immondizie. Ancor oggi la Scavenger's Protective Association, che è una delle più antiche e più forti organizzazioni sindacali di San Francisco e difende appunto gli interessi degli spazzini, è dominata dagli italiani, nelle cui mani è gran parte della nettezza urbana della seconda città della California.

Ma il genio degli italiani della California si manifestò soprattutto nel campo agricolo, e in particolare nella viticoltura e nella vinicoltura, dove essi seppero sposare le sapienti tradizioni del Vecchio Mondo ai metodi innovatori del Nuovo Mondo. Fu dagli anni 1880-1890 che nei vigneti della California cominciarono a vedersi in buon numero i vignaiuoli della Liguria, del Piemonte e della Lombardia. Erano di un tipo umano diverso da quello dei pescivendoli o dei lustrascarpe delle città americane della costa atlantica; non vendevano pesce e non lustravano scarpe, ma erano contadini e avevano la passione della vite e del vino.

Nel 1881 il banchiere genovese Andrea Sbarboro riuscì a convincere un gruppo di questi contadini dell'Italia del Nord, che non avevano ancora messo radici, a stabilirsi in forma cooperativa su 1500 acri di terra ad Asti, una piccola località nei pressi di Cloverdale. Sbarboro era in California dal 1852 e vi aveva aperto una scuola serale italo-americana, per la quale aveva scritto lui medesimo i libri di testo. Aveva anche creato il California Promotion Board e fondato sei istituti di credito edilizio, fra i primi dello Stato, attraverso i quali finanziava i piccoli costruttori edili di San Francisco. Assai più tardi, nel 1899, creò la Italian-American Bank.

Sbarboro, non contento di aver creato Asti, immaginò una specie di Utopia, una colonia di un migliaio di contadini immigrati, stabilita su buona terra e organizzata cooperativisticamente, secondo le idee dei tessitori di Rochdale e le teorie sociali ed economiche di John Ruskin e di Robert Owen, di cui era appassionato studioso. Lo scopo secondario di tutto questo era la produzione di vini fini («al disopra di qualsiasi concorrenza») in un clima ideale. Associatosi il chimico Pietro C. Rossi, che diventò il capo della sua industria vinicola, Sbarboro fondò la Italian-Swiss Agricultural Colony della Sonoma Valley. I viticoltori italiani furono splendidi nella lotta contro il terribile nemico della vite, la fillossera, e poi contro la consueta serie di anni di piena del fiume Russian; e Sbarboro diede loro ottime paghe e tutto il vino che erano capaci di bere. Fu un peccato che essi non aderissero ad acquistare neppur una delle 2250

azioni del capitale della società, perché quelle azioni, originaria-
mente quotate 135 mila dollari, nel 1910 erano salite a 3 milioni di
dollari, e successivamente il loro valore era aumentato di parecchie
volte ancora.

Dopo pochi anni di sacrifici, la nuova colonia italiana, impianta-
ta su 5000 acri di terra, cominciò a prosperare. La sua produzione
di vino del 1897 fu così grande che in tutta la California non si trovarono botti per contenerla tutta. Sbarboro fece allora scavare un
serbatoio nella roccia viva, che fu il più grande serbatoio di vino del
mondo: lungo oltre venticinque metri, largo oltre dieci e profondo
sette e mezzo, liscio all'interno come marmo levigato, capace di
contenere 500 mila galloni di vino, cioè – secondo la misura americana – poco meno di 20 mila ettolitri. Quando, nel maggio 1898, il
serbatoio fu vuotato per la prima volta, vi si organizzò dentro una
festa danzante di duecento persone, senza che la singolare «sala» ri-
sultasse affollata, sebbene l'orchestra fosse sistemata al centro. La
colonia disponeva dei suoi magazzini generali, la sua scuola, il pa-
nificio, la fucina, lo spaccio cooperativo, l'ufficio postale, telegrafico e telefonico, lo scalo ferroviario.

Nel 1911 la Italian-Swiss Colony vinse il più alto premio che uno
champagne americano avesse mai conquistato: il Grand Prix
dell'Esposizione internazionale di Torino per il suo *Golden State
Extra Dry*. Adottando il sistema dei carri-botte, la colonia prese a
spedire per ferrovia i suoi prodotti negli stati dell'Est, assicurandosi in breve il controllo di buona parte del mercato vinicolo statunitense. Nel 1942, per difendersi dalle restrizioni imposte alla
produzione di whisky in tempo di guerra, i distillatori dell'Est comperarono la Colony. Undici anni dopo, nel 1953, la famiglia di
Angelo Petri, che già possedeva la Petri Wine Company e una fabbrica di sigari nel Tennessee, acquistò a sua volta la Colony dalla
National Distillers Product Corporation, per la somma denunciata
di 16 milioni di dollari. L'acquisto comprendeva anche gli stabilimenti vinicoli di Lodi, Asti e Clovis, in California, gli impianti di
imbottigliamento di Chicago e di Fairview nel New Jersey, e l'organizzazione di distribuzione Gambarelli & Davito a New York. Esso
portò la produzione vinicola Petri a 46 milioni di galloni l'anno, vale a dire a circa 1.740.000 ettolitri, facendone la più forte degli
Stati Uniti. La Italian-Swiss Colony invia ancor oggi il suo vino
all'Est, ma con navi dotate di serbatoi d'acciaio inossidabile e non
più nei tradizionali fiaschi tipo Chianti, di vetro protetto da un in-

volucro di rafia. Solo alcuni discendenti dei fondatori lavorano ancora la ricca terra di Asti.[21]

L'attuale presidente della Colony, Louis Petri, è il pronipote del Raffaello Petri che nel 1886 fondava nella San Joaquin Valley un piccolo stabilimento vinicolo, sviluppatosi poi quando il suo tipo di vino cominciò ad essere apprezzato localmente. Nel 1949 il complesso Petri comperò la Mission Bell Winery nella San Joaquin Valley: la comperò per 3 milioni e 250 mila dollari, raddoppiando così la propria produzione totale e portandola a 20 milioni di galloni, pari a 756 mila ettolitri. Nel 1951 i Petri organizzarono 300 viticoltori di piccola e media importanza in una Allied Grape Growers Inc. a forma cooperativa, alla quale cedettero tutte le loro vigne e i loro impianti nella vallata centrale della California. In compenso i Petri si assicurarono i diritti di vendita di tutta la produzione della Allied Grape Growers. In seguito i Petri comperarono gli impianti Inglenook a Rutherford, dove si produceva uno dei vini più pregiati della California.[22]

Su scala minore, ma con vini ancora più raffinati, altri italiani prosperarono sulla viti-vinicoltura. Un successo eccezionale fu quello della famiglia Mondavi nella Napa Valley, dove aveva rilevato l'antica azienda vinicola della Charles Krug & Company. Verso la metà degli anni 1940-1950 i Mondavi producevano alcuni dei migliori vini bianchi della California, mentre a St. Helena un altro viti-vinicoltore italiano, Louis M. Martini, si faceva un nome per la raffinatezza dei suoi vini rossi, tipo Cabernet, Sauvignon e Pinot Noir. Angelo Pellegrini ha messo in evidenza la semplice grandezza della vita di lavoro degli uomini tipo Martini: «Andai a cercarlo, essendomi convinto che egli aveva portato in seno alla comunità americana alcune delle più ammirevoli qualità del suo popolo». Apparteneva, agli occhi del Pellegrini, ad una categoria unica: «Nell'orticoltura, nelle attività edilizie, nei lavori ferroviari, là dove si lavorava di piccone e badile, avevo assistito alla scomparsa graduale degli immigranti della generazione di Martini, di quegli uomini che il lavoro non spaventava mai, che si gloriavano del lavoro, che avevano fatto un'arte del lavoro manuale. Non c'era datore di lavoro che, a mano a mano che questi uomini deponevano i loro attrezzi, non disperasse di poterli sostituire». Gli uomini tipo Martini erano uomini che non avevano mai cercato protezione, mentre gli altri la cercavano. Fu al principio del 1913 che la nuova coscienza sociale cominciò giustamente a preoccuparsi della protezione dei braccianti e della necessità di assicurare loro un giusto benessere. In quell'anno, infatti, il parlamento californiano nominò una Commission of Immigration and Housing con l'incarico di studiare provvedimenti atti a proteggere, dal punto di vista delle condizioni di lavoro e di alloggio, i numerosi braccianti agricoli messicani, portoghesi e italiani. Allora ebbe inizio quella lenta trasformazione della coscienza californiana del lavoro, che dall'ammirazione per l'intraprendenza individuale del lavoratore si volse alla riforma delle condizioni di lavoro.[23]

Abbiamo parlato di «lenta trasformazione», e tale fu per quanto riguarda il lavoro agricolo. La California meridionale, poi, rimase per decenni alla retroguardia rispetto alla California settentrionale. E intanto nascevano, vivevano, scomparivano dozzine e dozzine di piccole aziende agricole, ancor più piccole di quella del Martini, con direzione e manodopera italiana, aziende la cui storia, ormai, non sarà più scritta. Tutte queste cose sono scomparse nel passato, oltre la linea del nostro orizzonte. Alcune furono poco meno di un fallimento; altre fiorirono per un certo periodo e poi scomparvero. Nel 1869 Justinian Caire, un mediatore d'argento e d'oro di San Francisco, si mise in mente di costituire una «comunità del vino» installando quarantacinque vignaioli italiani sull'isola di Santa Cruz, che è lunga venticinque miglia e larga dalle tre alle nove ed è separata dalla terraferma dal Santa Barbara Channel. Caire si proponeva di creare nella vallata centrale dell'isola una colonia del Vecchio Mondo. Al pari di altri progetti nati sotto il segno dell'utopia, come la German Agricultural Colony installatasi otto anni prima ad Anaheim, il sogno del Caire si dimostrò volatile quanto il vino. E oggi non si sa più abbastanza della sua storia per poterne parlare.

Invece negli anni 1880-1890, non lontano da Los Angeles, la tenacia di un roccioso piemontese, Secondo Guasti, permise la creazione di quella che fu chiamata «la vigna più grande del mondo», cioè la Italian Vineyard Company. Aveva ventidue anni quando, nel 1881, arrivò negli Stati Uniti, ed ebbe il coraggio di piantare a vigna migliaia di acri di terreno sabbioso, semi-arido, a Cucamonga, dove nessun altro viticoltore aveva voluto investire denaro. E ne trasse centinaia di migliaia di ettolitri di vino da dessert, un vino carico di sole e di zucchero e ad alto tenore alcoolico. Il prediletto di Guasti era un poco noto Grignolino rosato. I suoi successori sono ancor oggi fra i più forti produttori di vini forti negli Stati Uniti, tipo sherry, o porto, o angelica. Il lavoro pionieristico compiuto da

Guasti nella zona di Cucamonga fu seguito dalla creazione di una mezza dozzina di aziende vinicole, e forse più, che rilevarono le viti da lui piantate.[24]

Si deve ai fondatori dell'industria vinicola della California se il vino californiano ha fama di essere di alta qualità e se la sua produzione è forte. I capi di questa industria fecero venire in America, nel 1886, un esperto del ministero italiano dell'Agricoltura, Guido Rossati, il quale li indusse a puntare sulla qualità più che sulla quantità. È una lezione, quella, che i viticoltori della California non hanno mai più dimenticata. Ed è così che le pazienti, delicate tecniche vinicole italiane sono diventate proprie della California.[25]

L'industria del vino della California subì un colpo gravissimo, il più grave, all'epoca del proibizionismo. Le vecchie volpi, come Sbarboro, che nel frattempo era diventato presidente della California's Manufacturers and Producers Association, l'avevano sentita venire fin dal 1908, quando Sbarboro, appunto, aveva pubblicato sotto il titolo *Temperance versus Prohibition* (San Francisco 1908) una serie di lettere provenienti da consoli statunitensi in paesi consumatori di vino, da cui si rilevava che in tali paesi l'alcoolismo era praticamente sconosciuto. Temperanza, dunque; e Sbarboro diventò il massimo paladino dell'arte di bere il vino con gusto e misura. La sua piattaforma di lotta fu la California Grape Protective Association, da lui fondata nel 1908; ma frattanto anche la Anti-Saloon League si organizzava e intraprendeva una campagna sempre più efficace. Più e più volte l'industria vinicola riuscì a debellare i tentativi proibizionistici manifestatisi in vari stati; ma la prima guerra mondiale, con la sua crisi isterica di temperanza, rese praticamente inevitabile la sanzione federale al proibizionismo. Così, nel 1919, il Congresso degli Stati Uniti votò il diciottesimo emendamento, reso poi esecutivo dal *Volstead Act*. Anche i viticoltori non italiani, come i fratelli Wente della California, furono naturalmente colpiti dall'assurdo e disastroso provvedimento legislativo e si affiancarono agli Sbarboro nel contrastarlo vigorosamente.

Nel decennio che seguì, i viticoltori italiani si ridussero a produrre vino da altare, uva da tavola, surrogati vari dall'uva secca al succo d'uva e alla gassosa al profumo d'uva. Durante il proibizionismo, i fratelli Vai, che erano i maggiori concorrenti del Guasti nella California meridionale, lanciarono sul mercato il *California Padre Wine Elixir* pubblicizzandolo come *system builder*, cioè come tonico corroborante. Le grandi società vinicole, non potendo mettere a repentaglio il denaro degli azionisti, dovettero piegarsi a produrre questi sottoprodotti. Ma il vino continuò a essere prodotto per uso domestico da molti immigranti, e il *bootlegging* o mercato nero dilagò rapidamente. Non si saprà mai quanti e quanti si arricchirono grazie a una legge inapplicabile. Un osservatore della California settentrionale rilevava: «Non c'è famiglia che non venda vino e non c'è casa che non abbia il suo tino. La conseguenza è che il lavoratore americano è sempre senza soldi, mentre l'italiano non fa che accrescere il proprio conto in banca».[26]

Tramontata l'era del proibizionismo, i produttori autentici di vino tornarono a produrre vini fini. Ormai gli italiani della California concorrono per circa il 90% al fabbisogno di vino di tutti gli Stati Uniti. E ad ogni autunno, dalle valli della California, partono migliaia di cassette d'uva dirette in tutte le parti degli Stati Uniti; uva destinata non soltanto ad essere messa in tavola, ma anche ad essere trasformata in vino dagli italiani nelle loro cantine.

Gli agricoltori italiani, però, non si dedicarono soltanto alla produzione del vino. Molti italiani del Canton Ticino si dedicarono all'industria del latte e derivati. Non c'era niente, in loro, di diverso dai piemontesi e dai lombardi e niente di comune con gli italiani del Sud. Cominciarono nel 1870 a comperare i ricchi prati e pascoli che da Santa Barbara si stendono verso nord, soprattutto lungo la costa, e collegarono con una fitta rete di strade di campagna le loro fattorie agli scali portuali di San Simeon, Cambria, Cayucos e Morro Bay, dai quali spedivano i loro prodotti al nord e al sud della California. Questi fabbricanti di burro e di formaggi si stabilirono un po' dappertutto sulle catene costiere, concentrandosi soprattutto attorno a San Luis Obispo.[27]

Prima ancora, nel 1866, un gruppo di svizzeri italiani si era recato a lavorare nella fattoria di George e E.W. Steele, a El Rancho Corral de Piedra, nella Marin County. Con la sua mandria di 1400 capi bovini, questo ranch era il secondo, per grandezza, di tutta la California. Gli svizzeri italiani venivano tutti dalla val Maggia, quella splendida aspra valle che dall'estremità settentrionale del Lago Maggiore si insinua fra la val Leventina e la val d'Ossola e che tra il 1850 e il 1930 ha perduto, per emigrazione, il 40% dei suoi abitanti. Gli svizzeri italiani si stabilirono anche in varie fattorie delle contee di San Luis Obispo, Marin e Sonoma. La possibilità che avevano le mandrie di pascolare tutto l'anno e la mitezza del clima indussero questi italiani del Canton Ticino a farsi raggiungere dalle mogli, magari tornando in patria per quel tanto che occorreva per sposarsi. E non si limitarono al latte e ai latticini, ma diventarono anche pollicoltori, come quelli di Petaluma, la capitale californiana delle uova.[28] Si calcola che nel 1911 gli italiani della California gettassero annualmente sul mercato 35 milioni di libbre di pesce, e che il valore della produzione agricola di quell'anno si aggirasse sui 9 milioni di dollari tra frutta fresca e frutta secca, al quali si potevano aggiungere 3 milioni di dollari di cereali, 7 milioni di dollari tra patate e fagioli, e oltre 5 milioni di dollari di altri generi alimentari. Nel complesso, riferendoci sempre a quell'anno, la produzione agricola degli italiani della California superava i 65 milioni di dollari, e le loro proprietà erano rappresentate da 200 milioni di dollari in terreni e immobili, 10 milioni di dollari in azioni e titoli, 30 milioni di dollari in depositi bancari. La loro ricchezza strappò al presidente degli Stati Uniti, William Howard Taft, ampie lodi particolari.[29]

A differenza dagli immigrati asiatici e messicani, e a somiglianza invece dei francesi e dei tedeschi, gli italiani si trasformarono da lavoratori migranti in residenti stabili. Andarono ad occupare le fattorie e i ranch lasciati liberi dal primitivi proprietari e, anche quando questi ranch erano lontani, vi si stabilirono, decisi a condurre in proprio le loro aziende.

Non meno esemplare della storia della Italian-Swiss Colony e della famiglia Petri è la storia delle famiglie Gallo e Di Giorgio. Nato in Italia nel 1874, Giuseppe Di Giorgio era già nel 1893 importatore e poi produttore del distretto meridionale della San Joaquin Valley.

Diventò presidente della Atlantic Fruit Company, e insieme con il fratello Rosario fondò la Di Giorgio Fruit Corporation. Insieme i due fratelli comperarono, nel 1910, le attività di commercio e trasporto della Earl Fruit Company e svilupparono imprese agricole nelle contee di Kern, Fresno e San Diego, poi in altre contee e Stati. I prodotti in scatola dei Di Giorgio venivano venduti sotto il marchio S & W. Giuseppe è morto nel 1951, Rosario nel 1955.

I Di Giorgio diventarono i più grandi distributori di frutta fresca del mondo intero. La società da loro fondata finì per controllare oltre 40 mila acri di terra, soprattutto in California. Modeste aliquote erano anche nel Messico e nell'America centro-meridionale. Nel 1944 il valore netto stimato della società raggiungeva i 30 milioni di dollari e i suoi titoli erano regolarmente quotati in borsa.

Non pochi italiani si occupavano, oltre che di agricoltura, anche di conservazione di generi alimentari, come appunto i Di Giorgio. In questo campo è ben noto anche il nome di Marco J. Fontana; anzi, le due famiglie, Fontana e Di Giorgio, lavorarono in stretto accordo. Fontana, ad ogni modo, era arrivato negli Stati Uniti molto prima di Giuseppe Di Giorgio, e precisamente nel 1859. Nel 1889 aveva fondato la California Fruit Packing Corporation, che con il nome abbreviato di Calpac diventò la più grande organizzazione di frutta e verdura iscatolata del mondo. Se nei primissimi tempi della Italian-Swiss Colony Fontana aveva lavorato ad Asti con il compaesano ligure Andrea Sbarboro, fu con un altro ligure, Antonio Cerruti, che lanciò il marchio di Marca del Monte, passato poi alla storia come Del Monte *tout court*. Il figlio Mark Edmund estese l'attività di iscatolamento negli Stati dell'Oregon, di Washington, dell'Utah, dell'Idaho, dell'Illinois e dell'Alaska, nonché nelle Hawaii, affiancando a queste delle imprese agricole. Nel 1965 ormai il primo Fontana era morto da gran tempo – la Calpac possedeva 24 mila acri di terreno coltivato e ne aveva altri 74 mila in fitto. Trattava annualmente i raccolti di centinaia di fattorie altrui e possedeva in varie parti degli Stati Uniti 44 fabbriche di conserve e 50 grandi depositi. In quell'anno, le vendite complessive della Calpac furono di quasi 400 milioni di dollari.[30]

Troviamo gli italiani in un gran numero di altre imprese a base agricola. Fin dai primi tempi la produzione dei carciofi della California, concentrata principalmente in Castroville, è stata controllata in larga misura dagli orticoltori italiani. In quello stesso torno di tempo, l'italiano Cristoforo Colombo Brevidero fondava nella California meridionale l'industria del lillà. Un altro italiano, John Lagomarsino, diventò presidente dell'associazione californiana dei coltivatori di bergamotto. I primi che tentarono l'allevamento del baco da seta nel West furono italiani. Anche l'introduzione dei peperoni dolci, dei carciofi, delle melanzane e dei broccoli va ricondotta agli italiani. L'industria della conserva di pomodoro sviluppatasi nel West ebbe inizio con Camillo Pregno, che nel 1900 insegnò ai contadini di Merced a coltivare i pomodori facendoli arrampicare su sostegni, come si usava appunto in Italia. Insieme con altri italiani diventò un produttore e iscatolatore di salsa di pomodoro, prodotto di cui andava crescendo la richiesta per il condimento della pasta asciutta.[31]

Joseph Maggio cominciò la sua carriera di «re della carota» di California nel 1940, avviando nei pressi di Holtville, nell'Imperial

Valley, un'impresa «da un milione di dollari» per il commercio di quelle radici, per cavar le quali dalla terra arrivò ad impiegare 2000 braccianti per campo. Alla fine creò, per così dire, una «catena di montaggio», che partiva dall'estrazione della carota e proseguiva con la selezione, la legatura a mazzi, il lavaggio, il congelamento, la confezione in ceste e infine il caricamento sui carri ferroviari (battendo dei record come quello di 41 carri carichi al giorno).[32]

La storia degli italiani della California non può essere disgiunta dall'andamento demografico generale di quello Stato. Nel 1860, per la forte immigrazione del decennio precedente, la popolazione straniera di nascita rappresentava il 38,6% della popolazione totale della California. Durante il decennio successivo tale percentuale salì e si mantenne sul 40%, grazie soprattutto agli arrivi dall'Europa occidentale, che formavano il 55% della quota suddetta. Nel decennio 1870-1880 i due terzi dei nuovi arrivi in California furono rappresentati da stranieri di nascita; questi due terzi scesero alla metà nel decennio 1880-1890. Dopo il 1900 la composizione della popolazione californiana straniera di nascita mutò. Mentre prima il grosso dell'immigrazione era venuto dall'Europa nord-occidentale e in minor misura dall'Asia, adesso veniva prevalentemente dall'Europa meridionale e orientale e anche, per quanto riguarda il bracciantato agricolo, dal Messico.

Nel 1910 la popolazione di San Francisco era composta per il 68% da stranieri di nascita o da figli di stranieri, mentre questa percentuale era solo del 35% per la contea di Los Angeles. Nella parte più meridionale dello Stato viveva per suo conto una società rurale, protestante, formatasi in gran parte all'epoca del grande boom terriero del 1887, favorito dal basso costo del viaggio ferroviario transcontinentale. La differenza religiosa fra il Nord e il Sud della California era sensibile. Sebbene, anche dopo essere diventata parte degli Stati Uniti, la California continuasse ad essere, almeno per parecchio tempo, prevalentemente cattolica (tanto che ancora nel 1906 la popolazione dichiaratamente cattolica rappresentava il 58% della popolazione totale), con le punte più alte a San Francisco, città cosmopolita con forte afflusso italiano e irlandese, in quello stesso anno i protestanti rappresentavano il 56% della popolazione di Los Angeles (e solo il 15% di quella di San Francisco).[33]

Era cosa naturale ed inevitabile che la California attirasse una babele di lingue diverse. La sua grande varietà topografica e climatologica, cui si accompagnava la varietà della flora e della fauna, esercitava sugli stranieri l'effetto di una calamita. Essa offriva molte più possibilità di quelle offerte dalla massima parte dei paesi del mondo; è quindi naturale che vi andassero molte più persone, cento volte di più di quelle che vi hanno lasciato traccia di sé. Persone di ogni parte del mondo, di ogni nazionalità. Tra il 1860 e il 1890 furono gli irlandesi e i cinesi che fecero a gara per assicurarsi la supremazia numerica, ma con il nuovo secolo gli italiani li superarono entrambi, superati a loro volta soltanto dai messicani. Se nel 1860 gli italiani in California erano meno di 3000, e nel 1870 non più di 5000, nel 1905 si aggiravano sui 60 mila, occupati per il 50% nell'agricoltura, in contrasto con la tendenza nazionale a lasciare l'agricoltura per l'industria. (L'affluenza maggiore si era avuta nel penultimo decennio del secolo, quando il prezzo del biglietto di terza classe dall'Italia a New York era sceso a soli quaranta dollari.) Negli anni 1920-1930 gli italiani rappresentavano la più forte aliquota (11,7%) della popolazione straniera della California. Gli svizzeri italiani, arrivati negli Stati Uniti con la seconda ondata, andarono per il 90% in California. Tra il 1930 e il 1950 la popolazione residente italiana di nascita si aggirava fra le 100 mila e le 150 mila unità: se si eccettuano i messicani, erano il gruppo straniero più forte. Nel 1935, anno della più alta presenza italiana, il nucleo maggiore – circa 27 mila unità – era coagulato attorno a San Francisco.[34]

Il prestigio degli italiani andò aumentando a mano a mano che essi si facevano valere sul piano professionale e della vita pubblica. Che tra il 1931 e il 1944 il nome del sindaco di San Francisco fosse Angelo Rossi era motivo di fierezza per gli italiani della California, i quali potevano ben dire che le due porte d'accesso agli Stati Uniti – la porta orientale con la statua della libertà e la parte occidentale con il cancello d'oro (*Golden Gate*) – erano guardate da due italiani: Fiorello La Guardia e Angelo Rossi. (Ciò doveva acquistare quasi il carattere di una tradizione quando, in seguito, un altro italiano, Vincent Impellitteri, fu a sua volta sindaco di New York.) Angelo Rossi (1878-1948), nato a Volcano nella Amador County, era figlio di immigrati italiani, come Fiorello La Guardia. Si era formato nelle scuole serali, aveva percorso senza aiuti tutto il cammino da ragazzo di strada a fiorista, a *supervisor* della città e della contea di San Francisco, a potente sindaco repubblicano.

Anche San Francisco, come New York, era destinata ad avere nel 1967 un altro sindaco di origine italiana, Joseph L. Alioto, figlio di un pescatore italiano immigrato, che nel porto dei pescatori aveva messo su un ristorante. Alioto era un avvocato. Accettando la carica di sindaco aveva rinunciato alla presidenza della California Rice Growers Association, l'associazione dei piantatori di riso della California, che gli rendeva un gettone di 100 mila dollari l'anno. Intanto il Ristorante Alioto, come già il Ristorante Di Maggio ed altri ristoranti di eminenti italiani sul lungomare, era passato nelle mani della seconda generazione, della quale faceva parte anche il nuovo sindaco. E la prima generazione era passata, a sua volta, all'estremo riposo nel cimitero italiano della vicina Colma.

Un'indefinibile forza di propositi e di modi caratterizzava gli immigranti italiani della seconda generazione, e la si avverte immediatamente in Angelo Rossi o in Amadeo Pietro Giannini. Costoro erano nati in terra americana, ma in condizioni economiche e sociali ben diverse da quelle, ad esempio, di un Joseph Alioto o di un Edmund Fontana, i cui genitori avevano assicurato alle rispettive famiglie la ricchezza e il benessere. Rossi e Giannini erano cronologicamente molto più vicini di Alioto e Fontana all'esperienza dell'immigrante.

Nella storia finanziaria del West americano non c'è nome che sia scritto a caratteri più grandi di quello di Amadeo Pietro Giannini, sebbene questi non sia stato il primo grande banchiere italiano della California. Prima di lui, infatti, già negli anni 1850-1860 c'era stato a San Francisco quel Felice Argenti che, nell'albo degli italiani illustri, precedette anche Sbarboro. Ma la storia di Giannini doveva far passare in secondo piano le figure di tutti gli altri banchieri del West, immigrati o non immigrati. E questa storia personale si intreccia con quella della sua gente. Nel 1902 gli italiani di San Francisco potevano servirsi di due loro istituti finanziari: la Colombo Bank e l'Italian-American Bank. Le due banche avevano l'una un capitale sottoscritto di 300 mila dollari e l'altra un capitale sottoscritto di 750 mila dollari.[35] Lavoravano essenzialmente nell'ambiente urbano e avevano limitate possibilità di aprire dei crediti. La banca che Giannini decise di fondare non voleva essere, e non fu, legata unicamente alla storia della città di San Francisco, ma fu legata a quella di tutta la California rurale in espansione.

Il grande successo iniziale di Giannini, infatti, fu in stretto rapporto con la funzione e l'affermazione dell'immigrante italiano in tutto lo Stato. La California nel periodo antecedente alla prima guerra mondiale era un paese eminentemente agricolo. I contadini italiani che si erano stabiliti sulle pendici delle catene costiere cercavano spesso di diventare proprietari della terra sulla quale facevano crescere le loro viti, i loro piselli, i loro fagioli e i vari altri raccolti, ma si trovavano di fronte a gravi ostacoli. Al principio del secolo il prezzo della terra era diventato esorbitante: fino a 500 dollari l'acro. Come se non bastasse, un piccolo ranch pagato 5000 o 10 mila dollari richiedeva poi la metà della somma d'acquisto per essere fornito dell'attrezzatura necessaria alla sua valorizzazione. L'agricoltore, prima di poter cominciare a coltivare il suo terreno, era costretto a spendere magari 20 mila dollari in opere di irrigazione, di bonifica, di riempimento. Il mantenere in efficienza orti e vigne, il fare il raccolto, l'allevare il pollame o il bestiame, erano spesso cose al disopra dei mezzi e delle possibilità degli stessi agricoltori americani. Vedendosi rifiutare i necessari crediti dalle grandi banche perché non potevano garantirli abbastanza, gli agricoltori si rivolgevano ai commercianti locali. Un commerciante, o anche semplicemente un negoziante, per il solo fatto di disporre di una cassaforte era a un passo dal diventare anche banchiere. Mettendo a disposizione della clientela la propria cassaforte per conservarvi il denaro, finiva per diventare colui che teneva in deposito il denaro, ne consigliava l'impiego, fungeva da commissionario e da consulente fiscale. Giannini si assunse questa funzione, e grazie alla popolarità e alla fiducia di cui godeva fondò il più grande banco di credito del mondo. Suo padre, Luigi Giannini, era emigrato da Genova per finire gestore d'albergo a San José; lui, Amadeo Pietro, aveva cominciato a lavorare come venditore ambulante, con un carrettino a mano; ma un giorno il suo biografo lo avrebbe chiamato *giant of the West*, e il «Saturday Evening Post» avrebbe rincarato la dose definendolo *big bull of the West*.

Di «A.P.» Giannini s'è detto che fu il più grande innovatore della pratica bancaria che il mondo d'oggi abbia conosciuto. Se J.P. Morgan fu il banchiere dei ricchi, A.P. Giannini fu il banchiere di una generazione di immigranti, formata da pescatori, fruttivendoli ambulanti, piccoli contadini e manovali. Per prima cosa creò la Bank of Italy per aiutare gli italiani di North Beach, la colonia italiana di San Francisco. Per evitare che finissero nelle gole dei pescicani prestadenaro a interessi mostruosi, Giannini predicò in mezzo a loro i vantaggi dei depositi di risparmio a interesse. E dichiarò fieramente di essere pronto a prestare a un lavoratore fino a 25 dollari, «senza altra garanzia che i calli sulle mani del beneficiario del prestito».

Il terremoto e l'incendio di San Francisco offersero a Giannini la grande occasione. Si disse in seguito, per scherzo, che gli italiani avevano soffocato il fuoco con coperte inzuppate di vino, perché l'acqua delle pompe non aveva sufficiente pressione. La città era caduta in preda al panico, tutte le banche erano paralizzate, ma Giannini, in mezzo a vortici di cenere, compieva delle operazioni finanziarie sul molo di Washington Street. Il suo banco era fatto di un'asse appoggiata su due barili. Quand'era scoppiato l'incendio, Giannini aveva ammucchiato tutti i valori e i registri della sua banca dentro due carri coperti, nascondendoli sotto un carico di arance; poi, fattosi prestare dei cavalli da tiro dal patrigno, Lorenzo Scatena, li aveva messi in salvo sul molo. E mentre le grandi banche di San Francisco, con le volte sfondate dal fuoco, non erano in grado di riaprire i loro sportelli per rispondere alle pressanti richieste di contante della clientela, Giannini si diede a distribuire prestiti e anticipi ai propri disperati clienti, che egli conosceva personalmente uno ad uno. Il comportamento di Giannini durante il terremoto e l'incendio di San Francisco segnò il suo futuro. Il suo esempio ridiede animo ai disperati immigranti, scossi dall'ardore e dal fragore della voce di quell'omone pieno di fede. E gli italiani, così poco inclini ad affidarsi ai banchieri, gli diedero l'oro che possedevano, oro stipato nelle calze, nei barattoli di latta, oro nascosto nei materassi, oro che contribuì alla ricostruzione di San Francisco. La sua banca aprì nuovi conti, depositi di risparmio di panettieri e cuochi, scalpellini e pescatori. Con l'ingigantirsi della fama di onestà di Giannini il volume d'affari della Bank of Italy aumentò, raddoppiò in un anno dal giorno dell'incendio; l'istituto allargò le sue operazioni al di fuori di North Beach, nel Mission District di San Francisco, e poi più lontano, ancora più lontano, fino a diventare la banca più grande della California, poi la più grande degli Stati Uniti, infine la più grande del mondo sotto il nuovo nome di Bank of America. E tutto questo vincendo la più violenta concorrenza delle altre banche.

Fino alla sua morte, avvenuta nel 1949, Giannini tenne le redini della banca con pugno di ferro. Volle che le famiglie degli immigranti avessero un rappresentante nella direzione dell'istituto. I direttori delle filiali, i cassieri, il personale inferiore e superiore, tutti erano italiani. Giannini mise da un canto la vecchia prassi bancaria, tenuta in vita dalla forza d'inerzia della tradizione, creando un sistema di filiali in tutto il West, e rivoluzionò le consuetudini bancarie americane favorendo i piccoli risparmiatori, la «piccola gente» di North Beach a beneficio della quale aveva cominciato il suo lavoro di banchiere. Aveva una forza tale, e un tale interesse per i casi del prossimo, che per quasi tutta la vita non lasciò passare giorno senza vedere e ascoltare una cinquantina di persone.

Giannini non ammetteva che i suoi visitatori venissero da lui per parlare «soltanto» o «principalmente» di denaro. Li ascoltava con uguale attenzione se parlavano di cose familiari: di un malato, di un morto, di un fidanzamento, di un matrimonio, di una cresima, di una nascita. Non c'era problema del prossimo che, filtrato attraverso la sensibilità di Giannini, non diventasse anche problema della banca. Prendiamo il caso di una nascita: se il padre del neonato era un poveraccio, la mano di Giannini correva subito alla tasca, per pescarvi una moneta d'oro da cinque dollari. «Questa per il piccolo;» diceva «e ricordatevi che un deposito a risparmio lo si può aprire anche con un solo dollaro.» Nel novantanove per cento dei casi, quel genitore passava dal lato opposto della sala e si presentava ad uno sportello di depositi.[36]

Fu con questo genere di «affettuosa furberia» che il figlio dell'immigrante costruì la Bank of America. Nel 1930 Giannini controllava il 35% delle banche della California.

Il grande successo di Giannini aiutò i suoi compatrioti a difendere il proprio stato giuridico. Durante la seconda guerra mondiale, quando il governatore della California propose che tutti gli stranieri non naturalizzati, italiani compresi, fossero privati delle loro licenze d'affari e professionali, Earl Warren, procuratore generale dello Stato (e in seguito presidente della Corte suprema degli Stati Uniti), sentenziò che tale spoliazione di diritti non poteva e non doveva farsi. La sentenza di Warren, dietro la quale va cercato il prestigio di Giannini, contribuì fortemente a consolidare la fedeltà di questa parte della popolazione verso la California e la nazione americana.[37]

Vero uomo del Rinascimento, possente e multiforme, Giannini diede agli italiani del West ciò che ancora mancava loro: una statura degna del West. Egli fu per gli italiani del West un simbolo poco meno che grandioso, perché si collocava al centro della più nobile delle attività economiche: l'attività bancaria. Può sorprendersi che sia stato un italiano ad assurgere a questa posizione – e non uno *yankee*, o un tedesco, o un ebreo – solo chi ignori la grande tradizione rinascimentale dei banchieri toscani, genovesi e lombardi e non tenga conto della particolare natura dell'ambiente americano, dove occorrevano un intuito e una fantasia fuori del comune. Solo Giannini mostrò di possedere la necessaria grandiosità di concezione. Gli immigrati nelle terre della costa occidentale del Nordamerica avevano sofferto e soffrivano duramente della mancanza di uomini politici: Amadeo Pietro Giannini contò per tutti gli uomini politici mancanti.

Gli italiani della California, a dir vero, lo ebbero il loro uomo politico; e fu un uomo politico la cui fama, a un certo momento, parve superare quella di Giannini. Oggi Anthony Caminetti è quasi del tutto dimenticato; ma ai tempi del presidente Wilson – che lo nominò *Commissioner of immigration* – salì rapidamente molto in alto nella scena politica americana. Suo padre era sbarcato a Boston nel 1839, e qui si era unito ad un gruppo di audaci argonauti diretti in California. Erano gli anni del *gold rush*, e in California Caminetti padre ebbe la buona sorte di scoprire un ricco giacimento alluvionale. Più tardi si diede all'agricoltura, stabilendosi a Jackson Gate, nella contea californiana di Amador. Qui, il 30 luglio 1854, nacque Anthony. Laureatosi nell'Università di California, Anthony fu ammesso a praticare la professione d'avvocato nel 1877. Per molti anni fu procuratore distrettuale della Jackson County, poi diventò membro della legislatura californiana e del Senato, dove rimase dal 1882 al 1890. Nel 1890 fu eletto alla House of Representatives degli Stati Uniti per il quinquennio 1890-1895: fu il primo californiano di nascita che mise piede nel parlamento federale e probabilmente anche il primo italo-americano. La sua qualità di protestante lo rendeva più accetto ai circoli politici. Nel 1899 si presentò candidato al Senato nella lista democratica, ma a quell'epoca i repubblicani dominavano in California ed egli fu sconfitto; finì poi per entrarvi nel 1907, rimanendovi fino al 1913.

In veste di deputato e senatore della California, Caminetti fu responsabile di varie riforme nel sistema scolastico californiano e nel 1889 presentò il progetto di legge che dichiarava festa civile l'Admission Day. Nel 1893, durante il suo primo mandato nella House of Representatives, fece approvare la *Caminetti Mining Law*, che modificò le norme di navigazione sui fiumi Sacramento e San Joaquin e ripristinò il sistema di estrazione idraulica, che in precedenza era stato soppresso. Personalmente fece notevoli acquisti di proprietà minerarie nelle contee di Amador e di Calaveras, nonché di terreni agricoli. Fu un fedelissimo di quella parte della California: ottenne che la Alpine Highway fosse fatta passare in quella zona, che vi fosse ricavata una riserva indiana, che lo Stato acquistasse obbligazioni scolastiche locali per un valore di molte migliaia di dollari. Prima di lasciare la capitale dello Stato per trasferirsi in quella della federazione aveva contribuito a far approvare un *Chinese Exclusion Bill* in cui già si potevano intuire i suoi futuri atteggiamenti razzisti.

Sebbene figlio di immigrati, Caminetti era convinto della necessità di un rigido controllo dell'immigrazione. In senso tecnico, la sua nomina a commissario per l'immigrazione, nel 1913, espresse il bisogno di Wilson di far tacere l'opinione pubblica degli immigranti e di far posto nel gabinetto ad un rappresentante della costa occidentale. John Higham dice che Caminetti «aveva l'istinto del cento per cento [cioè dell'uomo che non ama far le cose a metà]. Fu lui che, durante la guerra, organizzò la "retata dei Wobblies" e diede l'avvio alla procedura che doveva poi sfociare, nel 1918, nella *New Deportation Law*». Nel periodo anti-rosso di ispirazione xenofoba che seguì la prima guerra mondiale, Caminetti esercitò una forte azione mirante a rendere più duri i già pesanti provvedimenti di deportazione del procuratore generale A. Mitchell Palmer. In veste di commissario per l'immigrazione Caminetti, preso dalla *red scare*, la fobia del rosso, tartassò gli immigranti. Si identificò anche con l'anti-orientalismo.

Raggiunse un altissimo livello di deportazioni, segno della insicurezza della classe media americana, prosperosa ma malferma. John Lombardi, nella sua storia del *Department of Labor*, scrive: «Il più disastroso di tutti i commissari generali fu Caminetti. Uno studioso di organizzazione amministrativa ha osservato che la sua condotta fu così debole e inesperta da provocare quasi la paralisi del settore assegnatogli». Un'altra fonte, confermando il fatto, lo spiega così: «[Caminetti aveva tale] consapevolezza della sua inesperienza, che rifiutava di agire. Sul suo tavolo si accumulavano le pratiche inevase, mentre gli uomini e le donne titolari di quelle pratiche venivano trattenuti negli uffici d'immigrazione in attesa della sua sentenza. Discuteva battendo i pugni sul tavolo, facendo roteare le braccia e evitando di affrontare i problemi».[38] L'azione di Caminetti fu dunque un'azione negativa per l'immigrante, ma al tempo stesso fu un'azione che si fece tremendamente sentire. Quando, nel 1920, Wilson lasciò la presidenza degli Stati Uniti, Caminetti lasciò la sua carica e si ritirò in California, dove morì il

17 novembre 1923. Ecco un italiano che, pur non sconfessando mai la sua origine, cercò riparo dietro di essa per condurre una politica anti-immigratoria in stridente contrasto con quella di libera immigrazione che aveva permesso ai suoi genitori di trasferirsi in America.[39]

Si direbbe che gli italiani della California non avessero né il tempo né l'abitudine di scrivere la loro storia. Fa eccezione un oscuro, anonimo racconto di una novantina d'anni fa, intitolato *Da Biella a San Francisco di California: Ossia storia di tre Valligiani Andornini in America* (Torino 1882). L'opera, scritta evidentemente da uno dei tre valligiani di Andorno, è rimasta sconosciuta perfino ai bibliografi americani. Gli italiani del West, tuttavia, pur non avendo l'estro dello scrivere, avevano il senso della storia. Il «pioniere» degli storiografi della California, Hubert Howe Bancroft, ci ha parlato con grande entusiasmo dei servizi resigli dal suo principale collaboratore nella compilazione della più grossa storia dell'America occidentale che sia stata scritta. Questo collaboratore prezioso era il «generale» Enrico Cerruti, torinese, che assai giovane aveva lasciato il suo paese per diventare «console generale latino americano». Dopo una tempestosa carriera rivoluzionaria, il Cerruti si ridusse a lavorare alle dipendenze del Bancroft, il quale «gli si affezionò moltissimo». Di sangue latino, il Cerruti fu molto utile per arrivare a mettere le mani sugli archivi privati delle latinissime famiglie ispaniche della California, come i Vallejos di Sonoma, archivi che furono poi depositati nella Bancroft Library della Università di California a Berkeley. Enrico Cerruti si tolse la vita a Sonoma nel 1876, e il lamento di Bancroft fu questo: «Se potessi riaverlo vivo con me, non lo cederei per tutte le miniere del Nevada».[40]

Accadde anche che il passaggio in America producesse casi bizzarri e stravaganti. C'è un capitoletto, praticamente sconosciuto, dell'immigrazione, i cui protagonisti sono strane figure di eremiti, gente che si isolava dalla società. La California ebbe una controfigura di quell'Umberto Gabello, minatore, che nel Colorado si era costruito una casa-caverna, nella quale viveva. La controfigura californiana di Gabello fu un tal Baldassare Forestiere, da Messina, chiamato localmente *the human mole*, o talpa umana. Venuto a stabilirsi a Fresno nel 1904, Forestiere vi trovò un clima un po' troppo caldo, d'estate, per i suoi gusti. E poiché aveva lavorato nella metropolitana di Boston, e sapeva che bel freschetto fa sotto terra, si mise a scavare una serie di gallerie, che alla fine coprivano una superficie di 20 acri. In queste gallerie ricavò delle cucine, delle stanze da letto, perfino una sala da ballo, il tutto a forza di piccone e badile. Nel grigio mondo di Forestiere, a 3-5 metri di profondità, faceva assai più fresco che fuori. In trentun anni di lavoro scavò una sessantina di gallerie, grotte, nicchie; rivestì di mattoni le pareti di alcune stanze, di vetro le pareti di altre. In certi tratti di galleria a cielo aperto mise perfino delle piante di limone. La straordinaria talpa umana morì nel 1946. Allora il suo labirinto sotterraneo, con mobili e tutto, fu chiuso, per essere però riaperto otto anni dopo. Oggi il segreto mondo di Baldassare Forestiere si chiama *the Fresno underground gardens*, «i giardini sotterranei di Fresno». Nato dallo spasimo di scavare scavare scavare, questo mondo conserva, nel suo segreto rivelato, uno strano fascino che avvince i visitatori.

Assai più nota è la storia di Simone Rodia, l'uomo che costruì le Watts Towers nella California meridionale. Sono tre curiose strutture artistiche, a forma di torre, alte rispettivamente trenta, ventinove e sedici metri e mezzo, fatte di un conglomerato di pezzi di cemento, vetro, frammenti di tegole, conchiglie, tutoli di pannocchie di granturco, vecchie scarpe raccolte in un deposito di rifiuti e via dicendo. Rodia aveva una decina d'anni quando era giunto in America dalla natia Italia, e pare fosse vedovo quando si trasferì nella California meridionale. Non possedeva praticamente istruzione alcuna. Iniziò la prima delle sue torri nel 1921, senza aiuto di impalcature e ponteggi, su un lotto di terra prospiciente la East 107th Street, da lui comprato. Cinque anni dopo, quando Los Angeles fagocitò Watts, egli entrò in lite con il dipartimento comunale per le costruzioni e la sicurezza pubblica, perché aveva costruito senza autorizzazione e le sue torri non davano garanzie di sicurezza. La lite si trascinò per anni, con un Rodia che non solo resisteva accanitamente alle ingiunzioni di sospensione dei lavori o di demolizione, ma dichiarava di voler fare qualcosa di veramente grande. Per trentatré anni si vide Rodia costruire e in pari tempo difendere «una gigantesca fantasia di cemento, acciaio e immondizia». La torre più alta è poco meno che una casa di dieci piani.

Sam Rodia, come lo chiamavano negli ultimi anni, era un lavoratore tenace, anzi ostinato, che si sbarazzava senza tanti complimenti di qualunque ostacolo si frapponesse alla costruzione delle sue torri. Per anni e anni i suoi vicini lo sentirono cantare a gola spiegata, mentre lavorava, il suo repertorio di arie italiane. Assicurato a un'impalcatura mediante una cinghia da avvolgibile di finestra, maneggiava contemporaneamente un secchio di cemento e un sacco di tela pieno di frammenti di tegole e di conchiglie, di vetro e di terraglia, per avere i quali pagava i ragazzini del quartiere che ne facevano la raccolta. I rifiuti che non riusciva a utilizzare li sotterrava sul retro della casa, come fece nel 1927 per la sua Hudson da turismo. «Ne ho fin sopra i capelli» disse un giorno ad un tizio che lo stava osservando «di questo lavoro, che voglio aver portato a termine prima di andarmene; ma sono un uomo felice.» Un altro cronista ce lo ricorda dicendo che, a vederlo effondersi in canti sulle sue amate torri, «tutti pensavano che fosse proprio matto».

Negli anni della seconda guerra mondiale Rodia ricevette l'ordine di spegnere, durante i periodi di oscuramento, la festosa illuminazione che decorava le sue torri. Con il passare del tempo si fece sempre più teso e litigioso, e sempre più i ragazzi si divertirono a tormentare quel vecchio pazzo e a gettare ogni sorta di rifiuti al disopra del muro di cinta, alto più di due metri, della sua proprietà. E depredavano il suo prezioso albicocco, sebbene egli ne regalasse generosamente i frutti e fosse prodigo di dolciumi d'ogni genere. Ricadeva periodicamente in litigi con le autorità cittadine, sempre per via della presunta pericolosità delle sue torri; e ogni volta lo si vedeva tranquillizzare gli scettici sostenendo che quella sua filigrana di filo spinato, di tondini d'acciaio, di tubi di scarico e di rottami vari avrebbe resistito a qualsiasi terremoto. Il povero Sam era anche tormentato dai cacciatori di curiosità, che lo assediavano con le loro domande – sempre le stesse – e si offendevano perché rifiutava di lasciarsi fotografare. Sembrava che si fosse stancato anche di vedere gli amici della Temple Bethel Pentecostal Church di Washington Avenue e di fornir loro le lenzuola per coprire i convertiti al momento del battesimo. I tempi in cui nel chiosco del suo giardino si beveva il *dago red*, il vin rosso italiano, si allontanavano sempre più nelle nebbie del passato.

Nel 1954, all'età di ottantun anni, stanco ormai della sua impresa, Rodia donò le torri a Louis Sauceda, regalò mobili e effetti familiari e, lasciata Los Angeles, si trasferì nella città nord-californiana di Martinez. Tutto il gran parlare e discutere che s'era fatto sulla solidità strutturale delle sue torri l'avevano amareggiato al punto che non volle mai più rimettere piede a Los Angeles. Morì nel 1965 con la sensazione di essere stato mal compreso e respinto da una società alla quale aveva voluto rendere, con il suo lavoro, un tributo d'amore.

Le torri rimasero abbandonate e incustodite per quattro anni, durante i quali i vandali frantumarono le candide conchiglie marine che bordavano la *Nave di Marco Polo* di Rodia; e frantumarono anche una parte dei piatti incastonati nel conglomerato delle strutture, nel ridicolo tentativo di scoprire presunti tesori nascosti.

Ma queste strutture rivestite esternamente da un così strano mosaico si dimostrarono tanto resistenti da non poter essere abbattute neppure con l'aiuto di cavi d'acciaio tirati da trattori. Alla fine le torri di Rodia furono solennemente definite dalla critica ufficiale «testimonianze grandiose dell'arte popolare americana del XX secolo» e dichiarate «monumento di Stato», sotto la vigilanza del Los Angeles Cultural Heritage Board.

Perché mai Simone Rodia aveva costruito le sue torri? Furono il monumento che egli volle erigere alla sua patria adottiva? O furono l'estrinsecazione del concetto che egli aveva di sé medesimo? A qualcuno che gli chiedeva perché le avesse costruite tanto forti rispose, nel suo inglese da immigrante: «If a man no have feet, he no stand», come dire: senza piedi non ci si regge.[41]

L'estro artistico degli italiani, però, si manifestò in tanti altri modi meno eccentrici. Nel campo della musica operistica, ad esempio, troviamo a San Francisco, all'inizio del secolo, una troupe italiana con il modesto nome di Circolo Famigliare Pisanelli, che si esibiva in un locale d'affitto, il Teatro Bersaglieri. In questo teatro si riunivano la sera gli appassionati italiani d'opera a sentire «una sera la *Traviata*, un'altra il *Rigoletto*». Il Circolo faceva anche del teatro di prosa, e soprattutto del teatro dialettale, che era giudicato «molto divertente» e il cui successo, è ovvio, dipendeva in buona misura dal luogo in cui la scena si svolgeva e dal tipo di gente che descriveva. Nell'ambiente del Circolo dominava un'effervescente atmosfera di vaudeville. I due semicerchi di posti che formavano la sala del teatro potevano ospitare fino a 600 persone. Tutto, dalle scene tragiche alle pantomime, dalle romanze fra atto e atto agli assolo e ai duetti, era immerso in un'atmosfera di spontanea gaiezza.[42]

Il teatro italiano di San Francisco fiorì in questo spirito di animazione e di allegro pettegolezzo. La gente vi andava tanto per vedere lo spettacolo quanto per incontrarvi gli amici. Era dominante anche lo spirito di clan. Ottimi, in genere, gli spettacoli delle compagnie filodrammatiche, che nel 1905 facevano perno nel Teatro Apollo. Poteva anche accadere che nella stessa sera si potesse assistere al dramma di Giovanni Verga *Cavalleria rusticana*, accompagnato da brani musicali tratti dall'opera omonima di Pietro Mascagni, e seguito dalla farsa *Prestami la tua moglie per dieci minuti*, seguita a sua volta da un gran ballo. Il biglietto per l'intera serata costava venticinque centesimi, un quarto di dollaro! Negli intervalli si suonavano pezzi scelti d'opera. Il teatro italiano di San Francisco continuò a rappresentare fino ad anni Trenta inoltrati un repertorio che comprendeva Goldoni, D'Annunzio e Pirandello. Per vari decenni, al centro di questo teatro italiano fu la ben nota attrice Mimì Aguglia. Oggi il teatro italiano di San Francisco non è più che un caro e vivo ricordo.[43]

La grande somiglianza di paesaggio tra California ed Italia contribuì a far sì che gli italiani si sentissero a casa loro, sia che scavassero gallerie e case sotterranee, sia che erigessero torri, sia che rappresentassero opere e lavori teatrali. Le pittoresche somiglianze fra i due paesi sono evidenti in modo particolare lungo la costa di Santa Barbara. Qui si stabilirono molti italiani. Vi si stabilì José Lobero, che creò il teatro civico di Santa Barbara e gli diede il suo nome.

Dopo aver fatto il cercatore d'oro, aprì a Santa Barbara una taverna e un saloon, dai quali trasse tanto denaro da permettersi di costruire quello che Howard Swari, nella sua storia della musica nel Sud-ovest (*Music in the Southwest*), chiama «il teatro più fine e splendido che la California meridionale abbia mai avuto», un teatro con 1300 posti a sedere. Di Santa Barbara il botanico italiano Francesco Franceschi cercò di fare un'oasi mediterranea introducendovi l'ananasso Guava, la Lippia Repens, il Pittosporum. E, almeno in parte, riuscì a creare una riviera in miniatura.

Santa Barbara non mancò di attirare i figli della grande aristocrazia italiana. Del resto, non a Santa Barbara soltanto le ricche ereditiere americane facevano, sul finire dello scorso secolo, la caccia ai patrizi italiani. Eva Mackay, figlia di quel membro eminente della società di San Francisco che rispondeva al nome di John W. Mackay e che era uno dei «re del Comstock Lode», sposò Ferdinando Giuliano principe di Galarto, del ramo napoletano della famiglia Colonna. Quest'alleanza internazionale fra il denaro californiano e un titolo nobiliare italiano finì tuttavia in un divorzio pochi anni dopo la sua celebrazione.[44]

A grande distanza da quella Santa Barbara dove prosperavano i rampolli della *royalty* e delle *royalties*, della regalità e dei dividendi azionari, le città californiane dell'interno ricordavano con i nomi di

Asti e di Lodi le colline piemontesi e le pianure lombarde, così come il Barolo, il Barbera, il Sangiovese e il Chianti prodotti dai viticoltori della California interna ricordavano nel sapore e nel profumo gli omonimi vini d'Italia. Le feste della vendemmia ripetevano i motivi antichi di quelle della madrepatria. I contadini non mancavano mai di piantare l'aiuoletta di basilico per il condimento della pasta o della minestra: con il contadino immigrante immigravano anche le erbe, gli «odori»; il trapianto era simultaneo. E giocando a bocce sulla dura spianata di terra battuta dell'aia, quegli immigranti rivivevano la vita della loro Italia natia.

Anche le città e i quartieri californiani rispecchiavano questo fenomeno di trapianto dell'Italia in un ambiente nuovo. La *Little Italy* di San Francisco era un mondo a sé. Dalle sue presse in continua rotazione uscivano tortellini e lasagne e fogli de «La Voce del Popolo». Le vetrine e gli scaffali delle drogherie italiane scintillavano di bottiglie di Fernet Branca e di Marsala Florio. Innumerevoli forni lungo la Columbus Avenue sfornavano grissini e pane di pasta dura all'italiana. Nei ristoranti come il Fior d'Italia si poteva avere qualsiasi piatto o ghiottoneria all'italiana, dalla cotoletta alla milanese allo zabaglione. Per il commerciante c'era la Camera di Commercio Italiana, e per il suo denaro c'era, prima della seconda guerra mondiale, la Banca Popolare. Se poi questo italiano veniva dal Canton Ticino, poteva leggere «La Colonia Svizzera». Dunque l'immigrante non aveva alcun bisogno di imparare l'inglese; e alle sue necessità fondamentali provvedevano medici, avvocati e banchieri italiani.

La Washington Square di San Francisco, al pari della sua controparte newyorkese, era sempre gremita di vocianti bambini italiani. Nei cortili stavano appesi a seccare i pomodori e l'aglio. Al porto dei pescatori, pescatori italiani rammendavano le loro reti come avevano fatto per secoli a Livorno o a Genova; e per consolarsi di una pesca sfortunata bastava stappare un buon fiasco di vin rosso. Ma più generoso degli affollati porti d'Italia, che spingevano i loro figli ad andarsene, il porto di San Francisco alzava sugli scudi i suoi Di Maggio e i suoi Lombardi: Joe, Vince e Dom Di Maggio, Ernie Lombardi. San Francisco italiana diede anche al campionato di prima categoria di baseball uomini come Frank Crossetti e Tony Lazzeri, uomini che avevano imparato il mestiere in un ambiente che non conosceva l'umiliazione degli slum. La North Broadway di Los Angeles e il Mission district di San Francisco non avevano l'aria deprimente di ghetto congestionato e disordinato che rendeva così lugubri le Columbus squares delle città dell'Est.

Oggi dell'influenza italiana non rimangono che i resti, e questi resti sopravvivono soprattutto a Los Angeles. Sono rimaste le briciole – le drogherie e i ristoranti caratteristici – ed è rimasta la St. Peter's Church, che dal 1919 è la «chiesa nazionale» di una comunità un tempo cattolica al 90%. Nel 1968, mezzo secolo più tardi, la comunità della parrocchia di St. Peter, retta da padre Luigi Donazzan, era ridotta a meno di dieci famiglie italiane. Va però detto che gli antichi parrocchiani del suburbio convengono ancora, da lontano, a celebrare le feste tradizionali nella città che li ha visti nascere. Fra tutti gli italiani della California meridionale, quelli che vengono più regolarmente a comunicarsi nella chiesa di St. Peter sono oriundi pugliesi.

Pochi italiani, una volta giunti in California, se ne sono andati. Il sole vi splende costante, e i suoi raggi riscaldano corpi e spiriti. Le arcadiche somiglianze fra il paesaggio californiano e quello italiano non colpivano soltanto gli immigranti. Le analogie notate da Charles Dudley Warner in *Our Italy* (New York 1891) o da Peter C. Remondino in quel corroborante libro che è *Mediterranean Shores of America* (Philadelphia 1892) vanno molto al di là del loro puro significato letterario. Come uno stemma araldico è sormontato dal motto, così la pagina pubblicitaria della contea di Glenn nel «Sunset» per l'anno 1905 era sormontata dalla seguente frase: «L'Italia della California – Contea di Glenn». Le Camere di commercio di San Diego e di Riverside pubblicavano opuscoli esaltanti la «loro» *Italy of America*. La pubblicità immobiliare presentava la California come l'«Italia americana». La stampa locale pubblicava articoli del tipo di *Cosa possiamo imparare da Roma* o *Il messaggio dell'Italia alla California* di Grace Ellery Channing e Ernest Peixotto («Sunset», marzo 1903). Sembrava che i legami fra i due paesi fossero qualcosa di fatale, di ineluttabile. Non a torto, in epoca più recente, lo storico letterario Franklin Walker osservava che la definizione di Los Angeles come «una specie di Napoli», data da Oscar Wilde, corrispondeva pienamente alla ipersensibilità di città subtropicale di Los Angeles e alla sua aspirazione segreta a diventare la culla di una rinascita della civiltà mediterranea classica.

Nel 1875 la Los Angeles Immigration and Land Cooperative Association pubblicava un giornale dal titolo «The New Italy», che si autodefiniva «guida per l'immigrante che vuol farsi la casa nella

California meridionale». «The New Italy», vero precursore di quella rumorosa stampa propagandistica che avrebbe caratterizzato la California e tutte le sue camere di commercio, pubblicizzava nel numero di gennaio 3000 capi ovini a due dollari e mezzo ciascuno, con la giunta di mille agnellini. Annunciava anche filetto di manzo a 10 centesimi la libbra, patate a un centesimo e farina a 5 dollari il *barrel*, cioè a poco più di 61 centesimi l'ettolitro.[45]

Nella gara per accaparrarsi gente desiderosa di stabilirsi fuori città, all'aria buona, le varie località si contendevano il diritto di fregiarsi, ad esempio, del titolo di «Vesuvio del West». Il giornale californiano «Golden Era», nel numero di maggio 1888, sotto il titolo *San Diego – la Napoli d'America*, pubblicava una fotografia che esagerava le somiglianze fra la costa del golfo di Napoli e quella della baia di San Diego e «maggiorava» il San Miguel al punto di farlo sembrare un Vesuvio inattivo. Anche Long Beach pretendeva di essere una nuova Napoli. Quanto alla Venezia del West, non c'era che la difficoltà della scelta: il boom immobiliare degli anni 1880 nella California meridionale vide infatti nascere, ad opera o per impulso di Abbot Kinney, complicate imitazioni di lagune, di campi e di campielli lungo le sponde californiane del Pacifico.[46]

La zona di Los Angeles era il terreno operativo dei grandi italofili (abili speculatori al tempo stesso), ansiosi di far assaggiare alla loro clientela il gusto di una vacanza in Italia senza uscire dalla California. Costoro si rendevano ben conto del valore di una pubblicità basata su romantiche analogie tra un'antica cultura e la cultura californiana. Anche la Southern Pacific Railroad Company, fortemente interessata ad accrescere il traffico ferroviario fra Atlantico e Pacifico, dava il suo impulso alla creazione di un'America mediterranea sulla costa occidentale. Il moltiplicarsi dei toponimi latini ed italiani – Arcadia, Hesperia, Rialto, Terracina, Verona, Venezia – era evidentemente il risultato di un tentativo di sopraffare i vecchi nomi spagnoli di Santa Monica, Santa Barbara o Santa Clara. Tuttavia la massima parte di questi toponimi latini ed italiani doveva cadere vittima della grande esplosione immobiliare che sconvolse la California nel 1887.

Ma tutti gli altri caratteri latini della «scena californiana» che destino hanno avuto? La siesta pomeridiana, la vinicoltura, la fioricoltura, la «salsicce-coltura», l'artigianato artistico, l'opera, la cucina cosmopolita, hanno forse perduto terreno? La California meridionale con le radici, saldamente affondate nel suo passato ispanico, ha saputo conservare, fino all'epoca dello smog, quel colore rurale che le veniva tanto dall'origine culturale mediterranea quanto dalla mitezza del clima. Là, nella California meridionale, le case italiane di pietra viva si sgranavano lungo strade serpeggianti in un'agreste fecondità che recava evidente l'impronta della presenza italiana. Una di queste case italiane diventò poi l'odierna Henry E. Huntington Library and Art Gallery, vanto della cittadina californiana di San Marino. Nel recinti universitari – come nello Scripps College o nell'Occidental College – si incontravano segni evidenti di influenze italiane: porticati rococò, giardini con bordure di bosso e cipressi, statue classiche in voluto abbandono. Più a nord, la Villa Montalvo del senatore James Phelan a Saratoga ricordava la pompeiana Casa dei Vettii, con i suoi atrii, i suoi vasi a testa di Giano, le sue fontane zampillanti. La facciata della cappella della Stanford University è un esempio di mosaico simile a quello della basilica di San Paolo Fuori le Mura a Roma. L'architettura romanica a mattoni nudi del campus della University of California a Los Angeles e della St. Andrew's Church di Pasadena attestano la popolarità di questo stile architettonico in California.[47]

La cultura californiana originaria – la cultura della missione, del ranch e della vigna – non ha lasciato interamente il posto alla «cultura verticale del grattacielo». Per un certo numero d'anni dopo la seconda guerra mondiale l'influenza straniera continuò a farsi sentire sulla cultura della California, e fu un contraltare al gran dramma dell'urbanizzazione. Così la vitalità dell'immigrante contribuì a stabilire le fondamenta di un'America mediterranea, che continua ad essere verde e libera nell'era in cui l'ambiente naturale ed umano viene sempre più violentato dalla megalopoli del futuro.

CONCLUSIONI

XIII
COSTUMANZE ANTICHE IN UN PAESE NUOVO

«Ora dunque non siete più
stranieri e forestieri...»
Efesini, 2, 19

Nel 1900 ormai gli italiani avevano compiuto la loro semina nel West, la semina della loro prosperità. Sotto il segno del sole avevano trovato il successo. Avevano cominciato con l'essere lavoratori stagionali nei mesi estivi e manovali delle ferrovie, ma via via erano andati stabilendosi nella nuova terra. Col crescere delle città del West c'era sempre più bisogno di gente che coltivasse pomodori, cetrioli, fragole. I braccianti stagionali vivevano spesso nei fienili o in costruzioni coloniche abbandonate; ma il loro genere di lavoro li portava, a volte, lontano, in località remote, dove si iscatolavano i mirtilli, o dove cresceva il luppolo, o si spandeva vigorosa la vite, e c'era terra da orto e da frutteto. E qualcuno trovò un acro di terra dimenticata, e ci costruì sopra un'abitazione qualsiasi, prosciugò la palude o arricchì di humus la duna. Molte fattorie troppo pietrose per i primitivi proprietari furono costrette col lavoro a dare raccolti redditizi. Coltivavano cotone, canna da zucchero, angurie, riso negli Stati del Sud-ovest; mele e pesche sulle pendici occidentali degli Ozark; uva, mandorle e asparagi in California, e così facendo gli italiani celebravano la loro unione con la feconda terra del West.

Via via passavano dalla condizione di prestatori d'opera a quella di proprietari, dalla condizione di emigranti a quella di residenti, dalle misere case affollate di parenti, di bambini, di ospiti, ad abitazioni più decenti e rispettabili su terra propria alla periferia delle città o lungo le linee ferroviarie, fra aiuole di verdura o filari d'alberi da frutta o solchi di granturco.

Chi oltre a lavorare la terra faceva anche un lavoro in città, passava più presto dalla condizione di emigrante a quella di residente; e, con la smania che c'era di diventare proprietari di terra, molti facevano così, lavorando in una miniera o in un cementificio e conservando al tempo stesso il loro posto di braccianti. Con questo guadagno extra riuscivano più facilmente a diventare dei piccoli coltivatori diretti del West.

Ogni libro arriva al punto in cui si devono trarre delle conclusioni o perlomeno ci si deve chiedere se e quali conclusioni si possano trarre. Noi dovremmo chiederci, ad esempio, se e quali caratteri nazionali originari *non* si siano lasciati sradicare dal processo di «americanizzazione» subito dall'immigrante; quali reazioni interiori prevalsero negli immigranti, determinandone l'atteggiamento nei riguardi della società in cui si inserivano e il concetto della loro condizione in tale società. Quanti e quali elementi della cultura che s'erano lasciata alle spalle portavano questi uomini con sé nel nuovo mondo? Quali usanze, credenze, superstizioni, modi di pensare e di vivere della nuova nazione scaturirono dalle vecchie nazioni? E una volta assimilati nella *nuova* società, quale contributo, magari inconscio, diedero alla formazione della vita americana? Non cercheremo di dare una risposta alla questione di fondo, riguardante il trapianto di un'antica cultura in un paese nuovo. Ci limiteremo a sfiorare un certo numero di questioni generali, applicabili in parte anche agli immigrati stabilitisi nell'Est, ma soprattutto a quelli che si trasferirono nel West e praticamente perdettero ogni contatto con le grandi colonie di conterranei negli Stati atlantici dell'America.

C'è un contrasto veramente fondamentale fra le condizioni di vita degli emigranti che si spinsero nel West e quelle degli emigranti che si fermarono, magari anche come contadini, nell'Est. Le colonie agricole dell'Est, mai molto lontane dai centri urbani, finirono spesso per diventare dei veri e propri sobborghi delle città e per riprodurre le condizioni di miseria del paese natio da poco lasciato. Si pensi ai quartieri dei raccoglitori itineranti di mirtilli o di altre bacche ad Hammonton o a Vineland, nel New Jersey. Il più delle volte mancava un incentivo che inducesse questa gente a tener bene luoghi di cui sapevano di non poter diventare mai proprietari. Accadeva quindi che preferisse mandare i soldi in patria piuttosto che investirli in proprietà altrui. Nel 1903, ad esempio, nonostante il basso livello delle paghe, un piccolo gruppo di raccoglitori italiani di mirtilli mandò in patria 408 rimesse di denaro per un totale di 8744 dollari e 39 centesimi. Ma più a ovest, dove era più facile procurarsi della terra, sembra non esservi dubbio che una maggiore aliquota di denaro sia stata investita localmente per migliorare le case e la loro attrezzatura o per intraprendere modeste attività economiche.[1]

I grandi successi conseguiti in California dai Di Giorgio, dai Maggio, dai Martini, dai Gallo fecero sì che questi «mangiatori di verdura», come si usò chiamarli nei primi tempi, diventassero fonte d'invidia per i loro concorrenti. Foerster ha osservato che il senso realistico degli italiani aiutò gli immigranti a superare i preconcetti e a puntare su obiettivi concreti anziché su successi immaginari. Capaci come si dimostrarono di affrontare l'ambiente concorrenziale americano, e di sprigionare entusiasmo, e di tendere la volontà fino al limite delle loro forze, gli italiani non potevano non richiamare su di sé l'ammirazione di una società eminentemente pratica.

Nel West americano, tuttavia, era molto forte la disparità tra i mezzi finanziari degli italiani e quelli di cui altre nazionalità straniere potevano disporre. Il libro di Clark C. Spence *British Investments and the American Mining Frontier* dà un quadro chiaro e preciso dell'ampiezza degli investimenti di capitale fatti dall'Inghilterra nel West tra il 1860 e il 1901. Nelle miniere del Colorado e dell'Arizona, nei ranch del Wyoming e del Texas, nelle grandi imprese di sfruttamento del legname degli Stati del Nord-ovest affacciati sul Pacifico, affluivano grandi quantità di denaro dall'Europa settentrionale. Francesi, belgi, olandesi si affrettavano ad investire il loro denaro approfittando del momento favorevole, in cui le risorse naturali del West americano erano aperte allo sfruttamento mondiale. Ma praticamente nessun capitalista italiano partecipò a quella che Vernon Parrington chiamò poi satiricamente il *great barbecue*, la grande schidionata di risorse nordamericane che ebbe luogo verso la fine del secolo scorso. A differenza degli inglesi, gli italiani disponevano di ben pochi surplus di capitale con cui speculare.

Certi fattori, poi, ostacolarono e scoraggiarono l'emigrazione verso occidente. Nel Sud-ovest, dove pur si sentiva il bisogno di contadini europei, la gente del posto non accettò mai senza riserve e pregiudizi questi «forestieri». Ed è una situazione che sussiste ancor oggi. Sono appunto i pregiudizi che spiegano, almeno in parte, lo scarso cosmopolitismo della società del Sud, così fortemente in contrasto con la situazione esistente prima della guerra civile, quando alla colonizzazione della bassa vallata del Mississippi concorrevano attivamente i francesi e gli spagnoli. Abbiamo visto che le colonie agricole del Sud-ovest, come ad esempio Sunnyside di August Corbin, attirarono un numero relativamente modesto di immigranti. Non molti, d'altra parte, erano gli uomini d'affari americani disposti a correre dei rischi con questi immigranti, privi di ogni conoscenza dei nuovi sistemi di coltura agricola e di commercializzazione dei prodotti e non abituati alle particolari condizioni climatiche. Ma quando gli stessi italiani ebbero creato le loro colonie agricole – la Italian-Swiss Colony, la Tontitown – allora queste colonie attirarono altri lavoratori italiani.

La percentuale degli stranieri di nascita si manifestò particolarmente alta negli Stati del versante del Pacifico, dove gli immigranti sembrarono trovare le condizioni più propizie. In questi stati, naturalmente, abbondavano non soltanto gli immigranti europei, ma anche quelli giapponesi e cinesi. Nel 1870, circa tre su dieci abitanti del West erano di nascita straniera. E in quello stesso anno, in California, su ogni quattro immigranti uno era irlandese. Il numero degli immigranti diminuì, dopo il 1920, in ventidue Stati ad ovest del Mississippi. Anche il numero degli italiani, in genere, diminuì, salvo che in California, dove tra il 1920 e il 1930 aumentò da 88.504 a 107.249. Nel periodo fra le due guerre il numero degli immigrati nati all'estero si ridusse quasi del 50%. Si può forse spiegare il fatto con il ridursi della disponibilità di buone terre demaniali, con il declino dell'attività mineraria negli Stati di montagna, con la depressione economica sopravvenuta dopo il 1929 e infine con lo spostamento verso ovest della popolazione americana. Nel 1940, i nati all'estero erano, nel West, meno di uno su dieci. Naturalmente un gran numero di immigrati nati all'estero viveva negli Stati dell'Est. Nel 1920, quando in California gli italiani della prima generazione erano oltre 80 mila, e in certi Stati come il Texas circa 8000, nella sola New York vivevano più di 500 mila italiani, nella Pennsylvania ne vivevano oltre 200 mila e nella Rhode Island oltre 300 mila. Il più importante fattore della diminuzione del numero degli immigrati nati all'estero fu probabilmente la riduzione della quota di immigrazione negli Stati Uniti, stabilita dagli *Immigration Acts* del 1917 e del 1924. La seconda di queste leggi abbassò la quota italiana a sole 5500 persone l'anno. A volte, tuttavia, queste restrizioni all'immigrazione concorsero ad accrescere l'omogeneità sociale.[2]

Va ripetuto che le cifre o le percentuali non bastano ad illustrare la storia degli immigranti stranieri nel West.[3] È una storia che trova più adeguata espressione nella varietà delle esperienze di questi immigrati.

Gli immigranti che raggiunsero direttamente la frontiera portarono molti importanti contributi, ma li portarono in un quadro preesistente, creato prima di loro dai coloni che li avevano preceduti. Vi furono [soltanto poche] piccole comunità isolate che cercarono di ricreare il loro vecchio mondo nell'ambiente della frontiera.[4]

Tanto nell'Est quanto nel West, gli immigranti non attuarono un puro e semplice trasferimento oltre Atlantico dei costumi, delle usanze, dei modi di vestire cui erano abituati in patria. Le consuetudini americane li costrinsero a modificare le loro consuetudini. Il dinamismo della frontiera occidentale spezzava le vecchie idee, demoliva le vecchie usanze; e il figlio dell'immigrato aveva ragione di dire:

Neppure l'Italia, patria dei miei genitori, era reale quanto e come lo era l'America, e in particolare Salt Lake. Il mondo vero, reale, era il mondo che, dal giorno della mia nascita, avevo visto, sentito, gustato, e nel quale andavo di giorno in giorno crescendo con sempre maggiore consapevolezza.[5]

L'immigrante che si stabiliva in campagna rivelava caratteri simili eppur diversi da quelli dell'immigrante che si stabiliva in città. Anzitutto sembrava più autonomo, meno dipendente dall'organizzazione della propria Chiesa, perlomeno a cominciare da pochi anni dopo il suo arrivo. Ciò non toglie che frequentasse la chiesa e che la messa in latino costituisse, per gli anziani, un punto fermo, un sostegno, che manca loro oggi, in questa nostra era di ecumenismo, in cui la messa si celebra in inglese e nelle altre lingue volgari. Poteva accadere che qualche «pecorella smarrita» della Chiesa cattolica concorresse a formare nuove congregazioni religiose, generalmente affiliate a qualche Chiesa protestante. Queste pecorelle smarrite non tardavano a dimenticare le feste religiose di rito nel paese d'origine e i canti in coro con gli amici, salvo ricordarsene, forse, in occasione delle feste nuziali. La cosa che l'immigrante dimenticò più rapidamente fu la lingua che per secoli era stata parlata dai suoi antenati. Nel suo libro *Culture on the Moving Frontier*, Louis B. Wright ha posto in luce l'importanza che la letteratura inglese ebbe nella rapida assimilazione dell'immigrante. Andando nelle scuole comuni, i figli dei minatori jugoslavi del Mesabi Range e dei frutticoltori italiani di San José leggevano gli stessi libri dei loro compagni americani. Solo in talune città, fra cui San Francisco, ai figli degli immigranti era dato di frequentare una scuola parrocchiale, dove poteva sentir parlare la lingua materna. Dopo la scuola parrocchiale, però, diventava via via più difficile continuare gli studi in italiano. I testi di rigore in tutte le scuole pubbliche, tutti di ispirazione nazionalistica, dai *Readers* di McGuffey allo *Speech on Mercy* di Portia e all'*Ivanhoe* di Scott, contribuivano a far sì che l'immigrante vedesse nell'inglese, più che nell'italiano, la propria eredità letteraria. Accadde anche che, parlando la prima generazione soltanto dialetti locali, l'inglese fu la prima *lingua comune* usata dagli immigrati.[6]

La parabola del distacco dell'emigrante adulto dal suo patrimonio culturale originario (poiché si trattò di vera e propria parabola) è descritta, meglio che da qualsiasi altra cosa, dal suo rapporto con la stampa quotidiana. Gli immigrati della prima generazione rimasero comprensibilmente fedeli ai loro giornali in lingua nazionale. L'apprendimento dell'inglese e la fioritura di una pittoresca stampa italo-americana procedettero, per lungo tempo, di pari passo. L'aumento dei giornali italiani nel West ebbe inizio negli anni 1850-1860. Nel 1859 questi giornali erano ancora pochi – principali «L'Eco della Patria» e «La Voce del Popolo» di San Francisco – ma nel 1931 se ne stampavano, ad ovest del Mississippi, perlomeno trenta, di cui cinque nella sola San Francisco, e di questi cinque uno con una distribuzione di 20 mila copie. Pueblo aveva due giornali italiani, due Denver, due Portland, due Seattle; a Los Angeles ce n'era uno, e così a Salt Lake City, Omaha, Dallas, Des Moines.

Con quale entusiasmo gli italiani delle città del Midwest salutassero l'apparizione di un nuovo giornale italiano lo si può desumere dalla seguente nota di cronaca di un giornale non italiano: «Sabato è apparso il primo numero del nuovo giornale italiano "La Tribuna Italiana", accolto con grande gioia dagli italiani residenti in questa città [Herrin] e circondario, dove è stato distribuito gratuitamente. Erano parecchie settimane che gli italiani aspettavano con ansia l'uscita del giornale».[7]

Poi, con il progressivo declino del numero dei lettori italiani della prima generazione, anche il numero e la ricchezza dei giornali italiani declinarono, sebbene alcuni dimostrassero un'insospettabile vitalità. La massima parte di questi giornali finì per trasformarsi in settimanali da 4-8 pagine, e solo in poche grandi città sopravvissero dei quotidiani. Le notizie desunte dalla stampa italiana furono pian piano estromesse dalla prima pagina, e progressivamente acquistarono importanza, al loro posto, quelle notizie locali, di vita comunitaria – nascite, matrimoni, morti, pettegolezzi – che non sempre trovavano ospitalità nella «stampa americana». Magari gli editoriali continuavano a gingillarsi con problemi e idee di gusto «forestiero»; ma alla fine gli immigrati presero interesse per le cose proprie più che per le notizie «in conserva» che arrivavano da Genova, da Roma o da Firenze. E se i primi giornali italiani erano nati perché i giornali americani parlavano poco dell'Italia, l'interesse dei lettori finì per spostarsi e i giornali italiani che sopravvissero mutarono fisionomia e cessarono di essere italiani pur non diventando americani, ma piuttosto italo-americani. Gli immigrati della prima generazione diminuivano in valori assoluti e relativi ed erano sparpagliati in molti piccoli centri, distanti l'uno dall'altro, cosicché la situazione era sfavorevole alla nascita di una grande stampa forestiera. Senza contare, poi, che i contrasti religiosi, politici e sociali non erano fatti per creare una categoria omogenea e concorde di lettori.

Quando i figli degli immigrati cominciarono a formarsi la propria famiglia americana, sentirono il desiderio di merci e di giornali americani. Morti i genitori, disdissero l'abbonamento al giornale italiano, e non servì a nulla che il giornale italiano immettesse nelle proprie colonne del materiale inglese per attirare le nuove generazioni. A mano a mano che i lettori cessavano di sentire il bisogno di richiamarsi ai valori e alle vicende della patria d'origine per trovare in essi una base, i giornali degli immigrati chiusero i battenti. Voleva dire che l'immigrante aveva cessato di essere un immigrante. Voleva dire che l'immigrante era diventato un americano. Non diverso destino subirono le organizzazioni patriottiche, in cui si era espressa l'autonomia, per non dire l'alienazione, dell'immigrante nella società americana. Quando cessarono di essere necessari i puntelli psicologici, si ebbe una tacita ribellione a questi richiami al passato nazionale dell'immigrato.

Il crollo dell'«italianità» fu meno rapido fra i vecchi, rimasti attaccati al simbolo di Colombo e del suo viaggio di scoperta del 1492 così come i francesi rimanevano attaccati al simbolo di Lafayette e della sua partecipazione alla Rivoluzione americana. In quelli che non si erano volti al protestantesimo, la tradizione cattolica manteneva vive e operanti le idee e le memorie d'un tempo. Le feste di san Rocco, di san Gennaro e di sant'Antonio venivano celebrate, soprattutto dagli italiani del Sud, in una forma e con uno spirito molto particolari e significativi. Certe comunità di immigrati celebravano più di trenta feste religiose all'anno. Il giorno di sant'Antonio cominciava con mortaretti all'alba e andava avanti fino a tarda notte con processione alla chiesa del posto, messa solenne, banchetto, giochi, sfilata con banda, carri allegorici, fuochi d'artifizio. I parrocchiani non badavano a spese pur di rendere belle e memorabili queste feste. I contributi di ditte locali, le donazioni e le offerte concorrevano a coprirne le spese. Quanta importanza gli immigrati attribuissero a volte a questi avvenimenti lo si può dedurre da questa nota di cronaca sui preparativi del Columbus Day in una cittadina del Midwest:

Guido Spagnolina, che è un veterano dei fabbricanti italiani di mongolfiere, sta preparando un pallone di carta come forse non s'è mai visto l'eguale da noi, grandissimo e splendidamente illuminato. Sarà alto sette metri e mezzo e ornato di 500 candele. Quando salirà in alto e raggiungerà i 120-150 metri di quota le candele che lo ornano a guisa di festone si staccheranno ricadendo a terra accese come meteore lanciate nello spazio. [...] Il suo pallone gigante destinato al Columbus Day sarà il facsimile di quello con cui vinse il festival di Firenze. [...] Louis Oldani è stato mandato a St. Louis per comperare i regali e i paramenti che serviranno per la sfilata. Sarà uno splendido e memorabile corteo storico. Le strade di Herrin sembreranno quelle di una città del XVI secolo in un giorno di grande festa. Le percorreranno uomini in elmo e corazza, cavalieri montati, uomini di corte, marinai del XV secolo, carri addobbati riproducenti le antiche navi a vela sulle quali Colombo e i suoi equipaggi attraversarono l'Atlantico.[8]

Nonostante tutta questa profusione di spirito e di invenzioni, gli italiani non fecero tanti sforzi quanto le altre nazionalità per conservare le loro tradizioni popolari e le loro caratteristiche nazionali. I tedeschi, ad esempio, fecero di tutto per ottenere, in molti stati, il permesso di organizzare delle scuole pubbliche in lingua tedesca. La maggior parte degli italiani non sentì un bisogno altrettanto forte di conservare la propria lingua. Venuti nel West in gruppi più piccoli dei tedeschi e degli irlandesi, gli italiani non si sentirono mai in grado di battersi per i discutibili vantaggi di una identità straniera. Assimilando i modi e le maniere degli americani, i figli e le figlie degli immigrati italiani diventarono americani ortodossi.

Le scuole pubbliche furono, in genere, un potente mezzo di superamento dei conflitti sociali. E questo per la grande (mal compresa e mal valutata) importanza attribuita dall'immigrante all'istruzione, e per l'entusiasmo che animava i figli degli immigranti.

La scuola rappresentava, perlomeno sul piano sociale, se non su quello educativo, uno dei mezzi di redenzione dell'immigrante. Le leggi a favore dell'istruzione obbligatoria trovarono sempre il più forte appoggio da parte degli esponenti degli immigrati, ansiosi di sbarazzarsi delle stigmate dell'ignoranza. Nel Minnesota «i figli degli immigrati superarono sistematicamente gli altri, anche quelli dei popolosi Stati del medio Atlantico e del centro Nord».[9] L'entusiasmo e lo zelo dimostrati dall'immigrante del West per la scuola smentisce il luogo comune che la «americanizzazione» sia stata fondamentalmente opera dei *nativists* anglo-sassoni, dei paladini anglo-sassoni della americanità. La scuola era la chiave del futuro successo: questa chiave offriva la soluzione di molti problemi che l'immigrante doveva assolutamente superare se voleva entrare nella nuova società in condizioni competitive.

Naturalmente ci furono degli immigranti che continuarono a mandare i loro bambini nelle scuole parrocchiali. Abbiamo già osservato che solo una piccola minoranza di italiani abbandonò la fede cattolica per aderire alle Chiese evangelica o luterana o ad altre «denominazioni», quali i battisti, i congregazionalisti, i presbiteriani. Per costoro «americanizzazione» significò anche «protestantizzazione», e non valsero gli sforzi della Chiesa cattolica ad impedire che uscissero dal gregge. Ma fra gli stessi cattolici, i giovani furono progressivamente assorbiti da parrocchie di lingua inglese, e ciò significò un ulteriore allentamento dei legami etnici. Quanto agli italiani anziani, questi volevano i sacerdoti «indigeni» e non amavano i sacerdoti irlandesi di cui abbondavano le diocesi italiane. Gli italiani anziani trovavano spiacevole, nella loro pietà, che l'ambiente italo-americano producesse un numero così limitato di sacerdoti a confronto del numero dei sacerdoti irlandesi.

Gli italiani d'America erano, alla fine, circa un terzo degli irlandesi d'America. Su 30 milioni di cattolici professanti, gli irlando-americani rappresentavano i tre sesti, gli italo-americani un sesto. Dei ventun vescovi della Chiesa cattolica americana, nessuno era di origine italiana. Può darsi che la cultura italiana abbia scalzato, nel subconscio degli italiani, la vocazione sacerdotale. Si deprecava l'obbligo del celibato, soprattutto da parte degli immigrati dall'Italia meridionale, dove la manifestazione del sesso era considerata cosa irrefrenabile e prova di virilità. Per gli irlandesi, invece, fra cui accadeva abbastanza spesso che gli uomini non si sposassero, il celibato non costituiva un problema. Ciò aiuta a spiegare l'abbondanza di preti cattolici irlandesi in America, dovuta anche al fatto che la comunità irlando-americana era molto più ricca di quella italiana.

Se si fa un parallelo fra gli italiani e i tedeschi del West, si può dire che, sul piano religioso e sul piano sociale, gli italiani adottarono un modo di vivere consono non tanto al loro passato europeo quanto al loro futuro americano. Invece i tedeschi, apparentemente più malsicuri, cercarono – peraltro senza successo – di resistere alla «americanizzazione». Nel Kansas, i mennoniti tedeschi si isolarono in comunità chiuse e si sforzarono di mantenere scuole proprie, oltre che di conservare i loro costumi e la loro particolare concezione religiosa. Anche i tedeschi del Texas resistettero ostinatamente ad ogni cambiamento. Ogni volta che un dato modello sociale o culturale, per essi inaccettabile, veniva imposto loro «con mezzi aggressivi, mediante le leggi o l'intimidazione o il boicottaggio, essi ne soffrivano profondamente». Arrivavano a respingere idee e comportamenti «incontrovertibili, e in realtà più consoni alle nuove condizioni di vita in cui erano venuti a trovarsi in America di quanto non lo fossero le idee e i comportamenti europei ai quali rimanevano tanto tenacemente attaccati».[10] Gli italiani erano assai di rado aprioristici, critici per partito preso, e di rado si comportavano con sussiego o affettavano superiorità. Volevano una cosa sola: essere accolti.

Essendo arrivati tardi, gli italiani dovettero piegarsi a costumi e sistemi impressi da altri nella società americana. Sentirono di dover adottare i costumi e i sistemi esistenti, perlomeno fino a quando non avessero avuto tanto successo da poter seguire una strada propria.

Ma così accadde che, il più delle volte, essi abbandonassero per sempre il loro modo di pensare e di vivere europeo. La comunità italiana raggiunse la ricchezza e il potere politico più tardi di quelle tedesca, irlandese, scozzese o ebrea. L'ansia di portarsi alla pari con le altre comunità affrettò il processo di americanizzazione della comunità italiana.

Pochi italiani accumularono grandi fortune tipo Carnegie, o Guggenheim o, più tardi, i Kennedy. E a differenza dagli irlandesi, quegli italiani che misero assieme grandi fortune non acquistarono in pari tempo il potere politico. Il *new money*, i soldi nuovi, gli italiani se li fecero con i ristoranti, i ritrovi, l'edilizia, l'orticoltura, il commercio di ciò che producevano, la fabbricazione di materiali di copertura, le costruzioni in pietra, e magari con attività poco «eleganti» come l'appalto dello scarico dei pozzi neri. L'entità delle «fortune» degli immigrati italiani non raggiunse mai il livello di quelle dei primi e ormai già stabilizzati immigrati d'America. Pochi italiani della prima generazione arrivarono al Congresso o al Senato: non avevano esperienza di vita politica americana, e quanto al prestigio dovettero attendere che la seconda generazione se lo procurasse con l'esercizio delle professioni e del commercio.

Pur accettando e rispettando il sistema costituito americano quanto bastava perché abbandonassero il loro sistema tradizionale, gli italiani detestavano certi aspetti della vita sociale del Nuovo Mondo. Uno di questi era l'angusto codice morale che faceva della rigida temperanza il prezzo della rispettabilità sociale. E questo era, per l'italiano un prezzo irragionevole. Ci furono, sì, degli italiani che inghiottirono il boccone e smisero, per il momento, di bere il vino; ma altri non credettero necessario conformarsi a questo codice, e continuarono a bere lo Zinfandel, che era il corrispettivo californiano del Chianti. E sebbene – come ha osservato Merle Curti in un suo studio sulla contea di Wisconsin verso la fine del XIX secolo – «la mania della temperanza fosse forte» fra gli americani e questi «si aspettassero che l'immigrante si conformasse alle idee fissate dal vecchio ceppo», gli italiani stentarono sempre a rendersi ragione di questo modo di pensare; e quando, negli anni 1920, il proibizionismo oscurò la scena nazionale, per gli italiani fu un'epoca «incomprensibile». In *The Paesanos,* Jo Pagano fa dire ad uno dei suoi personaggi: «Accidenti che paese! Diventi un criminale solo perché bevi un buon bicchiere di vino!».[11]

Ben pochi italiani fecero parte di «società di temperanza», come invece tanti immigranti scandinavi e inglesi. D'altro canto, in contrasto con il modo americano di tracannare il whisky, l'italiano sapeva centellinarsi il suo vin rosso. E di questo vino la sua cantina non fu mai sprovvista, neppure durante la triste epoca del proibizionismo. Allegramente riuniti all'ombra di una pergola, gli italiani continuarono a godersi la semplice gioia conviviale di «mandar giù» la pasta asciutta con l'aiuto del *dago red*, «il [vin] rosso italiano», come lo chiamavano gli americani. Ben difficilmente questo rilassato ed innocuo modo di bere portava all'ubriachezza; e infatti l'alcoolismo era molto raro fra gli immigranti in genere, i quali godevano il piacere del cibo non meno di quello del vino. Gli italiani andavano a caccia di quei negozi della zona che vendevano baccalà di Genova, o tonno in olio d'oliva di Lucca, o pane dalla crosta dura e croccante, o torrone di Cremona, o limoni Eureka cresciuti in California da semi siciliani. In quei negozi si trovavano anche il Chianti toscano e, per le partite del sabato pomeriggio, le bocce.

Le loro partite di bocce gli immigranti le giocavano su un terreno pianeggiante purchessia. Sulle partite di bocce i giocatori stessi scommettevano a gran voce somme di denaro o grappini, o bottiglie di vino. Gli aspetti artistici di questo gioco affascinavano gli americani. Ancor oggi, a San Francisco, c'è un Bocce Ball Restaurant specificamente organizzato per soddisfare una clientela di giocatori di bocce, di amatori dell'opera italiana, di ariette come *La donna è mobile* o di romanze come *Un bel dì vedremo*, di poncini al rum e di caffè «col cicchetto».

Le bocce avevano un doppio significato simbolico: ricordavano il passato, l'origine dell'immigrante, e ne confermavano il successo, testimoniando che egli aveva, oggi, anche il tempo di divertirsi. Per una ragione analoga, la polenta, la pasta asciutta e il pane casareccio dei primi tempi lasciarono il posto ai pranzi a base di carne della domenica. Ma, vecchio o nuovo stile che fossero, i pasti dell'immigrante possedevano una solidità, una dignità tutta particolare, indimenticabile, che a noi viene ricordata da un figlio di italiani nato a Salt Lake City:

Il pranzo era quasi pronto. Sul tavolo di cucina c'erano già gli stuzzichini: piatti di tonno e di acciughe, olive in salamoia, funghetti, coroncine di salame affettato e formaggi. C'erano vaschette di olive annegate nell'olio e profumate d'aglio o di scorza d'arancio; c'era il sedano, c'era il finocchio dal delicatissimo aroma, e il prosciutto italiano tagliato sottile come un foglio di carta. [...] Arrosti e polli stavano finendo di cuocere contemporaneamente; i dolci, già ammucchiati da una parte, erano a base di sfoglia croccante; il consommé di pollo era limpido e sottile, ma ricco e pieno; gustoso e spesso era il sugo degli spaghetti.[12]

Il tenore di vita dell'immigrato migliorava costantemente sotto tutti gli aspetti. A fine settimana il lavoratore che per sei giorni aveva indossato il vestito da fatica aveva fretta di indossare la camicia con colletto, cravatta nuova e scarpe di marca. Investiva denaro in mobili da salotto imbottiti, in tappeti, in lampadari elettrici, in gabinetti ad acqua corrente, tutti testimoni della conquistata agiatezza. Ma quanto più si compiaceva e si muniva di queste cose, tanto più l'immigrante si identificava con il suo vicino americano.

Uno studio sulla vita e le vicende sociali delle città minerarie del Minnesota mostra che il numero degli immigranti assimilati superò quello degli immigranti alienati, i quali perdevano le vecchie radici senza metterne di nuove. Il fenomeno dell'urbanizzazione rurale aiutò molti stranieri ad ambientarsi. Gli immigranti che si stabilirono nei distretti montani del Mesabi e del Vermilion si trovarono di fronte delle «isole culturali» poggianti su sentimenti di nazionalità e concretatesi in piccoli centri abitati chiusi in se stessi; ma queste «isole» non poterono resistere agli «effetti assimilatori di una comune esperienza» di vita e di lavoro. Le piccole città del West finirono anzi per favorire l'unione e la fusione. Le donne forestiere, che per tradizione erano generalmente più segregate dei loro uomini, fecero ben presto, in queste cittadine del West, amicizia con persone di diversa nazionalità, il che produsse «un aggiustamento sorprendentemente rapido di tutti i diversi gruppi nazionali alle comuni e prevalenti costumanze americane»; un aggiustamento che si estese ai bambini delle scuole e abbracciò il campo delle attività civiche e di quelle ricreative. Il numero degli immigranti che sposava «fuori» del proprio gruppo nazionale andò via via crescendo, e questi immigranti esercitavano un'ulteriore «azione mediatrice nei riguardi dei nuovi venuti». Nelle cittadine del Minnesota anche la vita religiosa diventò spiccatamente inter-etnica perfino negli ambienti cattolici. All'americanizzazione concorrevano anche il commercio e gli affari: gli uomini d'affari immigrati, e specie quelli associatisi con americani, fungevano da «*trait-d'union* fra i due mondi». E mentre nell'Est i negozi gestiti da immigranti italiani marcavano la merce in inglese e in italiano, in quelli del West la marcavano soltanto in inglese.[13]

Sarebbe un voler falsare i fatti il sostenere che nella storia dell'immigrante – nell'Est come nel West – non abbia giocato la discriminazione razziale;[14] tuttavia si è esagerata la portata dei pregiudizi che un tempo contrastavano l'immigrante. E si dimentica spesso che, alla fine, come è sostenuto da almeno uno storico, i movimenti di difesa del West contro le invasioni o infiltrazioni straniere «affondarono grandemente le loro radici nell'ambiente degli immigrati» o, per dirla con la concisione della frase originale, furono *conspicuously immigrant in background.* Si pensi, anzitutto, all'uso (o abuso) che fece Caminetti del suo pubblico ufficio per ostacolare o addirittura perseguitare gli immigrati; ma oltre a Caminetti, del quale abbiamo già parlato, potremmo citare Haakon Langoe e Olaf

Tveitmoe, i due immigrati norvegesi che, dopo la prima guerra mondiale, furono a capo dell'Americanization Movement del Nord-ovest; e così potremmo citare il primo movimento anti-cinese della California degli anni 1870-1880, promosso e guidato dal leader sindacale irlandese Denis Kearney e, prima ancora che da lui, da agitatori italiani, come abbiamo visto. Vi è una strana ironia nel fatto che l'attività anti-immigrante sia stata, anche se occasionalmente, guidata da immigrati.[15]

Se si eccettua il trattamento che il West riservò agli immigranti orientali, va detto che i casi di imposizione di una superiorità gerarchica da parte degli autoctoni furono relativamente rari. Nel 1849 gli interessi autoctoni e i pregiudizi etnici della «frontiera» californiana produssero una legge fiscale che colpiva i minatori stranieri; sta di fatto, però, che la tensione razziale nel Far West non si estese su vaste zone. Gli immigranti fecero leva sul fattore «razza» per raggiungere dei miglioramenti economici proprio come vi fecero leva gli americani per migliorare le condizioni di lavoro. Un esempio: nel 1894, in un giornale di Butte, nel Montana, sotto il titolo *Parla un italiano*, appariva un acrimonioso sfogo, in cui si denunciava il fatto che la Anaconda Copper Mining Company non impiegava un numero maggiore di «gente della sua razza». Cercando evidentemente di mettere la società in imbarazzo, l'autore della nota si chiedeva: «Quanti sono gli italiani che lavorano alle dipendenze della società? Credo che si possano contare sulle dita di una mano; e io vi dico che se non fosse per la Butte & Boston, la Boston & Montana, la W.A. Clark e altre società, alla colonia italiana di Butte non resterebbe che far fagotto e andarsene».

Si noti che a quell'epoca non si poteva proprio parlare di «colonia italiana di Butte». Evidentemente chi scriveva cercava di procurarsi un posto, e pensava che il miglior modo di procurarselo fosse di creare uno «scandalo» giornalistico valendosi della stampa locale.[16]

I sentimenti ostili nei riguardi dei lavoratori stranieri si fecero sentire in modo particolarmente forte nel campo minerario, dove poteva accadere facilmente che grossi contingenti di lavoratori si trovassero a spasso da un momento all'altro per la chiusura di una miniera o di un gruppo di miniere. In momenti di forte disoccupazione, un surplus di immigranti poteva determinare delle tensioni. Molti Stati, fra cui (nel 1889) l'Illinois, il Wyoming e l'Idaho, proibirono alle società minerarie di assumere stranieri che non dichiarassero preventivamente la loro intenzione di acquistare la cittadinanza dello Stato. Nei campi minerari del West si verificavano anche, come è già stato detto, dei piccoli ma complessi conflitti del lavoro. Gli agenti delle società minerarie erano durissimi nei confronti dei lavoratori, e questo tanto nell'Est quanto nel West, tanto nella Pennsylvania quanto nel Montana. Gli italiani, al pari di tutte le altre nazionalità, furono coinvolti in questi conflitti. Il numero del 17 novembre 1907 del «Republican Picket» di Red Lodge, nel Montana, dedicava un ampio servizio ad un incidente in cui un minatore italiano aveva colpito in testa un agente minerario con una trancia per sigari. In questi servizi, naturalmente, l'accento era posto sugli aspetti drammatici della violenza operaia e sul tipo di arma o di strumento d'offesa di cui il lavoratore si serviva: «un oggetto di origine straniera», «un rasoio all'italiana», cioè a mano libera, «uno stiletto montenegrino».

I lavoratori non qualificati, abbandonati a se stessi, finivano per lasciarsi prendere nella rete dell'Industrial Workers of the World, che cercava di costringere l'industria ad attuare riforme delle condizioni del lavoro, ma che aveva fama di indulgere troppo all'uso della violenza. Nel 1907 un *wobbly*[17] italiano, certo Joseph Ettor, organizzò e diresse un tumultuoso sciopero delle segherie di legname a Portland, nell'Oregon, sciopero che poi dilagò in tutta la costa nord-occidentale del Pacifico. Nel punire gli stranieri denunciati per «violenza» in manifestazioni di questo genere, i giudici, spesso, applicavano il massimo della pena consentito dalla legge. Si aggiunga che la stampa dava molto rilievo a qualsiasi atto di violenza nel quale fosse coinvolto un immigrante, e rilievo ancor maggiore se gli episodi di violenza avvenivano fra immigranti. La concorrenza fra irlandesi e italiani non arrivò mai al grado di esasperazione al quale erano arrivati invece i contrasti fra i *paddies* irlandesi e i *coolies* cinesi impegnati nella costruzione della ferrovia transcontinentale; tuttavia qualsiasi incidente veniva subito identificato e criticato, soprattutto dalla stampa.[18]

A leggere in modo indiscriminato i giornali dell'epoca si può facilmente essere portati a concludere che la stampa conduceva continui attacchi contro gli stranieri. In realtà gli Stati Uniti hanno attraversato lunghe fasi di intolleranza, durante le quali tutti gli episodi aventi per oggetto i rapporti razziali erano onorati da titoloni di giornale, che facevano leva sull'emotività dei lettori. Uno storico del «nativismo» americano, o nazionalismo conservatore che dir si voglia, scrive: «Ogni volta che un comune lavoratore italiano tirava fuori il coltello, i giornali si affrettavano a mettere in risalto la sua nazionalità; la più banale rissa in Mulberry Street produceva immediatamente un titolone in cui si parlava di *Italian Vendetta*».[19] Dobbiamo tuttavia chiederci se i casi di xenofobia esprimessero veramente il modo di pensare e di sentire dei *westerners* nei confronti degli immigrati; se l'intolleranza dei Native Sons of the Golden West (i nazionalisti californiani autodefinitisi «Autoctoni figli dell'aureo West») potesse stare alla pari della benevolenza e della cordialità mostrate dalla maggioranza della popolazione californiana nei riguardi degli immigranti. Salvo nei periodi di depressione, il lavoro straniero fu sempre molto ricercato nel West. Perfino nel 1893, quando una crisi nazionale di panico rese estremamente impopolare il lavoro straniero a buon mercato, non vi furono gravi restrizioni dell'immigrazione, e ciò anche per l'opposizione del West.[20]

I sentimenti xenofobi tornarono a manifestarsi nel 1905, quando i razzisti si sentirono minacciati. A suscitarli contribuì anche il mutamento nella nazionalità degli immigranti. «I nuovi immigranti non si erano diretti di preferenza né nel Sud né nel West, dove, complessivamente, c'era la metà di quelli che s'erano stabiliti a New York City.»[21] Nel Far West, invece, il numero dei nuovi immigranti era quasi triplicato, al punto che questi rappresentavano il 5,6% della popolazione bianca. Era quindi inevitabile che si manifestasse un po' di «nativismo» e che la tensione fra autoctoni e stranieri diventasse piuttosto forte nel 1914 a causa della situazione internazionale e della crisi economica dell'anno prima.

Certe impopolarità dell'immigrante erano legate a idee sociali o economiche ben lontane dalla sua situazione attuale e dalla terra che adesso coltivava. Le idee anarchiche, ad esempio, spauracchio degli americani del XIX secolo, facevano parte da decenni della scena politica italiana, e gli anarchici erano considerati come i principali istigatori delle insofferenze operaie. La reazione anti-anarchica degli americani si riversò sull'immigrante. Le richieste di espulsione degli indesiderabili e di restrizioni all'immigrazione derivarono in parte da confuse associazioni di idee, che collegavano l'immigrante con l'assassino politico e con la figura machiavellica dell'avvelenatore, cioè con personaggi di un mondo totalmente estraneo alla mentalità di un vignaiolo o di un contadino italiano.[22]

Un altro motivo che contribuì a far giudicare con sospetto l'immigrante dall'opinione pubblica americana fu la sua affiliazione alle organizzazioni radicali del sindacalismo operaio. Gli americani non riuscirono mai a capire il collegamento dell'immigrante con il movimento operaio. Secondo certi autori, l'immigrante evitò di iscriversi ai sindacati; ma la verità è proprio l'opposto. Le organizzazioni operaie esistevano in Italia fin dagli anni 1840-1850 e, anche se molti lavoratori non erano in condizione di entrare a farne parte, è certo – e lo abbiamo visto – che gli immigranti con un orientamento mentale di tipo socialista erano attirati in modo particolare dal sindacalismo industriale.[23] I lavoratori non qualificati, tenuti a livelli di paga molto bassi ed esclusi dall'American Federation of Labor (che nel 1897 subordinò l'iscrizione ad una prova di alfabetizzazione), avevano molto bisogno di protezione sindacale. L'essere forte e sano non costituiva, per il lavoratore, una garanzia sufficiente. Egli aveva o credeva di avere bisogno di essere spalleggiato da un'organizzazione. Secondo una relazione ufficiale pubblicata all'inizio del secolo, fra gli italiani del Nord (ai quali si faceva credito di essere più progrediti di quelli del Sud) l'adesione alle organizzazioni sindacali era tre volte superiore a quella che si osservava fra gli americani autoctoni, non pochi dei quali rifiutavano di iscriversi ai sindacati perché si sentivano «uomini liberi».[24]

La fama che ebbero gli immigranti in America è falsata da idee preconcette sulle loro presunte «caratteristiche» razziali o etniche. Uno storico dell'immigrazione ha posto in evidenza quanto fossero inesatte ed erronee certe generalizzazioni, secondo le quali l'immigrante inglese o irlandese era automaticamente «portato a simpatizzare con i nostri ideali e le nostre istituzioni democratiche», mentre l'immigrante serbo-croato aveva «maniere primitive», l'immigrante polacco era sempre «eccitatissimo», e l'immigrante italiano era «negato per l'agricoltura» e incline al brigantaggio, alla truffa, alla miseria. Negli anni anteriori alla prima guerra mondiale, si trovavano generalizzazioni di questo genere perfino in relazioni ufficiali che si presumeva fossero oggettive.[25] La corrente d'opinione che negli anni 1920-1930 sollecitò e impose le restrizioni all'immigrazione trovò alimento – secondo l'accurato studio che ne fecero John Higham e Barbara Solomon – in dati pseudo-scientifici desunti, a volte, da documenti ufficiali. Le generalizzazioni che si andavano ripetendo sugli italiani e contro gli italiani riguardavano la loro alta percentuale di analfabetismo, la loro presunta tendenza criminale, l'emotività del loro temperamento, la loro indolenza.[26]

Inoltre gli italiani erano accusati, insieme con gli ebrei, di radicalismo. Il caso di Sacco e Vanzetti fu sbandierato a lungo, tra il 1920 e il 1927, in mezzo al terrore del comunismo e al delirio delle espulsioni che contraddistinsero gli anni del primo dopoguerra. Questa causa, celebre proprio per l'affronto fatto alla giustizia, gettò un'ombra di dubbio ancora più pesante sulla lealtà e la fidatezza degli stranieri, sospettati di nutrire sentimenti anarchici. Gli organizzatori e gli agitatori attiravano gli immigranti – e anche i non immigranti – verso l'estrema sinistra del movimento operaio e «nei momenti di crisi, i lavoratori italiani non trovavano nessuno, se non gli ultraradicali, che fosse disposto a sostenere la loro causa».[27]

D'altra parte è un po' una naturale conseguenza della nostra *melting-pot culture*, della nostra cultura composita, l'attribuire alla gente le stesse condizioni storiche e sociali originarie, lo stesso modo di vedere le cose, lo stesso tipo di esperienza. Il comportamento dell'immigrante nel West non è la conferma, ma la negazione di tutto questo. Lo storico dell'immigrazione tende a sorvolare sul fatto, o addirittura a negare il fatto, che i modi di acculturazione furono e sono diversi. Le reazioni all'ambiente americano dal punto di vista del comportamento non sono state mai costanti. Certi immigranti arrivarono nel Nuovo Mondo con valori già molto simili a quelli della classe media americana. Le differenziazioni regionali erano fortissime in Europa, dov'era forte anche la differenziazione fra città e campagna. Sono cose, queste, che non dovrebbero essere dimenticate da chi voglia evitare di cadere in concezioni stereotipe. Si dovrebbe anche ricordare che la personalità di certi immigranti andò distrutta nel processo di passaggio dai valori costituiti di una società ai valori costituiti di un'altra società.

A modificare il marchio dell'immigrante contribuì, al principio del XX secolo, una «corrente alternata» – o meglio si dovrebbe dire un atteggiamento mentale, uno spirito – che si manifestò in America. È l'atteggiamento definito col nome di *hyphenated americanism*, o americanismo dello straniero naturalizzato, che fu deplorato apertamente dal presidente Theodore Roosevelt. Una volta, parlando di non-discriminazione nei riguardi di tutti gli americani, indipendentemente dalla loro origine etnica o dalla loro fede religiosa, il presidente Theodore Roosevelt disse:

Quando parlo di *hyphenated americans* non intendo gli americani naturalizzati. Alcuni dei migliori americani che io abbia mai conosciuto – migliori in senso assoluto – sono americani naturalizzati, americani nati all'estero. Un *hyphenated american* non è un americano, ecco tutto. L'unico modo certo di portare la nostra nazione alla rovina [...] sarebbe di permettere che essa diventi un calderone di nazionalità diverse e contrastanti, un intrico di tedesco-americani, irlando-americani, franco-americani, scandinavo-americani, italo-americani, ciascuno con la propria nazionalità distinta, ciascuno covante nel cuore un sentimento di maggior simpatia verso gli europei della stessa nazionalità che non verso gli altri cittadini della repubblica americana.[28]

Non sarebbe neppure esatto affermare che tutti gli immigranti si siano trovati in armonia con l'ambiente americano in ogni momento della loro vita nel Nuovo Mondo. Di tempo in tempo la loro visione della vita fu turbata e alterata da momentanee ma gravi frustrazioni. Nella vita americana v'erano delle durezze, delle crudeltà, che alcuni italiani non tolleravano. Pasquale D'Angelo ha lasciato scritto che a volte non riusciva «a comprendere quella gente d'America e le loro maniere fredde. Vanno al funerale del loro miglior amico e conservano una faccia impassibile. Credo che si vergognino se in un momento di sincerità si sono voltati ad ammirare un fiore o un bel tramonto». D'Angelo ha descritto anche la sensazione che provò passando davanti ad un fioraio e osservando la festa di colori dei fiori esposti: «Si sarebbe detto che quella fredda gente si facesse uno sciocco punto d'onore di non fermarsi o anche soltanto di non guardare».[29]

Cesare Pavese, nel racconto *La luna e i falò*, fa dire al protagonista, che è un emigrante italiano rimpatriato dalla California, queste parole: «A Fresno, dove vivevo, portai a letto molte donne, con una fui quasi sposato, e mai che capissi dove avessero padre e madre e la loro terra». Donne che «venivano da chi sa dove», e nella mente di Pavese dovevano esserne molti di questi americani *uprooted*, senza più radici, *déracinés*. L'emigrante rimpatriato di Pavese si chiede se avrebbe fatto bene a stabilirsi definitivamente con una donna americana in una cultura come quella d'America: «Ho pensato sovente» confessa «che razza di figli sarebbero potuti uscire da noi due da quei suoi fianchi lisci e duri, da quel ventre biondo nutrito di latte e di sugo d'arancia, e da me, dal mio sangue spesso».[30]

D'Angelo, ad ogni modo, non si lasciò andare alla demoralizzazione permanente. «Sentivo che qualcosa m'era cresciuto dentro durante il mio soggiorno in America. Questo qualcosa» scrisse «mi tratteneva in questo meraviglioso, pericoloso paese dove avevo tanto sofferto e dove dovevo ancora soffrire tanto [...] da qualche parte avrei pur acceso la luce.» E continuando disse: «Senza rendermene conto, avevo imparato la grande lezione dell'America: avevo imparato ad avere fiducia nell'avvenire. Per male che andassero le cose, un mutamento sarebbe inevitabilmente venuto – purché non mi dessi per vinto».[31]

Gli stranieri che non vollero finire i loro giorni in un centro industriale d'America andarono a sperdersi nella vastità del West. Come abbiamo visto, a certuni non piacque ritornare alla terra e cercarono di seppellire nell'oblio la monotona vita della campagna europea. Al principio del secolo erano meno del 7% gli immigranti italiani che lavoravano la terra, sebbene più dei due terzi di questi immigranti venisse dalla campagna italiana. Eppure nel nuovo ambiente contadino d'America molti immigranti trovavano relativamente facile il farsi «accettare in società» e il mescolarsi con *the better people*, la gente meglio, la gente più su. L'inchiesta di Merle Curti sulla contea di Trempeleau, nel Wisconsin, sul finire del XIX secolo, rivela la *unity of races*, la fusione delle razze in una unità sociale, che caratterizzava quell'ambiente rurale.

Questa unità, che prescindeva dal fatto che un americano fosse nato in America o all'estero, si estendeva agli incontri sociali all'aperto, tipo picnic, che «riunivano la maggior parte dei componenti della popolazione su una base paritaria e interamente democratica». Anche se singoli immigranti non si attenevano alla norma puritana, un *proper deportment*, un contegno corretto, induceva l'autoctono a dare il proprio «benvenuto».[32]

Gli immigranti, pur vedendosi sempre più e meglio accetti, desideravano spesso ritornare in patria o per una visita o per restarvi. L'immigrante che non si sposava si sentiva più libero di tornare in Italia. Ne tornarono a migliaia, durante le crisi economiche. Nel 1907, l'anno del grande panico, e in altri anni di depressione, gli immigranti potenziali rimasti in patria furono diffidati dal partire mentre oltre oceano duravano «i tempi cattivi». Naturalmente non mancarono gli immigranti che rientravano in patria per dire che il cielo d'America non era il loro cielo.

Il rientro più massiccio in Europa si verificò negli anni tra il 1907 e il 1914, nella misura di circa quattro arrivi contro una partenza. Il processo fu bloccato soltanto dalle restrizioni di traffico causate dalla prima guerra mondiale. Le ragioni per le quali gli immigranti ritornavano in patria potevano essere: scontentezza della vita in America, cattive condizioni di salute, desiderio di riunirsi ai familiari in patria, alti e bassi dell'economia (e quindi dell'occupazione), incapacità di adattarsi alla nuova società. Alcuni – pochi – si sentivano pronti a rinunciare a un più alto livello di vita e a ripercorrere il cammino delle loro origini spirituali. Questo era, in certo modo, il caso che confermava la regola, la regola essendo che l'immigrante si elevava, non si abbassava. Se la maggioranza degli immigranti non ritornò in patria, furono soprattutto quelli cui aveva arriso il successo che non vi ritornarono. Ritornavano invece coloro che erano riusciti, sì, ma solo fino ad un certo punto. Di solito, chi s'era arricchito restava negli Stati Uniti. E ad ogni modo, se le radici dell'immigrante avevano fatto presa, non c'era molto sugo a rientrare definitivamente in Europa. Meglio rimanere a fare altro denaro e a tirare su dei figli americani.[33]

Una causa sottile, spesso non tenuta nel debito conto, del rientro in patria di certi «uccelli di passaggio» era l'eccessiva suscettibilità dell'immigrante per i modi a volte irriguardosi degli americani. Anche certi modi di dire, in fondo cordiali, come «Hey buddy!» o «Come here, Mac!», che avevano il tono di un «Ehi, coso!» o «Va là, fregnone!», non erano sempre apprezzati dall'immigrante, il quale se ne sentiva offeso. È difficile dire se simili suscettibilità fossero meno frequenti nel West, e se per questa o per altre ragioni rimpatriasse dal West un minor numero di immigranti. Certo vi furono anche altri fattori, oltre il successo, che trattennero l'immigrante dal rimpatriare. La distanza, ad esempio, fattore tanto importante in un'epoca in cui non si volava ancora. O i grossi investimenti fatti in macchinario agricolo, o in vigneti, o in alberi da frutta. L'immigrante che s'era ingolfato nel ranch ne aveva di cose da liquidare prima di partire! Poi c'erano le responsabilità familiari, responsabilità che crescevano, mentre via via diminuiva l'ansia di ritornare.[34]

Il ritorno era quasi sempre un'esperienza emotiva, anche quando si trattava di un ritorno temporaneo. Un «rimpatriato» trovò una Napoli che era «la città più caleidoscopica del mondo», il luogo «dove il tumulto è re e la commozione regina», un mondo in movimento:

Uomini, cavalli, carrozze, carri, biciclette, somarelli, automobili, carri funebri, carriuole, carrette di fiorai, carrette di ortolani, ti girano davanti come in una giostra. Tutti parlano, gesticolano, cantano, ridono, come se quella fosse tutta la riserva d'azione contenuta nella vita di ciascuno, e quello l'ultimo giorno per goderla. È un contagio generale, una cosa elettrizzante.[35]

Thornton Wilder, in quel romanzo breve che è *The Cabala* (New York 1926), indugia a riflettere sulla situazione nuova che gli emigranti trovavano rientrando in patria: «Avevano investito i loro risparmi nei diamanti che portavano alle dita, e i loro occhi scintillavano della stessa gioiosa attesa della riunione familiare. Ed ecco, i genitori sarebbero rimasti lì, a guardarli fissi, incapaci di comprendere il mutamento per cui i loro figli avevano perduto la grazia che il cielo d'Italia dona alla più umile delle creature nate sotto di lui, capaci soltanto di vedere che erano tornati con lineamenti gonfi, ingrossati, e che la lingua che parlavano era barbara, e che avevano perduto per sempre l'acuta intuizione psicologica della loro razza. E ad essi, agli emigranti, rimanevano le lunghe notti insonni da trascorrere sul materno pavimento di terra battuta, tra borbottio di pollame».

I «rimpatriati», con le loro grosse valigie in finta pelle, diventarono personaggi familiari dei villaggi italiani. Di solito indossavano abiti costosi, ma di cattivo gusto. I cappotti degli uomini erano troppo lunghi, le loro cravatte troppo larghe e vistose, cappello di panama in testa e immancabile pesante catena d'oro per l'orologio. L'oro e i sigari Avana erano di rigore. I «rimpatriati» erano esposizioni d'oro, «studi in oro»: d'oro i portasigarette, d'oro le spille fermacravatta, d'oro o similoro i vistosi anelli plurimi al dito o alle dita, d'oro soprattutto la copertura dei denti davanti. Le donne, partite dal villaggio natio con lo scialle nero sulla testa, tornavano inalberando ridicoli, voluminosi cappelli e sfoggiando borse di pelle nera «modello brevettato», ben stipate di dollari in banconote. In patria, insomma, l'esibizione di prosperità dell'emigrante che rimpatriava era accolta con un misto di divertita malizia e di violenta invidia, quante poteva suscitarne tanta volgarità materialistica. Da parte sua il rimpatriato non desiderava altro che di poter aiutare il natio villaggio, costruendogli magari – come nel caso della famiglia Saturno – la fontana nuova, o donandogli una campana nuova per la chiesa.[36]

Ci fu anche chi, tornato in patria per una breve esibizione, si innamorava del paesello e, rifattosi contadino, riprendeva contatto con la sua terra. Questo avvenne soprattutto quando ci fu la grande depressione degli Stati Uniti, nel 1929, e quando il fascismo si diede a promettere impieghi e lavoro in patria. Anche la parentela cercava di richiamare o trattenere l'emigrante. Rimpatriati scapoli trovarono la donna del cuore, si stabilirono in paese e in breve dimenticarono l'inglese smozzicato che avevano appreso. Spesso loro soltanto potevano permettersi di vivere in una casa a due piani con balcone e battente d'ottone alla porta, e con una prestigiosa Fiat sulla strada. Dal 1935 in poi, i rimpatriati che lasciarono scadere il loro permesso di rientro negli Stati Uniti finirono sotto le armi e, se vissero, vissero per maledire il giorno in cui avevano lasciato gli *States*.

Uno storico dell'immigrazione ha detto che il riflusso migratorio in Europa meriterebbe di essere studiato con maggiore attenzione.[37] Chi tornava cercava di introdurre in patria idee, tecniche e metodi americani; e a volte l'efficienza, la correttezza e l'abilità degli «emigranti modello» destava ammirazione. Gli italiani americanizzati erano vogliosi di raccontare le meraviglie del Nuovo Mondo a chiunque fosse disposto ad ascoltarli, confermando e ampliando il contenuto delle lettere che in passato avevano scritto. Quelli che erano rimasti al paesello continuavano ad ascoltare a bocca aperta le storie del favoloso mondo dove gli indiani avevano versato il loro oro nelle mani degli immigranti perché potessero riempirsene la bocca. Anche i familiari del rimpatriato descrivevano l'America come il paese dell'eguaglianza e delle infinite possibilità. La recente conoscenza del Far West fece sì che dopo il 1924 un certo numero di emigranti non si accontentasse più di fermarsi a New York, porta orientale, ma si spingesse verso San Francisco, la porta occidentale, per ferrovia o in automobile, o anche facendo il giro del canale di Panama. Fra la prima e la seconda generazione degli immigranti si stabilì una tensione che non diminuì mai. Gli immigranti della prima generazione avevano insegnato ai loro figli a guardare con scetticismo il Nuovo Mondo e la sua gente, e ciò, in parte, per proteggerli dalle delusioni. In patria, nel paese donde gli immigranti della prima generazione erano venuti, e dove la morte precoce, le malattie, le crisi stavano in agguato, era norma – tacita norma – che l'uomo non si caricasse di fardelli che non fossero della sua famiglia. Ma adesso, in America, con l'aumentata sicurezza sociale, questa necessaria durezza verso gli estranei andava ammorbidendosi. La seconda generazione cessò di interpretare la concorrenza del vicino come una minaccia alla propria esistenza. E a mano a mano che il meno aspro ambiente degli Stati Uniti rivelava all'immigrato la via della collaborazione, inevitabilmente scomparve, nel passaggio da una generazione all'altra, la paura endemica del mondo esterno, e con esso il timore reverenziale di chi detiene il potere.

Quando i figli degli immigranti contadini cominciarono ad essere vecchi anch'essi, i loro figli amavano ormai la terra sulla quale erano nati e sulla quale vivevano. Ed erano, per giunta, più abili nel cavarne le ricchezze che nascondeva ancora in grembo. Al posto del sudore e del sacrificio dei loro padri venne la sperimentazione di nuovi macchinari agricoli, di nuovi attrezzi, di nuovi metodi, di nuove varietà di semi e di fertilizzanti, e si ebbero prodotti nuovi. Dai ranch italiani della vecchia generazione scomparve, con il fumo del sigaro toscano, anche l'agricoltura vecchio stile. I figli degli immigranti si unirono in cooperative agricole con i vicini americani, e così si aprirono anche l'accesso alla loro società. Attenuandosi e scomparendo le inibizioni culturali, quei figli di immigrati che entravano nel rango dei professionisti (anche perché ora potevano permettersi di darsi un'educazione) si sbarazzavano della corazza dei valori tradizionali del paese d'origine, di quella corazza che era stata difesa e sicurezza per i loro padri.

In un «rovesciamento dei rapporti fra generazioni», una generazione di giovani impazienti insegnò idee nuove a una generazione di vecchi. A questo proposito, un sociologo ha scritto: «Anziché essere i genitori ad insegnare ai figli gli antichi modelli culturali, furono spesso i figli che si resero interpreti della nuova cultura presso i genitori».[38] L'opposto di ciò che avveniva in Europa, dove la vecchia generazione non era ancora disposta a cedere il comando. Dell'Italia, della patria originaria, che sempre più usciva dall'esperienza dell'americano nuovo, il figlio di un immigrato ricorda ciò che essa significava ancora per i suoi genitori, ma non più per lui medesimo:

[...] antica terra, che essi [i miei genitori], stranieri in paese straniero, non potevano né respingere né dimenticare completamente – l'Italia della loro fanciullezza, la madrepatria, il paese natio, la culla dei loro più profondi ricordi, dei loro più intimi desideri: loro, sì, ma anche miei? Potevano forse, quei ricordi e quei desideri, appartenere a me, che non avevo mai fiutato l'odore della terra sulla quale aveva camminato mio padre, che non avevo mai conosciuto quei campi e quell'erba, né udito lo stridio delle cicale, né sentito l'odore notturno della vigna; a me che non m'ero mai steso supino a guardare le nuvole veleggianti per l'azzurro cielo d'Italia? No, di quella terra che per la generazione di mio padre era stata «la sorgente» [...] non rimaneva più nelle mie vene se non una eco lontana, come d'una storia sussurrata e vagamente ricordata; e anche questo era giusto.[39]

E sulla alienazione della seconda generazione dall'Italia dei padri, l'autore di queste righe osserva:

Ma io, ad esempio, nato in America, cresciuto in strade e in scuole del Nuovo Mondo, che creano tutta una vita e ne sono al tempo stesso create – che cosa ne sapevo io dell'Italia? Uno stivale deformato, penzolante da carte d'Europa appese in classi scolastiche odoranti di muffa, un nome, un sapore, una lingua, la lingua parlata dalla mia gente: quanto c'era di reale in tutto questo, cosa c'era che potesse chiamarsi ricordo?[40]

I genitori immigrati, con il loro esempio, non permettevano mai che i loro figli dimenticassero il rapporto fra il successo e le lunghe ore di lavoro. Successo significava coesione e dignità della famiglia, «onore di famiglia»; non lavorare significava compromettere questa dignità, rischiare una «brutta figura». Mediante il lavoro di tutta la famiglia e il sacrificio continuo, tenace, l'immigrante poteva prevalere anche sul più ferrato e sperimentato vicino americano. Nella vallata di San Joaquin in California o sulle grandi distese di mirtilli di Independence nel Texas il codice d'onore dell'immigrante non ammetteva che ci fossero, nella sua famiglia, dei parassiti. Raccogliere cotone o coltivare peschi, qualcosa tutti dovevano fare. Solo con la frugalità e il lavoro l'italiano sapeva di poter raggiungere il suo più grande ideale, la proprietà della terra, con il corollario dell'indipendenza. Ed era per rendere i propri figli indipendenti e pienamente in grado di sostenere la concorrenza che i genitori immigrati insegnavano loro un tipo particolare di materialismo.[41]

Ma con il successo materiale venivano anche quei negativi mutamenti di atteggiamento interiore che erano causa di tensione fra vecchi e giovani e di erosione del sentimento familiare. Gli insegnamenti dei genitori venivano sempre più trascurati e disattesi, apertamente o copertamente. Crescendo l'individualismo, si dissolvevano i valori tradizionali della famiglia in contrasto con esso. I figli cominciarono a non tollerare più le forme costituite di autorità. Gli «ordini» dei genitori cessavano di essere, nel nuovo ambiente, convenienti e giustificati. Le donne e i ragazzi degli immigrati reclamavano più liberi contatti con il mondo esterno. Jo

Pagano descrive la crescente tensione fra le generazioni, ricordando il momento in cui un suo «fratel prodigo» fece ritorno alla casa paterna in Colorado:

Lou ci raccontò dei luoghi che aveva visti. New York e St. Louis e New Orleans. Era stato anche a San Francisco, dove arrivano i bastimenti dalla Cina, e ci disse del Gran Canyon e di Yosemite, e degli alberi enormi che crescono nell'Oregon. Noi tutti ascoltavamo ad orecchie tese; tutti, salvo mio padre, il quale [...] sedeva in silenzio. Ma Lou non faceva attenzione a lui. Era quasi come se vantasse i suoi viaggi proprio per irritarlo. E si sentiva la frattura allargarsi fra loro. O il muro crescere sempre più alto, ad ogni momento che passava. Ma a nessuno di noi importava niente. Per la prima volta, a memoria nostra, nostro padre veniva respinto in secondo piano. Lou, adesso, era la persona importante in casa nostra, era lui che dominava tutto quanto vi si svolgeva. E ciascuno di noi provava segreti brividi di piacere. Era come se Lou ci rimborsasse di tutte le lamentele che ciascuno di noi, in tanti anni di autorità paterna, aveva accumulato contro mio padre e che nessuno, fino a quel momento, gli aveva mai rinfacciato.[42]

Invecchiando, gli uomini della prima generazione lamentavano che o quelli della seconda non sapessero anch'essi godere delle cose semplici, come al buon tempo antico. Era difficile, per le due generazioni, comunicare fra loro. E quando il figlio del vignaiolo californiano cercava di spiegare «perché» la sua generazione fosse diversa, le parole non gli venivano facili:

Papà, quando tu sei venuto nel West avevi pochissimo denaro e non avresti saputo come fare a muoverti dalla terra, magari anche soltanto per un viaggetto. La maggior parte dei tuoi amici è venuta in America tra il 1907 e il 1913. Vi siete fatta strada insieme, i vostri guai sono stati i guai di tutti, avete condiviso felicità, successo e dolori. E quando potevate stare sotto la pergola a bere vino e a giocare a bocce, era naturalmente una grande distensione. Ma perché vi aspettate che sia lo stesso per noi? Oggi la vostra stessa generazione – o quanto di essa rimane – ha perduto l'unità di un tempo. Molti dei tuoi vecchi amici sono gelosi dei successi di quelli che, un tempo, erano i loro compagni, immigranti come loro. Con la ricchezza sono tramontati quei pomeriggi di stretta unione sotto la pergola.[43]

Via via che il numero degli anni trascorsi in America cresceva, l'immigrato poteva materialmente sentire la prosperità nell'aria. Jo Pagano descrive il senso di sempre maggiore sicurezza provato dai suoi genitori a Salt Lake City prima, a Los Angeles poi. Racconta come il saloon assicurasse a suo padre il benessere e la sua famiglia diventasse «un solido membro della comunità: solido, sobrio, attivo». Il crescente senso di dignità dell'immigrato finì per essere il fulcro della sua vita nella comunità:

E adesso c'era quella nostra casa sulle Lincoln Heights da cui si dominava la città; adesso c'era la linea dell'autobus, che scendeva in città, al mercato, con la sua folla rumorosa, affaccendata nelle compere; adesso c'era il sabato sera, con il sacchetto dei soldi rovesciato sul tavolo di cucina e il libro dei conti di mio padre (e intanto il prosciutto con il pepe rosso e le uova sfrigolava sulla stufa, mentre la brocca di vino vietato attendeva); adesso si parlava di investire in proprietà immobiliari il denaro che si andava accumulando e, magari, di fare un viaggetto in Italia prima di morire. Poi il secondo bambino di Rose, e Mary sul punto di sposarsi, e Vincent promosso cassiere nella sua banca. Un futuro che non cessava di mussare, di gonfiarsi.[44]

Ma volgendo lo sguardo al passato, Pagano non poteva non riflettere sulle difficoltà incontrate all'inizio dai suoi genitori:

Pensavo a Coalville e a quanto avevano dovuto combattervi. Li pensavo così come potevo vederli nella fotografia delle nozze: quel giovanotto robusto, dalle guance colorite, che era stato mio padre, baffi neri girati all'insù e torace a baule; e quella ragazza timida, dai grandi occhi, che era mia madre; e pensavo a tutte le promesse che la vita faceva loro in quei giorni, le gloriose promesse che la terra promessa America offriva ai loro cuori fiduciosi e impazienti.[45]

Da scrittore qual era, Jo Pagano passò poi al cinematografo e a Hollywood, come Rodolfo Valentino, il più grande «amatore» dello schermo, comprensibile motivo d'orgoglio per gli uomini italiani.

Ogni anno che passava recava nuova ricchezza tanto alla prima quanto alla seconda generazione, ma ciò non serviva a riavvicinarle. Anzi, per incredibile che ciò possa sembrare, mentre ancora sedevano insieme sotto la pergola familiare, i vecchi provavano invidia per i successi dei giovani. Il fatto è che in essi covava il rimpianto di non aver potuto avere, anche loro, un'educazione «americana». Era un atteggiamento, questo, che appannava i rapporti perfino tra padre e figli e che nasceva dal sospetto retrospettivo di aver avuto la capacità potenziale di far meglio dei giovani qualora fossero state offerte le stesse possibilità. Queste distorsioni mentali determinavano uno sgradevole stato di tensione fra i due livelli d'età. Il sentimento di profonda reverenza per quell'istruzione che ai vecchi era stata negata rendeva questi ultimi intolleranti nei confronti dei giovani che ne facevano spreco.

Uno studio dell'atteggiamento delle varie minoranze nazionali delle città americane nei confronti dell'istruzione mostra che gli ebrei nutrivano per l'istruzione maggior rispetto che non gli immigranti italiani. Gli ebrei tendevano a considerare l'istruzione come un trampolino per portarsi in alto. Invece l'idea dominante del contadino dell'Italia meridionale, che l'uomo sia governato da un «destino» al di fuori del suo controllo, ostacolava l'assimilazione dei giovani della seconda generazione nell'ambiente urbano. La mobilità dell'immigrato italiano verso l'alto fu anche in parte paralizzata dall'importanza assegnata dall'italiano del Meridione alla famiglia come alternativa alla scuola. Ciò a prescindere dalla reazione contro il «potere costituito» che l'eccessiva prepotenza dei vincoli familiari determinava nei giovani.[46]

Un grosso problema dell'immigrato italiano era proprio questa pesante e prepotente struttura familiare, centrata sulla madre e dominata dal padre, rigida e profondamente radicata. Gli immigranti dell'Italia meridionale, e particolarmente della Sicilia, portavano con sé modi di pensare e di comportarsi che non è eccessivo definire inflessibili. Fra gli altri il principio che l'interesse e il bene della famiglia hanno la precedenza sulle ambizioni e le aspirazioni del singolo.

E sebbene la massima parte degli immigrati della prima generazione desiderasse per i propri figli tutta l'istruzione possibile, in certe famiglie poteva accadere che il figlio che lasciava la casa per procurarsi un'istruzione fosse tenuto in conto di «pecora nera». Il «buon figliolo» era quello che restava a casa «ad aiutare». Ecco, il «figlio ideale» poteva essere un Perry Como o un Joe Di Maggio, la celebrità «non intellettuale», l'uomo che rimaneva, in fondo, un ragazzo dal cuore grande e generoso.

Altre cose finivano per dividere le generazioni l'una dall'altra. A volte gli immigrati anziani avevano la sensazione che i loro figli, abituatisi a frequentare persone eminenti, disdegnassero quell'orgogliosa riservatezza o «dignità» che per la gente di provincia era un abito di rigore. Nella provincia italiana, il non saper tenere il proprio posto in società rappresentava una sconvenienza, un'impertinenza. La prima generazione non comprendeva che si potesse sacrificare questa dignità al piacere o al profitto. Il farlo produceva un inconscio senso di colpa.

Pagano annota anche che sua madre e suo padre e i loro amici «paesani» «sembravano non rendersi conto del passare del tempo». Erano, in sostanza, «perduti nel passato, perduti nella loro giovinezza». Ascoltandoli risentiva l'eco delle «mille e una favole» uscite dalle loro labbra, favole

[...] che risalivano a quella loro misera infanzia nell'*Old Country*, il paese dei vecchi, e rifluivano in un'America d'altri e svaniti tempi, l'America che ai loro occhi pieni di speranze era apparsa come la terra promessa. E vedevo le nude baracche di legno, e i pozzi profondi nelle viscere della terra, e gli uomini neri di polvere di carbone che al tramonto tornano a casa dalla miniera. [...] Tutte queste cose non le avevo, con il mio giovane sangue, con il mio giovane desiderio, trasformate in quella fecondità di vita ch'era stata la loro.[47]

Era naturale che il figlio dell'immigrante, davanti ai cui occhi il padre e la madre avevano percorso la lunga strada dalla povertà alla ricchezza, mentre al cavallo e al carretto si sostituiva l'aeroplano, non condividesse più completamente gli stessi valori. Egli era cresciuto tanto da uscire dall'ambiente dei suoi vecchi. Il figlio dell'immigrante imitava, ora, i modi dei suoi amici e coetanei americani, avvezzi ad un meno rigido governo. Che senso c'era a continuare a vivere tutt'insieme, autoisolandosi in una comunità rurale? Perché mai le sorelle non avrebbero dovuto scegliersi il marito senza il benestare dei genitori? Nel nuovo ambiente era cosa incredibilmente fuori moda, superata, consegnare la busta paga ai genitori senza averla aperta.

A differenza dai loro genitori, gli immigrati della seconda generazione puntavano ad una nuova posizione sociale, si spostavano in quartieri nuovi, si sforzavano di stabilire una nuova identità. Uno studio psicologico distingue gli italiani della seconda generazione in tre tipi a seconda della loro reazione (*reaction-types*): il tipo ribelle, tendente a gravitare sempre più verso il modello di vita americano; il tipo in *group*, che rimane nel gruppo e fa propri i valori tradizionali della comunità; e l'apatico, o distaccato, che si tira fuori dal conflitto etnico, minimizzando così l'importanza dei raggruppamenti a base nazionale.[48]

Nel suo libro *Young Man Luther* (New York 1958) Erik Erikson descrive la scissione delle immagini ancestrali che può facilmente verificarsi nella seconda generazione delle famiglie immigrate. La seconda generazione contadina – come appunto quella di Luther – è spesso fortemente ambivalente nei riguardi dei propri ascendenti. Segue poi quella che gli psichiatri chiamano una scissione negativa dell'identità, per cui una famiglia tende a dimenticare parte della sua identità passata, magari facendo al tempo stesso del sentimentalismo sulla storia familiare; il che causa un forte conflitto emotivo. La «liberazione etnica» degli immigrati della seconda generazione si compì tanto sul piano economico quanto sul piano sociale. Durante le due guerre mondiali gli italiani del West non furono banditi da alcun ambiente o circolo del quale fossero finanziariamente all'altezza. La seconda generazione non sperimentò direttamente alcuna angoscia, alcun sentimento di vergogna. Il nuovo livello sociale sul quale si muoveva non conservava più alcun aggancio con le antiche ragioni di conflitto. Certe deformazioni razziste del pensiero americano andarono correggendosi o attenuandosi, e la terza e la quarta generazione dimenticarono, giungendo alla maturità, le loro origini, e si immersero e confusero nel rassicurante circuito di una società pluralistica.

A poco a poco anche i cittadini «naturalizzati» si elevarono a posizioni e responsabilità amministrative, politiche e di governo d'ogni genere e livello, alle quali si prepararono facendo il funzionario, il dirigente, il giudice, il questore nell'ambito del comune o della contea. Fu un progresso sociale, al quale non rimase estraneo il fatto che ogni immigrato rappresentava anche un elettore e quindi un voto che l'uomo politico doveva saper conquistare. Progresso sociale che si tradusse in un'ulteriore disgregazione di fedeltà, tradizioni, costumanze e pregiudizi antichi, quindi in un'ulteriore perdita di identità etnica e in un crescente adattamento all'ambiente occidentale.

Negli anni 1920-1930 gli immigranti italiani avevano ormai raggiunto un nuovo stato giuridico. Ciò significò, per una parte di essi, diventare più conservatori. Costoro diedero il loro voto al Partito repubblicano, non vollero saperne di scioperi e di socialismo, e adottarono idee nazionaliste, quando non addirittura «nativiste» – come abbiamo già avuto occasione di osservare – o di difesa della purezza e integrità americane. La tradizionale obbedienza all'autorità, collegata anche con l'osservanza cattolica, e il rispetto per la stabilità, ne fecero dei «mantenitori dell'ordine» anziché degli innovatori.

Era gente che esaltava l'ossequio alla legge, la «correttezza» del pubblico comportamento, la difesa di quelle istituzioni in cui si incarnava l'autorità: le banche, la Chiesa, l'esercito. I «supercittadini» facevano esibizione di lealtà verso l'ordine costituito, stando sotto l'ombrello della cittadinanza recentemente acquisita e dei nuovi legami familiari e d'affari. Potevano non essere dei *flag-wavers*, degli agitatori nazionalisti, ma erano uomini desiderosi di rendersi degni del Nuovo Mondo in cui vivevano. Vantavano «più profonde radici» e «più indiscusse lealtà» di quelle di cui essi stessi avessero onorato l'Italia. Alcuni «anglicizzarono» non soltanto il nome, ma anche il cognome; i Lombardi diventarono Lombard e i Tomassini Thomas. I giornali presero a rendere regolare omaggio ai cittadini naturalizzati che si «facevano onore». Il successo di un immigrante «faceva notizia»; gli immigrati più ricchi ed illustri venivano festeggiati, in particolari ricorrenze, con edizioni speciali.

Gli immigrati italiani cercarono inoltre con tutte le forze di cancellare il marchio di cui le imprese degli Al Capone e del banditismo «stile Chicago» indirettamente li bollavano. Nessuno era tanto duro nel condannare i gangster quanto l'immigrante. Gli italiani *western* della prima generazione si difendevano osservando che le città ospitavano una più alta percentuale di immigrati della seconda generazione, nati in America, che di immigrati della prima generazione, nati all'estero: ed era nelle città, non nella provincia (la provincia «pulita»), che l'influenza dell'ambiente e la criminalità si facevano sentire più forti. In verità, quando gli anni Venti tempestarono l'America di jazz e di *bootleg booze*, di clamori e di bevande alcooliche di contrabbando, l'immigrato aveva ben ragione di riversare sull'ambiente la responsabilità di aver «prodotto» un Capone:

Al posto della festa campestre o della festa del santo patrono l'America offre all'italiano la maledizione del saloon, l'atmosfera avvelenata dei film da quattro soldi, i pericoli della sala da ballo di periferia. In Italia conosciamo bene la differenza fra il contadino che ha vissuto sempre qui e il contadino che è stato per qualche anno in America e poi è tornato. Il primo è più povero, ma il secondo è marcio fino al midollo.[49]

Questo brano, che contiene indubbiamente un'esagerazione delle colpe dell'ambiente, riguarda gli Stati orientali, i quali contrastavano con gli Stati occidentali, dove a quell'epoca la criminalità fra gli italiani della seconda generazione era meno conosciuta.

Con la fine del terzo decennio del secolo la «grande immigrazione» in America era praticamente finita. La sua fine era stata decretata fin dal 1924, con l'*Immigration Act* di quell'anno, al quale si sottrassero solo pochi rifugiati e *displaced persons*. I problemi che fra le due guerre mondiali afflissero l'America si posero a tutta la sua popolazione, originaria e naturalizzata. Proibizionismo, riflessi dell'instaurazione delle dittature in Europa, urbanesimo, grande depressione, tutto valse a fondere e confondere le strutture sociali. Gli italiani, a dir vero, trovarono alquanto curioso il proibizionismo, e tranquillamente andarono avanti a produrre e a bere vino e birra. I più giovani saltarono parecchi bagni di fine settimana a causa di certe misteriose bevande messe a fermentare nella vasca. La depressione rese più dura la caccia all'impiego, caccia nella quale l'immigrante era, poco o tanto, in posizione di svantaggio. Fortunatamente arrivò il 1935 a portare a tutti un po' di sollievo e ad elevare il livello di vita; e con il ritorno della prosperità diminuì la concorrenza tra lavoratori immigrati e non. Anche l'inserimento dell'immigrato nell'organizzazione americana del lavoro concorse a liberare dalle tensioni etniche i conflitti con il «lavoro a buon mercato» e le conseguenti discriminazioni.

La questione dei dittatori e delle dittature creò situazioni più imbarazzanti e persistenti, anche perché uno dei dittatori era un compatriota degli immigrati italiani. Va detto, tuttavia, che durante il ventennio mussoliniano il nazionalismo nostalgico degli immigrati fu piuttosto italofilo che fascistofilo, e ad ogni modo gli immigrati si convinsero, alla fine, che il «senso di italianità» non poteva essere modificato in modo da adattarlo alla politica del duce. Fra gli italiani che non vollero modificare il loro senso di italianità vi fu Arturo Toscanini, orgoglio degli italiani, e in particolare degli italo-americani, quando il più grande direttore d'orchestra dei nostri tempi, ritiratosi polemicamente dal teatro in Italia, emigrò definitivamente in America. Ma sebbene l'Italia fosse considerata ancora come la terra d'origine, e un opuscolo pubblicato nel 1928 in California chiamasse il fascismo «vergogna della patria», e Luigi Villari rientrando in Italia scrivesse quello che scrisse circa l'attaccamento dell'immigrato, l'abisso fra l'Italia e la sua progenie americana diventò praticamente invalicabile. Quegli immigrati che all'inizio avevano approvato il fascismo ammisero poi di non aver visto i mali del regime mussoliniano perché erano rimasti accecati dalla brillante avventura etiopica e dagli imponenti programmi di bonifica, di costruzione di ponti, strade, ospedali, di miglioramento delle condizioni di vita e di progresso sociale. Ma quando, nel 1941, gli Stati Uniti entrarono in guerra contro l'Italia, gli immigrati italiani ripudiarono alla quasi unanimità il regime politico del loro paese d'origine.[50]

Mai, tuttavia, era stato dato prima agli immigrati italiani di dimostrare la loro lealtà alla patria americana come durante la seconda guerra mondiale e, dopo la guerra, quando si trattò di difendere la democrazia contro l'assalto del comunismo.

I cittadini americani di origine italiana erano, nel 1967, circa 6 milioni e formavano uno dei filoni minori della cultura americana. Eppure l'Italia era, per l'America, «il gioiello del museo del Vecchio Mondo»[51] e questo fascino assorbiva, in sé tutto, anche «la simpatia dell'America [repubblicana] per l'Italia repubblicana».

La visione che gli italiani avevano dell'America e quella che gli americani avevano dell'Italia rimasero vaghe e indistinte fin dopo la seconda guerra mondiale. Se da un lato gli immigrati italiani avevano votato fedeltà all'America, dall'altro il materialismo americano aveva recato disgusto a molti intellettuali italiani che, come Ugo Ojetti e Giuseppe Giacosa, erano andati a visitarla. A loro volta gli americani, quelli che apprezzavano lo spirito pratico, provavano fastidio del sentimentalismo italiano. E mentre al contadino analfabeta l'America poteva apparire come la terra della liberazione, essa non esercitava un richiamo analogo sull'intellettuale italiano. Ma la seconda guerra mondiale, e prima ancora la caduta del fascismo, che aveva permesso alla provincia italiana di riemergere nella sua genuinità, aprirono l'Italia alla sua riscoperta da parte degli americani.

La riscoperta – e fu una riscoperta reciproca – ebbe i suoi agenti nelle migliaia di americani che durante e dopo la guerra si recarono in Europa. Negli anni Cinquanta, con l'emergere di un'Italia democratica e con l'affermarsi dei prodotti italiani – dalle macchine per cucire Necchi ai film di Sofia Loren, dalle automobili sportive italiane alla maglieria per signora – l'«italianità» divenne improvvisamente di moda.

Gli italiani, a loro volta, furono presi, dopo la seconda guerra mondiale, dall'avidità di saperne di più dell'America. Quanto agli italo-americani della seconda generazione, quelli che vollero riscoprire la terra dei loro padri non trovarono edificante il disordine della scena politica italiana, ma furono presi dalla bellezza delle antiche vestigia e del paesaggio dolcissimo e dal piacere di una familiarità di rapporti ancora indugiante nell'aria. Così il ritorno al luogo di nascita dei genitori diventò, per gli immigrati della seconda generazione, un'egira spirituale. Ma, una volta sul posto, non sentivano il desiderio di rimanervi a lungo. Jo Pagano fa dire a un suo personaggio, che appunto era ritornato alla terra d'origine dei genitori: «Provavo un desiderio violento, quasi frenetico, del familiare rumore d'America, del fragore degli autobus, del ronzio dei motori, di tutto quel raschiare e stridere ch'era la voce di casa mia».[52] I materialistici figli degli immigrati in America sognavano *ham and eggs* e toast con burro e marmellata. Gli hamburger e i frappé di latte e le sigarette col filtro sembravano essere diventati improvvisamente molto importanti. Nei villaggi primitivi dell'Italia meridionale gli abiti da pulirsi a secco non erano pratici. I gabinetti ad acqua corrente mancavano. Al diavolo la nostalgia! Di impianti idraulici avevano bisogno, di impianti idraulici!

Neppure i vecchi immigrati riuscivano più a comprendere il paese d'origine. *Immigrant's Return* (1951) di Angelo Pellegrini racconta la storia di un immigrato che aveva fatto strada al punto di diventare professore universitario nello Stato di Washington. Quando, molti anni dopo essere giunto in America, andò a rivedere il suo paese, fu stupefatto di constatare quanto si era americanizzato. Le limitazioni del Vecchio Mondo non risuscitavano più in lui gli antichi sentimenti di filiale lealtà. Un'intera vita di progressi si era compiuta; non in Europa, però, ma al di là dell'Atlantico. L'immigrato ordinario acquistava improvvisamente coscienza, rivedendo il mondo della sua giovinezza, del mutamento che era sopravvenuto. E ritornava in America con una simpatia nuova per la nuova patria, specialmente ora che i giorni «del piccone e del badile», del sudore e dei sacrifici, erano passati.

Uno dei misteri della storia degli italiani in America è che essi, tanto vivi spiritualmente, abbiano dato un contributo così piccolo alla letteratura americana. Pur entrando via via a far parte della classe media americana, gli italiani produssero, a paragone degli irlandesi o degli ebrei, pochi storici o romanzieri o poeti. Finora non c'è un grande romanzo uscito dalla penna di un immigrato italiano. Nulla che possa paragonarsi a *Giants in the Earth,* il libro di Ole Rölvaag sugli immigrati scandinavi. Questa assenza relativa (cioè a confronto delle altre nazionalità) degli italiani sul piano culturale può spiegarsi – ma solo in parte – con l'origine contadina (e analfabeta) degli immigranti italiani. Presa dall'urgenza di risolvere i problemi economici, la prima generazione non ebbe il tempo, e neppure i necessari fondamenti, per dare alla nuova patria un contributo culturale.

Può anche darsi che la creatività individuale sia stata ostacolata dalla natura fortemente collettiva della vita familiare dell'italiano. Solo quando la struttura introversa della famiglia italiana si sgretolò le nuove generazioni osarono cominciare a scrivere. Ma non scrissero praticamente nulla che possa essere definito «storia». Eppure sarebbe sembrato naturale che la prima generazione immigrata scrivesse la propria storia, creasse la propria leggenda. Invece anche i grandi scrittori italiani che, alla fine, si decisero a parlare degli emigranti in America – e ricordiamo Ignazio Silone, Carlo Levi, Cesare Pavese – lo fecero su di un piano intellettualistico, distaccato dalla realtà e dal folklore americani. L'esperienza dell'emigrante italiano in America è stata raccontata in modo inadeguato o deformato. Nessun periodico italiano di storia sorse nel Far West, nessuna società storica italiana. La storia dell'emigrante italiano in America è ancora da raccontare.[53]

L'esperienza dell'emigrante italiano è stata, sorprendentemente, descritta meglio dai romanzieri della seconda generazione che non dagli storici. Sotto il velo del romanzo, Jo Pagano e John Fante hanno descritto realisticamente l'impatto della prima generazione immigrata sui suoi figli, sulla seconda generazione. John Fante ci ha spiegato bene che cosa significasse essere italiano sul piano emotivo e americano su quello della convinzione. Fante nacque nel 1911 a Denver, nel Colorado, e trascorse la sua vita nel West. Lavorò a Hollywood come sceneggiatore e raccontò le sue esperienze in *Full of Life* (Boston 1952). Il più noto dei suoi libri (*Dago Red*, New York 1940) ruota attorno ad un personaggio che si vergogna della propria nazionalità, non ama essere chiamato *dago* o *wop* e trova nella brutalità un compenso alla sua alienazione. La memoria del passato gli richiama soltanto l'immagine di un padre rozzo e zotico e di una madre eternamente sofferente, la cui vita si svolgeva tutta in cucina. Troppo tardi il personaggio di Fante comprende quanto sia stato assurdo l'aver cercato di nascondere a se stesso e agli altri questo passato. Lo stesso tema era comparso in un altro libro di Fante, *Wait Until Spring, Bandini* (New York 1938), in cui si riflette il senso di vergogna causato nel personaggio principale dal modo di pensare e di vivere dei suoi genitori immigrati. Il protagonista si sente a disagio perfino per il modo in cui la madre gli prepara la refezione scolastica:

All'ora di pranzo, mi raggomitolo tutto sul mio cestino della colazione [nascondendolo], perché mia madre non avvolge i miei sandwich nella carta oleata [come usano le altre madri], e poi li fa troppo grandi, e la foglia di lattuga sbuca fuori. Quel che è peggio, il pane è fatto in casa, non è pane di fornaio, non è pane «americano». Protesto sempre perché non posso avere un po' di maionese e altre cose «americane».[54]

Full of Life di Fante fu concepita come commedia, e commedia rimane, nonostante la sua carica di tristezza. Liberata dai suoi aspetti morbosi, è stata ridotta in film, con Judy Holliday come protagonista.

Jo Pagano, altro sceneggiatore di film della seconda generazione, è stato buon interprete, nel romanzo fortemente autobiografico *Golden Wedding*, della mentalità e degli stati d'animo dei minatori stranieri del Colorado e dei fruttivendoli della California. *Golden Wedding* descrive le tensioni della vita familiare di un immigrante, con tutte le sue intime, mutevoli caratteristiche. La famiglia di Jo Pagano si spostò da Coalville a Denver, da Denver a Salt Lake City, poi a Fresno, infine a Los Angeles; ed egli mette in luce il coraggio di questa gente che andava cercando fortuna così lontano dall'Italia, e ne descrive la condizione e le vicende nel West, patria adottiva.

Nel West, e precisamente in California, sono ambientati anche altri due romanzi di Pagano: *The Paesanos* (Boston 1940) e *The Condemned* (New York 1947). Giovincello squattrinato, Pagano scrisse le sue prime cose dietro il banco di verdura che suo padre aveva avuto in concessione nel Grand Central Market di Los Angeles, e il suo primo romanzo apparve nello «Scribner's Magazine» quando aveva diciannove anni. Diventò amico di William Faulkner quando questi andò a lavorare a Hollywood.

Lo scrittore-pittore Valenti Angelo descrisse in *Nino* (New York 1938) la sua infanzia in Toscana, e in *Golden Gate* (New York 1939) la sua vita in California, illustrando ambedue i libri con grande finezza. Nel suo *Paradise Valley* (New York 1940) questo filone autobiografico continua. Leo Politi, delicato illustratore anche lui, racconta in *Little Leo* (New York 1951), per un pubblico di bambini, la deliziosa storia di come egli tornò a visitare l'Italia vestito da pelle-rossa, e così lanciò la moda indiana fra i giovani del villaggio dov'era nato suo padre.

Altri scrittori d'origine italiana hanno invece ignorato il tema dell'immigrante; fra questi ricordiamo Bernard De Voto, John Ciardi, Hamilton Basso e Frances Winwar (pseudonimo di Francesca Vinciguerra).[55]

Ci furono, d'altra parte, degli scrittori non italiani che toccarono il tema dell'immigrante italiano nel West. Idwal Jones prese la contea settentrionale della California produttrice di vino svizzero-italiano, a modello della sua descrizione della vita dei vignaioli (*The Vineyard*, New York 1946). Alice Tisdale Hobart, nella sua fantasia western *The Cup and the Sword* (New York 1942), ambientata nelle vallate californiane di San Joaquin e di Napa, racconta della famiglia Griffanti, una delle famiglie italiane che, insieme con personaggi francesi e armeni, popolano le sue pagine. Sidney Howard, con il dramma *They Knew What They Wanted* (1928), che vinse il premio Pulitzer, richiamò l'attenzione di tutta l'America sui vigneti «all'italiana» della Napa Valley. Nel 1956 questo dramma di Howard fu convertito da Frank Loesser in un popolare musical di Broadway, intitolato *The Most Happy Fella*, spettacolo animatissimo, condito e arricchito di motivi di gusto verdiano, fra cui «abbondanza» e «sposalizio».

Sullo stesso piano drammatico è un film degli anni 1957-58, *Wild Is the Wind*, che ebbe come interpreti Anna Magnani e Anthony Quinn e che descriveva i conflitti nazionali manifestantisi in un ranch del West.[56]

Ma altre influenze italiane meritano di essere rilevate: ad esempio quella della cucina italiana sulla cucina americana. L'atteggiamento più libero ed estroso dell'immigrante nei riguardi dei cibi e delle bevande sembrava essere molto consentaneo con il genere di vita del West americano. A mano a mano che i centri abitati del West acquistavano la fisionomia di città, si facevano avanti i grandi chef italiani, come Alex Perino a Los Angeles. Fra gli oscuri temi ancora non studiati vi sono le attività artistiche degli immigrati stranieri, l'influenza che esse ebbero nel West e, viceversa, l'influenza che il West ebbe su di esse. Un altro tema, che si presterebbe anche ad essere trattato letterariamente, e che sotto questo profilo fu appena sfiorato da John Steinbeck, è la pesca con la rete fatta dagli immigranti stranieri. Dopo tutto, nessuno ha veramente parlato della vita del minatore, del boscaiolo, del pastore immigrato nel West.

Dispersi nella vastità del territorio, gli italiani erano troppo pochi per portare cambiamenti di una certa profondità nella cultura del West. Tuttavia il loro inserimento nella vita del West ebbe un'influenza particolare, un'influenza sottile, per così dire concettuale, che infatti possiamo riassumere nel concetto di *American Italy,* Italia d'America. Concetto che fu efficacissimo nel XIX secolo come slogan turistico. Nel West «giardino del mondo» la California era il «giardino d'Italia». In questo simbolismo si esaltavano le analogie mediterranee fra il Vecchio e il Nuovo Mondo. Però questo mito, questo slogan, non furono gli immigranti italiani a crearlo: furono gli *anglos,* gli anglo-sassoni. Con tutta la loro indifferenza nei confronti degli stranieri, gli *anglos* erano dei grandi ammiratori dell'antichità classica, dell'arte e della letteratura del Mediterraneo, e gli americani del West si misero d'impegno a portare il «tour californiano» alla prestigiosa altezza del «grand tour europeo». Ed ecco che artisti immigrati in California parteciparono all'impresa, concorrendo a creare quell'atmosfera fisica «all'italiana» tanto cara alla *better class* vittoriana, alla società «bene» dell'epoca vittoriana. Ma se si eccettuano questi appassionati di una raffinata cultura, gli americani vedevano di solito nella lingua italiana (ammesso e non concesso che vi vedessero qualcosa) più la maniera di esprimersi del loro ortolano che la maniera di esprimersi di Dante. Ad ogni modo era chiaro – e avrebbe dovuto essere chiaro anche ai distratti custodi della storia dei pionieri – che gli immigranti erano venuti a stabilirsi e a vivere nel West definitivamente.[57]

È difficile «isolare», circoscrivere, individuare gli apporti di un gruppo etnico a una cultura nuova. Ma se, cercando di farlo per la cultura americana, ci domandiamo che cosa di duraturo e persistente portarono ad essa gli italiani, ci riferiremo a certe caratteristiche. Fra le caratteristiche di cui gli italiani furono i portatori comprenderemo la tradizione autoritaria dell'unità familiare; l'abitato raccolto attorno alla piazza; un cosmopolitismo espresso nel modo di vivere e di mangiare; una quasi inconscia (o semplicemente spontanea) tradizione civile greco-romana e mediterranea, alla quale s'era sovrapposta l'eredità autoritaria medioevale della Chiesa di Roma. Popolo ricco di calore, gli italiani tendevano a rendere più intensa la vita emotiva dei luoghi dove si stabilivano; e così accadde che spesso portassero colore, vitalità, gusto artistico nella scenografia squallida, a volte, o addirittura arida e austera, dell'ambiente americano. Pur conformandosi a questo ambiente nel vestire e nel comportarsi, gli italiani non reprimevano i loro impulsi estetici, soprattutto nel linguaggio e nell'espressione artistica. Non v'è, per così dire, città americana che nei parchi e negli edifici pubblici, nelle case e nei giardini privati, non rechi l'impronta dell'inventiva e dell'opera del terrazziere italiano, del muratore, dello scalpellino, del giardiniere, del progettista italiano.

E mentre l'applauso altrui salutava i loro successi e i loro sforzi, gli immigranti presero a circondarsi di un'atmosfera di compiacimento per la loro bravura, di mistico auto-incensamento. Nel Columbus Day e nel Fourth of July gli immigrati italiani, spalleggiati da politici a caccia di voti stranieri, rovesciavano a fiumi nei giornali, nei circoli, nelle logge, nelle associazioni di mutuo soccorso le solite frasi fatte, dalle quali emergeva quanto splendidamente «l'elemento straniero» si fosse amalgamato, integrato, nello «spirito d'America». Gli esaltatori dell'immigrante sciorinavano statistiche che mostravano quanti immigranti stranieri fossero diventati funzionari federali o statali, professori universitari, giudici, artisti, scienziati e banchieri. Non c'era fatto, anche minimo, che non venisse esibito come prova di luminoso successo.

Però si sorvolava sul «prezzo etnico» di tutto questo successo. Se certi storici pensano, come certamente pensano, che la *melting-pot experience*, la fusione nel crogiuolo, sia stata più *epochal*, più importante e determinante della perdita dell'identità nazionale, altri osservano che il prezzo pagato dall'immigrante per adattarsi alla società americana è stato quella tragica cosa che è la perdita della propria identità. Etnicamente parlando, gli immigranti che si adattano ad una società nuova si dissolvono, in sostanza, nell'invisibilità.[58] Ma questo modo di vedere le cose, per quanto acuto, è stato respinto dalla stragrande maggioranza degli immigrati stessi. Gli immigrati hanno scelto di barattare la loro identità originaria con l'idea del successo di Horatio Alger. La mira della maggior parte degli immigranti è stata di essere più americani degli americani.

La storia degli immigranti stranieri nel West smentisce l'idea stereotipa che la storia degli immigranti in America debba considerarsi essenzialmente una «storia d'alienazione». La rapidità con la quale la massima parte delle nazionalità straniere in America si lasciò assimilare sembra indicare, piuttosto, che vi fu adattamento e acquiescenza all'ambiente. Su questo fenomeno Eric Hoffer scrive:

È dubbio se senza la grande azione implicita nella conquista di un continente la nostra nazione di immigranti sarebbe riuscita a raggiungere in così breve tempo la sua straordinaria omogeneità. Coloro che vennero in questo nostro paese per agire (per fare denaro) si americanizzarono più presto e più a fondo di coloro che vennero per realizzare un alto ideale. I primi si sentirono di colpo parenti di tutti i milioni d'uomini protesi verso la stessa meta. Fu, per essi, come entrare in una confraternita, in una associazione di fratellanza. E compresero ben presto che, per riuscire, per avere successo, dovevano fondersi con i loro compagni, fare come facevano loro, imparare il *lingo*, il gergo, e stare al gioco.[59]

Sul presunto isolamento degli stranieri sono stati scritti molti studi, alcuni dei quali critici e contestatori; l'impressione che essi lasciano, ad ogni modo, è che nell'America del XIX secolo la parola «immigrante» indicasse una persona nata all'estero e residente in una grande e ostile città. Una città dell'Est, naturalmente. Si è gonfiata troppo la «lotta interiore» dell'immigrante alla ricerca di una condizione di sicurezza e di dignità in un Nuovo Mondo ostile. Per la massima parte degli immigranti che si spinsero verso occidente, la vita non fu una delusione, ma piuttosto una sfida, e magari un'avventura. Le loro reazioni all'America furono vive, appassionate, insomma l'opposto di «deluse» e «scoraggiate». Gli immigranti nel West evitarono, in genere, il sovraffollamento etnico, gli slum, i ghetti, e in larga misura anche i pregiudizi e i preconcetti ostili, grazie, in parte, alla mentalità del West. Di solito, nel West, il modo di pensare e di comportarsi degli uomini era generoso e tollerante, soprattutto nelle piccole comunità, dove gli immigranti tendevano meno a raggrupparsi fra loro. Gli studi compiuti su altre nazionalità, diverse dall'italiana, confermano questa generalizzazione.[60]

Nonostante i sacrifici e le sofferenze iniziali, gli immigranti trovarono nel West libertà piuttosto che rigore, ambiente aperto piuttosto che chiuso, possibilità per tutti piuttosto che privilegi per pochi. Alcuni di essi erano troppo vecchi o troppo caparbi per adattarsi, ma i più intuirono che c'era posto per tutti, che non sarebbero stati compressi, ma avrebbero trovato espansione. Non si sentirono profughi né nello spirito né nelle possibilità. Se sembrò che voltassero le spalle alla patria d'origine, voltarono però anche le spalle ad antichi pregiudizi e si liberarono dall'insicurezza di un tempo. Capitalisti *in pectore*, gli immigranti sposarono la certezza della classe media americana che l'uomo è padrone del suo ambiente. Il West non cessò mai di essere, per gli italiani, quel luogo di speranza di cui avevano sentito parlare al di là dell'oceano. In California come nel Texas potevano arrivare fin dove le loro capacità riuscivano a portarli; o perlomeno lo credevano. Se sorgevano delle discriminazioni, sapevano come dominarle, così come avevano dominato il clima, le difficoltà economiche, la vita stessa. E se quella vita aveva i suoi aspetti brutti e sporchi, ebbene, era lecito pensare che in quell'ambiente nuovo tutto era perfettibile, tutti potevano migliorare. Bastava lavorare sodo sapendo quel che si voleva, e chiunque, in quel Nuovo Mondo, avrebbe conquistato la posizione che meritava. Armati di questa certezza, tutti coloro che in essa avevano creduto furono ricompensati da giorni migliori di quelli conosciuti prima. E costoro divennero non degli *uprooted* ma degli *upraised*, non degli sradicati, privati della loro base, ma degli uomini consolidati su di una base più forte.

NOTE E BIBLIOGRAFIA

NOTE

Introduzione

[1] Antonio Gallenga, *Episodes of My Second Life; English and American Experiences*, Philadelphia 1885, p. 110.

[2] United States Industrial Commission, *Agricultural Distribution of Immigrants*, «Reports of the Immigration Commission», XV, Washington 1901, p. XX; *Abstract of the Twelfth Census of the United States, 1900*, Washington 1904, p. 105.

[3] Everett S. Lee, *The Turner Thesis Reexamined*, «American Quarterly», vol. XIII, primavera 1961, pp. 77-83.

[4] Cfr. Oscar Handlin, *The Uprooted*, Boston 1952, p. 4, opera piuttosto soggettiva, che è stata sempre più oggetto di critiche. James P. Shannon, uno dei pochi storici che abbia trattato le vicende degli stranieri nel West, scrive: «In generale, le ricerche che ho compiute in relazione al presente studio non confermano la descrizione fatta da Handlin delle insuperabili difficoltà contro le quali dovettero lottare gli immigranti contadini. [...] Nonostante gli indiscutibili rischi delle invasioni delle cavallette, delle gelate invernali, delle grandi calure estive, e nonostante l'uniformità della dieta [...] la loro condizione era tutt'altro che cattiva». (Cfr. J. P. Shannon, *Catholic Colonization on the Western Frontier*, New Haven 1957, p. 204 nota.) Un altro critico di Handlin, Rudolph J. Vecoli, dice a sua volta: «L'errore fondamentale dell'impostazione di Handlin è, a mio avviso, che essa subordina la complessità storica allo schema simmetrico di una teoria sociologica». (Cfr. R.J. Vecoli, *Contadini in Chicago: A Critique of the Uprooted*, «Journal of American History», vol. LI, dicembre 1964, p. 417.) Il quadro che Handlin traccia dell'immigrazione, osserva Merle Curti nella prefazione all'autobiografia di Paul Knaplund, è geograficamente limitato. «Chi ha accettato senza riserve libri sull'immigrazione del genere di *The Uprooted* di Oscar Handlin,» scrive Merle Curti «dovrebbe apprezzare in modo particolare *Moorings Old and New* [...] che mostra in modo chiaro, e basandosi direttamente sui fatti, quanto sia unilaterale qualsiasi descrizione dell'esperienza dell'immigrante che non prenda in considerazione il Middle West rurale.» (Cfr. P. Knaplund, *Moorings Old and New*, Madison 1963, p. VII.) Norman Pollack, in *Handlin on Anti- Semitism: A Critique of American Views of the Jew*, «Journal of American History», vol. LI, dicembre 1964, pp. 391-403, critica l'interpretazione di Handlin del giudaismo americano: «La logica è impeccabile,» scrive «ma i fatti non lo sono. Delle 112 opere citate da Handlin, 106 sono del tutto irrilevanti ai fini della questione in esame, 5 sono rilevanti ma non confermano la sua tesi, e soltanto una [...] è di un certo peso. Ma anche questa è stata interpretata male e in modo troppo elementare» (p. 391). Nonostante questa severa critica di

Pollack, gli scritti di Handlin, pur mancando di «equilibrio prospettico», produssero un «effetto a palla di neve»; il fatto che la sua documentazione non venisse sottoposta a controllo portò ad una diffusa accettazione delle sue erronee conclusioni circa l'antisemitismo e il movimento populista (pp. 391, 397).

[5] William Foote Whyte, *Street Corner Society, the Social Structure of an Italian Slum*, Chicago 1943, buono studio sociologico dei problemi di acculturazione.

[6] Paul F. Sharp, *The Northern Great Plains: A Study in Canadian-American Regionalism*, «Mississippi Valley Historical Review», vol. XXXIX, giugno 1952, p. 61.

[7] Cfr. Morris E. Garnsey, *America's New Frontier, the Mountain West*, New York 1950, p. 83.

[8] Cfr. John Higham, *From Immigrants to Minorities: Some Recent Literature*, «American Quarterly», vol. X, primavera 1958, p. 84.

[9] Conrad e Irene B. Taeuber, *The Changing Population of the United States*, New York 1958, p. 63.

[10] Eric Hoffer, *The True Believer*, New York 1964, VI ed., pp. 95-96.

[11] Lettera all'autore, 29 novembre 1955, con accluso il resto del discorso *The Social Sciences Today*.

[12] Circa la scarsità della documentazione riguardante la storia dell'emigrazione nel Far West, e il cattivo uso che se ne è fatto, cfr. William Mulder, *Through Immigrant Eyes: History at the Grass Roots*, «Utah Historical Quarterly», vol. XXII, 1950, pp. 34-49; Andrew F. Rolle, *America Through Foreign Eyes*, «Western Humanities Review», vol. IX, estate 1955, pp. 261-64.

[13] Richard C. Haskett, «Problems and Prospects in the History of American Immigration», *Report on World Population Migrations as Related to the United States of America*, Washington 1956, pp. 59-60.

I. *Perché emigrarono: le condizioni in Europa*

[1] H.M. Chittenden e A.T. Richardson (a cura di), *Life, Letters and Travels of Father Pierre-Jean De Smet, S.J., 1801-1873*, New York 1965, vol. II, p. 647. Fino al 1820 gli italiani negli Stati Uniti furono relativamente pochi; prima di tale data, probabilmente, c'era scarsa consapevolezza dell'America e dei suoi grandi spazi occidentali.

[2] Ancora nel 1947 la United Nations Relief and Rehabilitation Administration annotava che la dieta degli italiani consisteva per il 60% di cereali, e in particolare di grano (sotto forma di pasta). La carne entrava solo per il 3% nella dieta media. Cfr. Muriel Grindrod, *The Rebuilding of Italy: Politics and Economics, 1945-1955*, London 1955, pp. 164-65.

[3] *The West from the Census of 1880*, pp. 10-11.

[4] Maurice F. Neufeld, *Italy: School for Awakening Countries*, Ithaca 1961, p. 39; Daniel L. Horowitz, *The Italian Labor Movement*, Cambridge 1963, p. 35.

[5] Carlo Levi, *Cristo si è fermato a Eboli*, Torino 1945.

[6] Nello Rosselli, *Mazzini e Bakounine, 12 anni di movimento operaio in Italia, 1860-1872*, Torino 1927, pp. 16, 38.

[7] Frederick H. Wright, *The Italian in America*, «Missionary Review», vol. XXX, marzo 1907, p. 197.

[8] Roberto Tremelloni, *Storia dell'industria italiana contemporanea*, Torino 1947, *passim*.

⁹ William E. Davenport, *The Italian Immigrant in America*, «Outlook», v[...] 3 gennaio 1903, pp. 29-30.

¹⁰ Edward Corsi, *In the Shadow of Liberty*, New York 1935, p. 20.

¹¹ Cfr. Paul R. Baker, *The Fortunate Pilgrims: Americans in Italy*, Cambridge 1964; Van Wyck Brooks, *The Dream of Arcadia: American Artists in Italy, 1760-1915*, New York 1958.

¹² Louis Adamic, *The Land of Promise*, «Harper's», vol. CLXIII, ottobre 1931, p. 619.

¹³ Constantine Panunzio, *The Soul of an Immigrant*, New York 1921, pp. 60, 64; Carlo Levi, *Italy's Myth of America*, «Life», vol. XXIII, luglio 1947, pp. 84-85.

¹⁴ Egisto Rossi, *Gli Stati Uniti e la concorrenza Americana*, Firenze 1884, p. 710; William D. Foulke, *A Word on Italian Immigration*, «Outlook», vol. LXXVI, 20 febbraio 1904, pp. 459-61.

¹⁵ Loria a Turner, 17 febbraio 1894. L'originale, conservato nella Huntington Library di San Marino di California, è incollato nell'interno della copia del libro di Loria, *Analisi della proprietà capitalistica*, già in possesso di Turner. Cfr. anche: Ray Allen Billington, *America's Frontier Heritage*, New York 1966, pp. 11, 239; Lee Benson, *Achille Loria's Influence on American Economic Thought: Including His Contribution to the Frontier Hypothesis*, «Agricultural History», vol. XXIV, ottobre 1950, pp. 182-99.

¹⁶ Ray Allen Billington, in *The American Frontier*, Washington 1965, p. 6, cita la lettera di Turner a Carl Becker del 16 dicembre 1925, e altra corrispondenza riguardante la giovinezza di Turner, desunta dai *Turner Papers* della Huntington Library di San Marino di California.

¹⁷ Frederick Jackson Turner, *The Early Writings of Frederick Jackson Turner*, Madison 1938, pp. 71-83.

¹⁸ Confederazione Generale dell'Industria Italiana, *Annuario di statistiche del Lavoro*, pp. 404-405; Denis Mack Smith, *Italy, a Modern History*, Ann Arbor 1959, p. 240.

¹⁹ John F. Carr, *The Coming of the Italian*, «Outlook», vol. LXXXII, 24 febbraio 1906, p. 421.

²⁰ Anna Maria Ratti, «Italian Migration Movements, 1876 to 1926», in National Bureau of Economic Research, *International Migrations*, New York 1929-31, vol. II, pp. 451- 52; D. Mack Smith, *op. cit.*, pp. 239-41.

²¹ D.H. Lawrence, *Studies in Classic American Literature*, New York 1923, pp. 6, 76.

²² A. Gallenga, *op. cit.*, p. 1.

²³ Jane E. Robbins, *Italian Kodak, American Tomorrow*, «Outlook», vol. LXXX, 10 giugno 1905, p. 382.

²⁴ William E. Davenport, *Italian Immigration*, «Outlook», vol. LXXVI, 27 febbraio 1904, p. 527.

²⁵ Si tratta del poema di Charles MacKay, riportato da William Carlson Smith in *Americans in the Making: The Natural History of the Assimilation of Immigrants*, New York 1939, p. 19: «To the west, to the west, to the land of the free, / Where the mighty Missouri rolls down to the sea; / Where a man is a man if he's willing to toil, / And the humblest may gather the fruits of the soil. / Where children are blessings and he who hath most / Has aid for bis fortune and riches to boast. / Where the young may exult and the aged may rest, / Away! far away, let us hope far the best / And build up a home in the land of the west». Secondo un'altra versione: «To the West! to the land of the free. / Where the mighty Missouri rolls down to the sea. / Where

the prairies, like seas where the billows have rolled, / Are broad as the kingdoms and empires of old».

[26] Paolo de Vecchi, *Due lettere al Prof. Angelo Mosso a proposito dell'ultimo suo libro «La Democrazia nella religione e nella scienza»*, Firenze 1901. De Vecchi critica la condanna dell'America pronunciata da Mosso, condanna che egli giudica basata su di una troppo rapida visita del paese.

[27] Industrial Commission, «Reports», vol. XV, p. LXXIV; Napoleone Colajanni, *Homicide and the Italians*, «The Forum», vol. XXXI, marzo 1901, pp. 63-68; Robert F. Foerster, *The Italian Emigration of Our Times*, Cambridge 1919, pp. 448-49.

[28] Pasquale D'Angelo, *Pascal d'Angelo, Son of Italy*, New York 1924, p. 52.

[29] *Ibid.*, p. 48.

[30] *Ibid.*, p. 85.

[31] Enrico C. Sartorio, *Social and Religious Life of Italians in America*, Boston 1918, pp. 18-19.

[32] P. D'Angelo, *op. cit.*, pp. 119-21.

[33] *Ibid.*, p. 100.

[34] Shepard B. Clough, *The Economic History of Modern Italy*, New York 1964, p. 138.

[35] Kate Holladay Claghorn, *The Changing Character of Immigration*, «Public Opinion», vol. XXX, 14 febbraio 1901, p. 205.

[36] P. D'Angelo, *op. cit.*, p. 103.

[37] Lawrence Pisani, *The Italian in America, a Social Study and History*, New York 1957, pp. 67, 70.

[38] *Ibid.*, pp. 83-84.

[39] *Ibid.*, p. 249.

[40] C. e I.B. Taeuber, *op. cit.*, pp. 63, 310.

[41] Fred A. Shannon, *A Post-Mortem on the Labor-Safety- Valor Theory*, «Agricultural History», vol. XIX, gennaio 1947, pp. 31-37.

II. *Dall'esplorazione alla migrazione*

[1] La prima edizione [americana] del presente volume comprendeva tre capitoli sulle attività di tali precursori. Cfr. le prime tre appendici dell'edizione americana.

[2] La miglior biografia di Kino (Chini) è rappresentata dal libro di Herbert Eugene Bolton, *Rim of Christendom*, New York 1936. Un'altra sua biografia è *Pioneer Padre, the Life and Time of Eusebio Kino* [Dallas 1935], di Rufus Kay Wyllys. Cfr. anche *Il Padre Eusebio Chini, esploratore missionario della California e dell'Arizona* [Milano 1930], di Eugenia Ricci; l'opera dello stesso padre Kino, *Favores Celestiales* (trad. ingl. di Bolton, col titolo di *Historical Memoir of Primaria Alta* [Cleveland 1919, 2 voll.]); il libro dello stesso Bolton, *The Padre on Horseback*, San Francisco 1932; e il libro di Frank C. Lockwood, *With Padre Kino on the Trail*, Tucson 1934. Altre testimonianze sull'attività dei gesuiti italiani si trovano in *Pioneer Black Robes on the West Coast* [Berkeley 1940] di Peter M. Dunne e in *Early Jesuit Missions of Tarahumara* [Berkeley 1948] dello stesso autore. Cfr. anche Luigi Villari, *Gli Italiani negli Stati Uniti*, Roma 1939, pp. 1-5.

[3] Circa Gemelli Careri cfr. Henry R. Wagner, *The Cartography of the Northwest Coast of America to the Year 1800*, Berkeley 1937, p. 139; William L. Schurz, *The Manila Galleon*, New York 1959 [n. ed.], pp. 29, 239-40, 253, 267, 384; William H. Wallace, *Journal of the Great Voyage from the Philippines to America*, «Journal of American

History», vol. II, quarto trimestre 1908, pp. 585-86. Nell'opera di Awnsham e John Churchill, *Folio Collection of Voyages and Travels*, London 1704, vol. IV, pp. 1-606, è contenuta una traduzione del racconto di Careri. Su Malaspina è stato scritto ancora di più. La fonte principale, ad ogni modo, è *La vuelta al mundo por las corbetas Descubierta y Atrevida al mando del capitán de navio D. Alejandro Malaspina desde 1789 á 1794*. Della parte riguardante la California è stata fatta una traduzione a cura di Edith C. Galbraith, col titolo *Malaspina's Voyage Around the World*, «Quarterly» della California Historical Society, vol. III, ottobre 1924, pp. 215-37. Di Paolo Emilio Botta si veda il *Viaggio intorno al globo, principalmente alla California ed alle isole Sandwich*, Roma 1841.

[4] Francis Parkman, *La Salle and the Discovery of the Great West*, Boston 1869, pp. 117-18; Louise P. Kellogg, *The French Regime in Wisconsin and the Northwest*, Madison 1925, John Carl Parish, *The Man with the Iron Hand*, Boston 1913, Giovanni Schiavo, *Four Centuries of Italian-American History*, New York 1952, pp. 85-90; Henry de Tonty, *Dernières decouvertes en l'Amérique Septentrionale de M. de la Salle*, Paris 1697; Emilio Goggio, *Italians in American History*, New York 1930, p. 3. Oggi il nome di Tonti è perpetuato geograficamente soltanto nel nome di una città dell'Illinois e nella più nota Tontitown dell'Arkansas.

[5] G. Schiavo, *op. cit.*, p. 77.

[6] Id., *Italians in America before the Civil War*, New York 1934, p. 80.

[7] Richard C. Garlick, *Italy and the Italians in Washington's Time*, New York 1933, p. 84. Vigo aveva un compagno, certo Emiliano Yosti, italiano anche lui, che speculava in terreni ed era proprietario di una cava di pietra. Poco si sa di questo Yosti.

[8] E. Goggio, *op. cit.*, p. 4.

[9] R.C. Garlick, *op. cit.*, pp. 84-100.

[10] G. Schiavo, *Four Centuries of Italian-American History*, cit., pp. 124-28. Oggi una contea e una città dell'Indiana portano il nome di Vigo, e nella città di Vincennes c'è una Vigo Street. Cfr. anche Bruno Roselli, *Francesco Vigo, una grande figura storica tra gli italiani degli Stati Uniti*, Roma 1932, di cui esiste una traduzione inglese.

[11] Citato in Carlo Sforza, *The Real Italians*, New York 1942, p. 117.

[12] Luigi Castiglioni pubblicò un'opera in due volumi sulle risorse naturali e la flora dell'America del Nord: *Viaggio negli Stati Uniti dell'America Settentrionale fatto negli anni 1785, 1786 e 1787*, Milano 1790. Cfr. Howard R. Marraro, *Count Luigi Castiglioni, an Early Italian Traveller to Virginia (1785-1786)*, «Virginia Magazine of History and Biography», vol. LVIII, ottobre 1950, pp. 473-91.

[13] Carlo Castelli, *Il viaggio aereo dell'illustre Cavalier Don Paolo Andreani*, Milano 1783.

[14] G.H. Smith, *Gunt Andreani, a Forgotten Traveller*, «Minnesota History», vol. XIX marzo 1938, pp. 34-42; G. Schiavo, *Four Centuries of Italian-American History*, cit., pp. 257-58; François de la Rochefoucauld-Liancourt, *Travels Through the United States of North America*, vol. I, pp. 325- 35; T.L. McKenney, *A Tour of the Lakes*, Baltimore 1827, p. 263.

[15] Howard R. Marraro, *Pionea Italian Teachers of Italian in the United States*, «Modern Language Journal», vol. XXVIII, novembre 1944, pp. 555-82; G. Schiavo, *Four Centuries of Italian-American History*, cit., pp. 169, 264, 270. Una biografia di quest'uomo straordinario diventato poi cittadino americano, è contenuta in N. Cortese, *Le venture Italiane ed Americane di un Giacobino molisano*, Messina 1935.

[16] G. Schiavo, *Four Centuries of Italian-American History;* cit., pp. 303-304. Nel 1850, nella Louisiana, erano circa un migliaio (Bureau of the Census, *Compendium of the Seventh Census*, p. 116). Quando non vi sia diversa indicazione, resta inteso che le sta-

tistiche demografiche sono desunte dal censimento federale dell'anno cui è riferita la cifra della popolazione.

[17] F.L. Olmsted, *A Journey in the Seaboard Slave States*, New York 1856, vol. II, pp. 282-86.

[18] G. Schiavo, *Four Centuries of Italian-American History*, cit., p. 163; Joseph Rossi, *The Image of America in Mazzini's Writings*, Madison 1955, pp. 15-30.

[19] G.B. Cassignoli e H. Chiariglione, *Libro d'oro degli Italiani in America*, Pueblo 1904, pp. 342-46.

[20] Ella Lonn, *Foreigners in the Confederacy*, Chapel Hill 1940.

[21] *Letters from America*, «The Living Age», vol. XXV, 1° aprile 1922, p. 36.

[22] Ronald L. Davis, *A History of Opera in the American West*, Englewood Cliffs, N.Y., 1965, pp. 8, 10, 16, 19.

[23] Eliot Lord (a cura di), *The Italian in America*, New York 1905, p. 127.

[24] *Ibid.*, p. 123.

[25] Cfr. Alexander E. Cance, *Immigrant Rural Communities*, «The Survey», vol. XXV, 7 gennaio 1911, pp. 587-95; E. Lord, *op. cit.*, p. 128.

[26] L'elenco dei giornali pubblicato in *Louisiana Newspapers, 1794-1940*, della Louisiana Historical Records Survey, Baton Rouge 1941, comprende: «Correo Atlantico», «Il Monitore del Sud», «Gazzetta Italiana», «L'Italo-Americano» e «La Voce Coloniale». L'*American Newspaper Directory* di George P. Rowell, New York 1895, p. 327, elenca anche la «Gazzetta Cattolica», fondata nel 1890.

[27] Alberto Pecorini, *The Italian as an Agricultural Laborer*, «Annals» dell'American Academy of Political and Social Science, vol. XXXIII, gennaio-giugno 1909, p. 162.

III. *Verso il West: avventurieri e primi stabilimenti nell'alta e bassa vallata del Mississippi*

[1] *Autobiography of Major Tagliaferro*, «Collections» della Minnesota Historical Society, vol. VI, 1894, pp. 240-42.

[2] Citato in Warren Upham, *Minnesota in Three Centuries*, 4 voll., Mankota (Minnesota) 1908, I, p. 373. Intorno a Beltrami cfr. anche Theodore Christianson, *The Long and Beltrami Explorations in Minnesota...*, «Bulletin» della Minnesota History, vol. V, novembre 1923, pp. 249-264; Richard G. Wood, *Stephen Harriman Long, 1784-1864, Army Engineer, Explorer, Inventor*, Glendale 1966, pp. 126-29.

[3] L. Villari, *op. cit.*, vol. I, p. 11.

[4] W. Upham, *op. cit.*, vol. I, p. 361.

[5] J.C. Beltrami, *A Pilgrimage in Europe and America...*, 2 voll., London 1828, II, p. 481.

[6] Un eccellente riepilogo dei viaggi di Beltrami si trova in W. Upham, *op. cit.*, pp. 372-75. Cfr. anche la nota biografica di A.J. Hill, *Constantine Beltrami*, «Collections» della Minnesota Historical Society, vol. II, 1860, pp. 183-96.

[7] J.C. Beltrami, *A Pilgrimage in America...*, Chicago 1862.

[8] Cfr. William H. Keating, *Narrative of an Expedition to the Source of St. Peter's River, Lake Winnipeek, Lake of the Woods, etc., Performed in the Year 1823 by Order of the Hon. J. C. Calhoun, Secretary of War, under the Command of Stephen H. Long, U.S.T.E.*, 2 voll., Philadelphia 1824, I, p. 314.

[9] Cit. in G. Schiavo, *Italians in America Before the Civil War*, cit., p. 96.

[10] Riportato in «The Magazine of History», vol. XL, 1930, pp. 173-202. Cfr. anche

E.C. Gale, *A Newly Discovered Work on Beltrami*, «Bulletin» della Minnesota History, vol. X, settembre 1929, pp. 261-71.

[11] Cfr. Henry R. Schoolcraft, *Narrative of an Expedition Through the Upper Mississippi to Itasca Lake, the Actual Source of This River*, New York 1834. Nel 1881 la sorgente del «Padre delle Acque» fu posta nuovamente in discussione e si arrivò al punto di respingere quanto era stato accertato da Schoolcraft. Il capitano Willard Glazier credette di riconoscere nel lago Glazier la sorgente del fiume. Cfr. Pearce Giles, *The True Source of the Mississippi*, Buffalo 1881. Glazier cita Beltrami nel suo *Down the Great River*, Philadelphia 1891.

[12] Nel 1865 fu pubblicato a Bergamo un grosso volume a commemorazione della sua vita e delle sue opere, *Giacomo Costantino Beltrami - Notizie e lettere pubblicate per cura del Municipio di Bergamo e dedicate alla Società Storica del Minnesota*. Un ricordo di Beltrami fu pubblicato molto più tardi a Firenze da una sua pronipote, Eugenia Masi, *G.C. Beltrami e le sue esplorazioni in America*, Firenze 1902. Della Masi citiamo anche lo studio *Notizie di G.C. Beltrami sugli indigeni Americani*, in «Atti del XXII Congresso degli Americanisti», Roma 1926. Altri scritti di italiani su Beltrami sono: A. Lami, *C. Beltrami e la scoperta delle sorgenti del Mississippi*, Roma 1921, e G. Capsoni, *Costantino Beltrami e la scoperta delle sorgenti del Mississippi*, in «Annali Universali di Statistica», luglio 1869.

[13] Probabilmente Beltrami ignorava che fin dal 1798 un geografo della Northwest Company, David Thompson, aveva percorso la regione da lui «esplorata». Cfr. William W. Folwell, *A History of Minnesota*, 4 voll., St. Paul 1921-30, p. 111; G. Schiavo, *Four Centuries of Italian-American History*, cit., pp. 260-62, nonché *Italians in America Before the Civil Mar*, cit., pp. 94-100.

[14] G. Schiavo, *Four Centuries of Italian-American History*, cit., p. 295.

[15] E. Lord, *op. cit.*, pp. 99-100, fornisce cifre comprovanti l'alta percentuale di italiani del Nord fra i minatori.

[16] Antonia Pola, *Who Can Buy the Stars?*, New York 1957, p. 104. Sui minatori italiani nel Minnesota cfr. Industrial Commission, «Reports», XVI, pp. 205, 292, 297-302.

[17] Timothy L. Smith, *New Approaches to the History of Immigration in Twentieth Century America*, «American Historical Review», vol. LXXI, luglio 1966, pp. 1269-70.

[18] A.E. Cance, *Piedmontese on the -Mississippi*, «The Survey», vol. XXVI, 2 settembre 1911, pp. 779-85; Industrial Commission, «Reports», XV, p. 538.

[19] Rosemary Crepeau, *Un Apôtre Dominicain aux Etats-Unis, le Père Samuel Charles-Gaetan Mazzuchelli*, Paris 1932, p. X.

[20] G. Schiavo, *Four Centuries of Italian-American History*, cit., p. 249. Mazzuchelli (1806-64) aprì con la preghiera la prima seduta della legislatura territoriale del Wisconsin nel 1836. Cfr. in proposito R. Crepeau, *op. cit.*, p. XI; Samuele Mazzuchelli, *Memorie storiche ed edificanti di un missionario apostolico...*, 2 voll., Milano 1844, Lugano 1845; Luca Beltrami, *Padre Samuele Mazzuchelli, missionario domenicano nell'America del Nord dal 1829 al 1864*, Milano 1928. È sorprendente il gran numero di libri sul West che ebbero edizioni francesi e italiane. Si confronti Louis L. Simonin, *Le Grand Ouest*, Paris 1869 (trad. it. *Il Far-West degli Stati Uniti: I pionieri e i pelli rossi*, Milano 1876).

[21] A cura di Andrew Evans, che lo tradusse. Cfr. anche R. Bonfadini, *Vita di Francesco Arese*, Torino 1894; Lynn M. Case, *The Middle West in 1837, Translations from the Notes of an Italian Count, Francesco Arese*, in «Mississippi Valley Historical Review», vol. XX, dicembre 1933, pp. 381-99.

[22] Francesco Arese, *A Trip to the Prairies and in the Interior of North America, 1837-1838*, New York 1934, p. 66.

[23] *Ibid*, p. XXIX, l'itinerario dei viaggi di Arese è indicato nella cartina a fronte.

[24] *Ibid.*, p. 173.

[25] Pauline Cook, *Iowa Piace Names of Foreign Origin*, «Modern Language Journal», vol. XXIX, novembre 1945, p. 622.

[26] Allan Bogue, *From Prairie to Corn Belt, Farming on the minois and Iowa Prairies in the Nineternth Century*, Chicago 1963, pp. 15-16.

[27] G. Schiavo, *Four Centuries of Italian-American History*, cit., p. 244.

[28] E. Goggio, *op. cit.*, p. 10. Cfr. anche Robert F. Trisco, *The Holy See and the Nascent Church in the Middle Western States, 1826-1850*, Rome 1964, dove sono esaminate le attività del vescovo Rosati. È detto a p. 179 che il conte Vincenzo Piccolomini-Aragona di Firenze avrebbe dichiarato nel 1839 di aver trascorso dieci anni negli Stati Uniti per «ricerche scientifiche». Padre Mazzuchelli è ricordato alle pp. 260 e 262.

[29] G. Schiavo, *Italians in America Before the Civil War* cit., pp. 301, 316.

[30] Gilbert J. Garraghan, *The Jesuits of the Middle United States*, 3 voll., New York 1938, *passim*; G. Schiavo, *Italians in America Before the Civil War*, cit., pp. 315-16.

[31] Industrial Commission, «Reports», XV, p. 506.

[32] Edmondo des Planches, *Attraverso gli Stati Uniti per l'emigrazione Italiana*, Torino 1913, p. 248.

[33] Allen E. Drayer, *Italy in the Ozarks*, «American Fruit Grower», vol. XLIII, settembre 1923, p. 14; Id., *Italians in Knobview*, «The Interpreter», vol. II, aprile 1923, pp. 15-16; Industrial Commission, «Reports», XXI, p. 377; A.E. Cance, *Immigrant Rural Communities*, cit., p. 591; G. Schiavo, *The Italians in Missouri*, Chicago 1929, pp. 151-54. Quest'ultimo contiene un riepilogo completo delle attività italiane a Knobview.

[34] Industrial Commission, «Reports», XXI, pp. 369, 374.

[35] *The Waldesians in America*, «Mennonite Life», aprile 1950, p. 23.

[36] Dolores M. Manfredini, *The Italians Come to Herrin*, «Journal of the Illinois State Historical Society», vol. XXXVII, dicembre 1944, pp. 317-28.

[37] Industrial Commission, «Reports», XVIII, p. 343; *Lord & Thomas Pocket Directory of the American Press*, Chicago 1919, p. 646; N.W. Ayer, *Directory of Newspapers and Periodicals*, Philadelphia 1931, pp. 1236-38.

[38] «Tribune», New York, 2 gennaio 1884.

[39] Alfred H. Stone, *Studies in the American Race Problem*, New York 1908, pp. 102, 115-23, 188-208.

[40] Kate H. Claghorn, *Agricultural Distribution*, «Reports», XV, pp. 505-506.

[41] Alfred H. Stone, *Italian Cotton Growers in Arkansas*, «Review of Reviews», vol. XXXV, febbraio 1907, pp. 209-13; K.H. Claghorn, *Agricultural Distribution*, cit., pp. 505-506; Giovanni Preziosi, *Gli Italiani negli Stati Uniti del Nord*, Milano 1909, p. 98; *Settlers in Tontitown*, «Interpreter», vol. VIII, gennaio 1929, pp. 55-58.

[42] Emily Fogg Meade, *Italian Immigration into the South*, «South Atlantic Quarterly», vol. IV, luglio 1905, pp. 217-23.

[43] R.F. Foerster, *op. cit.*, p. 368.

[44] Alfred H. Stone, *The Italian Cotton Grower: The Negro's Problem*, «South Atlantic Quarterly», vol. IV, gennaio 1905, p. 45.

[45] Id., *Italian Cotton Growers in Arkansas*, cit., pp. 209-13; K.H. Claghorn, *Agricultural Distribution*, cit., p. 506; E. des Planches, *op. cit.*, p. 142.

[46] Le notizie contenute in questo capoverso sono desunte da Robert L. Brandfon, *The End of Immigration to the Cotton Fields*, «Mississippi Valley Historical Review», vol. L, marzo 1964, pp. 591-611.

[47] J.L. Coulter, *The Influence of Immigration on Agricultural Development*, «Annals» dell'American Academy of Political and Social Science, vol. XXXIII, gennaio-giugno 1909, p. 154.

[48] A.H. Stone, *The Italian Cotton Growers: The Negro's Problem*, cit., pp. 42-47.

[49] John F. Carr, *The Italian in the United States*, «World's Work», vol. VIII, ottobre 1904, p. 5402.

[50] John T. Faris, *The Romance of Forgotten Towns*, New York 1924, p. 322.

[51] *Ibid.*, p. 324

[52] G. Preziosi, *Settlers in Tontitown*, cit., pp. 56-58; Industrial Commission, «Reports», XV, p. 506.

[53] Anita Moore, *Safe Watt to Get on the Soil: The Work of Father Bandini at Tontitown*, «World's Work», vol. XXIV, giugno 1912, pp. 215-19.

[54] E. des Planches, *op. cit.*, pp. 213, 253-56.

[55] R.L. Brandfon, *op. cit.*, pp. 604-605.

[56] W. Turrentine Jackson, *The Enterprising Scot: Investors in the American West After 1873*, Edinburgh 1968, p. 275.

IV. *Sotto accusa: discriminazione e criminalità*

[1] G. Preziosi, *op. cit.*, pp. 96-99.

[2] Fu questa una delle ragioni per cui la United States Immigration Commission tenne statistiche distinte per gli italiani del Nord e quelli del Sud.

[3] O. Handlin, *op. cit.*, p. 29.

[4] S. Merlino, *Italian Immigrants and Their Enslavement*, «The Forum» vol. XV aprile 1893, pp. 183-190.

[5] Industrial Commission, «Reports», XV, p. LXXXIV.

[6] J.F. Carr, *The Italian in the United States*, cit., p. 5402.

[7] P. D'Angelo, *op. cit.*, p. 111.

[8] *Ibid.*, p. 112.

[9] Tra il 1876 e il 1900 gli italiani del Nord concorsero per oltre i due terzi all'immigrazione totale negli Stati Uniti. Tale percentuale si modificò sostanzialmente con il nuovo secolo. Cfr. M.R. Davie, *World Immigration, With Special Reference to the United States*, New York 1936, p. 111; D. Mack Smith, *op. cit.*, p. 241.

[10] L. Pisani, *op. cit.*, pp. 50-51.

[11] *Abstracts of the Reports of the Immigration Commission*, 64 Cong., 3 sess., *Sen. Doc. 747*, vol. I, p. 97. Cfr. G.E. di Palma Castiglione, *Italian Immigration into the United States*, «American Journal of Sociology», vol. XI, settembre 1905, p. 196.

[12] Barbara Miller Solomon, *Ancestors and Immigrants*, Boston 1956, pp. 164, 166-67.

[13] J.F. Carr, *op. cit.*, p. 5399.

[14] Il *nativism* politico è esaminato in R.A. Billington, *The Protestant Crusade, 1800-1860*, New York 1938; Theodore Maynard, *The Story of American Catholicism*, New York 1941; Donald L. Kinzer, *An Episode in Anti-Catholicism: The American Protective Association*, Seattle 1963, p. 91.

[15] Reuben Gold Thwaites, *On the Storied Ohio*, Chicago 1903, p. 69.

[16] Charlotte Erickson, *American Industry and the European Immigrant*, 1860-1885, Cambridge 1957, pp. 86, 104.

[17] Cushing Strout, *The American Image of the Old World*, New York 1963, p. 110; D.L. Kinzer, *op. cit.*, p. 15.

[18] Owen Lattimore, *Studies in Frontier History, Collected Papers, 1928-1958*, London 1962, pp. 489-490; Gilman M. Ostrander, *Turner of the Germ Theory*, «Agricultural History» vol. XXXII, ottobre 1958, pp. 258-61.

[19] Richard Hofstadter, *Social Darwinism in American Thought*, New York 1962, p. 172.

[20] *The Making of Americans*, «Outlook», vol. LXXIV, 22 agosto 1903, p. 971.

[21] George E. Cunningham, *The Italian, a Hindrance to White Solidarity in Louisiana...*, «Journal of Negro History», vol. L, gennaio 1965, p. 25.

[22] *Ibid.*, p. 26.

[23] «Times-Democrat», New Orleans, 12 novembre 1890.

[24] *Ibid.*, 16, 17, 19, 20 e 21 ottobre 1890.

[25] *Ibid.*, 4, 8, 10, 14 e 15 marzo 1891.

[26] A proposito di questo episodio vedansi: Thomas A. Bailey, *A Diplomatic History of the American People*, New York 1942, pp. 449-52; John E. Coxe, *The New Orleans Mafia Incident*, «Louisiana Historical Quarterly», vol. XX, ottobre 1937, pp. 1067-1110; Jules A. Karlin, *The Italo-American Incident of 1891 and the Road to Reunion*, «Journal of Southern History», vol. VIII, maggio 1942, pp. 242-46; E. Lord, *op. cit.*, p. 128; Frederic Sondern Jr., *Brotherhood of Evil, the Mafia*, New York 1959, pp. 58-62; J.S. Kendall, *Who Killa de Chief?*, «Louisiana Historical Review», vol. XXII, gennaio 1939, p. 492.

[27] G.E. Cunningham, *op. cit.*, pp. 31-32.

[28] L. Pisani, *op. cit.*, pp. 50-51.

[29] R.A. Schermerhorn, *These Our People: Minorities in American Culture*, Boston 1949, p. 250.

[30] Luigi Barzini Jr., *The Real Mafia*, «Harper's Magazine», vol. CCVIII, giugno 1954, p. 40.

[31] Eugene Schuyler, *Italian Immigration into the United States*, «Political Science Quarterly», vol. IV, settembre 1889, pp. 480-95.

[32] R.A. Schermerhorn, *op. cit.*, p. 250.

[33] John Higham, *Strangers in the Land*, New Brunswick 1955, p. 160.

[34] E. des Planches, *op. cit.*, p. 7.

[35] Vito Garretto, *Storia degli Stati Uniti nell'America del Nord, 1492-1914*, Milano 1916, pp. 440-441; Napoleone Colajanni, *Homicide and the Italians*, «The Forum», vol. XXXI, marzo 1901, pp. 63-68.

[36] E.F. Meade, *op. cit.*, pp. 217-23.

[37] John Horne Burns, *The Gallery*, New York 1947, p. 69.

V. «*Abbiate pazienza con noi*»: gli italiani e la terra.

[1] Eli Ginzberg e Hyman Berman (a cura di), *The American Worker in the Twentieth Century*, New York 1963, p. 90.

[2] Industrial Commission, «Reports», XV, pp. 496-97.

[3] Cfr. Alba M. Edwards (a cura di), «Appendix B of Hitherto Unpublished Thirteenth Census Occupation Statistics», in *Sixteenth Census of the United States (1940), Comparative Occupation Statistics*, 1870-1940, Washington 1943, p. 159.

[4] Antonio Mangano, *Sons of Italy, a Social and Religious Study of the Italians in America*, New York 1917, pp. 32, 60.

[5] A. Pecorini, *op. cit.*, p. 58.

[6] Nathan Glazer e Daniel D. Moynihan, *Beyond the Melting Pot, the Negroes, Puerto Ricans, Jews, Italians and Irish of New York City*, Cambridge 1963, p. 187.

[7] Industrial Commission, «Reports», XV, pp. 498-99.

[8] Gustavo Tosti, *Agricultural Possibilities of Italian Immigration*, «Charities», vol. XII, maggio 1904, p. 474.

[9] Isaac Hourwich, *Immigration and Labor*, New York 1912, p. 261.

[10] E. Ginzberg e H. Berman (a cura di), *op. cit.*, p. 41.

[11] J.E. Robbins, *op. cit.*, p. 383.

[12] E.F. Meade, *The Italian on the Land*, «United States Bureau of Labor Reports», n. 70, vol. XIV, Washington 1907, p. 486.

[13] *Ibid.*, p. 487.

[14] *Ibid.*, pp. 502, 510.

[15] Contro il 31,6% nell'industria. Cfr. M. Grindrod, *op. cit.*, p. 163.

[16] E.P. Hutchinson, *Immigrants and Their Children, 1850-1950*, New York 1956, pp. 70-71.

[17] *Ibid.*, p. 138.

[18] Edmund de S. Brunner, *Immigrant Farmers and Their Children*, New York 1929, pp. 4, 256-59.

[19] *Ibid.*, p. 37.

[20] Clarence H. Danhof, «Farm-Making Costs and the "Safety- Valve": 1850-1860», in *The Public Lands, Studies in the History of the Public Domain* (a cura di Vernon Carstensen), Madison 1963, pp. 264-69.

[21] James P. Shannon, *Catholic Colonization on the Western Frontier*, New Haven 1957 pp. 39-40.

[22] E. Rossi, *op. cit.*, p. 228.

[23] *Ibid.*, p. XVI.

[24] Walter M. Kollmorgen, *Immigrant Settlements in Southern Agriculture: A Commentary on the Significance of Cultural Islands*, «Agricultural History», vol. XIX, aprile 1945, pp. 69-78.

[25] Felice Ferrero, *A New St. Helena*, «The Survey», vol. XXIII, 6 novembre 1909, pp. 171-80.

[26] Frederick Boyd Stevenson, *Italian Colonies in the United States: A New Solution of the Immigration Problem*, in «Public Opinion», vol. XXXIX, 7 ottobre 1905, pp. 453-56.

[27] B. Roselli, *Arkansas Epic*, «Century», vol. XCIX, gennaio 1920, p. 378.

[28] R.G. Athearn, *High Country Empire, The High Plains and the Rockies*, New York 1960, pp. 172, 202.

[29] A. Pecorini, *op. cit.*, p. 158; M. Grindrod, *op. cit.*, p. 226.

[30] Merle Curti *The Making of an American Community: A Case Study of Democracy in a Frontier County*, Stanford 1959, p. 443.

[31] Citato in Herbert N. Casson, *The Italians in America*, «Munsey's Magazine», vol. XXXVI, ottobre 1906, pp. 122-26.

[32] Edward Corsi, *Italian-Americans and Their Children*, «Annals» dell'Academy of Political and Social Science, vol. CCXXIII, settembre 1942, pp. 100-106.

[33] Konrad Bercovici, *On New Shores*, New York 1925, pp. 86-87.

[1] A. Gallenga, *op. cit.*, pp. 197-210.

[2] Andrew Torrielli, *Italian Opinion on America*, Cambridge 1941, p. 17; Joseph Rossi, *The American Myth in the Italian Risorgimento: The Letters from America of Carlo Vidua*, «Italica», vol. XXXVIII, 1961, p. 165.

[3] Citato in Oscar Handlin (a cura di), *This Was America*, Cambridge 1949, p. 249. Il testo originale si trova in Giovanni Capellini, *Ricordi di un viaggio scientifico fatto nell'America Settentrionale nel MDCCCLXIII*, Bologna 1867.

[4] O. Handlin (a cura di), *This Was America*, cit., pp. 287-88.

[5] A. Torrielli, *op. cit.*, pp. 139-40.

[6] Nel 1895 Capellini, allora rettore dell'Università di Bologna e senatore del regno, vinse lo Hyden Prize della Philadelphia Academy of Science. Nella motivazione egli era definito come «uno dei più illustri geologi del mondo». *Ibid.*, p. 18.

[7] Camille Ferri-Pisani, *Lettres sur les Etats-Unis*, cit. in Henry T. Tuckerman, *America and Her Commentators*, New York 1864, p. 369. Cfr. anche C. Ferri-Pisani, *Prince Napoleon in America, 1861*, Bloomington, Indiana, 1959.

[8] Richard Flowers, *Letters from Lexington and the Illinois*, London 1819, riportato in R.G. Thwaites (a cura di), *Early Western Travels*, 32 voll., Cleveland 1904-1907, X, p. 132.

[9] A. Gallenga, *op. cit.*, p. 54.

[10] Cfr. Walter Rundell Jr., «The West as an Operatic Setting», in *Probing the American West*, Santa Fe 1962, pp. 49-61; William L. Davis, *A History of St. Ignatius Mission*, Spokane 1954, *passim*.

[11] Su questo tema cfr. Andrew F. Rolle (a cura di), *The Road to Virginia City*, Norman 1960; Louis B. Wright, *Culture on the Moving Frontier*, Bloomington 1955; Fred A. Shannon, *Culture and Agriculture in America*, «Mississippi Valley Historical Review», vol. XLI, giugno 1954, pp. 3-20; W.L. Davis, *op. cit.*, p. 36.

[12] Carlo Gardini, *Gli Stati Uniti, ricordi di Carlo Gardini*, 2 voll., Bologna 1887, I, pp. 80-83.

[13] L.L. Simonin, *op. cit.*, p. 35.

[14] *Ibid.*, pp. 128-29.

[15] C. Gardini, *op. cit.*, vol. II, p. 26.

[16] *Ibid.*, p. 199.

[17] *Ibid.*, p. 304.

[18] *Ibid.*, p. 114.

[19] *Ibid.*, pp. 93-94.

[20] *Ibid.*, pp. 76-77.

[21] Luigi Villari, *Italian Life in Town and Country*, New York 1902, p. 36.

[22] Cfr. Ernest S. Falbo (a cura di), *The California and Overland Diaries of Leonetto Cipriani... from 1853 through 1871*, Portland 1962.

[23] Leonetto Cipriani, *Avventure della mia vita*, 2 voll., Bologna 1934, II, pp. 103-104.

[24] *Ibid.*, pp. 100-102.

[25] *Ibid.*, p. 103. Le attività del Cipriani in California sono ricordate in un capitolo successivo.

[26] Telesforo Sarti, *Il parlamento subalpino e nazionale*, Roma 1896, p. 52.

[27] Francesco Varvaro Pojero, *Una corsa nel Nuovo Mondo*, 2 voll., Milano 1876, vol. I, cap. X, p. 266.

[28] A. Gallenga, *op. cit.*, p. 110.

[29] *Ibid.*, p. 215.

[30] Jo Pagano, *Golden Wedding*, New-York 1943, p. 4.

[31] Angelo Pellegrini, *Americans by Choice*, New York 1956, p. 194.

[32] *Ibid.*, p. 100.

[33] Irene de Robilant, «Gli Stati lontani e la costa del Pacifico », in *Trita Americana*, Torino 1929, *passim*.

VII. *Nel cuore delle praterie e oltre*

[1] Sulla manodopera immigrata, addetta alla costruzione delle ferrovie americane, cfr.: Paul W. Gates, *The Illinois Central Railreod and Its Colonization Work*, Cambridge 1934; Richard C. Overton, *Burlington West: A Colonization History of the Burlington Road*, Cambridge 1941; James B. Hedges, *The Colonization Work of the Northern Pacific Railroad*, «Mississippi Valley Historical Review», vol. XIII, dicembre 1926, pp. 311-42; Robert E. Riegel, *The Story of the Western Railroads*, New York 1926. Sulle vie di transito cfr.: Carl F. Kraenzel, *The Great Plains in Transition*, Norman 1955, pp. 248 sgg.; Industrial Commission, «Reports», XV, p. 411.

[2] J.P. Shannon, *op. cit.*, pp. 85, 255, 279.

[3] Ch. Erickson, *op. cit.*, p. 76; Gerd Korman, *Industrialization, Immigrants and Americanizers*, Madison, Wisconsin, 1967, p. 27.

[4] R.F. Foerster, *op. cit.*, p. 359. Una più completa valutazione della parte avuta dagli immigranti nella costruzione delle ferrovie del West è sollecitata da Richard C. Haskett, «Problems and Prospects in the History of American Immigration», in *A Report on World Population Migrations as Related to the United States of America*, Washington 1956, pp. 60-61.

[5] Industrial Commission, «Reports», XVIII, p. 340.

[6] Robert L. Stevenson, *Across the Plains*, London 1892.

[7] J. Pagano, *op. cit.*, pp. 20-22.

[8] S. Merlino, *op. cit.*, p. 184.

[9] L. Pisani, *op. cit.*, p. 91.

[10] *The West from the Census of 1880*, p. 23.

[11] R.E. Riegel, *op. cit.*, p. 239.

[12] Ch. Erickson, *op. cit.*, pp. 108-10, 118-19.

[13] G. Schiavo, *Four Centuries of Italian-American History*, cit., pp. 167, 252.

[14] Industrial Commission, «Reports», VII, pp. 14, 27; William F. Zornow, *Kansas, a History of the Jayhawk State*, Norman 1957, pp. 183, 305.

[15] Industrial Commission, «Reports», VII, p. 37.

[16] *Ibid.*, p. 27.

[17] Alan Conway (a cura di), *The Welsh in America: Letters from the Immigrants*, Minneapolis 1961, p. 131.

[18] Roy Ellis, *A Civic History of Kansas City, Missouri*, Springfield, Missouri, 1930, p. 37.

[19] G. Schiavo, *The Italians in Missouri*, cit., p. 106.

[20] Maurice M. Milligan, *Missouri Waltz, the Inside Story of the Pendergast Machine by the Man Who Smashed It*, New York 1948, pp. 33, 106-107, 119-33.

[21] William R. Reddig, *Tom's Town: Kansas City and the Pendergast Legend*, Philadelphia 1947, pp. 248-251; M.M. Milligan, *op. cit.*, pp. 103-107.

[22] W.R. Reddig, *op. cit.*, p. 251.

[23] M.M. Milligan, *op. cit.*, pp. 10, 103-107.

[24] L'opera più utile sugli italiani nel Nebraska è *The Italians of Omaha*, della Work Progress Administration (Omaha 1941). Cfr. anche N.W. Ayer, *op. cit.*, pp. 1236-38.

[25] *The Italians of Omaha*, cit., pp. 103-109.

[26] Staio o *bushel*, misura pari a litri 36,36. [*N.d.T.*]

[27] *Guida degli Stati Uniti con particolare riferimento all'opera svoltavi dagli Italiani*, New York 1937, p. 115.

[28] Lewis F. Crawford (a cura di), *History of North Dakota*, 3 voll., Chicago 1931, I, p. 417.

VIII. *In alto: nel Colorado*

[1] Henry S. Lucas, *Netherlanders in America, Dutch Immigrants to the United States and Canada 1789-1950*, Ann Arbor 1955, p. 431.

[2] I dati sui fratelli Garbarino provengono da una dichiarazione della loro nipote, riferita da Giovanni Perilli nel suo libro *Colorado and the Italians in Colorado*, Denver 1922, p. 25.

[3] Nel paragrafo sul New Mexico [p. 214] si trattano più largamente le attività di quest'ordine. Cfr. J.M. Espinosa, *The Neapolitan Jesuits on the Colorado Frontier 1869-1919*, «Colorado Magazine», vol. XV, marzo 1938, pp. 64-73.

[4] «Labor Enquirer», di Denver, 19 gennaio, 9 febbraio 1884.

[5] Adolfo Rossi, *Un Italiano in America*, Milano 1899, *passim*.

[6] Cfr. Rowland T. Berthoff, *British Immigrants in Industrial America 1790-1850*, Cambridge 1950, pp. 55, 61, 81.

[7] Citato da LeRoy R. Hafen, *Colorado and Its People*, 2 voll., New York 1948, II, p. 111.

[8] Lynn I. Perrigo, *The Cornish Miners of Early Gilpin County*, «Colorado Magazine», vol. XIV, maggio 1937, pp. 98-101.

[9] George A. Root, *Gunnison in the Early «Eighties»*, «Colorado Magazine», vol. IX, novembre 1932, pp. 204-205.

[10] *Ibid.*, p. 205.

[11] Cfr. D.J. Cook, *Hands Up; or Twenty Years of Detective Life in the Mountains and on the Plains*, Norman 1958, pp. 12-38.

[12] E. Ginzberg e H. Berman, *op. cit.*, p. 63.

[13] U.S. Commissioner of Labor, *Class Conflict in Colorado*, estratto di relazione pubblicata nel «Wayland's Monthly», aprile 1907, pp. 56-58.

[14] G. Perilli, *op. cit.*, pp. 41-42; Percy C. Fritz, *Colorado, the Centennial State*, New York 1941, pp. 370-379. Nel numero speciale de «La Parola del Popolo», dicembre 1958, pp. 98-116, dedicato al cinquantesimo anniversario della strage di Ludlow, vi è una relazione, di parte socialista, su detto massacro e su altri episodi di violenza nelle miniere. Cfr. anche Moses Rischin, *The Jewish Labor Movement in America*, in «Labor History», vol. IV, autunno 1963, p. 230.

[15] Selig Perlman e Philip Taft, *History of Labor in the United States, 1896-1932*, 4 voll., New York 1935, IV, pp. 388-90; Fred Thompson, *The I.W.W., Its First Fifty Years 1905-1955*, Chicago 1955, pp. 101-104. Una buona analisi delle agitazioni nel campo minerario e del lavoro è l'opera di Vernon H. Jensen, *Heritage of Conflict: Labor Relations in the Nonferrous Metals Industry up to 1930*, Ithaca 1950.

[16] Cfr. suor M.L. Owens, *Frances Xavier Cabrini*, «Colorado Magazine», vol. XXII, luglio 1945, pp. 171-78; Theodore Maynard, *Too Small a World; the Life of Francesca Cabrini*, Milwaukee 1945.

[17] G. Perilli, *op. cit.*, p. 38; *Foreign Language Publications*, p. 1; G. Schiavo, *Four Centuries of Italian-American History*, cit., p. 170; *Lord & Thomas Pocket Directory of American Press*, cit., p. 646; N.W. Ayer, *op. cit.*, pp. 1236-38.

[18] Work Progress Administration, *The Oregon Trail*, New York 1939, p. 78.

[19] J. Pagano, *op. cit.*, pp. 9-10, 39.

[20] *Ibid.*, p. 36.

[21] J. Higham, *op. cit.*, p. 113.

[22] Cfr. «Denver Post», 23 agosto 1955.

IX. *In avanscoperta nella regione fra i monti*

[1] Su questo punto cfr. Gilbert J. Garraghan, *Chapters in Frontier History*, Milwaukee 1934, pp. 136-137.

[2] In John Bidwell, *In California Before the Gold Rush*, Los Angeles 1948, pp. 15-16, si fa riferimento al gruppo Bidwell-Bartleson e ai gesuiti che si unirono ad esso fino a Soda Springs. Bidwell, che era protestante, scrisse queste righe a proposito di padre De Smet: «Era un uomo pieno di genialità, di bella presenza, e fra i più santi che io abbia mai conosciuto; non mi fa meraviglia che gli indiani lo credessero protetto da Dio». Cfr. anche l'opuscolo di Albert J. Partoll (a cura di), *Mengarini's Narrative of the Rockies...*, «Sources of Northwest History, Number 25», Missoula 1938.

[3] Lawrence B. Palladino, *Indian and White in the Northwest; or a History of Catholicity in Montana*, Baltimore 1894, p. 79.

[4] A.J. Partoll, *op. cit.*

[5] Tradotta in inglese con il titolo di *A Selish or Flat-Head Grammar*, New York 1861.

[6] «Silver Dick» Butler, uno dei primi stampatori del Montana, collaborò ad impiantare a St. Ignatius una tipografia portata nel Montana nel 1876. Butler lavorò parecchi anni alla stampa di questo dizionario, servendosi di ragazzi italiani per la composizione. Nel 1898 questa vecchia tipografia fu mandata al museo della Gonzaga University di Spokane, nello Stato di Washington.

[7] Il libro, tuttavia, non fu pubblicato che nel 1894.

[8] Andrew F. Rolle, *The Italian Moves Westward*, «Montana, the Magazine of Western History», vol. XVI, gennaio 1966, p. 20.

[9] Wilfred Schoenberg, *Jesuits in Montana* 1840-1960, Portland 1960, p. 29. Lo stesso autore, nel suo precedente libro *Jesuit Mission Presses in the Pacific Northwest*, Portland 1957, aveva riprodotto vari saggi di questa primissima attività tipografica dei gesuiti nel Nord-ovest.

[10] La decorazione artistica di St. Ignatius fu, in parte, opera del gesuita Giuseppe Carignano, torinese (1853-1919). Egli decorò le cappelle e le chiese di Missoula e di altre località dell'Idaho e del Montana. Il suo compito era la cucina, ed è alle pentole e ai tegami che egli rubava il tempo per dipingere.

[11] I titoli dei vari articoli di Mengarini sono elencati nelle note della sua *Narrative*, curata dal Partoll. Si legga la lettera di Mengarini a De Smet, datata 28 giugno 1842, in De Smet, *Voyages aux Montagnes Rocheuses chez les tribus indiennes du vaste territoire de l'Orégon... par le R. P. De Smet* 1801- 1873, Liège, 1913, pp. 251-253. Cfr. P.J. De Smet,

Western Missions and Missionaries, New York 1852; R.P. Laveille, *Le P. De Smet*, 1801-1873, Liège 1913; Robert I. Burns, *The Jesuits and the Indian Wars of the Northwest*, New Haven 1966, p. 50.

[12] H.M. Chittenden e A.T. Richardson, *op. cit.*, vol. II, p. 466.

[13] *Ibid.*

[14] G. Mengarini in A.J. Partoll, *op. cit.*, p. 8.

[15] Lettera all'autore di padre Antonio P. Via, S.J., Jesuit Historical Archives, Oregon Province, Mount St. Michaels, Spokane, Stato di Washington, 30 novembre 1955.

[16] R.I. Burns, *op. cit.*, pp. 48, 55.

[17] *Ibid.*, pp. 153, 401, 425.

[18] Prima della morte (che avvenne nel 1886 a Santa Clara, in California) Mengarini raccolse una serie di memorie sulla sua attività quale fondatore di St. Mary's.

[19] R.I. Burns, *op. cit.*, pp. 53-54, 409, 426.

[20] Oltre ad Accolti, accompagnavano De Smet e Ravalli in questo viaggio anche i padri Pietro Zerbinatti e Joseph Joset (svizzero), nonché i fratelli Vincenzo Magi e Giovanni Nobili.

[21] *Father Ravalli - Missionary, Pioneer, Teacher*, «The Daily Missoulian», Missoula, 8 marzo 1904, basato su di un articolo intitolato *Father Ravalli*, apparso nell'«Anaconda Standard» del 16 giugno 1895. Cfr. R.I. Burns, *op. cit.*, pp. 72, 193.

[22] R.I. Burns, *op. cit.*, p. 192.

[23] Helen A. Howard, *Padre Ravalli: Versatile Missionary*, «The Historical Bulletin», gennaio 1940, pp. 33-35; L.B. Palladino, *op. cit.*, pp. 59-60; W. Schoenberg, *Jesuits in Montana*, 1840-1960, cit., pp. 16-17.

[24] L.B. Palladino, *op. cit.*, pp. 59-60.

[25] Lettera di padre A. Ravalli a miss Narcissa Caldwell, datata 16 giugno 1884, Montana Historical Society, Helena, Montana.

[26] Per valutare l'importanza di padre Ravalli, una relazione ufficiale delle sue attività e di quelle dei suoi compagni è pubblicata da Gilbert J. Garraghan in *The Jesuits in the Middle United States*, cit., II, «The Oregon Missione», pp. 236-392. Cfr. anche L.B. Palladino, *op. cit.*, pp. 64-76.

[27] Cfr. «Montana Post», 23 dicembre 1865, F.X. Kuppens, *Christmas Day, 1865 in Virginia City, Montana*, nella «Illinois Catholic Historical Review», vol. X, luglio 1927, pp. 48-53; L.B. Palladino, *op. cit.*, pp. 307-308. Per un'idea dell'ambiente cfr. Andrew F. Rolle (a cura di), *The Road to Virginia City*, cit. A Hell Gate fu ancora un altro italiano, padre Urbano Grassi, a fondare nel 1863 una chiesa per bianchi. Cfr. Merrill G. Burlingame, *The Montana Frontier*, Helena 1942, p. 300.

[28] *House Journal*, 2 sess., *Montana Legislature for 1866*, Helena 1867, p. 9.

[29] *Father Giorda Revisits Helena*, «Daily Rocky Mounta in Gazette» di Helena, III, 8 giugno 1870. Giorda morì nel 1884. I particolari si trovano in W. Schoenberg, *Jesuits in Montana, 1860-1860*, cit., pp. 20-21 e in R.I. Burns, *op. cit.*, p. 385.

[30] George F. Weibel, *Rev. Joseph M. Cataldo, S.J., a Short Sketch of a Wonderful Career*, Spokane 1928, pp. 1-6.

[31] R.I. Burns, *op. cit.*, p. 371.

[32] *Ibid.*, pp. 377-378, 409, 425, 457.

[33] G.F. Weibel, *op. cit.*, pp. 26, 32-35.

[34] Si deve al reverendo Lawrence Palladino, S.J., genovese, un'importante opera sulla storia e la cultura del West. Il suo già più volte citato libro *Indian and White in the*

Northwest; or an History of Catholicity in Montana, apparso a Baltimore nel 1894, e ristampato parecchie volte, è la poderosa ed acuta storia dell'interazione di due correnti razziali. Palladino fu anche insegnante di latino e di greco al St. Ignatius College di San Francisco e all'Università di Santa Clara, nonché rettore della Gonzaga University. Cfr. Helen Fitzgerald Sanders, *A History of Montana,* Chicago 1913, pp. 1030-32.

[35] Per ulteriori particolari su queste missioni create da sacerdoti italiani cfr. William L. Davis, *A History of Saint Ignatius Mission,* cit., pp. 14, 122-28; William N. Bischoff, *The Jesuits in Old Oregon, 1840-1940,* Caldwell, Idaho, 1945, pp. 217-19.

[36] R.I. Burns, *op. cit.,* pp. 48, 66-67.

[37] *Record Book of the Montana Immigration Society,* manoscritto conservato presso la Montana Historical Society ad Helena, datato 22 marzo-7 aprile 1872. Cfr. anche il «Weekly Herald» di Helena, numeri del 4, 11 e 25 aprile 1872 e numeri del 2, 9 e 23 maggio 1872.

[38] Secondo il «Carbon County News», vol. XXXII, 18 agosto 1955, fino a quell'anno gli italiani del Nord partecipavano alla festa annuale, detta *Festival of Nations,* con una manifestazione regionale, chiamata *Festival of Oranges.* Si vuole che tale festival avesse origini assai antiche, essendo nato ad Ivrea, in Piemonte, nell'anno 1200. Il «Carbon County News» scrive: «Il popolo della città, narrano le cronache, era governato da un cattivo barone. Alla fine una giovane sposa uccise il cattivo barone e ne mostrò la testa recisa alla folla. Da allora, ogni anno, il popolo di Ivrea tiene una festa, nella quale le arance simboleggiano la testa del barone. La regina del festival è scelta fra le spose. Essa sfila a cavallo per la città, vestita di un pittoresco manto, gettando alla folla caramelle ed arance. Quest'anno la sposa, impersonata dalla signora Joe Alberi, indossava il suo vestito nuziale, portato dall'Italia».

[39] Work Progress Administration, *Copper Camp, Stories of the World's Greatest Mining Town, Butte, Montana,* New York 1943, p. 4.

[40] Cfr. H.F. Sanders, *op. cit.,* vol. III, pp. 1503-504.

[41] *Ibid.,* vol. III, p. 1541.

[42] Work Progress Administration, *Copper Camp...,* cit., p. 240.

[43] Cit. in Industrial Commission, «Reports», XV, p. 576.

[44] «Republican Picket» di Red Lodge, Montana, del 26 luglio 1907.

[45] *Ibid.,* del 21 febbraio 1908.

[46] Le statistiche riguardanti il Montana si trovano in *Butte City Directory,* Butte 1895 e *Thirteeath Census of the United States,* I (1910), pp. 836-38. A differenza dai loro compatrioti nelle altre parti del West, gli italiani del Montana non fondarono mai un proprio giornale.

[47] T.A. Larson, *History of Wyoming,* Omaha 1965, p. 306.

[48] Lamont Toronto, discendente di Joseph Toronto (Giuseppe Taranto), fu segretario di Stato dell'Utah nel 1957.

[49] Kate B. Carter, *Heart Throbs of the West,* Salt Lake City 1943, IV, p. 282. (Pubblicato dalle Daughters of Utah Pioneers.)

[50] Il «Millennial Star», giornale pubblicato dalla Church of Latter Day Saints, cita lettere di Lorenzo Snow dall'Italia nei seguenti numeri: XIII (1851), pp. 25-26, 89-90, 107-108, 186, 252-53, 301-302; XIV (1852), pp. 107-108; XV (1853), pp. 4, 61-62, 127-28, 202, 282, 555-58, 670-71, 752-53; XVI (1854), pp. 9, 61, 62, 110-11, 204-206, 350-51, 457-58; XVII (1855), pp. 46, 454-56.

[51] Altri due Anziani, Thomas Margetts e George D. Keaton, si unirono, in Italia, all'Anziano Woodard, prima che questi rientrasse (1854) negli Stati Uniti.

[52] G. Schiavo, *Four Centuries of Italian-American History*, cit., p. 171.

[53] Da G. Schiavo, *Four Centuries of Italian-American History*, cit., p. 171. In K.B. Carter, *op. cit.*, pp. 282-89, si trovano delle biografie di mormoni.

[54] Helen Zeese Papanikolas, *Life and Labor Among the Immigrants of Bingham Canyon*, «Utah Historical Quarterly», vol. XXXIII, autunno 1965, p. 289. Tutti i dati su Bingham sono tratti da questo eccellente studio.

[55] P.A.M. Taylor, *Expectations Westward, the Mormons and the Emigration of Their British Converts in the Nineteenth Century*, Ithaca 1966, p. 245; lettera di H.Z. Papanikolas all'autore del 30 dicembre 1957.

[56] *Guida...*, cit., p. 116. Un discendente di Filippo Cardone, Paul Cardon, Utah, raggiunse una posizione eminente nel dipartimento dell'Agricoltura degli Stati Uniti, e negli anni 1950-1960 fu a capo della F.A.O.

[57] Common Council for American Unity, *Foreign Language Publications in the United States*, New York 1952, p. 8; Douglas C. McMurtrie, *Early Printing in Utah Outside of Salt Lake City*, «Utah Historical Quarterly», vol. V, luglio 1932, p. 84.

[58] *Current Biography*, settembre 1943; Catherine Drinker Bowen, «The Historian», in *Four Portraits and One Subject; Bernard De Voto*, Boston 1963, pp. 10, 21.

X. *Nel cuore del Nord-ovest*

[1] G. Schiavo, *Four Centuries of Italian-American History*, cit., p. 251; W.N. Bischoff, *op. cit.*, pp. 218-19.

[2] Alla sua morte, avvenuta nel 1892, gli successe padre Morvillo. Cfr. Wilfred Schoenberg, *Jesuits in Oregon, 1844-1959*, Portland 1959, p. 15.

[3] A.M. Jung, *Sketch of the Jesuit Missions Among the American Tribes of the Rocky Mountain Indians*, Spokane 1925, *passim*.

[4] Industrial Commission, «Reports», XXIV, p. 499.

[5] Vernon H. Jensen, *Lumber and Labor*, New York 1945, pp. 104, 121-23.

[6] «Tribune» di Orofino, Idaho, 11 novembre 1910.

[7] A. Pellegrini, *op. cit.*, p. 12.

[8] *Ibid.*, p. 82.

[9] Industrial Commission, «Reports», XXIV, pp. 498, 642; *Guida...*, cit., p. 118.

[10] *Guida...*, cit., p. 118; Ayer, *op. cit.*, pp. 1236-38.

[11] Dumas Malone, «Biography and History», in Joseph R. Strayer, *The Interpretation of History*, Princeton 1943, p. 146.

[12] *Proud Seattle Celebration: The Citizens Pay Tribute to Their Italian Heritage*, «Life», vol. 43, 9 dicembre 1957, pp. 169-71.

[13] La spiegazione più comune del toponimo è che uno dei primi pionieri, ammiratore di Garibaldi, abbia dato alla città il nome del suo eroe. Tale versione è riportata in L.A. McArthur, *Oregon Geographic Names*, Portland 1944.

[14] Samuel Eliot Morison, *New England and the Opening of the Columbia River Salmon Trade, 1830*, «Oregon Historical Quarterly», vol. XXVIII, giugno 1927, pp. 113-20.

[15] G. Schiavo, *Italians in America Before the Civil War*, cit., pp. 224-225.

[16] *Ibid.*, pp. 225-26; Horace S. Lyman, *History of Oregon*, 4 voll., New York 1903, III, pp. 201-202; Frances Fuller Victor, *Flotsom and Jetsom of the Pacific*, «Oregon Historical Quarterly», vol. II, marzo 1901, p. 41.

[17] *Guida...*, cit., pp. 108-110; H.W. Scott (a cura di), *History of Portland*, Portland

1890, p. 146; Joseph Gaston, *Portland, Oregon*, Chicago 1911, II, pp. 753-54.

[18] Jesse S. Douglas, *Origins of the Population of Oregon in 1850*, «Pacific Northwest Quarterly», vol. XLI, aprile 1950, p. 104.

[19] Cit. in John B. McGloin, *John B. Nobili, S.J. Founder of California's Santa Clara College*, «British Columbia Historical Quarterly», vol. XVII, luglio-ottobre 1953, pp. 215-22.

[20] E. Goggio, *op. cit.*, p. 9.

[21] *Guida...*, cit., p. 110; Immigration Commission, «Reports», XXIV, p. 528; Rowell, *Newspaper Directory*, p. 1262; Ayer, *op. cit.*, pp. 1236-38.

[22] Cfr. N.B. Schofield, «Paranzella, or Trawl Net Fishing in California», in *Transactions of the Pacific Fisheries Society... 1915*, Seattle 1915, pp. 45-51.

[23] Carl Wittke, *A History of Canada*, New York 1928, pp. 255-56.

[24] Vincenzo Ruggieri, *Du Transvaal à l'Alaska*, Paris 1901, originalmente scritto in italiano.

[25] C. Wittke, *A History of Canada*, cit., pp. 279-80.

[26] Le statistiche sull'immigrazione in Canada sono desunte dal *Canada Yearbook*, pubblicazione annuale che dà il numero degli immigranti nel Canada diviso per nazionalità.

[27] «L'Eco d'Italia», 24 luglio 1957.

XI. *Successi nel Sud-ovest, regno del sole*

[1] Nel 1944 la Henry E. Huntington Library di San Marino, California, e la Rockefeller Foundation patrocinarono un convegno allo scopo di definire i limiti del Sud-ovest. La conclusione alquanto semplicistica alla quale il convegno pervenne fu che tale regione non si presta bene ad essere delimitata. In *Regionalism in America*, a cura di Merril Jensen [Madison 1951], il Sud-ovest è descritto infatti come zona i cui confini sono essenzialmente indefiniti.

[2] A.W. Williams e E.C. Barker (a cura di), *The Writings of Sam Houston*, 8 voll., 1938-1943, VII, p. 396, cit. da G. Schiavo, *Four Centuries of Italian-American History*, cit., p. 310.

[3] Decimus et Ultimus Barziza, *The Adventures of a Prisoner of War, 1863-64*, Austin 1865, pp. 3-18.

[4] G. Schiavo, *Four Centuries of Italian-American History*, cit., p. 310, ha ricostruito questo episodio sulla scorta di varie fonti poco comuni.

[5] R.S. Foerster, *op. cit.*, pp. 354-55.

[6] E. Lord, *op. cit.*, pp. 89, 145-47, A. Pecorini, *op. cit.*, p. 384.

[7] Carleton C. Qualey, *Normegian Settlement in the United States*, Northfield 1938, pp. 199-200.

[8] G. Preziosi, *op. cit.*, pp. 110-12.

[9] A. Pecorini, *op. cit.*, p. 164; E. Lord, *op. cit.*, p. 125.

[10] E. des Planches, *op. cit.*, pp. 164-68, 179, 181, 189.

[11] *Ibid.*, pp. 188, 190.

[12] E. Lord, *op. cit.*, p. 111.

[13] *Texas Newspapers, 1813-1939*, Houston 1941, pp. 63, 181.

[13] J. Frank Dobie, nella sua introduzione a C.J. Siringo, *Texas Cowboy*, New York 1950, p. X.

[14] Cit. in A. Mangano, *op. cit.*, *pp.* 10-11.

[16] *Ibid.*, pp. 11-12.

[17] E. Lord, *op. cit.*, p. 109.

[18] *Ibid.*, p. 110.

[19] Suor Blandina Segale, *At the And of the Santa Fe Trail*, Milwaukee 1948, pp. 98-99. Nel suo libro *Burs Under the Saddle*, Norman 1964, p. 453, Ramon Adams mette in dubbio l'esattezza del racconto dell'incontro di suor Segale con Billy the Kid. Lo stesso Adams, in *A Fitting Death For Billy the Kid*, Norman 1960, p. 239, critica la suora per l'imprecisione delle date.

[20] Willa Cather, *Death Comes for the Archbishop*, New York 1927 (trad. it., *La morte viene per l'Arcivescovo*, Milano 1936). [*N.d.T.*]

[21] D. M. Gasparri, *Account of the First Jesuit Missionary Journey Stress the Plains to Santa Fe*, «Mid-America», vol. XX, gennaio 1938, pp. 57-58.

[22] Warren A. Beck, *New Mexico, a History of Four Centuries*, Norman 1962, p. 209.

[23] Cfr. William G. Ritch, *Jesuitism in New Mexico, an Answer to Father Finotti*, Santa Fe 1878.

[24] Tra le fonti relative a padre Gasparri citiamo: A.M. Mandalari, *Missione del Nuovo Messico e Colorado, lettere edificanti...*, Napoli 1911; Donato M. Gasparri, S.J., «An Account of the Voyage of...», in *Lettere edificanti della Provincia Napoletana della compagnia di Gesù*, diario datato 19 aprile 1867, negli archivi del San Felipe di Neri Rectory di Albuquerque. Una storia molto viva di padre Gasparri è quella, edita in italiano, di Giuseppe M. Sorrentino, *Dalle montagne rocciose al Rio Bravo*, Napoli 1949. Cfr. anche E.R. Vollmer, *Donato Gasparri, New Mexico-Colorado Mission Founder*, «Mid-America», vol. XX, aprile 1938, pp. 96-106. A proposito della «Revista Católica» cfr. Ralph E. Twitchell, *The Leading Facts of New Mexico History*, Cedar Rapids 1911, II, p. 343. Cfr. anche M. Lilliana Owens, *Jesuit Beginnings in New Mexico, 1867-1882*, El Paso 1950.

[25] Richard A. Greer, *Origins of the Foreign-Born Population of New Mexico During the Territorial Period*, «New Mexico Historical Review», vol. XVII, ottobre 1942, pp. 281-287; Frederick G. Bohme, *A History of the Italians in New Mexico*, tesi di dottorato che rappresenta la miglior fonte di informazioni sugli italiani nel New Mexico. Per quanto riguarda Montague Stevens, cfr. Erna Fergusson, *New Mexico a Pageant...*, New York 1951, p. 284; Agnes Morley Cleaveland, *No Life for a Lady*, Boston 1941.

[26] Arthur Mann, *La Guardia, a Fighter Against His Times, 1882-1933*, Philadelphia 1959, pp. 26 sgg.

[27] Fiorello H. La Guardia, *The Making of an Insurgent. An Autobiography, 1882-1919*, Philadelphia 1948, p. 19.

[28] *Ibid.*, p. 20.

[29] *Ibid.*, p. 22.

[30] *Ibid.*, p. 25.

[31] *Ibid.*, pp. 26-27.

[32] *Ibid.*, pp. 27-28

[33] I primi italiani in Arizona sono citati in *Guida*, cit., p. 79; e in Richard E. Sloan, *Memories of an Arizona Judge*, Stanford 1932, pp. 8-9; e, sempre dallo stesso autore, in *History of Arizona*, 4 voll., Phoenix 1930, V, p. 306; nonché in R.W. Fulton e C.J. Bahre, *Charleston, Arizona, a Documentary Reconstruction*, «Arizona and the West», vol, IX, primavera 1967, pp. 55, 62.

[34] Francesco de Pinedo, *Il mio volo attraverso l'Atlantico e le due Americhe*, Milano 1928, pp. 174-225.

[35] *Ted Ettore De Grazia*, «The Masterkey», vol. XXXVI, ottobre-dicembre 1962, pp. 124-26, Ted Ettore De Grazia, *Padre Kino, a Portfolio...*, Tucson 1962.

[36] G. Schiavo, *Four Centuries of Italian-American History*, cit., p. 175.

[37] Virginia City, *Territorial Enterprise*, 18 ottobre, lo febbraio e lo settembre 1870; 1° febbraio 1871; 22 settembre 1874.

[38] G. Schiavo, *Four Centuries of Italian-American History*, cit., p. 175.

[39] MS Census of 1870, Treasure City, White Pine County, Nevada, Microfilm Roll 211, 1870 Census Population Schedules, National Archives, Washington, D.C.

[40] Russell R. Elliott, *Nevada's Twentieth Century Mining Boom*, Reno 1966, pp. 228-31.

[41] *Ibid.*, p. 231.

[42] *Ibid.*, p. 256.

[43] *Ibid.*, p. 259.

[44] «La Capitale», edizione di Pasqua, Sacramento 1922.

[45] A.J. Liebling, *The Lake of the CuiUi Eaters*, «New Yorker», vol. XXX, 8 gennaio 1955, p. 46.

[46] *Ibid.*, 1° gennaio 1955, p. 37.

[47] Tutte le citazioni sono desunte da «Time», 23 novembre 1959, p. 31; e da «Los Angeles Times», 7 maggio 1961, p. 2.

XII. *L'Italia in California: America mediterranea*

[1] Parti di questo capitolo furono presentate il 24 aprile 1954 alla riunione annuale della Mississippi Valley Historical Association, tenutasi a Madison, Wisconsin; successivamente apparvero in forma abbreviata sotto il titolo *Italy in California* in «The Pacific Spectator», vol. IX, autunno 1955, pp. 408-19. Cfr. anche il mio capitolo «Success in the Sun: The Italians in California», in *Westerners Brand Book*, a cura di Henry Clifford, Los Angeles 1962.

[2] H.H. Bancroft, *History of California*, 7 voll., San Francisco 1885, II, p. 723.

[3] Nell'originale *barcarollas*. Queste citazioni sono tutte desunte da Richard Henry Dana, *Two Years Before the West*, New York 1959, pp. 127-132. Cfr. inoltre H.H. Bancroft, *op. cit.*, IV, p. 709; S.B. Dakin, *A Scotch Paisano*, Berkeley 1939, pp. 73, 75, 76. Per quanto riguarda in particolare Leandri, si vedano le lettere di Felipe Arroyo a José Joaquín Jimeno dell'11 febbraio 1839; di Anna María Leandri a J.B. Leandri del 10 marzo 1837; di J.B. Leandri a Tomás Eleuterio de Estenaga del 5 febbraio 1839, e le testimonianze di Hugo Reid, A.M. Zabaleta e M.F. Uribe dell'anno 1839, tutte conservare nella sezione Stearns Manuscripts della Huntington Library di San Marino, California.

[4] P.E. Botta, *Observations on the Inhabitants of California, 1827-1828*, pubblicato in traduzione a Los Angeles nel 1952, non è che una parte dell'opera.

[5] Una riproduzione del ritratto fatto da Barbieri a Prudenciana Vallejo si trova in «Antiques Magazine», vol. LXIV, novembre 1953, p. 373, a corredo dell'articolo di R.G. Cleland, *California: The Spanish Mexican Period*. Un altro pittore italiano doveva in seguito riprendere e continuare la tradizione di Barbieri: cfr. in proposito Theodore W. Lilienthal, *A Note on Gottardo Piazzoni, 1872-1945*, «Quarterly» della California Historical Society, vol. XXXVIII, marzo 1959, pp. 7-10.

[6] H.H. Bancroft, *op. cit.*, V, p. 687; G. Schiavo, *Four Centuries, of Italian-American History*, cit., p. 172; lettera di T.O. Larkin a J.C. Calhoun in data 1° gennaio 1845,

conservata nei Larkin Papers della Bancroft Library, Università di California (in cui si accenna allo scalo fatto a Monterey da un brigantino genovese armato a guerra); William Heath Davis, *Sixty Years in California*, San Francisco 1889, p. 626 (dove è detto che la *City of Genoa* batteva bandiera cilena); Camillo Branchi, *Gli Italiani nella storia della California*, in «L'Universo», vol. XXXV, maggio-giugno 1956, p. 8.

[7] Il testo è ritradotto dall'inglese. Cfr.: G. Schiavo, *Four Centuries of Italian-American History*, cit. (il quale cita Bulferetti, *Leonetto Cipriano, Console Sardo in California*, «Archivio Storico di Corsica», 1939), pp. 94-102; Ernest S. Falbo, *State of California in 1856*, «Quarterly» della California Historical Society, vol. XLII, dicembre 1963, pp. 311-333, basato su dispacci consolari, Archivio di Stato, Torino.

[8] Robert O'Brien, *The Story of Domenico Ghirardelli*, in «Chronicle» di San Francisco, 4 luglio 1947 e 18 ottobre 1948; Ruth Teiser, *An Account of Domingo Ghirardelli and the Early Years of the Ghirardelli Company*, San Francisco 1945; «Call» di San Francisco, 18 gennaio e 29 novembre 1894.

[9] «L'Eco d'Italia», 29 luglio e 9 dicembre 1865, citato in G. Schiavo, *Four Centuries of Italian-American History*, cit., pp. 174-75, Idwal Jones, *Vines in the Sun*, New York 1949, p. 113, C. Gardini, *op. cit.*, *passim*.

[10] Richard A. Gleeson, *Dominic Giacobbi, a Noble Corsican*, New York 1938, *passim*.

[11] «P.G. & E. Progress», XXXII, settembre 1955, p. 12; C. Branchi, *op. cit.*, pp. 10, 11 nota; G. Schiavo, *Four Centuries of Italian-American History*, cit., pp. 172-73, 249-50; John B. McGloin, *Eloquent Indian*, Stanford 1949, pp. 19, 25-26, 114; *Notizie storiche e descrittive delle missioni della Provincia Torinese della Compagnia di Gesù nell'America del Nord*, Torino 1898, pp. 1-52; P. Ladislao Dragoni, *Il mio pellegrinaggio attraverso l'alta California Francescana*, Arezzo 1930, relazione italiana sulle missioni francescane della California. Nella stessa vena: Lodovico Preta, *Storia delle missioni Francescane in California*, San Francisco 1915.

[12] R.L. Davis, *op. cit.*, pp. 86-88.

[13] Hermann Klein, *The Reign of Patti*, London 1920, p. 209; Davis, *op. cit.*, pp. 88-89.

[14] «Bulletin» di San Francisco, 18 agosto 1917.

[15] Oscar Lewis e Carroll D. Hall, *Bonanza Inn, America's First Luxury Hotel*, New York 1939, pp. 324-25, 332-35; Davis, *op. cit.*, pp. 92-93.

[16] *Ibid.*, pp. 92-97.

[17] A.R. Neville, *The Fantastic City*, Boston 1932, pp. 231-32; Franklin Walker, *Ambrose Bierce, the Wickedest Man in San Francisco*, San Francisco 1941, p. 18, Idwal Jones, «San Francisco» in *The Taming of the Frontier*, New York 1925, pp. 99-124; Warren Unna, *The Coppa Murals*, San Francisco 1952.

[18] Oltre a «La Voce del Popolo», uscivano a San Francisco alcuni giornali italiani, fra cui «L'Indipendente», «L'Unione», «L'Unione Nazionale», «Il Proletario», «La Tribuna», «Il Lavoratore Industriale», «L'Eco della Patria», «L'Elvezia», «L'Eco della Razza Latina», «La Colonia Svizzera», «L'Imparziale», «La Critica», «Il Corriere del Popolo». Il giornale di Los Angeles «L'Eco della Colonia», fondato nel 1894, fu poi soppiantato nel 1908 da «L'Italo-Americano», che nel 1966 veniva ancora pubblicato da Cleto Baroni. Cfr. A. Frangini, *Italiani di San Francisco ed Oakland, California. Cenni biografici*, San Francisco 1914; Ayer, *op. cit.*, pp. 1236-38.

[19] Charles Speroni, *The Development of the Columbus Day Pageant of San Francisco*, «Western Folklore», vol. VII, ottobre 1948, pp. 325-35; Paul Radin, *The Italians of San Francisco*, San Francisco 1935, p. 38.

[20] Si vedano le belle fotografie pubblicate in John H. Kemble, *San Francisco Bay*, a

Pictorial Maritime History, Cambridge, Maryland, 1957, pp. 100-102. Cfr. Raymond F. Dondero, *The Italian Settlement of San Francisco*, tesi di laurea in geografia, p. 111.

[21] Andrea Sbarboro, *Wines and Vineyards of California*, «Overland Monthly», vol. XXV, gennaio 1900, pp. 65-76, 95-96; Idwal Jones, *Vines in the Sun*, New York 1949, pp. 110-16; E. Lord, *op. cit.*, pp. 134-44; *Sixth Annual Report. The Italian-Swiss Agricultural Colony*, San Francisco 1887; M.B. Levick, A *Man With Three Thousand Monuments*, «Sunset», vol. XXX gennaio 1913, pp. 93-94; C. Dondero, *Asti, Sonoma County, an Italian Swiss Agricultural Colony*, «Out West», vol. XVII, luglio-dicembre 1902, pp. 253-66.

[22] «Time», LXI, 27 aprile 1953, pp. 102, 104; Philip Ferry, *California Wine Goes to Sea*, «Westways», vol. L, marzo 1958, pp. 32-33.

[23] A. Pellegrini, *op. cit.*, pp. 48-54; Spencer C. Olin Jr., *European Immigrant and Oriental Alien...*, «Pacific Historical Review», vol. XXXV, agosto 1966, pp. 303-315.

[24] I. Jones, *op. cit.*, pp. 217-19.

[25] G. Rossati, *Relazione di un viaggio di istruzione negli Stati Uniti d'America*, Roma 1900; E. des Planches, *Gli Italiani in California*, Roma 1904, pp. 18-19; Vincent P. Carosso, *The California Wine Industry*, Berkeley 1951, p. 134; Arthur Inkersley, *The Vintage in California and Italy*, «Overland Monthly», vol. LIV, ottobre 1909, pp. 406-11.

[26] Sul proibizionismo in California cfr. Horatio F. Stoll, *The Founding of the Grape Protective Association*, «California Grape Grower», vol. I, dicembre 1919, p. 2; Marquis e Bessie R. James, *Biography of a Bank, the Story of Bank of America*, New York 1954, p. 213; Cleto Baroni (a cura di), *Gente Italiana di California*, Los Angeles 1928, pp. 49-52; John R. Meers, *The California Wine and Grape Industry and Prohibition*, «Quarterly» della California Historical Society, vol. XLVI, marzo 1967, pp. 19-32.

[27] E. Hore Patrizi, *The Italians in California*, «Star» di San Francisco, 14 giugno 1913.

[28] K.H. Claghorn, *Agricultural Distribution*, cit., p. 503.

[29] H.F. Raup, *The Italian-Swiss Dairymen of San Luis Obispo County*, «Yearbook» della Association of Pacific Coast Geographers, vol. I, 1935, pp 3-8; H.F. Raup, *The Italian-Swiss in California*, «Quarterly» della California Historical Society, vol. XXX, dicembre 1951, pp. 305-14; M.E. Perrett, *Les Colonies Tessinoises en Californie*, Lausanne 1950; Clay Pedrazzini, «The Italian-Swiss in California» in *The Swiss in the United States*, Madison 1940, pp. 93-101.

[30] I profili di Fontana e di Sbarboro si trovano in G.B. Cassignoli e H. Chiariglione, *op. cit.*, pp. 23-30.

[31] Carey McWilliams, *California: The Great Exception*, New York 1949, p. 115 e, dello stesso autore, *Factories in the Field*, Boston 1944, pp. 122-24; Winfield Scott, *Old Wine in New Bottles; When Italy Comes to California Through the Panama Canal*, «Sunset», vol. XXX, maggio 1913, pp. 519-26; K.H. Claghorn, *Agricultural Distribution*, cit., pp. 495-507; *Marco J. Fontana*, «La Capitale», Sacramento 1922, p. 33; *Italians in California*, «California Mail Bag», agosto 1871, pp. XXII-XXV; R.F. Dondero, *op. cit.*, p. 67.

[32] Mason Sutherland, *Californians Escape to the Desert*, «National Geographic Magazine», vol. CXII, novembre 1957, pp. 706-707.

[33] Bureau of the Census, *Special Reports of Religious Bodies: 1906*, vol. I, p. 33; Carey McWilliams, *Southern California Country*, New York 1946, p. 159.

[34] Dal 1930 i messicani sono al primo posto nella popolazione straniera della California. Cfr. Warren S. Thompson, *Growth and Changes in California's Population*, Los Angeles 1955, pp. 69, 72; Mario J. Spinello, *Italians of California*, «Sunset», vol. XIV, 1904-1905, p. 256; Doris M. Wright, *The Making of Cosmopolitan California*, «Quarterly» della California Historical Society, vol. XIX, dicembre 1940, p. 340, e

vol. XX, marzo 1941, pp. 65-79; Davis McEntire, *The Population of California*, San Francisco 1946, pp. 67-72, 76, 80; A. Pecorini, *op. cit.*, pp. 380-90; Giovacchino V. Panattoni, *Professionisti Italiani e funzionari pubblici Italo-Americani in California*, Sacramento 1935, p. I (contenente varie stime della popolazione italiana della California, che vanno, per il 1930, dalle 167.760 unità alle 236.622 unità). Cfr. anche R.F. Dondero, *op. cit.*, p. III; e Bureau of the Census, *Sixteenth Census: Characteristics of the Population*, vol. II, parte I, Washington 1943, p. 564 (che valuta in 100.911 unità la popolazione di nascita italiana in California, nell'anno 1940).

[35] E. des Planches, *Gli Italiani in California*, cit., p. 73.

[36] M. e B.R. James, *op. cit.*, p. 45.

[37] In almeno due circostanze, cioè le elezioni del 1926 e quelle del 1934, la potenza di Giannini si fece sentire politicamente in California. Cfr. Russell M. Posner, *The Bank of Italy and the 1926 Campaign in California*, «Quarterly» della California Historical Society, vol. XXXVII, settembre 1958, pp. 267-275, dicembre 1958, pp. 347-358; Russell M. Posner, *A.P. Giannini and the 1934 Campaign in California*. «Quarterly» della Historical Society of Southern California, vol. XXXIX, giugno 1957, pp. 190-201.

[38] John Lombardi, *Labor's Voice in the Cabinet*, New York 1942, pp. 128-29.

[39] Intorno a Caminetti cfr. *Who's Who*, Chicago 1922, p. 601; ed anche J. Higham, *op. cit.*, pp. 228, 231; *Amador County History*, Jackson 1927, pp. 21, 26, 61, 92-93. Informazioni sul suo conto si trovano anche nei James D. Phelan Papers, Bancroft Library, Università di California, Berkeley. Un libro pesante ma utile, che collega l'antiradicalismo con la xenofobia, è *Aliens and Dissenters, Federal Suppression of Radicals, 1903-1933*, di William Preston Jr., Cambridge 1963, nel quale Caminetti è presente dal principio alla fine. Cfr. anche Stanley Cobben, *A. Mitchell Palmer: Politician*, New York 1963, pp. 218-19, 223-25, 233.

[40] H.H. Bancroft, *Literary Industries*, San Francisco 1890, pp. 365-76, 383-445.

[41] Intorno a Forestiere cfr.: *Realm of the Human Mole*, «Westways», vol. XLVIII, luglio 1956, pp. 8-9. La storia di Rodia è raccontata da Robert S. Bryan, *Sam Rodia and the Children of Watts*, «Westways», vol. LIX, agosto 1967, pp. 3-6.

[42] J. M. Scanland, *An Italian Quarter Mosaic*, «Overland Monthly», vol. XLVII, aprile 1906, pp. 327-34.

[43] Uno studio stupendo è quello pubblicato nella serie monografica «San Francisco Theater Research», realizzata dalla Works Progress Administration. Esso è intitolato *The Italian Theater in San Francisco*, San Francisco 1939 (ciclostilato), *passim*.

[44] Oscar Lewis, *Silver Kings, the Lives and Times of MacKay, Fair, Flood, and O'Brien*, New York 1947, pp. 91-92, 102.

[45] «Times» di Los Angeles, 20 luglio 1947.

[46] Franklin Walker, *A Literary History of Southern California*, Berkeley 1950, pp. 118-19; cfr. J.H. Tigner, *The Italy of America... Riverside County, California*, Los Angeles 1908; San Diego Chamber of Commerce, *The Italy of America* e *Our Italy*, San Diego 1892.

[47] Sull'influenza italianizzante in California cfr. Ernest C. Peixotto, *Romantic California*, New York 1910, pp. 3-23; *Itay's Message to California*, «Sunset», vol. X, marzo 1903, pp. 367-78; *Italy in California*, «Scribners», vol. XLVIII, luglio 1910, pp. 75-84.

¹ E.F. Meade, *op. cit.*, p. 524.

² Cfr. Allan McLaughlin, *Italian and Other Latin Immigrants*, «Popular Science Monthly», vol. LXV, agosto 1904, p. 341; *Italians in the United States*, «Literary Digest», vol. XCIII, 23 aprile 1927, p. 31; Earl Pomeroy, *The Pacific Slope*, New York 1965, pp. 262, 284.

³ C. e I.B. Taeuber, *op. cit.*, pp. 63, 310; R.C. Haskett, *op. cit.*, pp. 58-60, dove si insiste ugualmente su questo punto.

⁴ C. e I.B. Taeuber, *op. cit.*, p. 64.

⁵ J. Pagano, *op. cit.*, p. 175.

⁶ L.B. Wright, *op. cit.*, pp. 222-23.

⁷ «News» di Herrin, 6 ottobre 1905, cit. in D. Manfredini, *The Italian Come to Harrin*, «Journal of the Illinois State Historical Society», vol. XXXVII, dicembre 1944, pp. 317-28.

⁸ «News» di Herrin, 5 ottobre 1911, *ibid.*

⁹ Timothy L. Smith, *New Approaches to the History of Immigration in Twentieth Century America*, «American Historical Review», vol. LXXI, luglio 1966, p. 1273.

¹⁰ John A. Hawgood, *The Tragedy of German-America. The Germans in the United States of America During the Nineteenth Century - And After*, New York 1940, p. 40. Frutto di una ricerca più recente è Terry G. Jordan, *German Seed in Texas Soil: Immigrant Farmers in Nineteenth Century Texas*, Austin 1966.

¹¹ M. Curti, *op. cit.*, p. 138; J. Pagano, *The Paesanos*, Boston 1940, p. 3.

¹² J. Pagano, *Golden Wedding*, cit., p. 84.

¹³ Questa parte attinge largamente alle ricerche di Timothy L. Smith, Clarke Chambers e Hyman Berman, riportate da T.L. Smith in New *Approaches to the History of Immigration in Twentieth Century America*, «American Historical Review», vol. LXXI, luglio 1966, pp. 1267-70.

¹⁴ J.A. Hawgood, *op. cit.*, p. 192. Parlando del disagio in cui vennero a trovarsi i tedeschi nei confronti dei «nativisti» texani, Hawgood dice: «La buona accoglienza che era stata accordata agli immigranti e ai coloni tedeschi negli anni Quaranta si era tramutata, negli anni Cinquanta, in sfottente disprezzo».

¹⁵ E. Pomeroy, *op. cit.*, p. 285.

¹⁶ J.B. Bosckis, in *Butte Miner*, ripubblicato nel «Daily Record» di Helena, 3 novembre 1894.

¹⁷ *Wobbly* significa «tentennante», «tentennone». Può darsi che fossero definiti così i lavoratori stranieri, magari gli italiani in particolare, oppure gli aderenti all'Industrial Workers of World. [*N.d.T.*]

¹⁸ Robert L. Tyler, *The I.W.W. and the West*, «American Quarterly», vol. XII, estate 1960, p. 182, cita l'«Oregonian» di Portland del 10 marzo 1907. Cfr. Carl Wittke, *The Irish in America*, Baton Rouge 1956, pp. 188-91, 225.

¹⁹ J. Higham, *op. cit.*, p. 90.

²⁰ *Ibid.*, p. 73.

²¹ Ray Ginger, *Age of Excess, the United States from 1877 to 1914*, New York 1965, pp. 241-43.

²² Molto ampie sono le ricerche recenti sulla questione degli anarchici stranieri negli Stati Uniti. Cfr. Sidney Fine, *Anarchism and the Assassination of McKinley*, «American Historical Review», vol. LX, luglio 1955, pp. 777-99.

[23] D.L. Horowitz, *op. cit.*, p. 37.

[24] I. Hourwich, *op. cit.*, pp. 328, 452.

[25] O. Handlin, *Race and Nationality in American Life*, Boston 1956, pp. 107-108.

[26] *Ibid.*, pp. 125-130.

[27] O. Handlin, *The American People in the Twentieth Century*, Cambridge 1954, p. 60.

[28] «Speech Before the Knights of Columbus», New York City, 12 ottobre 1915, in *The Works of Theodore Roosevelt, Memorial Edition*, XX, p. 456.

[29] P. D'Angelo, *op. cit.*, pp. 80, 83.

[30] C. Pavese, *La luna e i falò*, Torino 1950. Rolle riporta le citazioni da Donald Heiney, *America in Modern Italian Literature*, New Brunswick 1964, pp. 178-79 [*N.d.T.*].

[31] P. D'Angelo, *op. cit.*, pp. 115, 171.

[32] M. Curti, *op. cit.*, pp. 98-99.

[33] Theodore Saloutos, *They Remember America*, Berkeley 1956; Wilbur S. Shepperson, *Emigration and Disenchantment...*, Norman 1965, esaminano le ragioni del rimpatrio dei greci e degli inglesi.

[34] Il 27,17% dei 3174 italiani che durante il mese di aprile 1896 sbarcarono a New York era già stato negli Stati Uniti. Ma appare provato che la percentuale di coloro che emigravano per la seconda volta era inferiore per quel che riguarda il West. Cfr. in proposito Industrial Commission, «Reports», XV, p. LXXVIII. In *The Coming of the Italian*, «Outlook», vol. LXXXII, 24 febbraio 1906, p. 492, John F. Carr osserva che più di 104 mila italiani rimpatriarono nell'anno 1904.

[35] Michael A. Musmanno, *The Story of the Italians in America*, New York 1965, p. 158.

[36] Fondato su A. Pola, *op. cit.*, p. 281.

[37] Marcus Lee Hansen, *The Immigrant in American History*, Cambridge 1942, p. 196.

[38] L. Pisani, *op. cit.*, p. 161.

[39] J. Pagano, *Golden Wedding*, cit., p. 86.

[40] Id., *The Paesanos*, cit., p. 194.

[41] Leonard W. Moss e Walter H. Thompson, *The South Italian Family, Literature and Observations*, «Human Organization», vol. XVIII, primavera 1959, pp. 35-41.

[42] J. Pagano, *Golden Wedding*, cit., p. 107.

[43] La citazione è basata sui ricordi di Chris Manna di Acampo, California, amico dell'autore.

[44] J. Pagano, *Golden Wedding*, cit., pp. 81, 224.

[45] *Ibid.*, p. 251.

[46] Fred L. Strodtbock, «Family Interaction, Values and Achievements», in David C. McClelland *et al.*, *Talent and Society*, New York 1958, pp. 135-91.

[47] J. Pagano, *The Paesanos*, cit., pp. 18-19.

[48] Irvin L. Child, *Italian or American? The Second Generation in Conflict*, New Haven 1943, *passim*.

[49] E.C. Sartorio, *op. cit.*, p. 22.

[50] L. Villari, *Gli Italiani negli Stati Uniti*, cit., p. 24, fa credere, a torto, che la massima parte degli italo-americani approvasse il fascismo.

[51] C. Strout, *op. cit.*, p. 110.

[52] J. Pagano, *The Paesanos*, cit., p. 204.

[53] L'«Italian Quarterly», fondato ad U.C.L.A. negli anni 1950-1960, è stato forse il solo giornale di vera e durevole importanza lanciato da immigranti italiani.

[54] Citato da John Fante, *The Odyssey of a Wop*, «American Mercury», vol. XXX, settembre 1933, pp. 89-97.

[55] Altri esempi si possono trovare in Olga Peragallo (a cura di), *Italian-American Authors and Their Contribution to American Literature*, New York 1949.

[56] È un film che, idealmente, avrebbe potuto essere diretto dall'uno o dall'altro dei due grandi produttori italo-americani del West, Frank Capra o Vincente Minnelli.

[57] Sul concetto del *Garden of Italy* si vedano vari scritti di Andrew F. Rolle: *Italy in California*, cit., pp. 408-19; «Success in the Sun: The Italians in California», in Henry Clifford (a cura di), *Westerners Brand Book*, cit., pp. 13-31, *California: A History*, New York 1963, pp. 368-69. Il concetto di *Garden of the World* è esaminato da Henry Nash Smith, *Virgin Land*, Cambridge, Massachusetts, 1950.

[58] Cfr. *Annual Report of the American Historical Association*, Washington 1964, p. 12.

[58] E. Hoffer, *The True Believer*, New York 1964, p. 111.

[60] Per correttezza nei riguardi di Oscar Handlin e del suo *The Uprooted* devo dire che egli non intese mai attribuire al tema dello «sradicato» un senso che andasse al di là di una semplice colorazione poetica dell'esperienza dell'immigrante, colorazione che egli non avrebbe certamente estesa a tutti i momenti di tale esperienza né a tutto il territorio degli Stati Uniti. Ciò non toglie che il suo modo di vedere l'immigrante sia sentimentale, stereotipato e un tantino piagnucoloso. Il professor Donald T. Hata Jr. sta portando a termine uno studio sugli immigranti giapponesi, che, assieme alle critiche di Rudolph Vecoli e di Norman Pollack, cui abbiamo fatto cenno nell'introduzione [cfr. p. 315, n. 4], contesterà l'impostazione di Handlin. Altri studi sul tema da me trattato sono apparsi nello stesso torno di tempo del mio libro, come Moses Rischin, *Beyond the Great Divide: Immigration and the fast Frontier*, «Journal of American History», 1968, e Joseph Giovinco, *Democracy and Banking: The Bank of Italy and California's Italians*, «Quarterly» della California Historical Society, 1969. La storia dell'immigrazione nel West è ancora frammentaria, e su di essa appariranno certamente ancora molti saggi.

BIBLIOGRAFIA

Le note ai vari capitoli rimandano a numerose fonti non comprese nella seguente Bibliografia. In questa sede sono citate unicamente le opere basate sull'esperienza di questi particolari emigranti. Storie nazionali o di singoli Stati, annuari e guide non sono qui menzionati, ma figurano nelle note.

Manoscritti

Gasparri, Donato M., S.J., *An Account of the Voyage of...*, diario (19 aprile 1867, in Archives of San Felipe di Neri Rectory, Albuquerque, New Mexico)
Kimpton, Lawrence, all'autore, 29 novembre 1955
Larkin Papers, Bancroft Library, University of California (Berkeley)
Loria, Achille, a Frederick Jackson Turner, 17 febbraio 1894, Huntington Library, San Marino, California
MS Census of 1870, Treasure City, White Pine County, Nevada, Microfilm Roll 211, 1870 Census Population Schedules, National Archives, Washington, D.C.
Papanikolas, H.Z., all'autore, 30 dicembre 1957
Ravalli, Antonio, a Narcissa Caldwell, 16 giugno 1884, Montana Historical Society, Helena, Montana
Record Book of the Montana Immigration Society, MS presso la Montana Historical Society, Helena, Montana, 22 marzo-7 aprile 1872
Stearns Manuscripts, Huntington Library, San Marino, California
Via, Anthony, S.J., all'autore, 30 novembre 1955, in Jesuit Historical Archives, Oregon Province, Mount St. Michaels, Spokane, Washington

Documenti governativi

Abstract of the Eleventh Census of the United States, Washington 1894, pp. 38-39
Abstract of the Fifteenth Census of the United States, Washington 1930, pp. 134-35
Abstract of the Fourteenth Census of the United States, Washington 1920, pp. 308-309
Abstract of the Thirteenth Census of the United States, Washington 1914, pp. 204-207
Abstracts of the Reports of the Immigration Commission, 64 Cong., 3 sess., *Sen. Doc. 747*, vol. I, Washington 1911, p. 97

Bureau of the Census, *Compendium of the Ninth Census of the United States*, Washington 1872, pp. 392-93

–, *Compendium of the Seventh Census*, Washington 1854

–, *Compendium of the Tenth Census of the United States*, Washington 1883, parte I, pp. 486-87

–, *Special Reports of Religious Bodies: 1906*, vol. I, Washington 1910

Bureau of Labor, *A Report on Labor Disturbances in Colorado from 1880 to 1904*, Washington 1904

Claghorn, Kate H., *Agricultural Distribution of Immigrants*, ristampato per conto della United States Industrial Commission, «Reports», Washington 1901

Edwards, Alba M. (a cura di), «Appendix B of Hitherto Unpublished Thirteenth Census Occupation Statistics», in *Sixteenth Census of the United States (1940). Comparative Occupation Statistics, 1870-1940*, Washington 1943

House Journal, 2nd Session, Montana Legislature for 1866, Helena 1867

Mende, Emily F., *The Italian on the Land*, in *United States Bureau of Labor Reports*, n. 70, vol. XIV, Washington 1907, pp. 475-530

Sixteenth Census of the United States, Washington 1943, vol. II, parti I-VII

United States Census Reports, vol. I (Twelfth Census), Washington 1901, p. CLXXIV

United States Industrial Commission, *Reports of the Immigration Commission*, 41 voll., Washington 1900-11
Giornali

Butte (Montana), «Anaconda Standard», 1895

Butte (Montana), «Miner», 1894

«Carbon County News» (Montana), 1955

Denver (Colorado), «Labor Enquirer», 1884

Denver (Colorado), «La Parola del Popolo», 1958

Denver (Colorado), «Post», 1955

Helena (Montana), «Daily Record», 1894

Helena (Montana), «Daily Rocky Mountain Gazette», 1870

Helena (Montana), «Weekly Herald», 1872

Herrin (Iowa), «News», 1905, 1911

Lewiston, «North Idaho Teller», 1876-77

Los Angeles, «L'Italo-Americano», 1953-66

Los Angeles, «Times», 1947, 1961

Missoula (Montana), «Daily Missoulian», 1904

New York, «L'Eco d'Italia», 1865-1957

New York, «Tribune», 1884

New Orleans, «Daily Picayune», 1890-91

New Orleans, «Times-Democrat», 1890-91

Orofino (Idaho), «Tribune», 1910

Red Lodge (Montana), «Republican Picket», 1907, 1908

Sacramento, «La Capitale», 1922

344

Salt Lake City (Utah), «The Millenial Star», 1851-55
San Francisco, «Bulletin», 1917
San Francisco, «Call», 1894
San Francisco, «Chronicle», 1880, 1947, 1948
San Francisco, «La Voce del Popolo», 1910
San Francisco, «Star», 1913
Vancouver, «L'Eco d'Italia», 1957
Vancouver, «Province», 1940, 1952
Vancouver, «Sun», 1936
Victoria (Columbia Britannica), «Colonist», 1955
Victoria, «Times», 1955
Virginia City (Montana), «Montana Post», 1865
Virginia City (Nevada), «Territorial Enterprise», 1870-74

Tesi e discussioni

Bohme, Frederick G., *A History of the Italians in New Mexico*, Ph.D. Dissertation in History, University of New Mexico, 1958
Dondero, Raymond, *The Italian Settlement of San Francisco*, M.A. Thesis in Geography, University of California, Berkeley 1950
Palmer, Hans C., *Italian Immigration and the Development of California Agriculture*, Ph.D. Dissertation, University of California, Berkeley 1965
Waldron, Gladys H., *Antiforeign Movements in California, 1919-1929*, Ph.D. Dissertation, University of California, Berkeley 1945

Libri

Arese, Francesco, *A Trip to the Prairies and in the Interior of North America, 1837-1838*, a cura di Andrew Evans, New York 1934 Baker, Paul R., *The Fortunatae Pilgrims: Americans in Italy*, Cambridge 1964
Baroni, Cleto (a cura di), *Gente Italiana di California*, Los Angeles 1928
Barziza, Decimus et Ultimus, *The Adventures of a Prisoner of War, 1863-1864*, Austin 1965
Beltrami, J.C., *Down the Great River*, Philadelphia 1891
–, *La découverte des sources du Mississippi et de la Rivière Sanglante*, New Orleans 1824
–, *Notizie e lettere pubblicate per cura del Municipio di Bergamo e dedicate alla Società Storica del Minnesota*, Bergamo 1865
–, *A Pilgrimage in Europe and America...*, 2 voll., London 1828
Beltrami, Luca, *Padre Samuele Mazzuchelli, missionario domenicano nell'America del Nord dal 1829 al 1864*, Milano 1928
Benzoni, G., *Historia del Mondo Nuovo*, Venezia 1565 (ripubblicata in inglese dalla Hakluyt Society, London 1857)
Bercovici, Konrad, *On New Shores*, New York 1925

Berthoff, Rowland T., *British Immigrants in Industrial America, 1790-1850*, Cambridge 1950

Billington, Ray Allen, *America's Frontier Heritage*, New York 1966

–, *The Protestant Crusade, 1800-1860*, New York 1938

Bischoff, William N., *The Jesuits in Old Oregon, 1840-1940*, Caldwell, Idaho, 1945

Bjork, Kenneth O., *West of the Great Divide: Norwegian Migration to the Pacific Coast, 1847-1893*, Northfield, Minnesota, 1958

Bogue, Allan, *From Prairie to Corn Belt, Farming on the Illinois and Iowa Prairies in the Nineteenth Century*, Chicago 1963

Bolton, Herbert Eugene, *The Padre on Horseback*, San Francisco 1932

–, *Rim of Christendom*, New York 1936

Bonfadini, R., *Vita di Francesco Arese*, Torino 1894

Botta, P.E., *Observations on the Inhabitants of California, 1827-1828*, a cura di J.F. Bricca, Los Angeles 1952

–, *Viaggio intorno al globo, principalmente alla California ed alle isole Sandwich*, Roma 1841

Boturini, Benaducci, *Idea de una nueva historia general de la America Septentrionale*, Madrid 1746

Brooks, Van Wyck, *The Dream of Arcadia: American Artists in Italy, 1760-1915*, New York 1958

Brown, Francis James (a cura di), *One America*, New York 1952

Brunner, Edmund de S., *Immigrant Farmers and Their Children*, New York 1929

Burns, Robert I., *The Jesuit and the Indian Wars of the Northwest*, New Haven 1966

Burrus, E.J., e F. Zubillaga (a cura di), *Francisco J. Alegre, Historia de la Provincia de la Compañía de Jesús de Nueva España*, 4 voll., Roma 1956-60

Caccia, Antonio, *Europa ed America, scene della vita dal 1848 al 1850*, Monaco 1850

Canestrelli, Philip, *A Kootenai Grammar*, ristampato in Spokane, 1959

Capellini, Giovanni, *Ricordi di un viaggio scientifico fatto nell'America settentrionale nel MDCCCLXIII*, Bologna 1867

Carosso, Vincent, *The California Wine Industry*, Berkeley 1951

Cassignoli, G.B., e H. Chiariglione, *Libro d'oro degli Italiani in America*, Pueblo 1904

Castelli, Carlo, *Il viaggio aereo dell'illustre Cavalier Don Paolo Andreani*, Milano 1783

Castiglioni, L., *Viaggio negli Stati Uniti dell'America Settentrionale fatto negli anni 1785, 1786 e 1787*, 2 voll., Milano 1790

Child, Irvin L., *Italian or American? The Second Generation in Conflict*, New Haven 1943

Chittenden, H.M., e A.T. Richardson (a cura di), *Life, Letters and Travels of Father Pierre-Jean De Smet, S.J., 1801-1873*, vol. II, New York 1905

Cipolla, Arnaldo, *Nell'America del Nord. Impressioni di Viaggio in Alaska, Stati Uniti e Canada*, Torino 1905

Cipolla, C.M., *Verso il Far West. Le esplorazioni dell'Occidente Nord-Americano e la ricerca dei passaggi verso il Pacifico*, Torino 1952

Cipriani, Leonetto, *Avventure della mia vita*, 2 voll., Bologna 1934

Commager, Henry Steele (a cura di), *Immigration and American History, Essays in Honor of Theodore C. Blegen*, Minneapolis 1961

Common Council for American Unity, *Foreign Language Publications in the United States*, New York 1950

Confederazione Generale dell'Industria Italiana, *Annuario di statistiche del Lavoro*, Roma 1949

Corsi, Edward, *In the Shadow of Liberty*, New York 1935

Cortese, N., *Le avventure Italiane ed Americane di un Giacobino molisano*, Messina 1935

Crepeau, Rosemary, *Un Apôtre Dominicain aux Etats-Unis. Le Père Samuel Charles-Gaétan Mazzuchelli*, Paris 1932

D'Angelo, Pasquale, *Pascal d'Angelo, Son of Italy*, New York 1924

Danhof, Clarence H., «Farm-Making Costs and the "Safety-Valve": 1850-1860», in *The Public Lands, Studies in the History of the Public Domain*, a cura di Vernon Carstensen, Madison 1963

Davie, M.R., *World Immigration, With Special Reference to the United States*, New York 1936

Davis, William L., *A History of St. Ignatius Mission*, Spokane 1954

De Grazia, Ted Ettore, *Padre Kino, a Portfolio...*, Tucson 1962

De Smet, P.J., *Voyages aux Montagnes Rocheuses chez les tribus indiennes du vaste territoire de l'Orégon... par le R. P. De Smet, 1801-1873*, Liège 1913

–, *Western Missions and Missionaries*, New York 1852

Des Planches, Edmondo, *Attraverso gli Stati Uniti per l'emigrazione Italiana*, Torino 1913

–, *Gli Italiani in California*, Roma 1904

De Vecchi, Paolo, *Due lettere al Prof. Angelo Mosso a proposito dell'ultimo suo libro «La Democrazia nella religione e nella scienza»*, Firenze 1901

Diomedi, Alexander, *Sketches of Modern Indian Life*, Woodstock, Maryland, 1894

Dragoni, P. Ladislao, *Il mio pellegrinaggio attraverso l'alta California Francescana*, Arezzo 1930

Dunne, Peter M., *Early Jesuit Missions of Tarahumara*, Berkeley 1948

–, *Pioneer Black Robes on the West Coast*, Berkeley 1940

Erickson, Charlotte, *American Industry and the European Immigrant, 1860-1885*, Cambridge 1957

Falbo, Ernest (a cura di), *The California and Overland Diaries of Count Leonetto Cipriani... from 1853 Through 1871*, Portland 1962

Ferri-Pisani, Camille, *Lettres sur les Etats-Unis*, Paris 1862

–, *Prince Napoleon in America, 1861*, Bloomington, Indiana, 1959

Foerster, Robert F., *The Italian Emigration of Our Times*, Cambridge 1919

Frangini, A., *Italiani di San Francisco ed Oakland, California. Cenni biografici*, San Francisco 1914

Gallenga, Antonio, *Episodes of My Second Life; English and American Experiences*, Philadelphia 1885

Gans, Herbert J., *The Urban Villagers, Group and Class in the Life of Italian-Americans*, New York 1962

Gardini, Carlo, *Gli Stati Uniti, ricordi di Carlo Gardini*, 2 voll., Bologna 1887

Garlick, Richard C., *Italy and the Italians in Washington's Time*, New York 1933

Garraghan, Gilbert J., *Chapters in Frontier History*, Milwaukee 1934

–, *The Jesuits of the Middle United States*, 3 voll., New York 1938

Garretto, Vito, *Storia degli Stati Uniti nell'America del Nord, 1492-1914*, Milano 1916

Gates, Paul W., *The Illinois Central Railroad and Its Colonization Work*, Cambridge 1934

Giles, Pearce, *The True Source of the Mississippi*, Buffalo 1881

Ginzberg, Eli, e Hyman Berman (a cura di), *The American Worker in the Twentieth Century*, New York 1963

Glazer, Nathan, e Daniel P. Moynihan, *Beyond the Melting Pot, the Negroes, Puerto Ricans, Jews, Italians and Irish of New York City*, Cambridge 1963

Glazier, Willard, *Down the Great River*, Philadelphia 1891

Gleeson, Richard A., *Dominic Giacobbi, a Noble Corsican*, New York 1938

Goggio, Emilio, *Italians in American History*, New York 1930

Gordon, Milton M., *Assimilation in American Life*, New York 1964

Govorchin, Gerald Gilbert, *Americans from Yugoslavia*, University of Florida 1961

Grindrod, Muriel, *The Rebuilding of Italy: Politics and Economics, 1945-1955*, London 1955

Guida degli Stati Uniti con particolare riferimento alla opera svoltavi degli Italiani, New York 1937

Handlin, Oscar, *Race and Nationality in American Life*, Boston 1956

–, *The Uprooted*, Boston 1952

Haskett, Richard C., «Problems and Prospects in the History of American Immigration», in *A Report on World Population Migrations as Related to the United States of America*, Washington 1956

Hawgood, John A., *The Tragedy of German-America. The Germans in the United States of America During the Nineteenth Century-And After*, New York 1940

Heiney, Donald, *America in Modern Italian Literature*, New Brunswick 1964

Higham, John, *Strangers in the Land*, New Brunswick 1955

Hofstadter, Richard, *Social Darwinism in American Thought*, New York 1962

Horowitz, Daniel L., *The Italian Labor Movement*, Cambridge 1963

Hourwich, Isaac, *Immigration and Labor*, New York 1912

Hutchinson, E.P., *Immigrants and Their Children, 1850-1950*, New York 1956

Italian-Swiss Colony, *Sixth Annual Report*, San Francisco 1887

The Italian Theater in San Francisco, San Francisco 1939

James, Marquis, e Bessie R., *Biography of a Bank, the Story of Bank of America*, New York 1954

Jensen, Merrill (a cura di), *Regionalism in America*, Madison 1951

Jensen, Vernon H., *Heritage of Conflict: Labor Relations in the Nonferrous Metals Industry up to 1930*, Ithaca 1950

–, *Lumber and Labor*, New York 1945

Jones, Idwal, *Vines in the Sun*, New York 1949

Jung, A.M., *Sketch of the Jesuit Missions Among the American Tribes of the Rocky Mountain Indians*, Spokane 1925

Keating, William H., *Narrative of an Expedition to the Source of St. Peter's River, Lake Winnepeek, Lake of the Woods, etc., Performed in the Lear 1823 by Order of the Hon.* J.C. Calhoun, *Secretary of War, Under the Command of Stephen H. Long, U.S.T.E.*, 2 voll., Philadelphia 1824

Kellogg, Louise P., *The French Regime in Wisconsin and the Northwest*, Madison 1925

Kino, Eusebio F., *Kino, Historical Memoir of Primaría Alta*, a cura di Herbert Eugene Bolton, 2 voll., Cleveland 1919

Klein, Hermann, *The Reign of Patti*, London 1920

La Guardia, Fiorello H., *The Making of an Insurgent. An Autobiography, 1882-1919*, Philadelphia 1948

Lami, A.C., *Beltrami e la scoperta delle sorgenti del Mississippi*, Roma 1921

La Rochefoucauld-Liancourt, François de, *Tavels through the United States. 1747-1827*, 4 voll., London 1799

Laveille, R.P., *Le P. De Smet, 1801-1873*, Liège 1913

Levi, Carlo, *Cristo si è fermato ad Eboli*, Torino 1945

Lockwood, Frank C., *With Padre Kino on the Trail*, Tucson 1934

Lombardi, John, *Labor's Voice in the Cabinet*, New York 1942

Lonn, Ella, *Foreigners in the Confederacy*, Chapel Hill 1940

Lord, Eliot (a cura di), *The Italian in America*, New York 1905

Lucas, Henry S., *Netherlanders in America. Dutch Immigrants to the United States and Canada, 1789-1950*, Ann Arbor 1955

McGloin, John B., *Eloquent Indian*, Stanford 1949

Malaspina, Alejandro, *La vuelta al mundo par las corbetas* Descubierta y Atrevida *al mando del capitán de navio D. Alejandro Malaspina desde 1789 a 1794*, Madrid 1885

Mandalari, A.M., *Missione del Nuovo Messico e Colorado, lettere edificanti...*, Napoli 1911

Mangano, Antonio, *Sons of Italy, a Social and Religious Study of the Italians in America*, New York 1917

Mann, Arthur, *La Guardia, a Fighter Against His Times, 1882-1933*, Philadelphia 1959

Masi, Eugenia, G.C. *Beltrami e le sue esplorazioni in America*, Firenze 1902

–, «Notizie di G.C. Beltrami sugli indigeni-Americani», in *Atti del XXII Congresso degli Americanisti*, Roma 1926

Maynard, Theodore, *Too Small a World; the Life of Francesca Cabrini*, Milwaukee 1945

Mazzuchelli, Samuele, *Memorie storiche ed edificanti di un missionario apostolico dell'ordine dei predicatori fra varie tribù di selvaggi e fra cattolici e protestanti degli Stati Uniti*, Milano 1844

Mengarini, Gregorio, *Narrative of the Rockies...*, Missoula 1938

–, *A Selish or Flat-Head Grammar: Grammatica Linguae Selicae*, New York 1861

Metelli, Fratelli, *Guida Manuale*, New York 1882

Mulder, William, *Homeward to Zion, the Mormon Migration to Scandinavia*, Minneapolis 1957

Musmanno, Michael A., *The Story of the Italians in America*, New York 1965

Neufeld, Maurice F., *Italy: School for Awakening Countries*, Ithaca 1961

Notizie storiche e descrittive delle missioni della Provincia Torinese della Compagnia di Gesù nell'America del Nord, Torino 1898

Overton, Richard C., *Burlington West: A Colonization History of the Burlington Road*, Cambridge 1941

Owens, M. Lilliana, *Jesuit Beginnings in New Mexico, 1867-1882*, El Paso 1950

Pagano, Jo, *Golden Wedding*, New York 1943

–, *The Paesanos*, Boston 1940

Palladino, L.B., *Indian and White in the Northwest; or a History of Catholicy in Montana*, Baltimore 1894

Panattoni, Giovacchino V., *Professionisti Italiani e funzionari pubblici Italo-Americani in California*, Sacramento 1935

Panunzio, Constantine, *The Soul of an Immigrant*, New York 1921

Parish, John Carl, *The Man with the Iron Hand*, Boston 1913

Partoll, Albert J. (a cura di), *Mengarini's Narrative of the Rockies...*, «Sources of Northwest History, Number 25», Missoula 1938

Pedrazzini, Clay, «The Italian-Swiss of California», in *The Swiss in the United States*, Madison 1940

Peixotto, Ernest C., *Romantic California*, New York 1910

Pellegrini, Angelo, *Americans by Choice*, New York 1956

Peragallo, Olga (a cura di), *Italian-American Authors and Their Contribution to American Literature*, New York 1949

Perilli, Giovanni, *Colorado and the Italians in Colorado*, Denver 1922

Perrett, M.E., *Les Colonies Tessinoises en Californie*, Lausanne 1950

Pinedo, Francesco de, *Il mio volo attraverso l'Atlantico e le due Americhe*, Milano 1928

Pisani, Lawrence, *The Italian in America, a Social Study and History*, New York 1957

Pola, Antonia, *Who Can Buy the Stars?*, New York 1957

Porter, Robert P., *The West from the Census of 1880, a History of the Industrial, Commercial, Social, and Political Development of the West from 1800 to 1880*, Chicago 1882

Preston, William Jr., *Aliens and Dissenters, Federal Suppression of Radicals, 1903-1933*, Cambridge 1963

Preta, Lodovico, *Storia delle missioni Francescane in California*, San Francisco 1915

Preziosi, Giovanni, *Gli Italiani negli Stati Uniti del Nord*, Milano 1909

Qualey, Carleton C., *Norwegian Settlement in the United States*, Northfield 1938

Radin, Paul, *The Italians of San Francisco*, San Francisco 1935

Ratti, Anna Maria, «Italian Migration Movements, 1876 to 1926», in National Bureau of Economic Research, *International Migrations*, vol. II, New York 1929-31

Ricci, Eugenia, *Il Padre Eusebio Chini, esploratore missionario della California e dell'Arizona*, Milano 1930

Ritch, William G., *Jesuitism in New Mexico, an Answer to Father Finotti*, Santa Fe 1878

Robilant, Irene, contessa de, «Gli Stati Lontani, e la costa del Pacifico», in *Vita Americana*, Torino 1929

Rolle, Andrew F., *California: A History*, New York 1963

–, (a cura di), *The Road to Virginia City*, Norman 1960

–, «Success in the Sun: The Italians in California», in *Westerners Brand Book*, a cura di Henry Clifford, Los Angeles 1960

Roosevelt, Theodore, «Speech Before the Knights of Columbus», New York City, 12 ottobre 1915, in *The Works of Theodore Roosevelt, Memorial Edition*, 24 voll., New York 1923-26

Roselli, Bruno, *Francesco Vigo, una grande figura storica fra gli Italiani degli Stati Uniti*, Roma 1932

–, *Vigo, a Forgotten Builder of the American Republic*, Boston 1933

Rosselli, Nello, *Mazzini e Bakounine, 12 anni di movimento operaio in Italia, 1860-1872*, Torino 1927

Rossati, G., *Relazione di un viaggio di istruzione negli Stati Uniti d'America*, Roma 1900

Rossi, Adolfo, *Un Italiano in America*, Milano 1899

Rossi, Egisto, *Gli Stati Uniti e la concorrenza Americana*, Firenze 1884

Rossi, Joseph, *The Image of America in Mazzini's Writings*, Madison 1955

Rossi, Louis, *Six ans en Amérique, Californie et Orégon*, Paris 1863

Ruggieri, Vincent, *Du Transvaal à l'Alaska*, Paris 1901

Rundell, Walter Jr., «The West as an Operatic Setting», in *Probing the American West*, Santa Fe 1962

San Diego Chamber of Commerce, *The Italy of America*, San Diego 1892

–, *Our Italy*, San Diego 1892

Sarti, Telesforo, *Il parlamento subalpino e nazionale*, Roma 1896

Sartorio, Enrico C., *Social and Religious Life of Italians in America*, Boston 1918

Schermerhorn, R.A., *These Our People: Minorities in American Culture*, Boston 1949

Schiavo, Giovanni, *Four Centuries of Italian-American History*, New York 1952

–, *Italians in America Before the Civil War*, New York 1934

–, *The Italians in Missouri*, Chicago 1929

Schoenberg, Wilfred, *Jesuit Mission Presses in the Pacific Northwest*, Portland 1957

–, *Jesuits in Montana, 1840-1960*, Portland 1960

–, *Jesuits in Oregon, 1844-1959*, Portland 1959

Schoolcraft, Henry Rowe, *Narrative of an Expedition Through the Upper Mississippi to Itasca Lake, the Actual Source of This River*, New York 1834

Schofield, N.B., «Paranzella, or Trawl Net Fishing in California», in *Transactions of the Pacific Fisheries Society... 1915*, Seattle 1916

Segale, Blandina, *At the End of the Santa Fe Trail*, Milwaukee 1948

Sforza, Carlo, *The Real Italians*, New York 1942

Shannon, James P., *Catholic Colonization on the Western Frontier*, New Haven 1957

Shepperson, Wilbur S., *Emigration and Disenchantment...*, Norman 1965

Shevky, Eshref, *Social Areas of Los Angeles*, Berkeley 1949

Simonin, Louis L., *Il Far-West degli Stati Uniti: I pionieri e i pelli rossi*, Milano 1876

Smith, William Carlson, *Americans in the Making: The Natural History of the Assimilation of Immigrants*, New York 1939

Solomon, Barbara Miller, *Ancestors and Immigrants...*, Boston 1956

Sondern, Frederic Jr., *Brotherhood of Evil, the Mafia*, New York 1959

Sorrentino, Giuseppe M., *Dalle montagne rocciose al Rio Bravo*, Napoli 1949

Spence, Clark C., *British Investments and the American Mining Frontier, 1860-1901*, Ithaca 1958

Stella, Antonio, *Some Aspects of Italian Immigration to the United States*, New York 1924

Stone, Alfred H., *Studies in the American Race Problem*, New York 1908

Strafforello, Gustavo, *Il nuovo Monte Cristo*, Firenze 1856

Strout, Cushing, *The American Image of the Old World*, New York 1963

Taeuber, Conrad, e Irene B., *The Changing Population of the United States*, New York 1958

Teiser, Ruth, *An Account of Domingo Ghirardelli and the Early Years of the Ghirardelli Company*, San Francisco 1945

Thompson, Fred, *The I.W.W., Its First Fifty Years, 1905-955*, Chicago 1955

Thompson, Warren S., *Growth and Changes in California's Population*, Los Angeles 1955

Tigner, J.H., *The Italy of America... Riverside County, California*, Los Angeles 1908

Tonty, Henri de, *Dernières découvertes en l'Amérique Septentrionale de M. de la Salle...*, Paris 1697

Torrielli, Andrew J., *Italian Opinion on America*, Cambridge 1941

Tremelloni, Roberto, *Storia dell'industria Italiana contemporanea*, Torino 1947

Trisco, Robert F., *The Holy See and the Nascent Church in the Middle Western States, 182-1850*, Rome 1964

Unna, Warren, *The Coppa Murals*, San Francisco 1952

Varvaro Pojoro, Francesco, *Una corsa nel nuovo mondo*, 2 voll., Milano 1876

Vigna del Ferro, Giovanni, *Un viaggio nel Far West Americano*, Bologna 1881

Villari, Luigi, *Gli Italiani negli Stati Uniti*, Roma 1939

Weibel, George F., *Rev. Joseph M. Cataldo, S. J., a Short Sketch of a Wonderful Career*, Spokane 1928

The West from the Census of 1880, Chicago 1882

Whyte, William Foote, *Street Corner Society, the Social Structure of an Italian Slum*, Chicago 1943

Wittke, Carl, *The Irish in America*, Baton Rouge 1956

Work Progress Administration, *Copper Camp, Stories of the World's Greatest Mining Town; Butte, Montana*, New York 1943

–, *The Italian Theater in San Francisco*, San Francisco 1939

–, *The Italians of Omaha*, Omaha 1941

Wright, Louis B., *Culture on the Moving Frontier*, Bloomington 1955

Wyllys, Rufus Kay, *Pioneer Padre, the Life and Times of Eusebio Kino*, Dallas 1935

Articoli

Adamic, Louis, *The Land of Promise*, «Harper's Magazine», vol. CLXIII (ottobre 1931), pp. 618-28

Adamoli, Giulio, *Letters from America*, «The Living Age», vol. XXV (1° aprile 1922), pp. 32-38

America and Italy, «Spectator», vol. LXVI (4 aprile 1891), pp. 466-67

Barzini, Luigi Jr., *The Real Mafia*, «Harper's Magazine», vol. CCVIII (giugno 1954), pp. 38-46

Beltrami, J.C., *To the Public of New Yoek and of the United States*, riprodotto in «The Magazine of History», vol. XL (1930), pp. 173-202

Benson, Lee, *Achille Loria's Infuence on American Economic Thought: Including his Contribution to the Frontier Hypothesis*, «Agricultural History», vol. XXIV (ottobre 1950), pp. 182-99

Branchi, Camillo, *Gli Italiani nella storia della California*, riprodotto da «L'Universo», vol. XXXV (maggio-giugno 1956)

Brandfon, Robert L., *The End of Immigration to the Cotton Fields*, «Mississippi Valley Historical Review», vol. L (marzo 1964), pp. 591-611

Cance, A.E., *Immigrant Rural Communities*, «The Survey», vol. XXV (7 gennaio 1911), pp. 587-95

–, *Piedmontese on the Mississippi*, «The Survey», vol. XXVI (2 settembre 1911), pp. 779-85

Capsoni, G., *Costantino Beltrami e la scoperta delle sorgenti del Mississippi*, «Annali Universali di Statistica» (luglio 1869)

Carr, John F., *The Coming of the Italian*, «Outlook», vol. LXXXII (24 febbraio 1906), pp. 419-31

–, *The Italian in the United States*, «World's Work», vol. VIII (ottobre 1904), pp. 5393-404

Case, Lynn M., *The Middle West in 1837, Translations from the Notes of an Italian Count, Francesco Arese*, «Mississippi Valley Historical Review», vol. XX (dicembre 1933), pp. 381-99

Casson, Herbert N., *The Italians in America*, «Munsey's Magazine», vol. XXXVI (ottobre 1906), pp. 122-26

Castiglione, G.E. di Palma, *Italian Immigration into the United States*, «American Journal of Sociology», vol. XI (settembre 1905), p. 196

Christianson, Theodore, *The Long and Beltrami Explorations in Minnesota...*, «Minnesota History Bulletin», vol. V (novembre 1923), pp. 249-64

Claghorn, Kate Holladay, *The Changing Character of Immigration*, «Public Opinion», vol. XXX (14 fabbraio 1901), p. 205

Colajanni, Napoleone, *Homicide and the Italians*, «The Forum», vol. XXXI (marzo 1901), pp. 63-68

Cook, Pauline, *Iowa Place Names of Foreign Origin*, «Modern Language Journal», vol. XXIX (novembre 1945), pp. 617-28

Corsi, Edward, *Italian-Americans and Their Children*, «Annals», American Academy of Political and Social Science, vol. CCXXIII (settembre 1942), pp. 100-106

Coulter, J.L., *The Influence of Immigration on Agricultural Development*, «Annals», dell'American Academy of Political and Social Science, vol. XXXIII (gennaio-giugno 1909), pp. 149-55

Coxe, John E., *The New Orleans Mafia Incident*, «Louisiana Historical Quarterly», vol. XX (ottobre 1937), pp. 1067-110

Cunningham, George E., *The Italian, a Hindrance to White Solidarity in Louisiana, 1890-1898*, «Journal of Negro History», vol. L (gennaio 1965), pp. 22-36

Davenport, William E., *The Italian Immigrant in America*, «Outlook», vol. LXXIII (3 gennaio 1903), pp. 29-37

–, *Italian Immigration*, «Outlook», vol. LXXVI (27 febbraio 1904), p. 527

Dondero, C., *Asti, Sonoma County, an Italian-Swiss Agricultural Colony and What It Has Grown To*, «Out West», vol. XVII (luglio-dicembre 1902), pp. 253-66

Douglas, Jesse S., *Origins of the Population of Oregon in 1850*, «Pacific Northwest Quarterly», vol. XLI (aprile 1950), pp. 95-108

Drayer, Allen, *Italians in Knobview*, «The Interpreter», vol. II (aprile 1923), pp. 15-16

–, *Italy in the Ozarks*, «American Fruit Grower», vol. XLIII (settembre 1923), p. 14

Espinosa, J.M., *The Neapolitan Jesuits on the Colorado Frontier, 1868-1919*, «Colorado Magazine», vol. XV (marzo 1938), pp. 64-73

Falbo, Ernest S., *State of California in 1856*, «Quarterly» della California Historical Society, vol. XLII (dicembre 1963), pp. 311-33

Fante, John, *The Odyssey of a Wop*, «American Mercury», vol. XXX (settembre 1933), pp. 89-97

Ferrero, Felice, *A New St. Helena*, «The Survey», vol. XXIII (6 novembre 1909), pp. 171-80

Ferry, Philip, *California Wine Goes to Sea*, «Westways», vol. L (marzo 1958), pp. 32-33

Fine, Sidney, *Anarchism and the Assassination of McKinley*, «American Historical Review», vol. LX (luglio 1955), pp. 777-79

Firkins, Ina Ten Eyck, *Italians in the United States*, «Bulletin of Bibliography», vol. VIII (gennaio 1915), pp. 129-32

Foulke, William D., *A Word on Italian Immigration*, «Outlook», vol. LXXVI (20 febbraio 1904), pp. 459-61

Galbraith, Edith C., *Malaspina's Voyage Around the World*, «Quarterly» della California Historical Society, vol. III (ottobre 1924), pp. 215-37

Gale, E.C., *A Newly Discovered Work on Beltrami*, «Minnesota History», vol. X (settembre 1929), pp. 261-71

Gasparri, D.M., *Account of the First Jesuit Missionary Journey Across the Plains to Santa Fe*, «Mid-America», vol. XX (gennaio 1938), pp. 57-58

Greer, Richard A., *Origins of the Foreign-Born Population of New Mexico During the Territorial Period*, «New Mexico Historical Review», vol. XVII (ottobre 1942), pp. 281-87

Hedges, James B., *The Colonization Work of the Northern Pacific Railroad*, «Mississippi Valley Historical Review», vol. XIII (dicembre 1926), pp. 311-42

Higham, John, *From Immigrants to Minorities: Some Recent Literature*, «American Quarterly», vol. X (primavera 1958), pp. 83-88

Hill, A.J., *Constantine Beltrami*, «Collections» della Minnesota Historical Society, vol. II (1860), pp. 183-96

Howard, Helen A., *Padre Ravalli: Versatile Missionary*, «The Historical Bulletin» (gennaio 1940), pp. 33-35

Inkersley, Arthur, *The Vintage in California and Italy*, «Overland Monthly», vol. LIV (ottobre 1909), pp. 406-11

Italians in California, «California Mail Bag» (agosto 1871), pp. XXII-XXV

Italians in the United States, «Literary Digest», vol. XCIII (23 aprile 1927)

Karlin, Jules A., *The Italo-American Incident of 1891 and the Road to Reunion*, «Journal of Southern History», vol. VIII (maggio 1942), pp. 242-46

Kendall, J.S., *Who Gilla de Chief?*, «Louisiana Historical Quarterly», vol. XXII (gennaio 1939), pp. 492-530

Kollmorgen, Walter M., *Immigrant Settlements in Southern Agriculture: A*

Commentary on the Significance of Cultural Islands, «Agricultural History», vol. XIX (aprile 1945), pp. 69-78

Kuppens, F.X., *Christmas Day, 1865 in Virginia City, Montana*, «Illinois Catholic Historical Review», vol. X (luglio 1927), pp. 48-53

Lee, Everett S., *The Turner Thesis Reexamined*, «American Quarterly», vol. XIII (primavera 1961), pp. 77-83

Levi, Carlo, *Italy's Myth of America*, «Life», vol. XXIII (luglio 1947), pp. 84-90

Levick, M.B., *A Man With Three Thousand Monuments*, «Sunset», vol. XXX (gennaio 1913), pp. 37-46, 93-94

Liebling, A.J., *The Lake of the CuiUi Eaters*, «New Yorker», vol. XXX (1° e 8 gennaio 1955), pp. 37, 44

Lilienthal, Theodore W., *A Note on Gottardo Piazzoni, 1872-1945*, «Quarterly» della California Historical Society, vol. XXXVIII (marzo 1959), pp. 7-10

McGloin, John B., *John B. Nobili, S.J., Founder of California's Santa Clara College*, «British Columbia Historical Quarterly», vol. XVII (luglio-ottobre 1953), pp. 215-22

McLaughlin, Allan, *Italian and Other Latin Immigrants*, «Popular Science Monthly», vol. LXV (agosto 1904), p. 341

McMurtrie, Douglas C., *Early Printing in Utah Outside of Salt Lake City*, «Utah Historical Quarterly», vol. V (luglio 1932), p. 84

Maisel, Albert Q., *The Italians Among Us*, «Reader's Digest», vol. LXVI (gennaio 1955), pp. 1-6

The Making of Americans, «Outlook», vol. LXXIV (22 agosto 1903), pp. 969-71

Manfredini, Dolores M., *The Italians Come to Herrin*, «Journal of the Illinois State Historical Society», vol. XXXVII (dicembre 1944), pp. 317-28

Marraro, Howard R., *Count Luigi Castiglioni, an Early Italian Traveller to Virginia (1785-1786)*, «Virginia Magazine of History and Biography», vol. LVIII (ottobre 1950), pp. 473-91

–, *Pioneer Italian Teachers of Italian in the United States*, «Modern Language Journal», vol. XXVIII (novembre 1944), pp. 555-82

Meade, Emily Fogg, *Italian Immigration into the South*, «South Atlantic Quarterly», vol. IV (luglio 1905), pp. 217-23

Merlino, S., *Italian Immigrants and Their Enslavement*, «The Forum», vol. XV (aprile 1893), pp. 183-90

Moore, Anita, *Safe Way to Get on the Soil: The Work of Father Bandini at Tontitown*, «World's Work», vol. XXIV (giugno 1912), pp. 215-19

Morison, Samuel Eliot, *New England and the Opening of the Columbia River Salmon Trade, 1830*, «Oregon Historical Quarterly», vol. XXVIII (giugno 1927), pp. 113-20

Moss, Leonard W., e Walter H. Thompson, *The South Italian Family, Literature and Observations*, «Human Organization», vol. XVIII (primavera 1959), pp. 35-41

Mulder, William, *Through Immigrant Eyes: History at the Grass Roots*, «Utah Historical Quarterly», vol. XXII (1950), pp. 34-49

Olin, Spencer C. Jr., *European Immigrant and Oriental Alien: Acceptance and Rejection by the California Legislature of 1913*, «Pacific Historical Review», vol. XXXV (agosto 1966), pp 303-15

Ostrander, Gilman M., *Turner and the Germ Theory*, «Agricultural History», vol. XXXII (ottobre 1958), pp. 258-61

Our Italian Immigration, «Nation», vol. LXXX (20 aprile 1905), p. 304

Owens, M.L., *Frances Xavier Cabrini*, «Colorado Magazine», vol. XXII (luglio 1945), pp. 171-78

Papanikolas, Helen Zeese, *Life and Labor Among the Immigrants of Bingham Canyon*, «Utah Historical Quarterly», vol. XXXIII (autunno 1965), pp. 289-325

Pecorini, Alberto, *The Italian as an Agricultural Laborer*, «Annals» dell'American Academy of Political and Social Science, vol. XXXIII (gennaio-giugno 1909), *passim*

Peixotto, Ernest, *Italy in California*, «Scribner's», vol. XLVIII (luglio 1910), pp. 75-84

–, *Italy's Message to California*, «Sunset», vol. X (marzo 1903), pp. 367-78

Perrigo, Lynn I., *The Cornish Miners of Early Gilpin County*, «Colorado Magazine», vol. XIV (maggio 1937), pp. 92-101

Pollack, Norman, *Handlin on Anti-Semitism: A Critique of American Views of the Jew*, «Journal of American History», vol. LI (dicembre 1964), pp. 391-403

Posner, Russell M., *A.P. Giannini and the 1934 Campaign in California*, «Quarterly» della Historical Society of Southern California, vol. XXXIX (giugno 1957), pp. 190-201

–, *The Bank of Italy and the 1926 Campaign in California*, «Quarterly» della California Historical Society, vol. XXXVII (settembre 1958), pp. 267-75; (dicembre 1958), pp. 347-58

Preziosi, Giovanni, *Settlers in Tontitown*, «Interpreter», vol. VIII (gennaio 1929), pp. 55-58

Proud Seattle Celebration: The Citizens Pay Tribute to Their Italian Heritage, «Life», (9 dicembre 1957), pp. 169-71

Raup, H.F., *The Italian-Swiss Dairymen of San Luis Obispo County*, «Yearbook», Association of Pacific Coast Geographers, vol. I (1935), pp. 3-8

–, *The Italian-Swiss in California*, «Quarterly» della California Historical Society, vol. XXX (dicembre 1951), pp. 305-14

Realm of the Human Mole, «Westways», vol. XLVIII (luglio 1956), pp. 8-9

Rischin, Moses, *The Jewish Labor Movement in America*, «Labor History», vol. IV (autunno 1963), pp. 227-47

Robbins, Jane E., *Italian Today, American Tomorrow*, «Outlook», vol. LXXX (10 giugno 1905), pp. 382-84

Rolle, Andrew F., *America Through Foreign Eyes*, «Western Humanities Review», vol. IX (estate 1955), pp. 261-64

–, *The Italian Moves Westward*, «Montana, the Magazine of Western History», vol. XVI (gennaio 1966), pp. 13-24

–, *Italy in California*, «The Pacific Spectator», vol. IX (autunno 1955), pp. 408-19

Root, George A., *Gunnison in the Early "Eighties"*, «Colorado Magazine», vol. IX (novembre 1932), pp. 204-205

Roselli, B., *Arkansas Epic*, «Century», vol. XCIX (gennaio 1920), pp. 377-86

Rossi, Joseph, *The American Myth in the Italian Risorgimento: The Letters from America of Carlo Vidua*, «Italica», vol. XXXVIII (1961), pp. 163-66

Sbarboro, Andrea, *Wines and Vineyards of California*, «Overland Monthly», vol. XXV (gennaio 1900), pp. 65-76; 95-96

Scanland, J.M., *An Italian Quarter Mosaic*, «Overland Monthly», vol. XLVII (aprile 1906), pp. 327-34

Schuyler, Eugene, *Italian Immigration into the United States*, «Political Science Quarterly», vol. IV (settembre 1889), pp. 480-95

Scott, Winfield, *Old Wine in New Bottles: When Italy Comes to Colifornia Through the Panama Canal*, «Sunset», vol. XXX (maggio 1913), pp. 519-26

–, *The Italian-Swiss in California*, «Quarterly» della California Historical Society, vol. XXX (dicembre 1951), pp. 305-14

Senner, J.H., *Immigration from Italy*, «North American Review», vol. CLXII (maggio 1896), pp. 649-57

Settlers in Tontitown, «Interpreter», vol. VIII (gennaio 1929), pp. 55-58

Shannon, Fred A., *Culture and Agriculture in America*, «Mississippi Valley Historical Review», vol. XLI (giugno 1954), pp. 3-20

Sharp, Paul F., *The Northern Great Plains: A Study in Canadian-American Regionalism*, «Mississippi Valley Historical Review», vol. XXXIX (giugno 1952), pp. 61-76

Smith, G.H., *Count Andreani, a Forgotten Traveler*, «Minnesota History», vol. XIX (marzo 1938), pp. 34-42

Smith, Timothy L., *New Approaches to the History of Immigration in Twentieth Century America*, «American Historical Review», vol. LXXI (luglio 1966), pp. 1265-79

Speroni, Charles, *The Development of the Columbus Day Pageant of San Francisco*, «Western Folklore», vol. VII (ottobre 1948), pp. 325-35

Spinello, Mario J., *Italians of California*, «Sunset», vol. XIV (1904-1905), pp. 256-58

Stevenson, Frederick Boyd, *Italian Colonies in the United States: A New Solution of the Immigration Problem*, «Public Opinion», vol. XXXIX (7 ottobre 1905), pp. 453-56

Stone, Alfred H., *The Italian Cotton Grower: The Negro's Problem*, «South Atlantic Quarterly», vol. IV (gennaio 1905), pp. 42-47

–, *Italian Cotton Growers in Arkansas*, «Review of Reviews», vol. XXXV (febbraio 1907), pp. 209-13

Sutherland, Mason, *Californians Escape to the Desert*, «National Geographic Magazine», vol. CXII (novembre 1957), pp. 706-707

Taliaferro, Lawrence, *Autobiography of Major Taliaferro*, «Minnesota Historical Society Collections», vol. VI (1894), pp. 240-42

Ted Ettore De Grazia, «The Masterkey», vol. XXXVI (ottobre-dicembre 1962), pp. 124-26

Tosti, Gustavo, *Agricultural Possibilities of Italian Immigration*, «Charities», vol. XII (maggio 1904), p. 474

Tyler, Robert L., *The I.W.W. and the West*, «American Quarterly», vol. XII (estate 1960), pp. 175-87

U.S. Commissioner of Labor, *Class Conflict in Colorado*, «Wayland's Monthly» (aprile 1907), pp. 56-58

Vecoli, Rudolph J., *Contadini in Chicago: A Critique of the Uprooted*, «Journal of American History», vol. LI (dicembre 1964), pp. 404-17

Victor, Frances Fuller, *Flotsom and Jetsom of the Pacific*, «Oregon Historical Quarterly», vol. II (marzo 1901), pp. 36-54

Vollmer, E.R., *Donato Gasparri, New Mexico-Colorado Mission Founder*, «Mid-America», vol. XX (aprile 1938), pp. 96-106

The Waldensians in America, «Mennonite Life» (aprile 1950), p. 23

Wallace, William H., *Journal of the Great Yoyage from the Philippines to America*, «Journal of American History», vol. II (quarto trimestre 1908), pp. 585-86

Wright, Doris M., *The Making of Cosmopolitan California*, «Quarterly» della California Historical Society, vol. XIX (dicembre 1940), pp. 323-43, e vol. XX (marzo 1941), pp. 65-79

Wright, Frederick H., *The Italian in America*, «Missionary Review», vol. XXX (marzo 1907), pp. 196-98

RINGRAZIAMENTI

Da quando, nel 1945, mi accinsi a questo libro, non ho fatto che accumulare debiti verso persone ed enti. La Henry E. Huntington Library e la Bancroft Library sono state ancora una volta le mie fonti, o meglio le mie basi più importanti. Sono grato dell'incoraggiamento che vi ho ricevuto, soprattutto da parte di A.L. Rowse, di Allan Nevins e di Ray Allen Billington, al quale devo la benevola prefazione che precede. Ray Allen Billington cominciò la sua attività scientifica studiando i pregiudizi razziali nel Nordamerica; nessuno meglio di lui, quindi, poteva afferrare il significato del fenomeno immigratorio nel West.

Ho fruito di borse concessemi dall'American Council of Learned Societies e dalla John Randolph and Dora Haynes Foundation, nonché di licenze accordatemi dall'Occidental College negli anni cruciali 1962-63 e 1967-68.

Vari colleghi e amici mi hanno assistito consigliandomi, fornendomi dei dati, aiutandomi a comprendere. Ringrazio Judith Austin, che curò la prima versione del mio manoscritto, e i professori John Higham, Austin Fife, Leonard Arrington, John Schutz, Roger Daniels, Mary Elizabeth Massey, Wilbur Jacobs, Richard G. Lillard, Ernest J. Burrus e Carleton Qualey. Il professor Moses Rischin mi ha dato il prezioso ausilio della sua profonda ed acuta conoscenza della mentalità dell'immigrante.

Negli anni dal 1945 al 1948 ero viceconsole americano a Genova, e fu proprio il mio ufficio che, in quell'immediato dopoguerra, riaprì all'Italia settentrionale le porte dell'emigrazione negli Stati Uniti. Da allora sono ritornato in Italia cinque volte.

Il tempo trascorso in Italia e in Europa mi è servito per allargare gli orizzonti che già i miei genitori avevano aperto alla mia mente. È alla loro memoria che io dedico questo libro, associando nella mia gratitudine Frances Rolle, e molti amici stranieri, e le tante persone mie conoscenti la cui concezione dell'America è tutto fuorché ristretta, meschina, insulare.

Andrew F. Rolle

Villa Serbelloni,
Bellagio 1971

INDICE DEI NOMI

Caspani, E., 237
Cassignoli, G.B., 320, 337
Casson, Herbert N., 325
Castelli, Carlo, 319
Castiglioni, Luigi, 53, 64, 319
Cataldo, Giuseppe, 176, 181-83, 196, 236
Cather, Willa, 153, 216, 334
Cavalieri Muratore, Lina, 241
Cavallo Pazzo, 127
Cavour, Camillo Benso conte di, 34, 126
Ceresola, Bill, 228
Cerruti, Antonio, 251
Cerruti, Enrico, 260
Cestelli, Alessandro, 202
Chambers, Clarke, 339
Channing, Grace Ellery, 266
Chateaubriand, Hector, 63
Chianale, Giuseppe, 196
Chiariglione, Hector, 320, 337
Child, Irvin L., 340
Chittenden, Hiram Martin, 316, 330
Chouteau, famiglia, 68
Christianson, Theodore, 320
Churchill, Awnsham, 319
Churchill, John, 319
Ciardi, John, 307
Cielo Annuvolato, 62
Ciolli, Dominic, 211, 213
Cipriani, Leonetto, 131-33, 189, 233-35, 326
Claghorn, Kate Holladay, 41, 318, 322, 337
Clark, George Rogers, 47, 50-53, 173
Clavigero, Francesco, 231
Clay, Henry, 54, 68
Cleaveland, Agnes Morley, 334
Cleland, Robert Glass, 335
Clifford, Henry, 335, 341
Clough, Shepard B., 318
Cobben, Stanley, 338
Colajanni, Napoleone, 318, 324
Colombier, Marie, 124
Colombo, Cristoforo, 47, 277, 278
Colonna, famiglia, 264
Congiato, Nicola, 176, 177, 183, 236, 237
Conway, Alan, 327
Cook, David J., 328

Cook, Pauline, 322
Coolidge, Calvin, 224
Cooper, James Fenimore, 28, 59, 63
Coppa, Giuseppe, 241
Corbin, Austin (o August), 74-77, 85, 273
Corella, famiglia, 219
Como, Perry, 298
Corsi, Edward, 117, 317, 325
Cortese, N., 319
Costello, William C., 151
Coulter, John L., 323
Coxe, John E., 324
Crawford, Lewis F., 328
Crepeau, Rosemary, 321
Cretin, Joseph, 64
Crittenden, O.B., piantatore di cotone, 77, 82, 85
Crosetta, M., gestore di saloon, 224
Crossetti, Frank, 265
Cunningham, George E., 324
Curti, Merle, 116, 281, 290, 315, 325, 339, 340
Custer, George Armstrong, 125, 135, 183

D'Angelo, Giuseppe, 89
D'Angelo, Pasquale, 38-41, 89, 289, 318, 323, 340
D'Annunzio, Gabriele, 264
Dahaut-Cilly, Auguste, 232, 233
Dakin, Susanna Bryant, 335
Damiani, Giuseppe, 181, 183
Dana, Richard Henry, 232, 335
Danhof, Clarence H., 325
Daniels, Roger, 361
Dantes, Edmond, 122
Da Ponte, Lorenzo, 23, 34
d'Aste, Gerolamo, 176, 178, 183, 236
Davenport, William E., 317
Davie, Maurice Rea, 323
Davis, Ronald L., 320, 336
Davis, William Heath, 336
Davis, William L., 326, 331
de Andreis, Felix, 70
De Estenaga, Tomás Eleuterio, 335
De Grazia, Ted Ettore, 224, 335
de la Guerra, José, 233
De Leone, conte, 54
de Leyba, Fernando, 30

Gaie, E.C., 321
Gallenga, Antonio (*detto anche* Luigi Mariotti), 9, 121, 125, 136, 315, 317, 326, 327
Gallo, famiglia, 250, 273
Gans, Herbert, 106
Garbarino, Antonio, 159
Garbarino, Carlo, 159
Garbarino, fratelli, 158, 159, 328
Garbarino, Giuseppe, 159
Garbarino, Luigi, 159
Gardini, Carlo, 126-30, 326, 336
Gargotta, Charles, 151
Garibaldi, Giuseppe, 23, 34, 200, 332
Garlick, Richard C., 319
Garnsey, Morris E., 316
Garraghan, Gilbert J., 322, 329, 330
Garretto, Vito, 102, 324
Gasparri, Donato M., 216, 217, 334
Gaston, Joseph, 333
Gates, Paul W., 327
Gazzoli, Gregorio, 177, 180, 183
Gemelli Careri, Giovanni Francesco, 48, 318, 319
Gentile, Aloisio, 217
Gentilini, David, 72
Ghilardelli, Domenico, 235
Giacobbi, Domenico, 236, 237
Giacosa, Giuseppe, 303
Giannini, Amadeo Pietro, 7, 254-58, 338
Giannini, Luigi, 255
Giles, Pearce, 321
Ginger, Ray, 145, 339
Ginocchio, negozianti, 235
Ginzberg, Eli, 324, 325, 328
Giorda, Giuseppe, 176, 180-82, 196, 236, 330
Giovinco, Joseph, 341
Glazer, Nathan, 12, 325
Glazier, Willard, 321
Gleeson, Richard A., 336
Goggio, Emilio, 319, 322, 333
Goldoni, Carlo, 264
Gompers, Samuel, 36
Gould, Jay, 124, 141
Gounod, Charles, 238
Gradenigo, Giovanni, 50
Grant, Ulysses S. 200

Grassi, Urbano, 177, 183, 196, 236, 330
Greer, Richard A., 334
Grey, John, 172
Griffanti, famiglia, 307
Grindrod, Muriel, 316, 325
Griva, sacerdote, 183, 196
Guasti, Secondo, 247, 248
Guggenheim, Solomon R., 280
Guidi, sacerdote, 177

Hafen, LeRoy R., 328
Hall, Carroll D., 336
Hall, Edward H., 39
Hall, Prescott F., 5
Hamilton, Henry, 51, 52
Handlin, Oscar, 12, 86, 315, 316, 323, 326, 341
Hansen, Marcus Lee, 340
Harrison, Benjamin, 99
Hartnell, William Edward Petty, 232
Haskett, Richard C., 19, 316, 327, 339
Hata, Donald T. Jr., 341
Hawgood, John A., 339
Hedges, James B., 327
Heiney, Donald, 340
Hennessy, David, 97, 98
Hertz, Alfred, 240
Higham, John, 259, 287, 316, 324, 329, 338, 339, 361
Hill, Altred J., 320
Hobart, Alice Tisdale, 307
Hoblitzell, imprenditore, 162
Hoffer, Eric, 15, 309, 316, 341
Hofstadter, Richard, 95, 324
Holliday, Judy, 306
Horowitz, Daniel L., 316, 340
Hourwich, Isaac, 325, 340
Houston, Sam, 54, 207
Howard, Helen A., 330
Howard, O., generale, 182
Howard, Sidney, 307
Howells, William Dean, 91
Hubner, Joseph Alexander von, 135
Hutchinson, Edward P., 325

Imoda, Camillo, 176, 177, 183, 236
Impellitteri, Vincent, 253
Inkersley, Arthur, 337

Tveitmoe, Olaf, 284
Twitchell, Ralph E., 334
Tyler, Robert L., 339

Umberto I di Savoia, re d'Italia, 59, 126
Unna, Warren, 336
Upham, Warren, 320
Uribe, Maria Francisca, 232, 335

Vai, fratelli, 248
Valentino, Rodolfo, 297
Vallejo, Guadalupe, 233
Vallejo, Marian, 233
Vallejo, Prudenciana, 233, 335
Vallejos, famiglia, 260
Vanzetti, Bartolomeo, 288
Vanzina, Giacomo, 176
Varsi, Aloisio, 236
Varunia, L., 237
Varvaro Pojeno, Francesco, 133-36, 326
Vásquez de Coronado, Francisco, 47
Vecoli, Rudolph J., 106, 315, 341
Verdi, Giuseppe, 238
Verga, Giovanni, 263
Via, Antonio P., 330
Victor, Frances Fuller, 332
Vidua, Carlo, 122
Vigilante, Livio, 216
Vigna del Ferro, Giovanni, 124-26
Vignoli, commerciante, 235
Vigo, Giuseppe Maria Francesco, 47, 50-52, 54, 319
Vigo, J.H., proprietario di saloon, 54
Villari, Luigi, 131, 302, 318, 320, 326, 340
Vilia, sacerdote, 202
Vinciguerra, Francesca, vedi Winwar, Frances
Visconti, famiglia, 91

Vittoria, regina di Gran Bretagna, 181
Vittorio Emanuele II di Savoia, re d'Italia, 126, 233
Vollmer, E.R., 334

Wagner, Henry R., 318
Walker, Franklin, 266, 336, 338
Wallace, William H., 318
Wardjon, William M., 164
Warner, Charles Dudley, 266
Warren, Earl, 257
Washington, George, 52, 53
Weibel, George F., 330
Wente, fratelli, 248
Whitman, Marcus, 172
Whyte, William Foote, 316
Wilde, Oscar, 266
Wilder, Thornton, 292
Williams, Amelia W., 333
Wilson, Thomas Woodrow, 166, 258, 259
Winwar, Frances (Vinciguerra, Francesca), 307
Wittke, Carl, 86, 333, 339
Woodard, Jabez, 188, 331
Wood, Richard G., 320
Wright, Doris M., 337
Wright, Frederick H., 316
Wright, Louis B., 326, 339
Wyllys, Rufus Kay, 318

Yegens, Christian, 183
Yosti, Emilien, 70
Young, Brigham, 135, 188, 239

Zabaleta, A.M., 335
Zerbinatti, Pietro, 178, 183, 330
Zornow, William F., 327

INDICE GENERALE